老上海的趣闻传说

《趣闻圣经》编辑部 ◎ 主编

旅游教育出版社

编委会

主　编：徒步天涯

副主编：尹松鹏　李鹏飞

编　委：（排名不分先后）

孙　沛	祝世超	马　静	杜蒙蒙
罗凤琴	陈雪姣	杨晓东	赵一文
李　然	王军锋	周鸣敏	江　飞
王　欢	谌立军	陈代明	邓　阳
邓益香	谌雨霞	邓辛妮	洪　武
程　倩	邓琴书	王　超	梁　慧
夏鸥云	唐　璐	刘小波	闵颖慧
黄　玉	霍庆冬	罗　垠	潘吉钜
彭赠忠	杨成芳	雒岩卫	张　娟
曹昌虹	秦玉虎	张冬霞	赵东瑾
王雷鸣	宗　静	徐丽丽	李瑶瑶
宫　烁	江鑫淼	杜　慧	

前言

　　老上海是中国经济的龙头,又是近代中国历史的缩影。单论文化,近代没有一个城市能出其右,有着厚重的历史和人文精神、众多的文物古迹、多彩的中西风情,以及神奇的掌故传说……老上海本身就是一本读不尽、品不够的厚书;本身就是一座丰厚的文化宝库,积淀了丰厚的文化内涵,造就了灿烂辉煌的文明,值得我们今人去挖掘,去探寻,去解读:

　　为什么说旧上海是"冒险家的乐园"、"东方的巴黎"？"华人与狗不得入内"的招牌是怎么来的？为何说"到上海不去城隍庙,等于没到过大上海"？"样板戏"为何在"文革"时期风靡一时？军统特务戴笠与中国第一位电影皇后蝴蝶有着怎样的恩怨情仇……

　　这些一个个有趣的话题,都可以在这本《老上海的趣闻传说》里一一找到答案。

　　上海实在是有太多可以说道的了。上海文化就像一部卷帙浩繁的史书,凝聚着历史的烟云,刻画着岁月的沧桑,展现出民族的魂魄,给我们今天留下了多少鲜活的记忆。在这本《老上海的趣闻传说》中,我们从老上海的50个代表"符号"、历史、地名、租界、建筑、山水园林、宗教、饮食、风物特产、娱乐、交通、乡俗俚语、名媛、名人故居等多角度对老上海进行了全方位的精彩解读,力求将老上海的故事精彩而有趣味地呈现在您的面前,为您介绍一个充满传奇的文化圣地。

《老上海的趣闻传说》内容浅显易懂,向您介绍的各种掌故传说有着特殊的魅力。我们尽量选取那些最具代表性、最容易引起人们兴趣的老上海的趣闻逸事,选取那些最能体现老上海特色、典故丰富、可读性强的知识点,逐一呈现给渴求精神财富的读者。这些内容不但是您茶余饭后消遣的谈资,更是了解上海、了解上海人的绝佳窗口。另外,书中还精心挑选了数百张精美图片,尤其是大量弥足珍贵的老照片,让你在趣味阅读中充分感受到老上海的底蕴。

今天,新上海的发展虽然是日新月异,但老上海的沪味余韵仍散发着独特的魅力。上海的趣闻、传说不计其数,限于篇幅和编者能力,我们不可能将其一网打尽,但愿书中所选能增加您的知识,增长您的愉悦。这样,我们的目的也就算达到了。由于时间仓促,书中如有谬误,还望广大读者不吝赐教,以资修正。

《趣闻圣经》编辑部

总目录

老上海的 50 个代表"符号" …………… 1
老上海的历史 …………………………… 19
老上海的地名 …………………………… 47
老上海的租界 …………………………… 69
老上海的建筑 …………………………… 83
老上海的山水园林 ……………………… 107
老上海的宗教 …………………………… 131
老上海的饮食 …………………………… 163
老上海的风物特产 ……………………… 187
老上海的娱乐 …………………………… 209
老上海的交通 …………………………… 233
老上海的乡俗俚语 ……………………… 255
老上海的名媛 …………………………… 281
老上海的名人故居 ……………………… 305

目录

老上海的 50 个代表"符号"

老上海文化 1

拜码头 1
《长恨歌》 1
上海美术电影制片厂 2
《良友》画报 2
侬好 2
沪剧 3
《申报》 3
《文汇报》 3
《三毛流浪记》 4
《上海滩》 4

老上海地标 4

弄堂 4
百乐门 5
上海大光明影院 5
王开照相馆 5

十里洋场 6
城隍庙 6
李鸿章的江南机器制造总局 6
霞飞路 6
和平饭店 7
汇丰银行大楼 7
丁香花园 7
提篮桥监狱 8
永安百货 8
国际饭店 8
徐家汇天主教堂 9
东平路 9 号 9
外白渡桥 9

老上海名人 10

张爱玲的常德路 195 号 10
阮玲玉 10
荣氏家族 11
陆小曼 11
孙中山"上海大计划" 11
陈毅,上海战役 12

老上海的趣闻传说

老上海生活 12
假领子 12
上海本帮菜 13
奶油蛋糕 13
婆媳关系 13
上海早点"四大金刚" 13
电车 14
黄包车 14

老上海货 15
恒源祥 15
大白兔奶糖 15
曹素功墨水 16
麦乳精 16
上海家化 16
海鸥相机 17
蜂花牌洗发精 17
永久牌自行车 17
凤凰牌缝纫机 18
上海宝石花手表 18

老上海的历史
上海究竟是如何形成的 19
上海为什么又被称为"申"、"沪" 20
上海人从哪里来,"上海人"的叫法起自何时 21
上海为什么又叫上海滩 22
旧时上海帮会知多少 22
为什么说旧上海是"冒险家的乐园"、"东方的巴黎" 24
上海最早的海关知多少 25
上海的小刀会起义知多少 26
上海历史上为什么曾进行"海禁" 27
"旧上海的买办"靠何谋生 28
为什么说上海人敢于闯世界 29
"嘉定三屠"知多少 29
为什么西方殖民者喜欢旧上海 30
洋务运动时洋务派在上海创办了哪些著名实业 31
张謇在上海创办的实业知多少 32
荣氏家族在上海是如何发家的 33
为何说近代上海的发展是"以港而兴" 34
国民党政府"大上海计划"知多少 35
近代上海的煤气灯、电灯、自来水、邮政、电报、电话是何时开始用的 36
全国最早的会馆位于上海哪里,为什么上海有很多会馆 37
为何"铺"曾是上海行政单位的名称 38
为何近代上海是文化传播的中心 39
为何"维新运动"的舆论中心不在北京而在上海 40
淞沪会战究竟如何惨烈 41
中国共产党的诞生地在哪里 42
"五卅惨案"是如何发生的 43
为何说二战期间犹太人在上海找到了避难所 44
大韩民国曾经在上海设置过临时政府吗 45

老上海的地名
黄浦江是从何时开始闻名的,为什么被称为上海的母亲河 47
有上海,有没有"下海" 48
外滩的名称是怎么来的;有外滩,有没有里滩 49
上海的十六铺是如何得名的 50
上海"十里洋场"的称谓有何来历 51
松江地名有何来历,为何松江有"衣被天下"的美誉 51
为何外摆渡桥会变成"外白渡桥" 52
上海的路名为何多是省市名 53

老上海的霞飞路在哪	55
徐家汇因何得名	56
陆家嘴因何得名	56
半淞园路因何得名	57
"南翔"地名有何来历	57
七宝古镇有何来历,因何得名	58
松江地名有何来历	59
万航渡路有何传奇爱情故事	60
南京路为何被誉为"中华商业第一街"	61
黄浦江出口为何又称吴淞口,为何吴淞江又称苏州河	62
长兴岛为何又被称为"橘子岛"	63
为何沉香阁又称沈香阁	63
为什么嘉定区可称"古树乡"	64
为何松江可称为"塔乡"	65
为何金泽镇被誉为"桥乡"	66
为何崇明岛由"崈明岛"而来	67
为何"四行仓库"如此出名	67

老上海的租界

"租界"一词是怎么来的	69
上海租界是如何形成的	70
租界的权力是如何一步步扩大的	71
"华人与狗不得入内"的招牌是怎么来的	71
"公共租界工部局"是个什么机构	72
为什么英文"Shanghai"一词又有"绑架中国人出海做苦力或水手"的译意	73
旧上海租界起始时间有多长,有何不同的特点	74
"华洋分居"、"华洋杂处"知多少	75
租界的巡捕是中国政府派驻来解决租界治安问题的吗	76
租界的"会审公廨"指的是什么	77
旧上海的城市格局如何,英、美、法及公共租界各在什么位置	78

"万国商团"知多少	79
上海第一个外侨俱乐部是什么	79
为何说上海和香港是中国近代史上的双胞胎	80
为何说鸦片、赌博、娼妓是上海近代社会的三大毒瘤	81

老上海的建筑

为何上海过去筑了城墙又拆墙	83
上海外滩为何被称为"万国建筑博览会"	85
英国驻沪领事馆有何来历及特色	86
远东第一高楼——国际饭店知多少	87
汇丰银行为何被誉为"中国近代西方古典主义建筑的最高杰作"	88
"外滩第一楼"是哪座楼	89
汇中饭店有何特色	90
上海的"百老汇"知多少	91
为何中国银行大厦要比沙逊大厦低	92
海关大楼有何特色	93
沙逊大厦有何建筑风格	94
上海邮政大楼有何特色	96
工部局大楼有何特色	97
旧上海的"跑马厅"有何历史变迁	98
为何说马勒别墅的设计灵感竟来自一个小女孩的梦境	99
为何说说劳动局大楼是"远东最杰出的仿罗马风格建筑"	100
沙逊别墅有何特色	101
金门大饭店为何被誉为文艺复兴建筑中的精品	102
上海文庙有何特色	102
嘉定孔庙为何有"吴中第一"之称	103
徐家汇藏书楼有何特色	104
石库门房子有什么特色	105

老上海的山水园林

"沪城八景"知多少	107
传说中的"静安八景"今安在	108
豫园为何被誉为"东南名园之冠"	109
江南名石"玉玲珑"是怎么来的	110
豫园的九龙池因何得名	111
古漪园的名称是怎么来的	112
醉白池的名称有何来历	113
为何秋霞圃是上海五大名园之一	114
曲水园因何得名,有何特色	116
松江方塔与方塔园有何特色	116
松江明代照壁有何传说	117
汇龙潭公园因何得名,有何特色	118
泖塔是怎么建起来的	119
南翔双塔有何特色	120
护珠塔为何被称为"斜塔"	121
老上海还有哪些古塔	122
佘山风光有何特色	123
金山三岛有何特色	124
练塘镇有何特色	125
为何放生桥是上海地区最大的一座五孔拱形大石桥	126
为何福泉山被誉为上海的金字塔	127
为何说淀山湖是上海最大的湖泊	128
青浦课植园因何得名,有何特色	129
为何芦潮港被誉为"好望角"	130

老上海的宗教

上海现存最老的寺庙是哪座,有何特色	131
天主教在上海是如何传播的	132
基督教在上海是如何传播的	133
伊斯兰教在上海是如何传播的	134
"青浦教案"知多少	135
为何静安寺中庭院墙壁上书"赤乌古刹"四个字	136
玉佛寺的玉佛从何而来,为何玉佛寺先有佛,后有寺	137
为何宝山净寺从道教宫观变成了佛教寺院	138
"崇明岛四大古刹"知多少	138
真如寺因何得名	139
法藏讲寺有何来历及特色	140
青浦报国寺的三宝知多少	141
龙华寺是何时建造的	142
为何龙华晚钟要撞一百零八声	143
云翔寺究竟是如何变成留云禅寺的	144
上海主要有哪些道观	145
上海白云观属于道教的什么教派	146
上海主要有哪些尼姑庵	147
上海寺庙最大的比丘尼道场是哪个	148
慈修庵为什么庵小名气大	149
下海庙是尼姑庵吗	150
上海的城隍庙供奉的是哪位神仙	150
上海较有特色的天主教堂知多少	152
上海最大的天主教堂是哪座	153
中国天主教圣地——佘山圣母堂知多少	153
为何浦东的路德圣母堂被称为"远东第一堂"	154
四川南路天主堂是何时建的	155
上海较有特色的基督教堂知多少	156
上海地区古老的唐经幢知多少	157
钦赐仰殿因何得名	158
国际礼拜堂有何特色	159
上海有特色的清真寺有哪些	160
小桃园清真寺有何特点	161
松江清真寺历史知多少	162

老上海的饮食

"上海菜"属八大菜系吗,其特点如何	163

为何说"到上海不去城隍庙,等于没到过大上海"	164
上海最有名的素菜馆是哪家,有何特色	165
上海第一家经营涮羊肉的清真菜馆有何特色	166
上海开设最早、资格最老的酒家是谁	166
梅龙镇酒家有何特色	167
上海老饭店因何得名,有何特色	168
新雅粤菜馆有何特色	169
杏花楼酒家有何特色	170
大富贵酒楼有何特色	171
知味观杭菜馆有何特色	172
甬江状元楼有何传说及特色	173
西菜馆红房子有何特色	174
珍稀美味松江鲈鱼知多少	174
蟹壳黄知多少	175
上海人为何特别爱吃排骨年糕	176
生煎包有何特色	177
南翔小笼馒头有何特色	177
鸡鸭血汤有何来历	178
糟田螺有何美丽传说	179
小绍兴鸡粥因何出名	179
三鲜大馄饨有何特色	180
白斩三黄鸡有何特色	181
擂沙圆有何来历	182
鲜肉猫耳朵有何来历	182
青鱼秃肺是如何出名的	183
鸽蛋圆子因何出名	183
佘山兰笋因何出名	184
上海小吃中的"单档"和"双档"各指什么	185
旧上海有哪些著名的茶楼	186

老上海的风物特产

"冠生园"老字号有何来历	187
"乔家栅"老字号知多少	188
"朋街"店名因何而来	189
"老介福"店名有何来历	189
上海"老婆饼"有何来历	190
"童涵春堂"老字号有何来历	191
上海梨膏糖有何来历	192
"老大房"有何来历	193
高桥四大名点各有何特色	193
奉贤鼎丰园的"进京腐乳"有何特色	194
枫泾丁蹄和枫泾状元糕有何来历	195
上海名绣为何称"顾绣"	195
杏花楼月饼是如何出名的	197
"邵万生"老字号有何来历	198
崇明老白酒有何特色	199
城隍庙五香豆为何能享誉全国	199
精益眼镜店的"精益"二字有何来历	200
小花园鞋店有何特色	201
盛锡福帽店有何特色	202
黄草编织有何由来	203
为何"亨达利"与"亨得利"虽竞争惨烈,却双双扬名	204
"鼎日有"为何号称肉松大王	205
为何"雷允上"的"六神丸"最负盛名	206
三林塘崩瓜因何得名	206
"王星记"扇庄有何特色	207
为何说嘉定竹刻是我国工艺品百花园中的一枝奇葩	208

老上海的娱乐

旧上海的女子浴室知多少	209
为何说茶园是旧上海最具代表性的戏剧剧场	210
上海最早的大型游乐场是谁开的	212
旧时上海街头的"小热昏"是干什么的	212
大光明电影院为何被誉为"远东第一影院"	213
金都大戏院与金都血案知多少	214

上海早期的电影公司有多少	216
旧上海有哪些著名的电影人	217
上海马戏城为何被称作"中国马戏第一城"	219
沪剧有何来历	219
上海流行的独角戏有何来历	220
为何说话剧起源于上海	221
旧上海舞台上的"连环戏"知多少	222
"样板戏"为何在"文革"时期风靡一时	223
旧上海的百乐门舞厅为何被誉为"东方第一乐府"	224
为何说"四大名旦"之一的荀慧生成名于上海	225
为何说近代上海成为全国"南腔北调的熔炉和大舞台"	226
中国第一家西式剧场是哪家	227
霍元甲在上海创办的精武体育会知多少	228
世界上第一个以自己体力完成环球旅行的人是谁	229
中国最早的动画片是哪部	230
为何我国第一套邮票诞生在上海	231

老上海的交通

"马路"一名有何由来	233
旧上海的路名是怎样定的	234
"荡马路"是什么意思	235
上海为何没有"胡同"名称	236
为何上海的"弄堂"有那么多名称	237
上海的弄堂和北京的胡同有何不同	238
为何说上海是轮子转出来的	239
旧上海著名的五条马路知多少	240
旧上海的黄包车有何由来	241
上海古桥知多少	242
"泥城桥"有何由来	243
"来鹤桥"有何传说	244
上海第一号汽车有何传说	244
出租汽车大王周祥生有何传奇	245
上海最早的电车和公共汽车知多少	247
旧上海的沙船是沙子专用运输船吗	248
第一条铁路淞沪铁路为何拆了又建	249
你知道万航渡路曾经和一个爱情故事有关吗	250
为何"广东路"的命名是一个"例外"	251
愚园路名称有何来历	251
旧上海的西洋马车知多少	252
上海的老火车站知多少	253

老上海的乡俗俚语

旧时上海人是如何过新年的	255
旧时上海人如何"送人情"	256
旧时上海人如何过生日	257
旧时上海人走亲戚有哪些习俗	258
旧时上海人的婚嫁习俗如何	258
旧时上海滩的第一个集体婚礼是怎样举行的	259
旧时上海人搬家为何要准备"馒头糕"	260
旧时上海的城隍三巡知多少	261
旧时上海人为何重视吃食	262
旧时上海人有哪些做客习俗和禁忌	262
龙华庙会有何特色，为何时间选在农历三月初三	264
旧上海有哪些陋鄙习俗	264
旧上海的瘪三和乞丐知多少	266
旧时上海人说的"白蚂蚁"是真蚂蚁吗	267
旧时四马路与"拆白党"的故事知多少	268
旧上海的花会赌博是怎么回事	269
旧时上海的"老虎灶"为何物	270
旧时上海最早的证券交易市场——茶会知多少	271

为何民国时期的上海有很多"社"和
　"会" 272
为何说"阿拉"方言源于松江 272
为何"阿拉"方言中掺有许多"外来语" 273
为何过去"浦东人"不称自己是浦东人 274
为何说"下海"一词源于旧时社会帮
　会的行话和切口 275
上海话里面的"白相"、"捣糨糊"、"敲
　竹竿"是什么意思 276
上海方言有哪些民俗禁忌 277
上海人说的"上只角"和"下只角"是
　什么意思 278
旧上海的棚户区在哪里 279
洋泾浜、洋泾浜英语与假洋鬼子分别
　指什么 280

老上海的名媛

红颜薄命的"金嗓子"周璇 281
一代才女、旷世美人陆小曼 282
"梨园冬皇"、传奇女子孟小冬 283
一片芳心一世情的赵四小姐 284
军统特务戴笠与中国第一位电影皇后
　胡蝶有着怎样的恩怨情仇 285
从歌伎到小妾到画家的传奇女子
　——潘玉良 286
凄美昙花、香消玉殒的阮玲玉 287
人艳如花,集才气、美质、傲岸于一
　身的林徽因 288
系出名门的著名作家——张爱玲 289
四大名旦之"第一悲后"——陈燕燕 290
传奇红颜、"小野猫"——王人美 291
集美貌、才华、财富于一身的"第一
　夫人"——宋美龄 292
与张爱玲齐名的海派女作家——苏青 293
百乐门最红的舞女陈曼丽因何被杀 294
柔弱单薄,却自有风骨的张幼仪 296

风尘侠女——小凤仙 297
以欲望与革命为主题的"红姑娘"
　——胡萍 299
沪上第一"交际名媛"——唐瑛 300
"一代坤旦"、梅兰芳的夫人
　——福芝芳 301
孽海浮沉、状元夫人——赛金花 302
由青楼女子蝶变成实业家的董竹君 303

老上海的名人故居

华亭陆氏家族显赫知多少 305
黄道婆为中国棉纺织业作出了怎样的
　巨大贡献 306
行遍天下的徐霞客造访过"佘山"吗 307
斗倒奸臣严嵩的徐阶知多少 308
董其昌是如何走上书法艺术道路的 309
碧血洒吴淞的陈化成知多少 310
明末"圣教三柱石"之首的徐光启
　知多少 311
供李鸿章藏娇的丁香花园知多少 312
马相伯是如何创立复旦大学的 313
创立格致书院的徐寿知多少 314
黄楚九是如何打造其商业王国的 315
夏瑞芳是如何创办商务印书馆的 316
买办资本家虞洽卿是如何发迹的 317
杨俊生是如何创建中华造船厂的 318
远东首富哈同是如何发家的 319
犹太富商沙逊在上海有何传奇故事 320
民国元老于右任有何报业传奇 321
梅兰芳为何在上海一举成名 322
海派书画的代表人物有哪些 323
首开裸体模特写生课的刘海粟知
　多少 325
"五卅运动"中顾正红烈士的纪念地
　在哪里 326
陈独秀的"刑事记录卡"知多少 326

孙中山故居和宋庆龄故居在一处吗　328
宋教仁先生究竟安息于何处　329
上海的毛泽东故居在哪里　330
"周公馆"究竟是做什么用的　330
蒋介石和宋美龄是在哪里举行婚礼的　331
张闻天故居知多少　332
鲁迅故居、鲁迅墓、鲁迅公园、鲁迅纪念馆有何渊源　333
蔡元培在上海住在哪里　334
宋庆龄陵园在哪里,有何特色　335
邹韬奋纪念馆知多少　336
黄炎培故居位于何处　337
陈云纪念馆位于何处　338
张伯驹绑架案的幕后真相究竟如何　339
黄金荣的私家花园知多少　340
黄金荣写"悔过书"的前因后果知多少　341
蒋介石私人顾问端纳在上海的最后日子知多少　342
杜月笙暮年客死香港有何秘闻　344

老上海的50个代表"符号"

老上海文化

拜码头

初来上海滩,要拜码头。所谓拜码头,就是去拜上海滩有名有势的人,或地主豪绅,或军政要员,或帮会头目。拜完码头之后,得到有势力的人的照顾,才能在上海滩立足,以后的事业才能顺风顺水。即"初来乍到,请多多关照"。在拜上海滩码头时,不仅有一份豪气干云,还多了一份辛酸,一份人情冷暖。

《长恨歌》

灯红酒绿,纸醉金迷,若赶不上时代的潮流,就只能被潮流所湮没。《长恨歌》就像王琦

王安忆作品《长恨歌》

瑶的一场梦,也像那个年代的上海滩的一场梦。在梦里,压抑、无奈,王琦瑶只能任由命运之手摆布。在梦中,上海滩一下子就登上了历史舞台,流光溢彩,成为聚光灯下的宠儿。读完王安忆笔下的上海,感觉是模糊的,就像做了一场梦。

上海美术电影制片厂

上海美术电影制片厂也许对很多人来说都很陌生,但其出品的那些动画片却留在了一代代人的记忆中。《大闹天宫》《三毛流浪记》等,这些动画片成为了不可磨灭的童年记忆。也许你年龄很小,那么《宝莲灯》《马兰花》是不是在你的童年里留下不可忘怀的欢声笑语呢。上海美术电影制片厂没有错过新一代小孩的童年,它会伴随着你成长下去。

《良友》画报

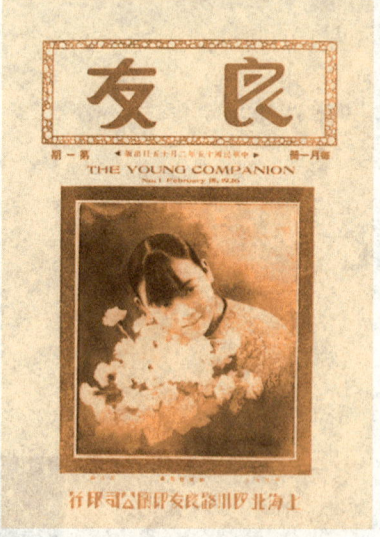

民国《良友》画报

一家画报就是一个时代。《良友》画报从1926年创刊,到1945年停刊,伴随了一代上海人的成长,成为了上海滩历史的忠实记录者。20年的社会变迁、人情风貌、文化艺术、风景名胜等,幻化成一幅幅彩照,留在了纸张上。"学者专家不觉得浅薄,村夫妇孺也不嫌其高深",而《良友》也成了上海滩不可磨灭的记忆。

侬好

一方水土养育一方人。对上海人来说,讲上海话是一种骄傲和自豪。这种骄傲和自豪都是出于对上海这座城市的热爱。一座城市,一种文化。而语言就是文化的载体。旧时,几乎没有上海人讲普通话,一句"侬好"是多么的亲切,多么具有地方特色。随着社会的发展,普通话的推广,"侬好"似乎成为了梦中的回忆。

沪剧

沪剧是上海的特色剧种,它源于上海浦东的民歌东乡调。经过多年的发展,形成了"申曲"。及至1941年上海沪剧社成立,才正式更名为"沪剧"。依依呀呀的吴侬软语,富有江南乡土气息,优美的曲调,擅长叙事和抒情,表现现代生活。脍炙人口的剧目《罗汉钱》似乎就在耳旁回响。

沪剧片段

《申报》

《申报》原称《申江新报》,创刊于1872年,是中国现代报纸的标志。在《申报》里,你看不到上海人生活的琐事,你看到的都是上海滩引领时代思潮的勇气和海纳百川的胸怀。在史量才改组的"自由谈"(《申报》的副刊)中,鲁迅、茅盾等畅所欲言,对当时社会的进步起到了推动作用。

《文汇报》

《文汇报》见证并记录了中国半个世纪的历史进程,在中国当代社会和新闻史上产生过巨大的影响。文革导火线《评新编历史剧海瑞罢官》就是在《文汇报》上发表的。《文汇报》有过非常辉煌的历史,发行量曾达170万份。伤痕文学的代表作《伤痕》就是在《文汇报》上发表的。如今《文汇报》分为两家,一家在上海,一家在香港,两者并没有隶属关系。

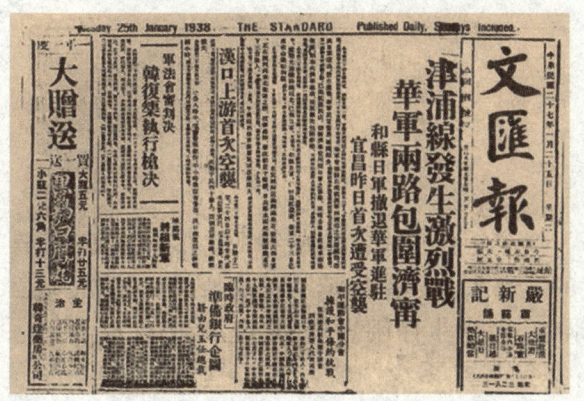
《文汇报》

 《三毛流浪记》

上海对于富人来说是天堂,对于像三毛这样的穷苦人来说不啻于地狱。张乐平笔下的三毛为了生存下去,吃贴广告用的糨糊,睡在垃圾车里,冬天只能用破麻袋披在身上御寒。他卖过报纸,捡过垃圾,帮别人推过黄包车,但是其所挣的钱却不够温饱。虽为了生存,然而三毛却不偷不抢,不愿成为没有尊严的宠物。他乐观诙谐的生活态度,深得人们的喜爱。

 《上海滩》

"浪奔、浪流,万里滔滔江水不休——"听着这首经典的老歌,回忆起这部经典的电视剧。《上海滩》影响了无数的中国人。发哥和雅芝的璧人组合,也成了经典爱情戏的最佳代言人。许文强身穿的西装和冯程程头梳的麻花辫都成为了那个纯真年代的回忆。那个年代的上海不仅有着血雨腥风的凄凉,而且还有着风花雪月的柔情。

周润发和赵雅芝版的《上海滩》剧照

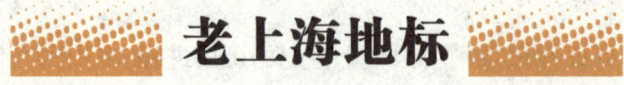

老上海地标

 弄堂

弄堂是上海特有的民居形式,代表近代上海文化的特征。形形色色、各具风情的弄堂文化,影响了一代代的上海人。弄堂里搭满了衣架,挂满了遮天盖日的衣服,使弄堂更显得阴暗潮湿。弄堂集休闲娱乐、儿童活动、交易等于一体,形成了独特的弄堂文化。多少个故事,多少个名人,多少个回忆,莫不与弄堂有关。可以这样说,没有弄堂,就没有上海文化,就没有上海人。

◆ 百乐门

"百乐门大饭店舞厅"简称百乐门,是上海著名的娱乐性场所。在百乐门里你会找到《上海滩》中的风花雪月,你也会找到《上海滩》中的血雨腥风。你还能看到著名作家徐志摩的踪影,一代忠良张学良的痕迹。陈香梅与陈纳德曾在此订婚,卓别林夫妇访问上海时也曾慕名而来。百乐门中的故事被老百姓口口相传。

老上海百乐门舞厅跳舞的人们

◆ 上海大光明影院

上海大光明影院享有"远东第一影院"的美誉,画下了中国电影放映技术发展的轨迹。建立之初,京剧大师梅兰芳亲自为其开张剪彩。现今的大光明影院是匈牙利建筑师邬达克于1933年设计重建的。大光明影院不仅成为了八十年来中国电影发展的活样本,更创造了无数的辉煌。

◆ 王开照相馆

"妄想用笔尖去凝固流年,你看,我有多肤浅,谁能把时光封存在字里间。"也许只有相片才能把时光封存起来。王开照相馆是上海第一家照相馆。它把上海百年的风云变幻都凝固起来,封存在照片中。一张张的照片,都是一个个的记忆。王开老照片中的胡蝶、黎莉莉、阮玲玉、王人美等明星的风姿绰约,旗袍下玲珑、优雅、高贵的身影,一层层地拂去上海不为人知的历史尘埃。

王开照相馆

十里洋场

"十里洋场"在旧时,是指上海租界的繁华景象,是旧上海市区的统称,是一段屈辱历史的符号。在旧时,上海被称为东方巴黎。在这里,洋货琳琅满目,洋人横行,是西方冒险家的游乐场,是洋人肆意掠夺与花天酒地的场所。而如今,"十里洋场"已经只剩下"洋"这个字了,其附带的屈辱都随祖国的强大而烟消云散了。

城隍庙

上海城隍庙

城隍庙是供奉城隍的庙宇。城隍在道教中被认为是剪除凶恶、保护家国的神祇。到上海旅游,城隍庙是必去的一个景点之一。上海城隍庙建于六百年前,是上海地区最主要的道教宫观。六百年的风雨似乎洗除了城隍庙的功能,现代人到那里旅游只是为了地道的上海小吃。每天慕南翔小笼包之名而来的游客摩肩接踵。

李鸿章的江南机器制造总局

江南机器制造总局,是洋务运动中的亮点。起初它由曾国藩规划,最后实际是由李鸿章负责。它是晚清时期中国最重要的军事工厂。在中国历史上,江南机器制造总局产生了不可估量的作用,为中国近代军事工业完全采用机器生产开创了先河。它也是江南造船厂的前身。如今作为上海市的亮点和历史遗迹,它将会被很多人前来参观凭吊。

霞飞路

霞飞路,就是今天的淮海中路。在20世纪二三十年代,霞飞

20世纪30年代的霞飞路

路是上海市的时尚之源。这条长约四公里的商业大街,名店林立,名品荟萃。虽地处东方,却是与欧洲样式的商业布局相同。其中的高档生活消费品几乎与欧美国家发达城市同步,尤以西餐、西点、西服和日用百货最具特色。《长恨歌》中的故事就是发生在这里。

和平饭店

和平饭店不仅是上海近代建筑史上第一幢现代派建筑,而且还是上海现存最早的一座饭店。它以豪华著称,主要接待金融界、商贸界、政治界的名流,还有一些著名文人、学者。著名的口号"革命尚未成功,同志仍需努力"就是在这里提出的。伟大的革命家、学者鲁迅先生曾在这里会见英国马兰爵士……和平饭店见证了很多历史,它响亮的名字吸引着到上海来的客人。

汇丰银行大楼

中国近代西方古典主义建筑的最高杰作——汇丰银行大楼,位于上海外滩,号称"从苏伊士运河到远东白令海峡最讲究的建筑"。时至今日,汇丰银行大楼依然被公认为是外滩建筑群中最漂亮的建筑,成为外滩最具标志性的建筑之一。汇丰银行大楼,经历了百年风雨,饱受屈辱,依然不屈不挠地屹立在外滩上。它的

汇丰银行大楼

精神不正是上海这座国际大都市的民族精神和文化精神的象征么。

丁香花园

丁香花园有一段风花雪月的故事。传说这座花园是李鸿章为七姨太建的"藏娇之所"。这位七姨太就叫丁香,这座花园就叫丁香花园。虽经考证,历史上并没有"花园藏娇"这件事。然而上海人仍旧代代相传这个浪漫的故事。园中遍植丁香,那怒放的花朵,令人怦然心动,使人每每看见就会想起那个浪漫的传说。丁香花园现在成为了上海滩最负盛名、保存最完好的老洋房之一。

老上海的趣闻传说

提篮桥监狱

上海提篮桥监狱

监狱一般用来关押犯人,而今天的提篮桥监狱是作为一个历史建筑存在的。它见证了许多人的命运,它目睹了许多人的死亡。在历史上,提篮桥监狱关押过二战时期的日本战犯。现在关押战犯的地方成为了"上海市抗日纪念地"。监狱中还曾囚禁很多中国近、现代人物,如章太炎、邹容、任弼时、周立波等。现如今,监狱内"王孝和烈士就义处"已成为上海市青少年教育基地。

永安百货

百年老字号永安百货,创建于1918年,有着悠久的历史。永安百货公司的建筑是20世纪初折中主义建筑的典型代表,现在是上海市优秀近代保护建筑之一。永安百货位于被誉为"中华商业第一街"的南京路步行街中心,典雅的建筑、高雅的环境、优雅的服务,每时每刻都吸引着各种各样的客人前来购物、餐饮、休闲。

国际饭店

上海国际饭店是上海年代最久远的饭店之一。它落成于1934年,是当时全国乃至当时亚洲最高的建筑物,拥有"远东第一高楼"之称。其设计者就是著名的匈牙利建筑设计师邬达克。为了纪念这位著名的建筑设计师邬达克,匈牙利称2008年为"邬达克年",并在上海国际饭店举办了邬达克建筑设计展。

上海国际饭店

 徐家汇天主教堂

徐家汇天主教堂是上海市最大的天主教堂,也是中国著名的天主教堂。始建于清朝末年,是一座仿法国中世纪哥特式建筑。百余年的历史,经历重重磨难,现在的徐家汇天主教堂是1980年重修的。在天主教历史上,徐家汇占有很重要的地位。中国天主教"第一次全国主教会议"于1924年在此举办。抗战时期,徐家汇天主教堂收留难民数以万计,成为了一座避难所。

东平路9号

东平路9号是宋子文送给妹妹宋美龄的结婚礼物,也是蒋介石政治联姻成功的象征。为了讨得宋美龄的欢心,蒋介石称之为"爱庐",与"美庐"、"澄庐"鼎足而立。作为蒋宋在上海的栖居之所,这座"爱庐"不仅有不同寻常的政治色彩,还有两人风花雪月的浪漫爱情故事。

东平路9号

外白渡桥

外白渡桥也是老上海的标志性建筑之一。上海因河而兴,而外白渡桥正是连接沪东的重要通道。不光如此,外白渡桥还有着很多浪漫的爱情故事。《情深深雨蒙蒙》等女主角跳黄浦江时脚下的那座桥就是外白渡桥。在很多影视作品中,如《新上海滩》《上海王》等,使用的都是上海影视城里仿的外白渡桥。有时上海人赌气说,要跳黄浦江,就从外白渡桥上跳吧。

老上海名人

张爱玲的常德路 195 号

常德路 195 号因张爱玲的居住而留名于历史，成为上海怀旧场所之一。常德路 195 号的公寓是她成名时的所居之所。《第一炉香》是在这所公寓里写成的，成为她的成名作。常德路 195 号的公寓也是她炽烈爱情的开始之地。所谓"成也萧何，败也萧何"，常德路 195 号成就了张爱玲的美名，也使她蒙上了文化汉奸的骂名（在 1945 年出版的《文化汉奸罪恶史》中，张爱玲榜上有名）。常德路 195 号，不仅留下了这个美丽女子精美的文字，还留下了这个美丽女子哀婉的爱情故事。

常德公寓

阮玲玉

阮玲玉出生在上海，是著名的电影演员，其短短的一生，却给我们在荧幕上留下不可磨灭的记忆。阮玲玉 25 岁时，一句"人言可畏"结束了自己悲剧的一生。阮玲玉在电影中的表演惊为天人。据说在拍《新女性》最后一场戏时，在场的所有人都被阮玲玉的表演感动得潸然泪下。她为什么会演的那么好？演技固然重要，最重要的是剧中人的人生和她的经历有着共同之处。

荣氏家族

荣氏家族在中国经济界占有举足轻重的地位。中国人民大学经济学院教授高德步对荣氏家族有很高的评价。面粉大王、棉纱大王、红色资本家、中国首富等，这样的称号百余来年一直挂在荣氏家族的头上。一代伟人毛泽东曾评价荣氏家族说，"荣家是中国民族资本家的首户，中国在世界上真正称得上是财团的，只有他们一家。"

荣氏家族与交通大学

陆小曼

熟悉徐志摩的人都知道陆小曼是谁。她是徐志摩的妻子。在徐志摩文集中你可以看到她的身影。在徐志摩的情书中，你可以读到他对陆小曼无限的热爱。同徐志摩一样，陆小曼也能写出一手好文章，不仅如此她还擅长戏剧，而且还是上海中国画院专业画师，上海美术家协会会员。陆小曼的一生有过辉煌，也有过悲伤。其爱情经历颇多坎坷。她曾先后嫁与王赓和徐志摩。于1965年在上海华东医院过世，灵堂上只有一副挽联。

孙中山"上海大计划"

"中华民国国父"孙中山和上海颇有渊源。1922年，孙中山在《建国方略》中提出，上海如果长期不变，就无法适应在将来成为世界商港的需求，进而提出"设世界港于上海"的方针。1927年，成立上海特别市政府，谋求上海的未来发展方向。同年，《上海大计划》通过。之后开始了新市中心的建设。

老上海的趣闻传说

上海战役总指挥陈毅

陈毅，上海战役

上海战役发生在1949年5月，其目的是消灭汤恩伯的主力，解放上海。上海战役是陈毅指挥的最后一场战役。至5月末，上海解放，一个新时代的上海就要出现了。上海解放后，陈毅当选共和国上海市第一任市长。现在上海外滩上陈毅的塑像就是为了纪念这位伟大的元帅和市长。

老上海生活

假领子

爱美之心，人皆有之。即使是在物质极为匮乏的年代，上海人的爱美之心也不会丢掉。假领子的发明就是很好的证明。20世纪六七十年代，国家处于困难时期，物质极为匮乏。上海人就利用碎布头制成"假领子"，也就是相当于没有袖子和胸部的衬衣。在物质匮乏的年代，假领子的发明不仅证明上海人的爱美之心，也还包含一种锐意进取的精神。当然也有人说上海人是死要面子活受罪。

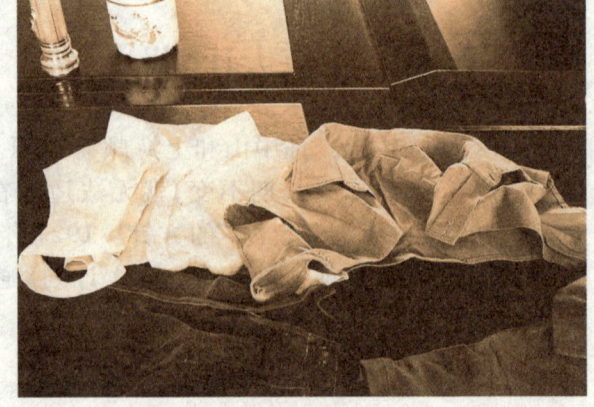

假领子

上海本帮菜

上海菜,习惯上称为"本帮菜",是从农家便菜中发展来的。以红烧见长,口味较重,如红烧狮子头、红烧回鱼等。然而并不是所有的上海菜都是浓油赤酱,上海菜中也有比较清淡的。比较著名的南翔小笼包就是典型的清淡类型。小笼包鲜而不腻,皮很薄,可以看见里面的肉馅和汤水。上海本帮菜,浓郁鲜美,以慢火细工取胜,是我国的主要地方风味菜之一。

上海本帮菜

奶油蛋糕

上海人很洋气,与他们的生活习惯有不可分割的关系。在老上海,大户人家的孩子过生日,都会吃上一份奶油蛋糕,唱着英文歌《祝你生日快乐》。朗姆酒是奶油蛋糕的主要原料之一。以甘蔗糖蜜为原料生产的朗姆酒,口感甜润、芬芳馥郁。所制成的奶油蛋糕松软香甜,富有营养,易于消化。奶油蛋糕虽然好吃,但不可多吃。

婆媳关系

上海婆婆是出了名的难搞定,不和谐的婆媳关系在上海很常见。家家都有一本难念的经,这本婆媳经在上海尤其难念。如何搞好婆媳关系,似乎也成了上海人的一种生活方式。《老娘舅》以上海石库门居民区为背景,以上海市民生活的变化和矛盾为题材,讲述了上海市的婆媳关系,探求解决婆媳问题的方法。

上海早点"四大金刚"

所谓上海早点"四大金刚"是指大饼、油条、粢饭糕和豆浆。"四大金刚"曾

老上海的趣闻传说

上海特色"四大金刚"早点

经作为老上海的生活标准。在老上海,每日早点能吃上"四大金刚"可以说是生活富足的象征。大饼是用面团烘烤而成的干点。油条是用油炸的细长面团。粢饭糕是加盐的方形油炸米饭。而豆浆是黄豆磨成粉末之后加水煮成的一种饮料。"四大金刚"各有各的营养,在上海人看来是不可或缺的。

电车

1914年,上海开始使用无轨电车,开创中国使用无轨电车的先河。到现在,上海还有12条无轨电车在运行。无轨电车号称绿色公交,最大的优点就是没有环境污染。除此之外,无轨电车的噪音也相比公共汽车较小,而且还有更好的攀爬斜坡的能力。电车还是张爱玲小说《封锁》中最重要的场景。在电车里,男女主人公展开了短暂的"爱情故事"。

黄包车

黄包车是一种人力拉动的车子。1874年,黄包车从日本引进到上海,因此黄包车又称为"东洋车"。同电车一样,黄包车也算是一种绿色交通工具。民国初年,黄包车已经开始风靡上海等城市。及至1918年,已经开始有人力车租赁公司营业了,就如现在的出租车一样。现今只能到博物馆去看黄包车了。

黄包车

老上海货

 ## 恒源祥

恒源祥是上海的一家老店,1927 年由沈莱舟创立。直到目前为止,恒源祥已成为全球最大的线绒制造商,涉及家纺、针织、服饰三大产业板块,有上百家联盟体工厂,4000 多家经销网点,是一家拥有 2000 多个规格品牌的纺织类综合性集团公司。在 20 世纪,恒源祥品牌就是羊毛衫质量的保证。到上海不买一件"恒源祥"几乎都对不起自己的路费。

 ## 大白兔奶糖

大白兔奶糖是人们最喜爱的糖果,它伴随着无数的人们度过了快乐的童年。人们记住它的原因不仅是因为它香醇的奶味,还有那个简单的名字。到现在,大白兔不仅是中国名牌,而且在世界上也享有盛誉。给孩子吃大白兔奶糖几乎已经成为父母应该做的事情了。曾几何时,大白兔奶糖能出现在婚礼上是多么有面子的事情。

冠生园大白兔奶糖

曹素功墨水

上海人讲究派头,就是写字用的墨水也要用名品。曹素功墨水,有着悠久的历史。曹素功是清代四大制墨名家之一。其所制墨水符合大众的习惯。直到现在,曹素功墨水还存在着。上海人练书法,就用曹素功墨水,即使字写不好,也要先有大书法家的派头。据说正品的曹素功墨水放久了会发臭。

上海麦乳精

麦乳精

麦乳精是一种速溶性含乳营养固体饮料,饮时香味浓郁,食后又能充分吸收。它有营养丰富、易于溶解、冲饮便利等很多优点,成为当时人们最喜爱一种饮料。在那个时候的上海,几乎每家都会有麦乳精,来客的时候,冲一杯麦乳精茶水,才是真正的待客之道,很有面子。麦乳精是一种奢侈品,一般不会给自家的小孩子喝。所以小孩子做梦都希望能够把麦乳精吃个够。

上海家化

上海家化是国内日化行业中少有的能与跨国公司展开全方位竞争的本土企业。其生产的"六神"、"佰草集"、"清妃"等中国著名品牌,在市场上占有重要的领导地位。在中草药个人护理领域,上海家化居于全球领先地位。如今,上海家化的产品都可以和"巴黎欧莱雅"这样的品牌在中国市场分庭抗礼了。

海鸥相机

海鸥相机,在中国相机史上有着很重要的地位。1958 年 1 月由上海照相机厂生产的 58－1 型相机,标志着中国照相机工业的形成,具有划时代的意义。其后又陆续出现了很多型号。在 20 世纪六七十年代,海鸥相机是最时髦的数码产品,而且价格还比较贵。在当时老百姓要买一台海鸥相机就要花去好几个月的工资。

海鸥相机

 ## 蜂花牌洗发精

提起蜂花牌洗发精,你可能就会想到"雪花膏"这个词语。那个年代,是蜂花最辉煌的年代。它创造了一个"雪花膏"的化妆品年代。时隔多年,蜂花并没有被时尚的青年人抛弃。其朴素的包装、优良的品质一直受到人们的追捧和喜爱。

 ## 永久牌自行车

20 世纪七八十年代,自行车是高档代步工具,拥有一辆永久牌自行车就如现在拥有一辆宝马一样让人感到自豪。女子出嫁,用永久牌自行车做嫁妆是最有面子的事情。有的农村人结婚,甚至用永久牌自行车去接新娘。然而随着社会的发展,时代的进步,永久牌自行车也渐渐地淡出了人们的视线。

永久牌自行车

 凤凰牌缝纫机

那个年代,高档的嫁妆除了永久牌自行车外就属凤凰牌缝纫机了。在那个物质匮乏的年代里,大多数人都是自己买好布匹,带回家做衣服。孩子长大了,衣服变小了,就会把旧衣服拆开,用缝纫机把多件旧衣服缝合起来,做一件大的"新衣服"。

 上海宝石花手表

如果说手表是身份和品位的象征,那么在20世纪七八十年代,能够戴上一块上海宝石花手表,不知道是多么有面子的事情。宝石花手表风靡一时,人人争相佩戴,恨不得把手表戴在衣袖外面,以彰显自己的身份和品位。

上海宝石花手表

老上海的历史

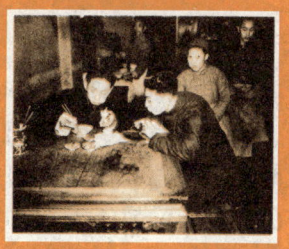

 上海究竟是如何形成的

如今的上海是由长江携带的泥沙所淤积而成的陆地。大约在6000年前，上海的西部地区即已形成陆地，东部地区也在春秋战国时期逐渐成形。上海在春秋时期属吴国，战国时期属越国，战国后期，越国被楚国所吞并，于是上海成为楚国贵族——战国四公子之一的春申君黄歇的封地。

三国两晋时期，这一带的居民多以捕鱼为生，隶属于苏州吴县。三国时期，吴国军师陆逊被封为华亭侯。唐天宝十年（751年），吴县析置华亭县，县治在今天的松江区。南宋嘉定十年十二月（1218年1月），吴淞江以北的地区设置嘉定县，后又析出宝山县。当时吴淞江是太湖水的主要出海口，它有两条支流，其中一条

老上海的码头

名为上海浦(今日之黄浦江)。

宋朝时期,因吴淞江上游不断淤浅,海岸线东移,大船出入不便,于是外来船舶只好停在上海浦中,久而久之,就在其西岸形成了市镇。南宋咸淳三年(1267年),朝廷正式在上海浦西岸设置市镇,即定名为上海镇,成为一处繁荣的渔港,上海之名即来源于此。元至元二十九年(1292年),又把上海镇从华亭县划出,单独设立上海县,这标志着上海建城之始。

明朝以来,上海逐渐兴盛,嘉靖三十二年(1553年),为抵御倭寇侵扰,筑上海城(在原南市区),归属南直隶松江府管辖。松江府当时是全国最大的棉纺织中心,除华亭县外,另设有青浦县(今青浦区)、金山卫(今金山区)等。清朝沿袭明制,归属江南省松江府,并在此设立江海关。1840年鸦片战争以后,上海开放通商,从此逐渐发展为全国乃至亚洲首屈一指的大都会。

上海为什么又被称为"申"、"沪"

从历史上看,上海之所以简称"申",渊源于战国四公子之一的春申君。春申君名黄歇,是楚国丞相,以礼贤下士、门客众多而著称,对楚国多有建树,与当时齐国的孟尝君、魏国的信陵君、赵国的平原君并称为"战国四公子"。

最初,春申君的封地在淮北地区。公元前241年,楚国迁都至寿春(今安徽寿县)后,便改封吴地。春申君在其封地政绩卓著,深得民心。相传,他曾主持疏浚东江、娄江、吴淞三江,造福于民。人们为了纪念春申君,便将疏浚吴淞江时开凿的一条水道称为黄歇浦江,简称黄浦江,也称申江、春申江。上海建城之后,便据此简称为申。现在,上海仍然有春申桥、春申塘、春申村等古地名,这些都源自春申君黄歇。

如今在上海市松江区新桥镇有一个春申村,相传是春申君当年疏浚水道的"指挥所",后人在此建立了纪念他的祠堂。现在当地民间还流传着一首脍炙人口的儿歌:"嘟嘟嘟,嘟嘟嘟,爷娘去开黄浦江,尔后再开春申塘,领头的大爷叫春申君,住在倪村黄泥浜。"2002年,春申君祠堂在原址修复,祠堂的照壁上写着"上海之根"四个大字。2002年9月,在上海申办世博会成功的欢庆晚会上,人们唱出的第一首歌就是《告慰春申君》,足见上海人对春申君的敬仰。

春申君

上海另一个简称"沪"又出自哪里呢?原来在古代,松江滨海一带,也就是现在上海所在位置的居民多以捕鱼为生,他们创造了一种竹编的捕鱼工具,将此工具插入江海中,潮来沉没,潮退露出。鱼随潮而来,退潮时便被拦住。这种工具就叫做"扈"。当时称江流入海处的喇叭形海湾为"渎",因此,松江下游一带被称为"扈渎",后来又简称为"扈"或"滬"(简化后即为"沪"),即为上海另一个简称的来历。

上海人从哪里来,"上海人"的叫法起自何时

据最早的历史记载,上海地区的居民主要是吴越人的一支。西周初年,太伯奔吴,开创了吴国,后来春秋时期,吴国被越国征服。战国时期,越国又被楚国所灭,上海成为楚国春申君的封地,因此简称为"申",这说明上海虽然以吴越人为主,但多少也打上了一些楚国的印记。东晋和南宋时期,有两次移民高潮,大批中原人定居江南,其中就有不少移居上海。南宋之后,上海逐渐繁荣,到了元代升格为县治所在,近代以来,更是逐渐发展成为一个大都市。

从广义上说,在上海市行政区域内定居或出生的人都可以称为上海人,但是其中又有区别。从上海开埠以来的发展历史看,上海本地人主要是指浦东、宝山、奉贤、嘉定、松江、青浦等地的原住民。开埠以后,上海的巨大向心力又吸引了大批江浙一带的移民,他们也为上海的繁荣作出了巨大贡献。从开埠时算起,今日所称上海人的概念至少存在了160年,其所指范围包括上海的原住民和上海开埠后的江浙移民。按照上海本土笑星周立波在《笑侃大上海》中的说法,现在

吴越王钱镠

所谓的上海人基本上是由四个部分组成的,即宁波人、苏州人、苏北人和本地人。

1978年改革开放,特别是开发浦东以来,全国各地的移民都纷纷涌入上海,甚至还有不少海外移民,他们都为上海的经济建设作出了巨大贡献,后来也在上海工作、定居,被称为"新上海人",他们与老上海人的最大区别就是基本不会讲上海话。

上海为什么又叫上海滩

民国以来,人们总习惯于称上海为上海滩,细说起来,这里面包含有几层意思。一是上海地区属长江入海口的滩涂地带,主要是由长江所携泥沙在此淤积形成的,故而称之为滩;二是上海乃商易之地,在黄浦江和苏州河上多码头,这些码头是上海的真正代表,你争我抢,不知演绎了多少风云,并且这些码头地处河滩;三是上海现在部分地方是由原来的荒滩发展而来,如第一块英租界建立于原上海县城东门外黄浦滩,后来称为外滩,所以旧时人们称上海为上海滩;还有一层意思是,上海发展得太快,由原来的滩地在短短几十年发展为亚洲第一大国际大都会,成为冒险家的乐园,多少尔虞我诈、血腥拼杀在其中,一个"滩"字尽含其草莽风云,也显现出人们对上海的嫉妒、羡慕、鄙视和无奈。

上海滩

旧时上海帮会知多少

自周润发和赵雅芝主演的电视剧《上海滩》风靡全国后,大家对旧上海的帮会印象更是深刻。那么上海究竟是什么时候有的帮会,当时的上海滩真是那样血雨腥风吗?

据历史记载,乾隆十五年(1750年),清政府查获奉贤县民李如岗等邀众饮酒结盟,即"猛将会",该会又称"班子"(扳指)党、"霸王党"。凡入会之人,俱于大拇指上带有银班子(扳指)一个为记,扳指外镌"忍耐"二字,内刻本人之姓。奉贤、南汇、上海、松江、嘉定等处,均有人入会。从目前掌握的材料看,它可算是上海地区出现帮会活动的最早记载。

其实,上海的帮会活动可能比这更早。明清时期是中国帮会的繁盛时期,主要有三大帮派:流行于漕运业的青帮,遍及全国、以反清复明为宗旨的洪门,还有就是流传于民间的白莲教。这三大帮会在乾隆时期都具有全国性的影响

天地会领导的起义画面

力,而近代在上海呼风唤雨的帮会,主要就来自洪门和青帮。

洪门(又称洪帮):创始于明末清初,其创始人为郑成功的参军陈永华(化名陈近南),它以反清复明为旗号,联络各地仁人志士。其后又有洪门五祖,他们各自组织山堂,其中蔡德忠创长房,又称"天地会";方大洪创二房,又称"三合会";胡德帝创三房,又称"袍哥";马超兴创四房,又称"哥老会";李式开创立五房,又称"小刀会"。上海1853年发生的著名的小刀会起义,就是由洪门志士所组织的。

青帮:创始于清代雍正时期,其创始人有三个:翁岩、钱坚和潘清,他们被雍正帝招募来护卫漕运。由于得到了朝廷的支持,青帮在运河沿岸的省份势力很大。太平天国运动时期,漕运中断,大批青帮弟子涌入当时航运兴盛的上海,从事各种行业,势力非常大。民国时期在上海滩呼风唤雨的黄金荣、杜月笙和张啸林就都是青帮大佬。

上海开埠以后,上海帮会才逐渐繁盛,但一开始他们都是流传于民间的秘密组织。孙中山在推行革命活动时,就借助了洪门的力量。民国初期,青帮势力大大增强,当时的青帮头子应桂馨,也就是刺杀宋教仁的那位,千方百计地扩充自己的势力。当时许多政界人士都和青帮关系密切,例如民国初期在上海呼风唤雨的陈其美,此人是同盟会元老,与黄兴同为孙中山的左膀右臂,同时他也是青帮大佬,应桂馨的发展就得益于他的提携。蒋介石也曾经加入青帮,即使后来步入政界,与青帮头子的关系也非常密切。

应桂馨去世后,黄金荣继承了他的衣钵,掌控了上海滩的青帮,他甚至被聘为法租界公董,领少将衔。在黄金荣之后,另外两位青帮名人杜月笙、张啸林也迅速崛起,三人被并称为"上海三大亨"。他们合作垄断了上海的毒品贸易,也积极响应国民政府的政策,谋得

"青帮三亨"之黄金荣、张啸林、杜月笙(从左至右)

了不少社会荣誉。杜月笙还曾诱杀当时上海工人武装领袖、共产党员汪寿华,使得蒋介石顺利发动了"四·一二"反革命政变。

抗战爆发之后,1939年,上海沦陷,上海帮会的黄金时期也就此结束。杜月笙随蒋介石迁往重庆,脱离了上海"根据地",他的地位也大不如从前。黄金荣和张啸林则留在上海,黄金荣装疯卖傻,拒绝与日本人合作,多少保留了一些民族气节。而张啸林则公开投敌,筹建伪浙江省政府,并拟出任伪省长,结果于1940年被贴身保镖林怀部暗杀。

1945年抗战胜利后,杜月笙重回上海,上海帮会也准备重振雄风,但上海租界已经不复存在,同时政治环境也发生了剧烈变化,于是一些帮会开始向政党、社团方向发展。但不久之后,上海即告解放,上海帮会赖以生存的政治环境完全改变,它们也逐渐在新中国成立后的各次革命运动中瓦解消亡。

为什么说旧上海是"冒险家的乐园"、"东方的巴黎"

自开埠通商以来,上海经济迅速发展。尤其是辛亥革命以后,上海得到了长足的发展。由于租界的存在,为外国人进入上海打开方便之门,当时,大批外国人涌入上海,企图在上海寻找到自己梦寐以求的财富。

当时上海是中国乃至东亚的金融中心,是外国资金进入中国的首选之地。到1936年,外国在华银行共有32家,其中上海就有27家,而同年,香港也只有17家外国银行。这些外国银行大多集中在外滩一带,组成了"东方华尔街"。同时,上海还拥有同业拆借、贴现等货币市场,内汇、外汇市场和标金(黄金)市场与大条银(白银)市场。在资本市场方面,上海当时是仅次于纽约和伦敦的全球第三大股票市场和第三大债券市场,地位远在香港、东京、巴黎之上,大量投机商来到上海,有的白手而博得巨富,有的携巨资而来却血本无归。1936年,上海作家包玉珂根据当时某国领事馆职员写的材料编译了一本纪实性的小说,叙述了抗战前一些帝国主义冒险家在上海的各种投机活动,书名就叫《上海——冒险家的乐园》。

上海之所以成为"东方的巴黎",除了其兴盛的经济之外,另一个很重要的原因就是上海滩著

老上海的外滩建筑

名的西式建筑,租界内的房屋都有着浓郁的西方风情,很有当时巴黎的街市风貌,因此又被誉为"东方的巴黎"。改革开放以来,上海经济得到了突飞猛进的发展,重新成为世界性的投资宝地。现在,上海依旧是"冒险家的乐园",但这种冒险被限制在中国的法律之内,推动的也是上海的正常发展。而上海的城市建设日新月异,林立的高楼大厦早已找不到巴黎的影子了,不过现在也很少有人称上海是"东方的巴黎"。

上海最早的海关知多少

上海海关的历史要远比上海开埠的历史久远得多。

南宋末年,上海正式建镇,并在此设立了市舶提举分司,负责管理海外贸易,但旋即南宋就被元朝所取代。元世祖忽必烈重视发展对外贸易,于元至元十四年(1277年)先后在泉州、庆元(宁波)、上海、澉浦(海盐)、广州、温州、杭州设立了全国七大著名市舶司,对海外贸易进行管理,还制定了"藩货双抽、土货单抽"的保护本国商人的税收政策。应该说古代上海港的发展,就应该从元代算起,当时设立的市舶司可以说就是上海最早的海关。

康熙二十四年(1685年),康熙皇帝鉴于台湾已经归顺,即开海禁,在全国设立了粤海关(广州)、闽海关(厦门)、浙海关(宁波)、江海关(上海)四个海关,形成"四口通商"的局面,上海就是其中之一。这是中国首次出现以"海关"命名的机构,也是中国海关发展的重大转折。

上海最早的真正海关——江海关,于1685年设立于江南云台山,也就是现在的苏北连云港,但不久就迁移至上海,设立于松江府华亭县漴阙(在今奉贤区),后来又移至县城大东门外的黄浦江边,现今白渡路上还有一个老地名叫关桥的,就是原来江海关的所在地。

道光二十五年(1845年),应英国驻上海领事巴富尔的要求,在租界内设立了江海北关,办理向外轮征收关税等事务,后来江海北关地位日益重要,逐渐成为江海关的主要衙门。江海北关就是外滩13号,其建筑几经改建,现在就是外滩著名的上海海关大楼。

上海海关大楼

上海的小刀会起义知多少

1851年太平天国运动爆发后,太平军一直未能进入上海,上海看似比较平静,然而实际上,这时上海也发生了一次著名的起义运动,那就是著名的小刀会起义。

小刀会是成立于厦门的民间秘密团体,其成员主要有两支,一支属天地会,一支属白莲教,上海小刀会属于前者。1853年,在太平天国运动的影响之下,福建小刀会在厦门一带发动起义。随后,在9月7日,上海"兴义公司"(小刀会)也发动起义,首领有广东肇庆会馆领袖中山人刘丽川,上海人周立春、周秀英,还有福建人陈阿林。起义队伍以广东人为主,他们迅速攻入上海县城,杀死了知县袁祖德,还活捉了上海道兼海关监督吴建彰,随后又迅速占领了周边嘉定、青浦、宝山等地,其总部就设在现今上海豫园内的点春堂。

小刀会刚开始建立"大明国"时,刘丽川自任"大明国统理政教招讨大元帅"。后来他写信给洪秀全,并改国号为太平天国,以洪秀全为领袖。太平天国也准备派兵接应,但中途受阻,没有成功。起义之初,小刀会以"反清复明"为宗旨,并没有攻击租界或洋人,因此一开始英、法、美各国都保持中立,有些英国、美国的水手还特意帮助小刀会抗击清军。

小刀会占领上海后,镇压太平天国运动的清军顿时失去了饷源,漕粮海运也受到了影响。清军不得不立即从江南大营抽调兵力,由江苏巡抚带领前往上海镇压。同时清政府又展开外交手段,以出让上海海关和租界的权益为条件,换取了英、法、美对清朝的支持。随后,法租界在与上海县城交界的地方筑起了围墙,同时不许船只在上海县城靠岸,小刀会的供给一时严重不足。同时小刀会内部的七个起义帮派又发生内讧,广东帮和福建帮发生了严重冲突,起义形势急转直下。

1854年12月14日,法国舰队司令辣厄尔向小刀会宣战。1855年1月6日,法军用炮轰开城墙,清军攻进县城,史称"北门之战"。2月16日(除夕),江宁知县刘存厚令攻破县城,清军涌入城内。战至次日,小刀会弹尽粮绝,刘丽川率众突围,18日退至虹桥附近,被江苏

小刀会起义的指挥部
——上海豫园点春堂

提督击毙。小刀会起义至此失败，一部分余部转至镇江加入太平天国，继续抗清斗争。

小刀会起义期间，英国人强占了江海关。战事结束后，清政府不得不与英、法、美驻沪领事签订协议，允许三国各派税务司一人，掌管江海关，开外国侵略者直接管理中国海关的先例，也是近代中国耻辱外交的一个例证。

上海历史上为什么曾进行"海禁"

中国古代的沿海贸易一直是相当开放的，但是到了明朝之后，就开始屡次实行"海禁"，对海外贸易进行严格限制。明清时期，海外贸易屡禁屡弛，上海的发展也是几起几落。

在元代，上海是沿海七大市舶司之一，海外贸易非常繁荣。到了明朝初年，明太祖朱元璋为了防御江浙沿海老对手张士诚、方国珍等人的余党，开始实行海禁政策，规定"尺板不得出海"。明代虽然有郑和七次下西洋的壮举，但航海活动都只是政府行为，对外除允许部分国家或部族通过"朝贡"的方式进行贸易外，其他私人的海外贸易一律被禁止。永乐以后，随着中国海防的稳固和社会的稳定，禁令逐渐松弛，当时黄浦江得到了疏浚拓宽，内河航运非常兴盛，海运业有所复苏。但到了明朝中叶，沿海倭寇活动加剧，嘉靖元年（1522年）开始厉行海禁，封锁沿海各处港口，销毁出海船只，断绝海上交通以断绝倭寇补给。此事对上海打击巨大，海外贸易绝迹，而且倭寇屡次进犯上海，使不在禁令之内的内河航运也受到了很大影响。倭寇被灭之后，沿海复归安宁，隆庆年间，朝廷开放海禁，"准贩东、西二洋"，以征收商税，增加财政收入。当时苏杭地区繁华富庶，上海作为苏州的海外门户，苏州的繁荣也就促进了上海港的兴旺。

到了清朝，清政府为了防御沿海一带郑成功的抗清活动，开始实行更为严厉的海禁政策，下令"严禁商民下海贸易，犯禁的不论官民一律处斩"，顺治十八年（1661年）又下达了迁海令，此时上海的海外贸易完全绝迹。清康熙二十三年（1684年），郑经归顺清朝，全国统一，海禁随即取消。1685年，朝廷决定设立粤、闽、浙、江四处海关通商，其中江海关就设在上海，主要负责管理外贸船舶、征收关税、检查货物、发给离关凭证等，上海的海

倭寇

外贸易迅速复苏。然而好景不长,乾隆二十二年(1757年),改四口通商为一口通商,全国仅广州海关得以保留,其余三处均被关闭。此时上海的海外贸易再次遭受重大打击,但内河航运却依然繁荣。

《南京条约》签订后,中国开放五处通商口岸,上海就是其中之一。随后上海开埠,海禁正式终结,上海以其得天独厚的地理航运优势,迅速成长为首屈一指的东方大港。

"旧上海的买办"靠何谋生

买办亦称"康白度"(葡萄牙语 com－prador),是指在殖民地半殖民地国家中,替外国资本家在本国市场上服务的中间人和经理人。在中国,就是指外国资本家在旧中国设立的商行、公司、银行等所雇用的中国经理。他们既负责钱财的进出和保管,也参与业务经营和商品交易事宜,常常代表洋行深入内地进行购销业务,同中国商人商定价格,订立交易合同,他们实际上就是外商对华贸易的代言人。

中国买办第一人:唐廷枢

鸦片战争之后,买办阶层逐渐成为垄断早年中外贸易的中间商,一些人失去公平立场,趋附外国侵略势力,欺压中国商人,有时还可以在列强根据不平等条约向中国勒索的赔款中分享"赔偿金"。他们具有洋行雇员和独立商人的双重身份:作为洋行雇员身份的买办,得到外国势力的庇护,可以不受中国法律的约束;作为独立商人的买办,又可以代洋行在内地买卖货物或出面租赁房屋、购置地产等。随着经济地位的提高,他们逐渐形成了买办阶层,并成为西方国家在政治上和经济上侵略和控制中国的工具。

上海是近代中国对外贸易、对外开放的前沿,因而滋生了大量买办。他们通过转手贸易的巨大差价而获得了丰厚利益,有不少人富了起来,成为中国近代史上的大买办。如朱志其、虞洽卿等,都是近代闻名上海滩的大买办。许多买办获利后,不像外商那样花钱打网球、骑马,而是将钱花在娼妓、娱乐之上,因此旧上海的娼妓业和娱乐业都非常兴盛。

由于买办实际上是外国商人欺压中国商人、控制中国经济的工具,因此买办阶层一直为国人所痛恨,成为革命的对象之一。

为什么说上海人敢于闯世界

上海是个近代才兴起的城市,以进出口贸易和中外文化交往为主要行业。上海人来自全国各地,甚至世界其他地方。在上海有各色外国人、各种帮派、各种贸易、各色行业,人员混杂,利益相互牵连,其中少不了精明算计,尔虞我诈,所以上海人接受新事物快,头脑灵活,心眼较多,适应新环境能力强,勇于创业和开拓局面,敢于创世界。

上海人闯世界的历史可追溯到19世纪。当时从上海自费出国留学的王韬先后到过日本、意大利、埃及、英国、法国。1908年,宋庆龄、宋美龄从上海赴美国留学,后来成为当时中国最知名的女子。另外,清末派出第一批公费留学生的工作也是在上海进行的。这些留学生也是从上海起程的,其中很多人在国外取得了可喜的成绩。新中国成立后,尤其是改革开放后,据统计,全国出国的人中,上海人最多。这些上海人到了世界各地,或工作,或创业,很多人都取得了不小的成绩。

吃早餐的老上海人

"嘉定三屠"知多少

明朝末年,清兵南下,所到之处,皆强令汉人剃发,以此区分顺民逆民,是为"留发不留头,留头不留发"。顺治二年(1645年)闰六月,清军再下剃发令,百姓开始酝酿反抗。不久,清嘉定知县强制剃发,起义顿时爆发。隐居在嘉定的原明朝左正通、嘉定进士侯峒曾与进士黄淳耀听说原明朝太史徐研为护发而自杀,便挺身而起,在嘉定县城组织义军,举起"嘉定义师"大旗,誓死守城。不久,降将李成栋率清军攻城,嘉定义师初战烧毁李成栋的兵船50艘,打死其弟李成

老上海的趣闻传说

抗清义士黄淳耀

林,清军江南统帅多铎限期破城,李成栋亦蓄意屠城报复。清军围城半月,死伤甚多。七月初四,清军用大炮轰破东门,嘉定陷落。侯峒曾与两个儿子及黄淳耀兄弟均自尽殉国。清军愤而屠城,杀两万余人后弃城而去。次日,朱瑛又率众入城,继续举起抗清大旗,旋败,嘉定城再遭清兵屠杀。八月十六日,明将吴之藩起兵,反攻嘉定,亦败,嘉定第三次遭屠城。史称"嘉定三屠"。

在这场浩劫中,嘉定死者数万,十余天中,城无人语,野无炊烟。为纪念抗清斗争中殉难的军民,20世纪初,嘉定竖立了"侯黄烈士碑",现保存于嘉定汇龙潭公园。

为什么西方殖民者喜欢旧上海

1843年11月17日,根据《南京条约》和《五口通商章程》的条款,上海正式开埠。由于上海地处长江口,又连接中国的经济中心江浙,故从开埠起,中外贸易中心逐渐从广州转移到了上海。据统计:"1846年,从上海出口的货物占全国出口总额的七分之一。到了1851年,从上海出口的货物已占全国出口总额的半数。"1854年,英、美、法三国领事与苏松太道签订《上海英美法租界租地章程》,规定外国侵略者在上海租界内享有行政、税收、财政、警政等权力及行使司法权。为保障行使上述职权,在租界内设立"工部局",下分设警务、税务、财务、学务等机构,且设有法院,俨然成为一个有市政府功能的"国中之国"。1863年9月,美、英两国租界合并成公共租界。

由于上海对外贸易地位的确立,外国商品和外资纷纷涌进这个小小的上海县城。外国人在这里开设行栈,设立码头,划定租界,开办银行,哄抬地价,依仗其国势力大发横财。一位英国人写道:"(上海)已经变成了无法无天的外国人们的一个真正的黄金国⋯⋯

旧上海的啤酒广告

其中许多人只要有利可图,哪怕走私犯禁,一切都不顾忌,就是行凶杀人,也在所不惜。"当时一位英国侨民对英国驻沪领事阿利国说:"我所关心的只是如何不失丝毫时机,发财致富,我的钱如果没有更有利的运用方法,自然只得将地皮租给中国人,或造房子租给他们,以取得三分到四分的利息。我希望,最迟在二三年内,发财而去。所以以后上海给水淹没或给火烧掉,与我会有什么关系呢……我们是挣钱,尽我们的能力,挣得越多越好,越快越好。"

1861年法国驻沪领事爱棠写信给使馆反映上海地价情况时写道:"地皮价格抬得很高,最初每亩地皮卖200两已经被认为很贵了,现在即使卖1200两,买主还是争先恐后……每亩1000两买进的地皮,经过几个转手,就以2500两价格再卖出。"外国列强在上海的地皮和房产上都赚足了钱。

由于在上海西方殖民者有各种特权,比在他国国内还有权势而且自由,又能赚到大笔的钱,因此这些西方人特别喜欢旧上海。

洋务运动时洋务派在上海创办了哪些著名实业

太平天国运动之后,清朝的一些开明官员在"师夷长技以自强"的口号下开展了洋务运动,兴办了大量工厂、企业,成为中国经济现代化的先声。上海是中国首批开放的通商口岸之一,因此也就成了洋务运动的发祥地。

洋务派在上海创办的实业主要有江南制造总局、轮船招商局和上海机器织布局等。

江南制造总局: 是洋务派创办的最大规模的洋务企业,由曾国藩规划、李鸿章实际负责,于1865年成立于上海,其后不断扩充,先后建有10多个分厂,雇用工兵近3000人,可制造枪炮、弹药、轮船、机器,内部还设有翻译馆、方言馆等机构。到1905年,制造局中造船部门独立,成立江南船坞,辛亥革命后改称江南造船所,这就是中国近代最大造船企业江南造船厂的前身。

轮船招商局: 为了不使中国的漕粮运输受制于外国,李鸿章经慈禧太后同意,于1872年年底在上海成立了轮船招商公司,主要从事客运和漕运等运输业务,是中国近代第一家轮船航运公司。次年7月,李鸿章改轮船招商公司为轮船招商局,将其由军工企业改为官督商办,并面向社

轮船招商局

老上海的趣闻传说

会募股集资,还设有董事会,从这个意义上说,轮船招商局实际上是中国第一家股份制企业。轮船招商局成立之初,即遭到在华的英国太古、怡和、美国旗昌轮船招商局等轮船公司的挤压,李鸿章采取各种措施予以应对,逐渐使招商局扭亏为盈,还并购了破产的旗昌公司,彻底打破了外国轮船公司对中国航运业的垄断。轮船招商局旧址即在今外滩9号。

上海机器织布局:洋务派在上海创办的实业还有上海机器织布局,这是一家民用企业,于1878年在李鸿章的授意下建立。1880年,机器织布局进行了改组,重新制定了章程,同时公开募股。但由于外国资本的干涉和织布局内部的问题,以及外部政治经济环境的影响,织布局一直到1889年12月才正式开工。然而,1893年的一场大火将织布局完全烧毁,损失惨重。李鸿章随即命令盛宣怀组织重建,重建后改名为华盛机器织布总厂。上海机器织布局从弹花、纺纱到织布全用机器,是中国第一家全用机器的棉纺织工厂,在中国纺织史上具有划时代的意义。它生产的纱和棉布质量大体上和进口货相当,从而在一定程度上抵制了"洋纱"的进口,打破了西方资本对中国棉纺织业的垄断。

张謇在上海创办的实业知多少

张謇(1853—1926)是江苏海门人,清末状元,著名实业家。张謇主张"实业救国"。一生创办了20多个企业,370多所学校,为我国近代民族工业的兴起、教育事业的发展作出了巨大贡献,被誉为"状元实业家"。毛泽东曾说:"轻工业不能忘记海门的张謇。"

张謇

张謇主张兴办实业,也与上海结下了不解之缘。开埠之后,上海迅速成为中国经济的龙头,张謇充分注意到上海在资金集聚、技术传播、人才荟萃、内外贸易渠道等方面所拥有的无可替代的优势。他十分重视利用和发挥这些优势,用以催生和推动他在南通诸多近代企业的创办和经营,并取得了显著成效。张謇在海门开办大生纱厂之后,立即在上海设立账房,并在上海招募技术骨干,募集资金,并依托上海将产品远销海外。其后,他又开设了面粉厂、油厂等,均依照这种模式进行运营。

除了实业之外,张謇对上海的教育事业也作出了巨大贡献。1905年,他与马相伯等人在吴淞创办了复旦公学,这就是复旦大学的前身。1909年,张謇创办邮传部上海高等实业学堂船政科,因地处吴淞,曾一度称"吴淞商船专科学校"。新中国成立后,学校改组为上海航务学院。1953年,上海航务学院、东北航海学院、福建航海专科学校合并成立大连海运学院,也就是今天的大连海事大学。1912年,张謇在老西门创办江苏省立水产学校,1913年全校迁往吴淞,称"吴淞水产专科学校",这就是今天上海海洋大学的前身。1917年,在张謇支持下,同济医工学堂(同济大学的前身)在吴淞复校。1921年,上海商科大学成立,后扩展为国立东南大学,张謇又是国立东南大学主要创建人之一。

 荣氏家族在上海是如何发家的

荣氏家族在中国近代史上声名显赫,其家业的创始人荣宗敬和荣德生兄弟都是著名的民族资本家。他们的发迹之地,就在大上海。

1901年,荣氏兄弟依托开办广生钱庄赢利的6000元,在上海开办了第一家面粉厂。后来,第一次世界大战爆发,西方资本无暇东顾,大量的面粉订单送到了荣氏兄弟手中,二人抓住这一历史机遇,扩充实业。与此同时,因面粉厂发展需布袋子,1915年,兄弟俩又创办申新纺织公司,其生产的"人钟"牌棉纱被定为标准纱,并很快打入国内外的市场。荣氏企业自此在中国牢牢站稳了脚跟。

到1937年,荣家的面粉厂已有14家,远销英国、法国和东南亚,是名副其实的"面粉大王"。而荣家的申新纺织公司,在上海、无锡、武汉等地共衍生9家棉纺织厂,顶峰期拥有全国24%纱锭量,因而又被誉为"棉纱大王"。

日军占领上海后,荣氏家族的面粉厂、纱厂依旧在租界内正常生产。1940年日军进入租界后,荣氏家族的企业也得以保留,并有部分工厂迁往四川,继续生产。

新中国成立后,荣德生没有随大多数上海企业家离开大陆,而是继续留在上海。荣氏家族的工厂也在荣毅仁的带领下于1956年

荣德生

老上海的趣闻传说

率先进行公私合营,荣毅仁也被世人誉为"红色资本家"。

 为何说近代上海的发展是"以港而兴"

上海的崛起,靠的是"襟海带江"的优势。上海位于长江三角洲前缘,居我国1.8万公里大陆海岸线的中部,扼长江入海口,地处长江东西运输通道与海上南北运输通道的交会点,优越的地理位置决定了上海的发展必然是"以港而兴"。

自唐代以来,上海地区即因港口贸易而兴盛。宋代,位于苏州河北岸的青龙镇的贸易量已经很大,政府专门在此设立市舶提举司,征收关税,管理航运。后来随着河道的变迁,港口易址于上海镇,在1404年开拓黄浦江之后,上海港便凭借黄浦江的优良航道而日益壮大。

开埠之后,上海成为中国对外贸易的中心,1853年起,上海超过广州成为全国最大的外贸口岸。19世纪70年代后,上海港成为全国的航运中心。黄浦江和苏州河两岸也逐渐形成了近代工业聚集区。20世纪初,黄浦江得到疏浚整治,万吨级货轮可乘潮水进入黄浦江,上海港口吞吐量进一步增加。20世纪30年代,上海港已经成为远东航运中心,年货物吞吐量一度高达1400万吨,成为世界上最重要的港口城市之一。

新中国成立后,上海港的历史揭开了新的一页。改革开放后,上海港获得了突飞猛进的发展,港口不再局限于黄浦江上,而是多点开花。黄浦江内新建了张华浜、军工路、共青、朱家门、龙吴五个港区,长江口南岸建了宝山、罗泾和外高桥港区。2005年,规模庞大的洋山深水港区一期工程建成投产,长达32.5公里的东海大桥将小洋山岛与上海市连在了一起。现在,上海港已成为一个综合性、多功能、现代化的大型主枢纽港,并跻身于世界大港之列。2009年,上海港货物吞吐量达到5.9亿吨,连续五年位居世界第一;集装箱吞吐量达到2500万集装箱,仅次于新加坡,位居世界第二。

综观上海的发展,始终是与港口的发展联系在一起的,每一次航运条件的改善,带来的都是跨越式的发展。最初因港口贸易而发迹,开埠后又依托港口优势发展对外贸易,逐渐成长为

近代上海港口

34

远东航运中心和金融中心。改革开放以来,上海的港口建设更是前所未有,上海的经济也因此取得了突飞猛进的发展。因此,说上海"以港而兴"是再贴切不过的了。

国民党政府"大上海计划"知多少

革命先行者孙中山先生在所著的《建国方略·实业计划》一书中提出"设世界港于上海"。1929年7月,当时的上海特别市政府根据孙先生的《建国大纲》,制订了著名的"大上海计划",决定将北邻新商港、南接租界、东近黄浦江、地势平坦的江湾一带(约7000亩土地)划为市中心区域,当时上海的黄金地带已经被租界所占据,原来上海老城则因人口稠密无法再行建设,于是只好决定选择当时较为偏远的江湾地区建设上海新城。

计划主要的内容大致可以分为四个方面:

第一,市中心区计划:在中心区划地1000余亩,建设行政区,形状为一"中"字。区域内包括市政府大楼、各局办公楼以及市立运动场、市立图书馆、市立博物馆、市立医院、市立公园、国立音专等项目。

第二,市中心区域和附近港口、铁路计划:在虬江入黄埔江口建造可停泊百万吨级以上巨轮的深水码头,改建原沪宁、沪杭铁路。

第三,全市分区计划:在中心区的外围区域规划工业区、住宅区、商港区、商业区。以新上海为行政区,市中心和老城厢为商业区,吴淞江及黄浦江岸为商港区,大场、真如一带为工业区,曹家渡、法华、龙华、漕河泾一带为住宅区。

第四,全市道路系统计划:以市政府大楼为中心,东、南两块呈棋盘形,北、西两块呈蛛网形。修筑中山北路、中山西路通往上海县城的南市区;修筑其美路(今四平路)、黄兴路、翔殷西路(今邯郸路)通往租界。修建道路23条,通往浦东和江桥等地。道路名字的首字组合起来正是"中华民国上海市政府"9个字。

"大上海计划"的各项工程于1930年上半年开始动工,在一片农田间修筑了一系列道路,并以新市政府大厦为中心,完成了运动场、图书馆、博物馆、市医院、

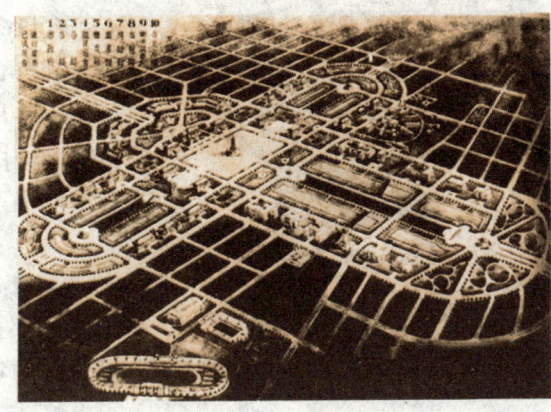

"大上海计划"规划图

卫生试验所、国立音专、广播电台、中国航空协会等建筑。1933年,市政府和其他市政部门相继迁入新建的市中心行政区大楼办公。随后,"新市区"正式宣告建立。

建设期间,工程时停时进,1937年,淞沪会战爆发,工程彻底停顿。日军占领上海后,对"大上海计划"进行了亲日的修改,原有建筑均被保留下来。"二战"结束后,国民政府接管了上海,此时上海租界已经不复存在,于是市政府迁入租界繁华地带,"大上海计划"一度被搁置,新市区再度沦落为野兔出没之地。

新中国成立后,新的上海市政府虽然没有继续执行"大上海计划",但对新城区进行了大规模的建设。原市政府大楼划归上海体育学院;原上海博物馆、市立医院、卫生试验所、中心公园、航空协会等,则由第二军医大学进驻;原上海图书馆,归属同济中学;原上海市运动场更名为江湾体育场,已成为一座全功能的体育中心。当年"大上海计划"中的主要建筑物,经过半个多世纪考验,至今仍巍然屹立。

近代上海的煤气灯、电灯、自来水、邮政、电报、电话是何时开始用的

外国人通过租界赚取了巨额利润,同时也为中国带来了煤气、自来水、电力等近代城市公用设施。中国最早的自来水、最早的供电设施、最早的电报、最早的电话,都是从上海租界开始的。

老上海电话

此前,上海的夜晚照明主要依靠昏暗的油灯,从1861年开始,租界工部局开始筹划煤气安装事宜。先后耗资15万两白银,于1865年9月完成煤气厂房建设及管道安装,当年11月1日,煤气灯开始照亮上海的夜空。到次年11月,已有175盏煤气灯安装在英租界中心地带,创造出上海第一处"不夜天"景观。上海人对此感觉非常新鲜,称其为"地火"、"赛月亮"。

1880年,爱迪生发明的照明装置首次在美国使用,两年后,纽约成为世界上最早使用电灯照明的城市,几乎在同一时期,上海也加入了电灯先行城市之列。1882年,在沪英国

人立德禄发起组建上海电气公司,并公开募股 10 万两(实筹 5 万两)。随后在今南京东路与江西中路路口建立了上海第一个电厂,又在沿外滩到招商局码头一段架设了 15 盏弧光灯。当年 7 月 26 日,电厂开始供电,首批 15 盏弧光灯在上海璀璨亮相。当时观赏者往来如织,街道公园人潮涌动,这是上海人与电灯共度的第一个不眠之夜。上海人为电灯取了个有趣的名字,叫"自来月"。

自来水,也是由外国人带来的新鲜物事。此前,上海居民用水多取自江河,不但有泥沙,入口还有咸秽之味。19 世纪 60 年代中期,工部局决定修建蓄水池,以解决商用、市政、消防用水需要。1880 年,上海自来水股份有限公司在伦敦成立,水厂地址选在黄浦江畔的杨树浦,以黄浦江为水源地。1883 年 6 月底,李鸿章受邀打开引入黄浦江水的阀门,中国第一个城市供水系统正式启用。当年 8 月,水厂正式向公共租界供水。不过当时水厂的水并没有完全入户,还需要挑夫送水上门。

1837 年,美国的莫尔斯发明了电报。1851 年,英吉利海峡铺设电缆,电报开始投入大规模使用。电报进入上海是在 19 世纪 60 年代中期,但由于官员和乡民的阻挠,上海的电报业务一直没有真正建立起来。1871 年 4 月 18 日,英商大北公司终于开通了上海、香港两地的电报通信业务,此后中国的电报事业迅速发展,并在中国近代史上扮演了重要角色。

19 世纪 70 年代,电话是与电灯几乎同时出现的奇观。1876 年,贝尔获得了电话专利,随后爱迪生又对其进行了改进,短短几年之内,电话迅速从实验室走向了市场。1882 年,英国电气工程师毕晓普在马路上向上海人演示了电话,首次将电话介绍到了中国。当年 2 月底,大北公司就在外滩安装了电话交换所,最初的用户仅有 10 家,到 1922 年,租界内的电话用户数就已经达到了 15 579 家。

全国最早的会馆位于上海哪里,为什么上海有很多会馆

上海最早的会馆是位于上海会馆码头街的商船会馆,也是上海最大的会馆之一。商船会馆建于清康熙五十四年(1715 年),占地面积近 20 亩,是清代上海从事南北沿

商船会馆

海沙船运输业商人的同业公所。会馆的正门是方砖砌的高大门头,像是一座城门,两侧放着两只大石狮子。门头上的大方砖上有"商船会馆"字样。进入正门,正前方是两层楼的戏台,飞檐翘角。戏台上面有八角形的漆画藻井,左右两侧各有两层楼的厢房作看戏用。戏台后面是双合式的大殿,是中国传统斗拱木建筑,殿内雕梁画栋,富丽堂皇,雕刻精致。殿后有议事大厅,殿右是两层楼的会务楼。商船会馆是上海以港兴市历史的见证,于1987年被列为上海市文物保护单位。

上海以对外贸易兴市,行业五花八门,各色人等大都有各自的行业组织。这些行业组织为方便行务,往往择取便利之地兴建会馆,以作落脚休息和联络办公之用。有行业公馆、同乡会馆,甚至还有个人开的会馆。因此上海的会馆特别多,据上海南市文史资料记载,当时仅南市就有各类会馆公所一百几十所。较有名气的如城隍庙九曲桥湖心亭北面的豫园正门内的豆米业公所、福佑路安仁街口的糖业公所、徽宁会馆、三山会馆、四明公所、商船会馆、木商会馆、钱业公所等。新中国成立后不久进行经济体制改造,这些会馆大都被改做他用,现在还存留的会馆已不多见。

为何"铺"曾是上海行政单位的名称

"铺"成为上海的行政单位是在清朝的咸丰、同治年间。当时为了防御太平军进攻,上海地方官员将上海县城乡内外的商号建立了一种联保联防的"铺",实际上就是团练组织。由铺负责铺内治安,公事和费用由铺内各商号共同承担。原计划是划分为27个铺,但因种种原因实际上只划分了16个铺,即从头铺到十六铺。后来,西方列强在上海设租界,又把"铺"改为"坊"、"闾",作为基本行政单位。1927年,民国政府把上海定为特别市,又把"坊"、"闾"改编为"区"。

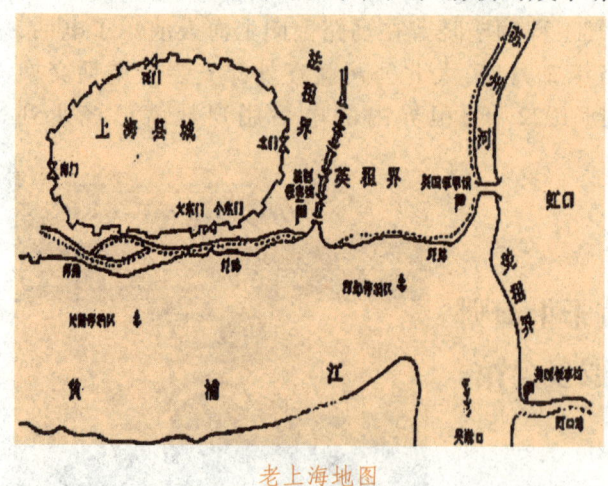

老上海地图

为何近代上海是文化传播的中心

1843年11月上海正式开埠以后,中外贸易中心逐渐从广州转移到了上海,而且文化传播业也在上海兴起。到20世纪初,上海已成为中国文化传播的中心,集中了中国大多数报刊与出版社,出版图书品种和数量占中国出版业的大半壁江山,而且电影业和唱片业更是此行业的领头羊。这其中有多方面的原因。

上海因其地理优势很快成为进出口贸易的龙头,外国思想和文化往往先在上海登陆,然后向中国各地传播。加之上海文化传播业发展的环境宽松,限制不多,很自然地成为文化传播业的首选之地,很多人在此创业。上海最早的一家出版机构墨海书馆便是由传教士创办的。文化传播业名人王韬就曾在这里工作。其后则有土山湾印书馆、益智书会、广学会、美华书馆。当时有名的报纸有《六合丛谈》《万国公报》《申报》。1868年江南制造局翻译馆在上海成立,负责翻译和引进西方的科技类书籍。上海由此成为中国官方引进西方科技类书籍的中心。清末维新派在全国创办了近40种报刊,有27种在上海编辑发行,以《时务报》最为有名。

到19世纪末和20世纪初,上海民办出版社逐渐取代教会出版机构和官办书局,成为上海的主力。大批知识分子进入到出版业工作。而各色上海市民读者则成为文化传播业大发展的最基本社会基础。当时最著名的三家出版社是商务印书馆、中华书局、世界书局。1907年,《青年杂志》的出版者群益书社由长沙到上海设分馆,之后出版了著名的《新青年》杂志。1913年以出版标点小说著称的亚东图书馆由芜湖迁到上海。各出版社或在上海创办,或迁到了上海,所以上海很自然地成为了中国印刷出版业的中心。

《新青年》杂志

此外,上海还是最先引进唱片业和电影业的地方。很多唱片或电影公司在上海成立,发行出售了大量唱片和多部电影,获利丰厚。当时中国的唱片和电影主要是在上海制作发生。当时百代公司出版的唱片种类最多,包括曲艺、戏曲、器乐曲及歌曲等,以国语流行歌曲数量最多。当时流行歌坛最负盛名的歌星如周璇、白虹、姚莉和李香兰等,均在百代旗下,

明星胡蝶、阮玲玉等曾在百代录制唱片。

20世纪30年代,上海影业步入黄金时代,被誉为"东方好莱坞"。当时上海的电影公司林立,鼎盛时有140多家。著名的上海电影有《难夫难妻》《狂流》《渔光曲》《十字街头》《马路天使》《木兰从军》《八千里路云和月》《一江春水向东流》《乌鸦与麻雀》等,深受广大观众喜爱。

由于当时印刷出版业、唱片业和电影业在上海的大发展,使上海不折不扣地成为了近代中国文化传播的中心。

为何"维新运动"的舆论中心不在北京而在上海

戊戌变法是在北京进行的,舆论中心却在上海。广东人康有为、梁启超等在上海制造舆论,为变法鼓吹。人们不禁要问,为何舆论中心在上海而不是在北京呢?其实这跟当时中国的政治环境和上海的地理位置优势有关。

1895年农历八月,康有为在北京创办《万国公报》;次月筹设北京强学会。北京是其宣传变法思想的主要区域。十一月初康有为到达南京游说两江总督张之洞,之后与其幕僚梁鼎芬到上海设立强学会分会。《上海强学会序》发表在《申报》上,主张士大夫参加议政。1896年一月上海《强学报》创刊,由徐勤、何树龄等主笔。当时上海强学会的会员有梁鼎芬、汪康年、张謇、黄遵宪等名人。1896年一月二十日北京强学会遭封禁,上海强学会也随之解散。但在1897年至1898年,各地学习强学会创办了很多学会。梁启超因而说"学会之风遍天下,一年之间,设会百数,学者不复以此为大戒矣"。

康有为

1896年七月初(8月9日),黄遵宪、汪康年、梁启超在上海创办《时务报》,由梁启超任主笔。该报以宣传维新变法、救亡图强为宗旨,载有论说、上谕、奏折、中外杂志、域外报译等,数月之间,风靡海内,很快销至17 000余份,为"中国有报以来所未有"。《时务报》自1896年8月9日创刊至1898年8月8日改为官报为止,共出版69期。

1898年6月11日光绪帝发布《明定国是诏》,变法从此正式开始。6月16日,光绪帝召见康有为,商讨变法具体步骤和措施。到9月21日慈禧太后发动政变,变法仅经历 103 天而告终。

仁人志士在沪集会、办报、译书，宣传变法维新主张，使上海成为变法呼声最强的地方。康有为、梁启超等人选择上海来宣传变法主张并非偶然。在戊戌变法以前，上海受西方文化影响，思想界比较活跃，非北京所能比，使它很自然地被当成宣传维新变法的舆论中心。

淞沪会战究竟如何惨烈

淞沪会战是上海有史以来规模最大的一次战役，是抗日战争时期中日军队之间的首次主力会战，双方总共投入兵力近百万，历时三个多月，是八年抗战中规模最大、持续时间最长的战役之一，震惊世界。

1932 年 1 月 28 日，日本在东北制造"九·一八事变"后，又在上海借口 5 名日本僧人在三友实业社门前被中国工人殴打，而挑起"一·二八事变"，中日两国在上海闸北区激烈的军事冲突持续时间长达一个多月，以至于南京国民政府也暂时迁移到洛阳，此为中日上海冲突之始。

1937 年 8 月 9 日，日军入侵上海虹桥机场警戒线滋事，此后日方积极备战，要求国民政府撤出驻沪保安队，被严词拒绝。随后，日军企图重演"七·七事变"，于 8 月 13 日上午 9 时 15 分，集结驻沪陆军及海军陆战队约万余人，向国民政府保安队发动进攻，淞沪会战至此拉开帷幕。

鉴于淞沪会战是抗战初期首次重要会战，中日双方都集中了大量主力部队。一开始，中国军队围攻租界内的驻沪日军，日方迅速增兵，战事迅速扩大。中方军队英勇奋战，战斗非常惨烈，在四行仓库保卫战中，涌现出了"八百壮士"的悲壮事迹。由于中国军队英勇战斗，成功打乱了日军初期的战略部署，日军增兵

淞沪会战场景

至 15 万人，仍未能获得决定性的胜利，乃于 10 月中旬决定增派一个军自杭州湾北岸登陆，以打击中国军队侧背。11 月 5 日拂晓，日军在金山卫附近正面登陆，突破防线后向松江进军。此时中国军队遭受腹背之敌严重威胁，鉴于迫诱日军主力转移至华东地区目的已达到，于是中国军队主动撤退，11 月 12 日，上海沦陷，战事至 26 日方告结束。

老上海的趣闻传说

淞沪会战一共历时三个月,在中国军民的拼死抵抗之下,日军伤亡9万多人,损失飞机200多架,舰船20余艘。我军虽然伤亡惨重,被迫自上海撤退,但此战坚定了中国人民的抗战决心,激发了全国同胞的爱国热情。此战迫使日军转移战略主攻方向,其三个月灭亡中国的计划也宣告破灭。中国军民的英勇战斗为中国沿海工业的内迁赢得了时间,而中国军队的牺牲精神和战斗能力也获得了世界其他国家的同情和赞许。从此,历经百年屈辱的中国军队在战争的磨炼中逐渐成长为世界反法西斯战争中东方战场的主力。

中国共产党的诞生地在哪里

上海不但是中国的金融中心,也是中国革命的圣地。伟大的中国共产党就是在上海成立的。

1917年,十月革命的一声炮响,给中国送来了马克思列宁主义。随即,陈独秀、李大钊即在《新青年》上撰文宣传马克思列宁主义,并在五四运动中将其与中国工人运动结合起来。为了更好地领导和组织工人运动,陈独秀和李大钊在五四运动之后即开始着手准备建党。

1921年,全国各地已经成立了多个共产主义小组,建立一个全国性政党的时机已经成熟。当年6月,共产国际派往中国的代表马林和尼科尔斯基到达上海,与各地共产主义小组取得联系,决定在上海召开中国共产党全国代表大会。

7月23日,是中国革命历史上意义深远的日子,各地代表齐集上海,先后到达法租界贝勒路树德里3号(新中国成立前曾称忘志路106号,现为兴业路76号),即李汉俊的哥哥李书诚的家,会场设在楼下客厅。

中共一大会址

当晚8时,中国共产党第一次全国代表大会宣告开幕。出席会议的代表有上海小组的李达、李汉俊,长沙小组的毛泽东、何叔衡,武汉小组的董必武、陈潭秋,济南小组的王尽美、邓恩铭,北京小组的张国焘、刘仁静,广州小组的陈公博,日本留学生代表周佛海,另外,陈独秀又指派包惠僧带去了他的信件。共产国际的代表马林、尼科尔斯基也出席了会议。李大钊、陈独秀则因事脱不开身没有参加一大。大会原定陈独秀主持,后来临时推举张国焘主持。

会议开至 7 月 30 日晚，会场被法租界的巡捕搜查，上海的会议被迫中止。8 月 2 日，代表们转移至嘉兴南湖，在南湖的游船上召开了最后一天的会议。大会通过了中国共产党的纲领，规定了党的奋斗目标、民主集中制的组织原则和党的纪律，通过了当前实际工作的决议，确定了党成立后的中心任务。大会还选举了中国共产党中央局委员：陈独秀、张国焘、李达，称为"三人团"。陈独秀担任书记，张国焘担任组织部主任，李达担任宣传部主任。"一大"的召开，宣告了中国共产党的正式成立。

"五卅惨案"是如何发生的

"五卅运动"是中国近代史上一次轰轰烈烈的反帝爱国运动，其发源地就在上海，并迅速席卷全国。

1925 年 5 月 15 日，上海日商内外棉七厂资本家借口存纱不敷，故意关闭工厂，停发工资。工人共产党员顾正红带领工友与资本家理论，要求复工并发工资。日本资本家非但不允，反而开枪打死顾正红，打伤十余人，此事成为"五卅运动"的导火线。随后爆发了反帝爱国示威游行。租界工部局大肆拘捕爱国学生，当天下午，仅南京路的老闸捕房就拘捕了 100 多人。消息传出后，万余名上海群众聚集在捕房门口，高呼爱国口号，要求立即释放被捕学生。英国捕头竟调集巡捕，公然开枪屠杀手无寸铁的群众，当场打死 13 人，重伤数十人。次日又打死 3 人，打伤 18 人，制造了震惊中外的"五卅惨案"。

惨案发生后，中国人民反帝的怒火被迅速点燃，从 6 月 1 日起，上海全市开始了声势浩大的反对帝国主义的总罢工、总罢课、总罢市。同时，上海总工会成立，李立三任委员长。在中国共产党的领导和推动下，五卅运动的狂潮迅速席卷全国。7 日，上海工、商、学召开联席会议，成立了上海工商学联合会，作为"三罢"运动的公开领导机关。从此，运动从工人发展到学生、商人、市民、农民等社会各阶层，并从上海发展到各地，遍及全国 25 个省区，各地约有 1700 万人直接参加了运动，形成了全国规模的反帝高潮。

"五卅惨案"油画

中国人民的反帝斗争，获得了海外华侨和各国人民的广泛同情和支持，有近百个国家和地区的华侨举行集会并发起募捐,声援"五卅运动"。莫斯科还举行了 50 万人的示威游行,声援中国人民的"五卅运动",并为中国工人捐款。6 月 7 日,日本 30 多个工人团体举行盛大演讲会,决议声援中国工人团体,同时向日本政府和资本家提出抗议。英国工人阶级积极行动,阻止船、舰、车辆运输军火到中国。"五卅运动"成为具有广泛国际影响的反对帝国主义的斗争。

面对愈演愈烈的罢工形势,帝国主义迅速调动武力进行镇压,并向北洋政府施压,还通过内部分化爱国统一战线。上海商人首先复市,工人们则在当局和租界满足部分要求后于 8 月份陆续复工。

持续时间长达 3 个月的"五卅运动"沉重打击了帝国主义,显示了工人阶级的领导力量和革命统一战线的作用,提高了中国人民的觉悟,标志全国革命高潮的到来。

为何说二战期间犹太人在上海找到了避难所

在上海虹口区长阳路 62 号,有一座"上海犹太难民纪念馆"。原来这里是一座犹太教堂,在门口的留言簿上,人们用英文、希伯来文、日文、俄文等多种文字抒发着对上海为犹太人提供庇护之所的感谢之情。

二战时期,纳粹德国奉行仇视犹太人的政策,对欧洲的犹太人进行了疯狂的大屠杀。据估计,欧洲有至少 600 万犹太人被希特勒的纳粹势力所杀害,幸存下来的犹太人不得不向世界其他地方迁徙。但 1938 年 7 月 6 日在法国召开的国际难民会议上,与会的美国、加拿大、澳大利亚、爱尔兰和新西兰等 32 国均拒绝接受犹太移民。

就在反犹浪潮席卷全球,犹太人无家可归之际,上海展开她的双臂。当时上海是世界上唯一不需要入境签证和财产担保的城市。"二战"中幸存的犹太难民,有许多都漂洋过海,来到上海寻找生存的希望。

说起犹太人的大逃亡,还不得不提张凤山的名字。当时要想逃离就必须获得外国签证,但是各国都拒绝接纳犹太人,各国领事馆也拒发签证。时任中国驻维也纳领事馆总领事的张凤山基于人道主义立场,不顾上司驻德大使的反对,向数以千计的犹太人

上海犹太难民纪念馆

发放了"生命签证",他在任的两年间发放了多少签证,已经无从统计,但从已经找到的签证来看,他在1938年6月到10月不到半年的时间内,共发放了近2000份签证,他总共发放的签证当不少于5000个。

在大批犹太人到达上海之前,已经有两个犹太社团定居在这里,他们在上海开设收容所,收容安置犹太难民。虽然初到上海,犹太人都非常贫困,但他们毕竟躲过了纳粹的大屠杀。日军进入租界以后,将犹太人安置在虹口一带,称"无国籍难民限定聚居区",犹太人的生存条件进一步恶化。德国盖世太保还曾抵达上海,敦促日军对犹太人进行灭绝屠杀,但日军最终没有付诸实施。

"二战"结束之后,以色列国建立,犹太人开始陆续离开上海。他们一直记得上海给予他们的帮助。2007年,上海市政府对以前犹太人聚居区的摩西会堂进行了修缮,随即在此设立了犹太难民上海纪念馆(上海市虹口区长阳路62号)。纪念馆通过影片、照片、模型等多种方式,生动再现了犹太难民在上海的这段辛酸的历史。

大韩民国曾经在上海设置过临时政府吗

上海不但对犹太人意义重大,在韩国的历史中,也占有独特的地位,因为上海是大韩民国临时政府成立的地方。

1910年,朝鲜半岛沦为日本殖民地。1919年,韩国爆发反抗日本统治的"三·一起义"。起义失败后,大批韩国志士流亡中国,继续从事反日独立活动。为了方便向即将召开的巴黎和会提出独立要求,在上海的韩国大韩民国临时政府旧址各派政治力量经协商决定成立一个临时政府。当年4月11日,大韩民国临时政府在上海成立,办公地点设在法租界马浪路(今马当路)普庆里4号,对外称"高丽侨民事务所"。在第一次代表会上,通过了《临时宪法》,并选举李承晚为临时政府总统。

从1919年到1932年,大韩民国临时政府一直在上海,当时他们没有获得任何政府认可,国民政府也没有正式承认,但一直在力所能及的范围内给予帮助,并协助训练地下武装和情报人员,扩大其在国际上的影响。1932年,韩国临时政府成员遭到日本军警的逮捕,临时政府被迫撤

李承晚

离上海,此后几经迁徙,先后在杭州、镇江、南京、长沙、广州、柳州、綦江设立临时机关,1940年迁往重庆。日本投降后,临时政府迁回韩国,成立了今天的韩国政府。

大韩民国临时政府旧址,在上海市卢湾区马当路306弄4号,是临时政府在1926—1932年的办公地点,经整修后,于1993年正式对外开放。由于其对于韩国历史的特殊意义,被誉为"韩国民族独立运动的圣殿"。曾有3位韩国总统、3位国会议长到此参观。

老上海的地名

 **黄浦江是从何时开始闻名的,为什么被称为上海的母亲河**

大名鼎鼎的黄浦江,是万里长江入海前接纳的最后一条支流,其对上海意义非凡,被誉为上海的"母亲河"。

黄浦江旧称黄浦,别称(黄)歇浦、春申江,因春申君黄歇曾对其进行疏浚而得名。黄浦江发源于青浦区朱家角镇淀峰的淀山湖,而淀山湖的水则来自太湖,太湖最大的支流是从浙江湖州注入的苕溪,因此黄埔江水的最终源头还在苕溪的源头浙江安吉龙王山。出淀山湖后,江水一开始向东流,在闵行区邹家寺嘴折向北流,在上海市中心白渡桥接纳吴淞江(苏州河),最后到吴淞口注入长江。从淀山

老上海的黄浦江沿岸风景

湖算起，黄浦江全长113公里，是一条天然的黄金水道。

黄浦江是一条多功能的河流，兼有饮用水源、航运、排洪排涝、纳污、渔业生产、旅游等多种利用价值。为了保护水质不受污染，上海市已将闵行西界以上的江段及淀山湖等地划为水源保护区，把龙华港至闵行西界江段划为准水源保护区。黄浦江在穿越市区的60公里江段，水面宽达700米，深度在8米以上，可出入万吨级货轮。在黄浦江两岸，先后建起的大小码头有100多个，其中万吨级深水泊位约有五六十个。码头岸线长度已超过10公里。黄浦江既是一个河港，也是一个海港。黄浦江不但是上海的母亲河，也是上海的象征和缩影。在黄浦江两岸，不但集中了众多港口，也荟萃了上海城市景观精华，现在，黄浦江夜游已经成了上海旅游的热点。

有上海，有没有"下海"

据说1955年，毛主席到上海视察，在游览黄浦江时，他突然向陪同人员提出了一个问题："你们知道上海还有个下海吗？"在场的上海人都无言以对。有上海，还有下海？答案是肯定的。

在宋代，吴淞江泄洪不畅，于是人们在其两岸开凿了许多泄洪水道，这些人工水道称为"浦"。当时，吴淞江在今虹口区海门路一带，南岸有一个浦，称为上海浦。与上海浦相对着的北岸也有一个浦，这就是下海浦。古人命名有个习惯，以靠近源头为里或上，靠近下游为外或下，上海浦和下海浦，都因其位置而得名。

南宋时期，上海浦的航运兴盛，逐渐在其岸边形成了市镇，即上海镇。其后上海镇逐渐发展为上海县，直至近代发展为上海市，成为中国最重要的经济中心，上海的名字名扬天下。而曾经与上海比肩的兄弟下海，却逐渐湮没无闻，最后被上海人所淡忘。

明朝初年，吴淞江淤塞严重，就为其开挖了一条新河，这条河的走向与现在的苏州河下游相同。此后，下海浦就被抛弃了。鸦片战争后，黄浦江先开辟租界，兴建船坞、码头、仓库，下海浦渐渐淤塞。1922年，下海浦被完全填埋，变成了一条街道，也就是现今的海门路。

下海庙大雄宝殿

这样，下海浦就从河道变成了马路，只有旁边一间残破的小庙还记载着它的往事。这座庙就是下海庙，又称"夏海庙"、"义王庙"，位于上海市虹口区昆明路73号（近提篮桥），始创于清代乾隆年间，当时仅有房屋九间，是当地渔民和居民为祈佑平安、奉祀海神的民间神庙。此后屡有扩建，抗战时期，下海庙毁于日军炮火。1941年，由觉莲法师募资重建，保存至今。庙内有一块纪念碑，其落款颇为有趣——"上海下海庙"。

外滩的名称是怎么来的；有外滩，有没有里滩

自明朝时期"黄浦夺淞"之后，黄浦江逐渐成为上海航运的主航道。开埠之初，除了东门外的黄浦江有固定的堤岸外，黄浦江边其他地域都是一片自然滩地。退潮时，江水落入河床，滩地露出；涨潮时，江水又漫过河滩。遇上逆水行舟时，船只就必须由纤夫拉着走。数百年来，纤夫的足迹就在黄浦江滩踩出一条小道，人们称之为"纤道"，这也是外滩最早的路。

根据上海人的习惯，一般将河流的上游叫做"里"，河流的下游叫做"外"；或以县城为参照，距城近的称"里"，距城远的称"外"。黄浦江在县城附近的陆家浜出口处正好形成一个弯道，于是上海人就以陆家浜为界，称其距县城近的上游为"里黄浦"，距县城远的下游为"外黄浦"。里黄浦的河滩自然就称作"里黄浦滩"，简称"里滩"；外黄浦的河滩就叫做"外黄浦滩"，简称"黄浦滩"或"外滩"。

上海开埠后，外滩一开始是英国人的专管领地，英国人在此用钢筋混凝土修筑了一条浚浦线，外滩的岸线从此固定下来。后来英美租界合并成立公共租界，外滩就成了公滩，外滩之"外"，也包含着外国的意思。

随着经济的发展，外滩的建筑越来越多、越来越高，诸多商行进驻于此，成为上海的"风水宝地"。当时在外滩拥有一块土地，不仅是财富的象征，更是名誉、地位的象征。商行、金融企业在外滩占有一席之地后，随即大兴土木，营建大楼。外滩的建筑大多经过多次重建，各国建筑师在这里大显身手，使面积不算大的外滩集中了20余幢不同时期、不同国家、不同风格的建筑，故外滩又有"万国建

上海外滩

筑博览会"之称。外滩记录着上海的成长史，外地人来到上海，外滩是必游之地。

上海的十六铺是如何得名的

十六铺码头位于黄浦区，在黄浦江西岸，是上海最早的港口，也是上海发展繁华的见证。一般认为，十六铺码头起源于1862年，当时美商上海旗昌轮船公司在十六铺北部租地，建造了旗昌轮船码头，停靠长江及沿海的船舶，这是十六铺地区第一个轮船码头。事实上，十六铺的繁盛还要早于这个时间。

早在南宋时期上海设镇之后，上海港口就日渐兴盛，有"华亭东北一巨镇"之称。明嘉靖年间上海筑城以后，十六铺码头就设在东门外，那里是当时城外最繁华、最繁忙的地段。清代乾隆以后，海禁开放，上海成为我国北洋航线（长江口以北沿海）、南洋航线（长江口以南沿海）的联结点。受当时造船技术的限制，北洋航线上的船舶无法在南洋航线上航行，反之亦然，这样，上海港就成了当时南、北货轮的重要转口贸易港。《上海名街志》记载："因近港口，货畅其流，南北各路商户均携重资而来，在小东门外、十六铺一带开店设庄。"这样，十六铺一代迅速发展起来，码头林立，商业繁华，堪称上海的门户，当时有"一城烟雨半东南"之说。此时的十六铺，就已经是中国乃至东亚最大的海运码头了。

开埠之后，上海的地位更加凸显，特别是太平天国运动时期，江南成为战区，漕运被迫中断，南北联系被迫从过去的河运改成了海运。上海临江靠海，区位优势明显，靠着这样的机遇，上海十六铺就变成了真正的物流集散枢纽，盛极一时，成为当时中国最大的水运中心。当时它不仅联系着国内贸易，而且也是联系国际贸易的一个重要枢纽。

北伐战争胜利后，大批钱庄和商行都迁入租界，上海经济重心北移，十六铺逐渐衰落，此后上海又迭经战火，十六铺地区的众多商铺被炸为废墟，往日的盛况一去不复返。

新中国成立后，十六铺由商港变成了一个单一的客运中心。20世纪90年代开发浦东以后，黄浦江成为上海的内河，两岸陆上交通迅速发展，进出十六铺的旅客也日益减少。2004年，上海市政府爆破拆除了十六铺客运大

上海十六铺老码头

楼及周边建筑,十六铺作为港口的历史正式终结。

随着 2010 年上海世博会的开幕,十六铺老码头正式脱胎换骨,成为一处集购物、餐饮、休闲为一体的综合性旅游平台,其新开通的浦江游也成为上海旅游的新亮点。

上海"十里洋场"的称谓有何来历

"十里洋场",顾名思义,与"洋"或者说洋人的租界是分不开的。1845 年,英租界在洋泾浜北岸成立;1848 年,美国人在苏州河北岸的虹口划定租界;1849 年,法国人又在洋泾浜和上海城墙之间划定租界。当时,清政府为了避免"华洋杂居"情况的发生,规定租界内只准洋人居住。中国古称东边来的外族人为"夷",因此当时上海人就称外国人居住的租界为"夷场"。1862 年,上海知县王宗濂发布告示,规定日后对外国人不得称"夷人",违令者严办。于是上海人改"夷场"为"洋场"。

而"十里"的含义,一般认为其只是一个虚拟词,表示其范围很大。也有人认为美租界沿苏州河两岸发展,英租界和法租界南起城河(今人民路),西至周泾和泥城河(今西藏南路和西藏中路),北面和东面分别为苏州河与黄浦江,三个租界的周长约十里,因而称其为"十里洋场"。虽然日后租界的面积扩展了若干倍,但"十里洋场"之名却一直沿用了下来。

老上海"十里洋场"

后来上海城市日渐繁华,即使在租界之外也是如此,于是人们逐渐以"十里洋场"来指代旧上海市区,但这一名称多含贬义。

松江地名有何来历,为何松江有"衣被天下"的美誉

上海古属松江,一直隶属于苏州管辖,但在宋代以前,松江一直默默无闻。南宋时期,松江一带经济发达,以粮食和丝织品为主,但其名气也被苏州、杭州所掩盖。

宋代,棉花栽培从岭南逐渐传到长江中下游地区,棉花种植业迅速推广普

黄道婆

及。但当时棉纺织技术落后，棉花去籽要用手工剥，又没有弹松棉花的机具，从棉花纺成棉布费时费力，而且织成的棉布也很稀松、粗糙。

元朝初年，松江府（现上海市松江区）乌泥泾有位叫黄道婆的妇女，将她从海南岛黎族姐妹那里学到的一整套纺织技术带回了家乡。此后，松江府很快就掌握了先进的技术，松江棉布从原来的粗糙、单一、稀松变得精致、牢固、美观。在黄道婆的带领下，松江地区从事棉纺织业的人口急增，棉纺织业迅速发展，成为当地经济的重要组成部分，黄道婆的故乡乌泥泾镇生产的乌泥泾被更是天下闻名。黄道婆为松江府的棉纺织业作出了巨大的贡献，人们崇敬她、怀念她。数百年来，人们一直用各种方法纪念这位伟大的女性，如今在上海植物园内还保存有纪念黄道婆的祠堂。

明清时期，松江的棉纺织业继续发展，盛极一时，质量、产量独步天下，松江府实际上成为全国棉纺织业的中心。外地商人纷纷到松江来收布，布商携重资而来，白银少则数万两，多则数十万两。在明代的小说《金瓶梅》中，就有到松江贩卖棉布的情节，松江棉布的影响之大可见一斑。据《松江府志》记载："吾乡所出皆切实用，如绫、布二物，衣被天下，虽苏杭不及也。"

为何外摆渡桥会变成"外白渡桥"

在许多关于旧上海的影视作品中，经常能看到横跨苏州河的一座双孔钢桁架铁桥，这就是著名的外白渡桥，是上海的标志之一。这座桥自建成至今，已有100多年的历史了。

1856年，英商韦尔斯等人在苏州河上建造了一座木桥，称韦尔斯桥，他规定行人车马过桥均需交付过桥税，而且只向华人征税，外国侨民车辆及仆役一律免税。他的这一做法遭到了上海居民的抵制。广东人詹若愚就在今山西路口设置义渡，免费接送两岸的过往华人，以示不屈。渡人过河，即为"摆渡"。

1876年，工部局迫于众怒，在韦尔斯桥附近建造了一座木质浮桥，并规定过桥免费。因这座桥毗邻外滩公园，所以英国人称其为"花园桥"，并在桥头竖立了铜质纪念碑。上海市民则称呼其为"外摆渡桥",因其正好位于原来摆渡的渡口之上。后来由于民间口误,同时也因为其过桥免费,"外摆渡桥"的名字逐渐演变成了"外白渡桥"。

光绪年间,木桥已经相当残破,无法满足交通发展的要求。于是,工部局决定另建一座铁桥。铁桥于1906年开始建造,所用材料均为英国进口。次年,外白渡桥竣工,1908年1月正式通行。该桥上部结构为下承式简支铆接钢桁架,为当时技术最新的钢铁结构。下部结构为木桩基础钢筋混凝土桥台和混凝土空心薄板桥墩,两孔跨径组合各52.12米,梁底标高5.75米,桥面铺设电车轨道,载重量约20吨。

外白渡桥

外白渡桥是中国第一座全钢结构桥梁,其优美的身姿和为人们带来的便利给上海人留下了深刻的印象,成为上海近代交通发展史上重要的人文景观。新中国成立后,曾多次对外白渡桥进行过加固。

2007年年底,上海市政工程管理局收到了一封寄自英国一家设计公司的来信,信中说,外白渡桥的"桥梁设计使用年限为100年,现在已到期,请对该桥注意维修"。当然,英国设计单位这样做的目的是为了免除桥梁发生意外后所需承担的法律责任,但也从另一方面反映出设计方专业严谨的态度。于是在2008年,上海对刚过"百岁"的外白渡桥进行了系统的大修,"整旧如旧",将可使外白渡桥寿命再延长50年。同时还给桥上钢桁装上了彩灯,使夜晚的外白渡桥格外美丽。外白渡桥位于苏州河与黄浦江的交汇口,北可以欣赏高耸的百老汇大厦,南可以欣赏别致的外滩风情,向东还能眺望壮观的浦东陆家嘴,是一处欣赏上海都市风景的绝佳地点。

上海的路名为何多是省市名

打开上海地图,你会发现一个有趣的现象——上海的道路大多是用中国的省或城市来命名的,而且一般南北向的为省名,如西藏路、陕西路、四川路等;而东西向的一般是城市名,如北京路、南京路、苏州路等。而且这些命名还有分区,大致是按照中国省份的范围来进行分区,如东部浦东新区的道路大多以山东的城镇命名(潍坊路、枣庄路、崂山路等),西部长宁区的大多是贵州、新疆

陕西路步高里

等省区地名（遵义路、安顺路、天山路、伊犁路等），北部的宝山区、闸北区大多是山西、内蒙古的地名（临汾路、平型关路、呼兰路、阳曲路等），西北的普陀区则大多是西北几省的地名（铜川路、金沙江路、玉门路、祁连路等），东北的杨浦区大多是东北三省的城市（四平路、抚顺路、延吉路、齐齐哈尔路等）。

实际上这些道路名称，主要是国民政府对道路命名的一套方案来确定的，但也有其他的历史原因，具体来说，有以下几种。

一是来自租界。1862年，公共租界发布了《上海马路命名备忘录》，制定了凡南北走向的街道以各省的名称命名，东西走向的街道以城市名称命名的原则，南京路、北京路就是那时候命名的。法租界则略有不同，常常以法国名人来命名道路，如贝当路（衡山路）、霞飞路（今淮海中路）等，新中国成立后，政府对这些具有殖民色彩的道路名称进行了更改。

二是辛亥革命的产物。辛亥革命后，增加了共和路、光复路、中华路、民国路、大统路等名称，示意中华民国的开国新气象。

三是寄托民族资本家的美好愿望。如永兴路、鸿兴路、华盛路、华昌路等。

四是民国时期"大上海计划"的产物。当时计划修筑干道20条，形成全市干支相连的道路系统。按照计划，当时总共将构筑11条"中"字打头的马路，10条"华"字马路，5条"民"字马路，10条"国"字马路，9条"上"字马路，13条"海"字马路，15条"市"字马路，12条"政"字马路和8条"府"字马路，组合起来正是"中华民国上海市政府"9个字；同时，按孙中山先生思想中的"三民五权"、"世界大同"进行分区。现在杨浦区五角场一带的道路名称，就是这一计划的产物。

民国时期，国民党市政府又对少数道路进行了调整和更改，例如为了纪念民国功臣，就以林森（国民政府主席）、其美（国民党元老陈其美）、英士（陈其美字）等命名了一批道

陈其美

路。新中国成立后,这些道路的名称都进行了更改。

老上海的霞飞路在哪

霞飞路是老上海西式花园住宅和高档时尚购物街的代表,堪称上海城市的时尚之源。很多人梦想能在霞飞路有套花园洋房,尤其是白俄侨民对此地情有独钟。

霞飞路东起敏体尼荫路(今西藏南路),西至海格路(今华山路),全长5500米。霞飞路最初的名称是西江路,19世纪末法租界西扩至此,1900年法租界公董局沿宁波路(今淮海东路)向西拓建道路,在今重庆路口以东为西江路,以西命名为宝昌路。1906年10月10日,西江路、宝昌路统称宝昌路。法租界有以人名为路名的习惯。宝昌路以法租界公董局总董宝昌的名字命名。宝昌从1881年至1907年连任15届董事,其中任总董5届。1908年,法商电车公司开通自十六铺经公馆马路、宝昌路至徐家汇的有轨电车,使交通更加便利,居民也因此增多。1915年6月宝昌路又更名霞飞路(Avenue Joffre),1922年3月,由法国将军霞飞举行揭牌仪式。霞飞路即取自他的名字。

霞飞路东段建成于1900年至1914年之间,是传统的华人商住区,多石库门里弄住宅;西段在1920年左右形成大规模的高级住宅区,多花园洋房和高级公寓,是英美侨民和上海上层人物的主要聚居地;中段则是在1930年以后随着大批白俄难民在此定居,形成异国情调的高档商业街,西洋时装店、洋货店、西式食品店、咖啡店、西菜铺、西式木器铺、珠宝店鳞次栉比,多俄侨老店名店,有浓厚的欧美时尚气息,故闻名遐迩。

1943年10月8日,霞飞路更名泰山路,1945年10月,更名林森路,以纪念原国民政府主席林森(1867—1943),以西藏路口为界,分别称林森东路、林森中路。新中国成立后,为纪念淮海战役的胜利,于1950年5月25日将林森东路、林森中路更名淮海路,西藏路以东部分称淮海东路,以西至华山路部分称淮海中路。淮海西路始筑于1925年,系法公董局越界所筑,原名乔敦路(Jordan Road),以当时的

霞飞路

英国驻华公使朱尔典(John Newell Jordan)的姓氏命名,1933年改名庐山路,1945年更名林森西路,1950年更名淮海西路。

徐家汇因何得名

徐家汇是上海市区西南部的商业中心和交通枢纽,位于原蒲汇塘、肇嘉浜、法华泾汇合处,今泛指广元路、虹桥路南、宛平路西、徐红北路东、蒲汇塘路北一带地区。徐家汇以环境优雅、人文史迹荟萃著称。徐家汇因明末科学家徐光启而得名。

徐光启纪念馆

明嘉靖四十一年(1562年)徐光启生于南直隶松江府上海县法华汇。万历三十二年(1604年)中进士,后官至礼部尚书。崇祯五年(1632)六月,徐光启以礼部尚书兼东阁大学士入阁,参予机要,十一月,加太子少保,十一月七日病逝,终年72岁,谥文定,归葬上海县,先是暂厝于县城南门外双园别墅,1641年移葬法华汇肇家浜北原(今徐家汇光启公园)。

为纪念这位科学家,人们将法华汇改命为徐家汇。在光启公园内现有徐光启墓和其夫人吴氏及四个孙子的墓冢,另有徐光启纪念馆。

陆家嘴因何得名

如果有人问最能代表上海新形象的地方在哪里,答案当然就是陆家嘴金融区。这里林立的摩天大楼,已经成了浦东新区乃至整个上海的新名片。

陆家嘴虽然有名,但很少有人知道,这一片神奇的土地是与两位古老的上海人紧密连在一起的。这两位上海人便是明朝的大文学家陆深和其夫人梅氏。根据上海地方志记载,陆家嘴位于浦东新区,与浦西外滩仅隔一条黄浦江;黄浦江正好在这里拐了一个近90度的

陆深石刻像

大弯,留下一片向西侧突出的冲积滩地。从浦西向对岸眺望,这块滩地就犹如一只巨大的金角兽伸出脑袋张开嘴在饮黄浦江的水。在这块滩地上,由于陆深的旧居以及陆氏的祖茔都建于此,因此人们称之为陆家嘴。

半淞园路因何得名

半淞园路位于上海市黄浦区东南边缘,黄浦江向北拐弯的内侧,道路沿江而走,东北连接外家浜路,以外马路为界,向西南延至西藏南路西侧,接华龙东路。半淞园路得名于1918年建成的上海著名娱乐场所半淞园。

半淞园在19世纪末是吴家桃园,盛产水蜜桃,至1909年部分卖给了上海沙逊洋行买办沈志贤,并营造私家园林沈园。1917年2月,沈志贤与姚伯鸿开始扩建沈园,计划建成为一处营业性的园林。1918年完工后,园林面积扩大至60余亩,园内水域面积占总面积的将近一半,其河道数条与黄浦江相通,水质澄净,游鱼可见,岸边垂柳依依,于是依杜甫诗《戏题王宰画山水图歌》的名句"剪取吴淞半江水"命名该园为"半淞园"。门票为银元2角,儿童及仆从半价。

1926年的上海半淞园

半淞园因地处人口稠密的南市,而该地区又缺乏大型娱乐场所,同时半淞园又毗邻沪杭甬铁路上海站,所以开业后始终客流不断,生意兴隆,成为上海一些重要活动的首选之地。1920年4月,毛泽东与留法勤工俭学的"新民学会"会员就曾在半淞园开会。1937年8月,日军飞机轰炸上海南站,半淞园毁于战火。此后半淞园并未重建,其原址为南市电厂和其他工厂所占用。2010年世界博览会申办成功后,半淞园原址被规划进世博园区,位置在今西藏南路与半淞园路和高雄路交会处一带。

"南翔"地名有何来历

南翔是一个镇名,位于上海市西北嘉定区沪嘉高速路旁。古时,南翔镇属嘉定县,其名称还有一番不寻常的来历。

老上海的趣闻传说

南翔老街

据《南翔镇志》记载,在梁武帝时,此地是荒凉的田野,地里有块长一丈多的大石头,斜倒侧竖。一日,有一对白鹤落到大石头上停歇,同时不知从何处来了一位和尚;和尚自称名叫德齐,他跟当地农民说这里真是块风水宝地,要在此建造一座佛寺;从此德齐和尚四处募化,白鹤飞向哪里,哪里就有人来自愿捐款钱财。用这些捐款,很快就建成了一座宏大的佛寺。佛寺落成那天,和尚对白鹤说事办成,那对白鹤就朝南飞翔远去,德齐和尚也随之不见了。乡人便将此寺命名为"白鹤南翔寺"。白鹤南翔寺很快声名远扬,来此烧香拜佛的人熙熙攘攘不绝于途。其周围成了集市场所,日久成镇,取名南翔镇。

因南翔镇是沪宁铁路的一个要站,在抗日战争的淞沪会战时期,日军对南翔镇狂轰滥炸,南翔寺被毁,仅有周围几处古迹幸得保存。1991年初,南翔镇被命名为上海市历史文化名镇。

 七宝古镇有何来历,因何得名

七宝古镇,位于闵行区中部偏北,是上海的历史名镇之一。其形成还要从西晋著名文学家陆机、陆云兄弟说起。三国两晋时期,华亭陆氏都是显赫的名门望族,陆机、陆云兄弟的祖父陆逊,被孙权封为丞相、华亭侯。父亲陆抗,官拜奋威将军、大司马。三国归晋后,陆机、陆云兄弟在华亭苦读十年,渐有文名,被誉为"云间两陆"。西晋"八王之乱"中,兄弟二人同时被杀。后来,其后裔在松江建立香火祠进行祭祀,名为"陆宝院",院址最初在松江境内的陆宝山,比邻吴淞江。后来陆宝院更名为陆宝庵,并三易其址。

五代十国期间,吴越王钱镠来到陆宝庵,颁赐了一卷由其妃子花了五年时间用汇龙潭公园金粉正楷在蓝色绢纸上书写的《莲花经》,还说:"此乃一宝也。"陆宝加一宝,这样,陆宝庵就成了七宝寺。七宝寺也是三易其址,后来迁到蒲

七宝古镇七宝塔

汇塘之北。北宋年间,邑人张泽捐地拓寺。大中祥符元年(1008年),皇帝赐额"七宝教寺"。当时七宝寺占地60亩,殿舍上千间,有"郡东第一刹"之称。当时七宝寺吸引了方圆百里的香客信徒,香火旺盛,寺庙周围渐成集镇,到元末明初已经有了一定规模。镇缘寺而得名,即名"七宝镇"。

七宝镇历史悠久,由来有史有据,然而在民间,却又流传着"七件宝"的传说,说七宝镇之名,就源于镇上的七件宝物。这七件宝分别是:飞来佛、氽来钟、金字莲花经、梓树、金鸡、玉斧、玉筷。飞来佛,实际上是镇上南教寺的如来铁佛,传说由天上飞来,实系明万历年镇人徐泮募资筹铸;氽来钟,系明永乐时七宝寺住持博洽筹建,当地传说从河中浮来;金字莲花经,即吴越王钱镠颁赐给七宝寺的那一卷经书;梓树,为千年古树,在原七宝教寺内。此四件宝皆为实物。而玉斧传说和建造蒲汇塘桥有关,建桥之初,难以合拱,众工匠无策之际,来一白发老者,顺手拿起桥头肉铺上的一把斩肉之斧扔于桥下,以垫桥基,塘桥由是得以建成。玉筷传说,是古时皇帝赐给功臣的,能驱毒避邪,功臣将其藏于镇北蒋家桥之东堍桥柱内,后被人盗走,却在桥柱上遗留下一双筷印。金鸡的传说,则是镇北高泥墩下藏有七缸金八缸银,由金鸡守护,而所埋金银须由九子九媳之家方可挖掘。不过这些传说很显然是七宝镇得名之后,当地人附会而成的。

七宝镇在明清时期就已经非常繁华,当时一镇三治,分属娄县、青浦、上海三县,因其"田赋百万,非一令所能经理"之故。现七宝镇属于上海闵行区,是离上海市区最近的古镇。镇上有一条老街,街上不但有古色古香的建筑,还有历史悠久的风味小吃和古玩字画。镇上的七宝寺在明清时期盛极一时,咸丰年间毁于兵火,后在其原址建立学校。2000年,当地决定移址重建,称七宝教寺,次年落成。建有山门、钟鼓楼、天王殿、大殿、讲经堂、法堂、藏经楼、七层宝塔等,还在周边修筑西园、牡丹园。寺庙为仿汉唐建筑,庄严肃穆,是上海市区的又一道景观。

松江地名有何来历

松江虽然目前只是上海的一个区,而且还只是郊区,但在历史上,其早已声名远播。在上海开埠之前,松江就是上海地区的政治、经济、文化中心。松江被诸多学者誉为"上海之根"。

松江最早被称为华亭,因吴

松江大仓桥

国右都督陆逊被封为华亭侯而得名。自唐代在此设立华亭县以后,其县名就在松江和华亭之间徘徊。元代至元十四年(1277年),华亭县升格为华亭府,领华亭县,一年之后,华亭府就改名为松江府。华亭之名来自华亭侯陆逊,而松江之名则来自境内的吴淞江。吴淞江最早见于《后汉书·左慈传》,本名为松江,因为其在吴地境内,到了宋朝时始称吴松江,也就是吴地松江的意思。到了明清时期,就在松字前面加上了三点水,以和地名相区别,成了"吴淞江"。

明清时期,华亭县一直隶属松江府,而且府治就设在华亭县,府县同廓,可见当时华亭县的重要性。1912年,松江府被撤销,华亭县划归江苏省管辖。两年后,华亭县又被改名为松江县。这次改名的缘由是因为甘肃也有一个华亭县,为了避免地名重复,便把原来的府名冠于县名之上,这样,松江就从府名成了县名,并一直持续到今天。

万航渡路有何传奇爱情故事

万航渡路,南起愚园路,衔接华山路,北至曹家渡折向西,最终至长宁路,衔接娄山关路。全长4830米。在租界时代,这条路名为极司非尔路(Jessfield Road),是1864年上海工部局在公共租界以西越界修筑、管理的一条道路。1943年,租界交还中国后,该路改名为梵皇渡路。1964年,以谐音改今名万航渡路。

关于万航渡路的原名"极司非尔"(Jessfield),还流传着一段趣闻。据说,在上海开埠之初,有一位葡萄牙商人路过虹口一马戏场,听到帐内有一少女哭声甚哀,于是付赎金为之赎身,并将她托付给了一位美国传教士。后来,这位少女随传教士赴美,后返回上海,并嫁给了传教士。传教士即为她在沪西购地建屋,因为这位女子英文名叫极司

万航渡路老房子

(Jess),所以这里的地名便叫"Jessfield",意即"极司之地"。其门前的道路也被命名为极司非尔路(Jessfield Road)。

1914年,公共租界工部局在路旁辟建极司非尔公园,俗称"兆丰公园"或"梵皇渡公园"。抗战胜利后,租界收回,公园更名为中山公园。

南京路为何被誉为"中华商业第一街"

到上海购物,当然少不了南京东路。南京路全长5000多米,以西藏路为界,分南京东路和南京西路。南京东路就是上海最著名的步行街,一般上海人说南京路,指的就是南京东路。

自开埠以来,南京路就是上海最主要的商业中心,素有"中华商业第一街"之称,也被誉为世界三大商业街之一。光绪年间,南京路就已经相当繁华,当时掌握南京路地产的洋商沙逊和哈同,共同耗资60万两白银,在南京路铺设了从印度进口的400万块铁藜木,涂上一层柏油,使之成为远东最漂亮的道路。新中国成立前,沿路有先施公司、永安公司、新新公司、大新公司等"四大公司"和亨达利、恒源祥、张小泉、雷允上等名特商店、药房,还有国际饭店、金门大酒店、大光明影院等。

老上海南京路

这里诞生了许多"中国第一":第一个使用自动扶梯、第一个在百货公司设空中花园、第一个使用空调系统、第一个售货人员采用统一制服、第一个开具发票、第一个开始展开质量保证期制度等售后服务……

新中国成立后,南京东路一直是上海最重要的商业中心。改革开放后,南京路更加繁华。2000年起,上海市在东起河南中路、西至西藏中路的一段南京路上建造了特色步行街——"南京路步行街",宽达28米,长1200米。步行街路面铺设彩色砖石,并以4.2米宽的金带为主线,金带所使用的材料是意大利进口的印度红花岗岩,金带上另有37个雨水窖井盖,盖面刻有上海不同时期的建筑。在道路两旁设有坐椅、花坛、电话亭等公共设施。在河南中路、浙江中路和西藏中路路口分别摆有3座雕塑。步行街中部是一座世纪广场,有舞台,还有重达4.5吨的"东方宝鼎"和景观钟。

现在,南京路上会聚了大量顶级百货公司,是大多数世界一线奢侈品牌中国总部所在地。

黄浦江出口为何又称吴淞口，为何吴淞江又称苏州河

到上海的人大多会奇怪，为什么黄浦江汇入长江的入口是吴淞口而不是黄浦口呢？原来这个地名正包含了吴淞江和黄浦江的一段历史变迁。

老黄浦江吴淞口

在明代以前，吴淞江是太湖的主要出海通道。据《嘉靖松江府志》记载："吴淞江唐时阔三十里。"可见吴淞江的气势之宏阔，当时黄浦江不过是其支流。传说在西晋时期，有两石佛浮游于吴淞江，在浩渺波涛间，"飘飘逆水而降"，甚至敦煌壁画中都有石佛浮游吴淞江的场面。吴淞江下游大致从北新泾经今曹杨新村至潭子湾向东北接虬江路至虬江码头，再沿今复兴岛以北段黄浦江出大跄浦口（吴淞口）汇入长江。而当时的黄浦江则经上海浦（今虹口港）在今嘉兴路桥附近流入吴淞江（此处曾称黄浦口）。

北宋以后，吴淞江水流减弱，泥沙淤积，河床变浅，河宽在北宋时还有9里，到了元代就只剩两里了，由于水浅，大型船舶根本无法进出，于是吴淞江的贸易迅速衰落。到了明朝时期，吴淞江的淤塞已经相当严重，黄浦口淤塞不通。户部尚书夏元吉主持疏浚了吴淞江南北两岸的支流，引太湖水从江苏太仓的浏河、白茆直接注入长江（"掣淞入浏"）。同时又疏浚上海县城东北的范家浜（今黄浦江外白渡桥至复兴岛段），使被淤塞而排水不畅的黄浦江从今复兴岛向西北流至吴淞口注入长江，此后吴淞口实际成了黄浦口，故有"黄浦夺淞"之说。经此疏浚之后，吴淞江逐渐处于次要地位，沦为黄浦江的一条支流。

那么吴淞江并没有流经苏州，为什么又叫苏州河呢？原来在明清时期，上海县的地域属于松江府，而今嘉定、宝山、崇明等地主要是属于苏州府。上海开埠之初，英国人在上海的贸易对象主要是经吴淞江从苏州运来的货物，因为当时苏州经济发达，号称"天堂"，其生产的丝绸、茶叶、瓷器等，都是英国人非常喜爱的商品。他们视吴淞江为可以通往苏州的河流，久而久之，就称之为苏州河了。吴淞江的这个别称，实际还出自外国人之口。

20世纪末期，吴淞江成了上海的排污通道，河水又脏又黑，臭气熏天。后经10多年的治理，其河流两岸绿树成荫，公园相连，风景宜人，堪称"东方塞纳河"。

长兴岛为何又被称为"橘子岛"

长兴岛位于长江口,是上海的第二大岛屿,因为盛产橘子,因此也被称为"橘子岛"。和崇明岛一样,长兴岛也是由长江的泥沙冲积而成,不过它的历史比崇明岛要短得多。长兴岛最早浮出水面,还是清顺治元年(1644年)的事。此后,在其周围又形成了若干个沙洲,有道光年间形成的瑞丰沙、潘家沙、鸭窝沙,光绪年间形成的石头沙、圆圆沙,还有民国年间形成的金带沙。1960—1970年间,长兴六沙通过整体的堤岸工程,连成了一体,最终形成了今天的长兴岛。长兴岛原来隶属上海市宝山区,2005年为进行"三岛"统一规划,合理配置资源,长兴岛和横沙岛一同被划归崇明县管辖。

长兴岛环境优美,生态系统完善,污染较少,全岛面积约88平方公里,地势平坦,最高处海拔仅3.2米,正位于吴淞口外的长江入海处,被誉为绿色的翡翠。前卫农场位于长兴岛中部,面积451.67公顷,是全国最大的柑橘生产基地之一,这里每年秋季都会举办柑橘艺术节,是上海旅游观光的热点。长兴岛也因此被誉为"橘岛"、"橘乡",又因为岛上环境优美,所以还有"净岛"、"长寿岛"之美称。

长兴岛港口

长兴岛除了发展观光农业之外,还致力于打造"海洋装备产业岛"。目前,具有100多年历史的江南造船厂从上海市区整体搬迁到了长兴岛,使长兴岛成了中国最大的造船基地。随着经济的发展,长兴岛的常住人口已经达到了8万。2009年10月底,上海长江隧桥建成并通车,将长兴岛、崇明岛与上海紧密联系在了一起,以后去长兴岛就更加方便了。

为何沉香阁又称沈香阁

沉香阁坐落在上海南市沉香阁路29号,是上海市著名的佛教比丘尼道场,始建于明万历二十八年(1600年),嘉庆二十年(1815年)重建,改名为慈云寺,但民间仍称它为沉香阁。1983年4月,沉香阁和玉佛寺、龙华寺、静安寺、圆明

沉香阁天王殿

讲堂五所上海的佛教寺院被国务院列入全国142所汉族地区重点寺院。沉香阁整个寺院颇具规模,有山门石坊、弥勒殿、大雄宝殿、沉香阁佛殿,还有造鹤轩、前殿禅堂及左右厢楼等。在山门石坊上有书写的"沈香阁"匾额。细心的人会发现匾额是"沈香阁"而不是"沉香阁"。

山门石坊位于沉香阁的中轴线最前端,是修复的明代石牌楼,飞檐斗拱,气宇轩昂,匾额悬挂在牌坊的檐下正中,上面的三个大字"沈香阁"是由著名书法家沙孟海先生题写。很多人怀疑写成"沈香阁"是笔误。真正原因是古字无"沉"字,沈、沉相通,沙孟海认为写成"沈"字更能表现寺院的古老以及表示对寺院的尊重,故把"沉"字写成"沈"字。因此,沉香阁和沈香阁两个名称可以并用,但发音都是"沉香阁"。

为什么嘉定区可称"古树乡"

嘉定区原为嘉定县,位于上海市西北部,离上海主市区较远,故而自然景观保留较多,尤其是以古树多而闻名于上海,被称为"古树乡"。

据上海市园林部门统计,上海市现有百年以上古树1300多株,其中50%以上是银杏树,其中,嘉定区有170多株,银杏树占70%以上。在嘉定区安亭镇泗思古银杏园内有三株250年树龄的古银杏;嘉定西门高头小河口古树公园有10棵古银杏围抱成群,树龄都在200年左右,树高19.3米至20.4米,最粗的一棵胸径达到2.45米,树群占地面积600平方米以上;安亭镇光明村有一株古银杏树,树高24.5米,胸径6.5米,树龄超过1210年,是上海市最古最大的银杏树,被称为"上海第一树"。

当地很注意对树木的保护,如2002年建设中的嘉定区博物馆新馆为避让一棵百年雪松而

嘉定孔庙内的百年古树

北移了 5 米,多花了数十万元。由于保护得力,嘉定区的众多古树大都长势良好,而且随着时间的推移,还有一批树木将达到百岁树龄,称其为上海的"古树乡",一点不为过。

为何松江可称为"塔乡"

松江区位于上海市西南部,以塔多为特色,有"塔乡"之称,故上海有俗语云:"青浦桥多,松江塔多。"上海市现存古塔 13 座,松江区就有 5 座。松江区的 5 座古塔是方塔、护珠塔、李塔、秀道者塔、西林塔。

方塔: 坐落于兴圣教寺内,故亦名兴圣教寺塔,塔身修长,共 9 层,高 42.5 米,因塔的形制沿袭唐代砖塔,呈四方形,故俗称方塔。兴圣教寺始建于五代后汉时期,方塔建于北宋熙宁、元祐年间(1068—1094 年),距今已有 900 多年。后因战乱圣教寺被毁,只剩下方塔和一座钟楼。现在的方塔景区绿草如茵,花团似锦,柳荫成行,空气新鲜,有活水湖一湾,水中有鱼儿畅游其中,整个园林景色优美。

护珠塔: 又称宝光塔,位于松江区佘山镇天马山中峰之右,建于北宋元丰二年(1079 年),为栱云山的许大全建造,砖木结构,七层八角形,南宋淳祐五年(1245 年)重修,清乾隆五十三年(1788 年)遭火灾,只剩砖砌塔身。据《干山杂志》记载:"宋绍兴丁丑(1157 年),招抚使周文达奉高宗所赐五色佛舍利,藏于中,时显宝

松江古镇泗泾宝塔

光,故名(宝光塔)。"由于塔身日渐倾斜,1987 年对塔身进行了加固。现在该塔残高 18.82 米,塔身向东南倾斜 6°52′52″,顶部垂线已偏离底层塔心 2.27 米,其斜度已超过意大利比萨斜塔,故有"上海比萨斜塔"之称,为上海一大奇观。

李塔: 又作礼塔、杏塔、李明王塔、延寿寺塔,位于松江城西李塔街 130 号原延寿寺内,始建于唐朝,后经多次维修,现为砖木结构的七级楼阁方塔,高约 33 米,塔内原有木梯,可以拾级而上,已毁。塔身四周有大小不等的砖雕佛像,约 200 尊,底层四角石柱上刻有施舍人姓名,塔砖上亦有捐款人名。据清朝的《李塔延寿寺院记》记载,李塔始建于唐朝早期,为唐太宗第十四子曹王李明时任苏州刺史时所修,所以后人名之为李塔。

秀道者塔：又名月影塔、聪道人塔，位于松江区佘山山腰，建于北宋太平兴国年间（976—983年），为七层楼阁式砖木结构，平面呈八角形，塔高28米，有腰檐、平座、栏杆，塔身细长秀美，比例匀称。

西林塔：又名崇恩主塔、千佛塔，位于松江区中山西路西塔弄，建于南宋咸淳年间，明代洪武二十年（1387年）重建，改名"圆应塔"。塔系砖木结构，七级八角形，各面均有佛龛，塔高46.5米，是松江区第一高塔。

为何金泽镇被誉为"桥乡"

青浦区金泽镇位于上海市西的淀山湖南侧，地势低洼，水泽密布，河港纵横，小桥众多，是典型的南江水乡，有"江南第一桥乡"之称。

金泽镇古时有"六观、一塔、十三坊、四十二虹桥"，"庙庙有桥，桥桥有庙"，"庙里有桥，桥里有庙"，竹木小桥更是多得没法计算，直到现在还保存不少宋朝以来的古桥。上塘街至下塘街首，从南向北有七座古桥，分别是：普济桥、迎祥桥、如意桥、放生桥、天皇阁桥、万安桥和林老桥，形成四朝古桥一线牵的景观。

普济桥：位于镇的南首，建于南宋咸淳三年（1267年），桥面铺设稀有石料紫砂石，每逢雨过，阳光照射，桥石晶莹光泽，绚丽多彩，整座桥如同宝石镶嵌一般。该桥现为"上海市文物保护单位"。

迎祥桥：位于镇南市梢，建于元朝，其式样古朴，为六柱五孔梁式石桥，砖、木、石组合结构，造型优美，远望如"长虹卧波"，桥身薄，结构精巧，在全国都很少见，更独特的是桥面没有桥栏。据说为了蒙古族骑兵过桥方便，故桥面铺砖无桥级、无桥栏。

放生桥：系单孔石拱桥，桥长25.2米，桥高4米，在明清以后多次重修，桥石采用花岗石和青石，质地较坚，桥柱上刻有楹联，因桥下有放生河，故称放生桥，又因桥头有总管庙，故又称总管桥。

如意桥：位于金泽镇南首的东胜港口，在放生桥之南约50米处，是一座单孔弧形石桥，重建于清朝，长20.8米，宽3.2米，由一色花岗石砌成，桥拱与碧水倒影，虚实相接，恰成一圆，称得上是一座完美的工艺桥，也是金泽镇现存古桥中保存最完好的一座石拱桥。

天皇阁桥：位于天皇阁庙旁，桥身高大，是清康熙三十七年

金泽桥乡普济桥

(1698年)重建的,为江南少有的三孔连拱石桥,中间一个大孔,两旁小孔,桥面上有许多浮雕,有"轮回"、"宝幡"、"莲座"和八仙的"鸳鸯剑"、"芭蕉扇"、"葫芦"等图案。

万安桥:坐落在镇的北首,是金泽最大最古的桥梁,建于宋景定年间(1260—1264年),后又在桥上建有亭子,故又称万安亭桥。当地有"四十二桥,万安为首"之说。

林老桥:位于金泽镇北首,是单孔石拱桥,桥北对着关帝庙,故又名关帝桥,建于元代,桥长24米,桥高4米半,桥面青石光滑,古朴典雅。据《金泽小志》记载,此桥是一位名为林青的老人出资所建,故称该桥为林老桥。

为何崇明岛由"祟明岛"而来

崇明岛地处长江口,是中国第三大岛,是由长江水中的泥沙在河口沉积形成的岛,其成陆已有1300多年历史。唐朝初年时,崇明岛还只是两个小沙洲,称为东沙和西沙,有人从江苏丹阳、句容等地迁到岛上居住。到了唐神龙元年(705年),始于西沙建镇,取名为崇明。但据传说,崇明之名来自"祟明岛"。

东晋末年,孙恩农民军被官军击败后,他们的一些竹筏飘浮到长江口,在江中的泥沙堆中搁浅。这些竹筏使江水中的泥沙迅速在此堆积,逐渐形成了一片沙嘴。这片沙嘴随着江水海潮的涨落,时隐时现,既"鬼鬼祟祟",又"明明显显",于是人们便给它起了名字叫"祟明"。后来沙嘴越积越大,形成一个沙岛,人们开始在上面居住。人们嫌"祟明"不好听,改称为相近的字"崇明"。"崇"为高,"崇明"意为高出水面而又平坦宽阔的明净之意,所以后来在此建镇、建县时都使用这个名字。

崇明岛东滩湿地公园

为何"四行仓库"如此出名

提起抗日战争初期的淞沪会战,没有不知道四行仓库保卫战的。四行仓库位于上海闸北区南部的苏州河北岸,西藏路桥的西北角,地址为光复路1号,是一座钢筋混凝土结构的六层大厦,占地0.3公顷,建筑面积2万平方米,高25

米，创建于 1931 年。它原是金城、中南、大陆、盐业四家银行共同出资建设的仓库，所以称为"四行仓库"。

四行仓库

1937 年 10 月，国民革命军在上海闸北区与日军交战接连失利，10 月 26 日，蒋介石命令该区所有军队撤出，以防卫上海西部郊区，同时命令第 88 师单独留守，以拖延日军进攻速度，掩护其他部队后撤。第 88 师孙元良部 524 团团副谢晋元率领该团主力 1 个营 400 余人据守闸北四行仓库，担当此项掩护任务。

从 10 月 28 日谢晋元部官兵与日军展开激战，周旋 3 昼夜，毙敌百余名，仍保有四行仓库阵地。在四行仓库被围攻到第三天时，日军兵力已达 5000 余人，双方力量悬殊。由于四行仓库与公共租界仅隔一条苏州河，租界各国害怕战火波及，请求该军撤退。10 月 31 日夜谢晋元奉命率军退入公共租界。当时谢晋元部对外宣称有 800 人，故这支部队被誉为"八百壮士"。八百壮士英勇作战的事迹轰动中外，声名远扬，振奋了全国人心，国际舆论赞之为与日军作战的奇迹。

老上海的租界

 "租界"一词是怎么来的

"租界"一词在中文中出现的时间约为19世纪五六十年代。1842年,清政府因在鸦片战争中失败,被迫同英国政府签订《南京条约》,同意开放广州、福州、厦门、宁波、上海五口通商,准许英国商人带家眷在五通商口岸居住和进行贸易,准许英国政府在五口岸派驻领事和管事官"专理商贾事宜"。1843年10月,中英两国政府签订的《五口通商附粘善后条款》(《虎门条约》),又具体规定由大清地方官与英国领事商定英国人在通商口岸租地建屋的区域。根据这些规定,1845年11月29日英国首任驻上海领事巴富尔与上海道台宫慕久商议签订了《上海土地章程》,达成辟设英租界协议,并开始建立中国领土上的第一个租界。

此后列强以英国上海租界为蓝本,在上海和

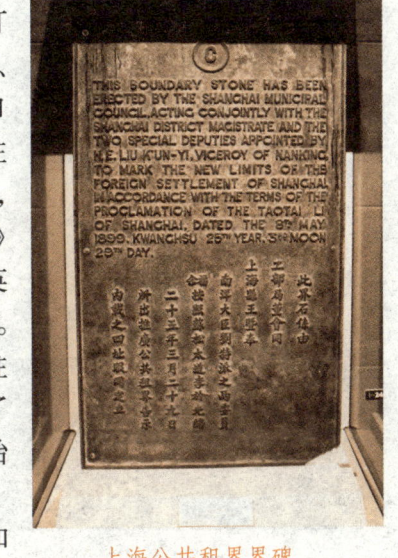

上海公共租界界碑

其他城市建立了不少租界。与被割让的领土不同,租界虽由租借国管理,但在名义上其领土仍属出租国。租界以中外所签条约作为依据,有明确的租界地域。起初外国并不在租界内享有独立的行政权力,后来才逐步建立独立完善的行政、司法体系。

在英语和法语中,租界和租借地是两个概念。如在英文中称租界为 Setlement,称租借地为 Leased territory。清政府对租界和租借地没分清楚,一直并用租界、租地、租借地等词。民国初年,中国的外交官认识到它们之间的差异,并在 1919 年的巴黎和会上,将"归还租借地"与"归还租界"分别列出。从此,这两个词不再混用。

上海租界是如何形成的

1843 年 11 月,根据《南京条约》的规定,上海正式开埠。12 月,上海道台宫慕久与英国领事划定了外滩英国租界的南北界线。1844 年,随着《黄埔条约》和《望厦条约》的签订,美国和法国也相继在中国取得和英国类似的通商特权。1845 年,中英签订《上海土地章程》,达成开辟英租界的书面协议。这是近代租界设立之开端。1848 年,上海地方官允许美国圣公会传教士在虹口开辟美国租界的要求。次年,法国也开始在上海开辟租界。

1853 年 9 月 7 日,小刀会起义占领上海县城。从此,中国政府就失去了对上海租界的控制。太平天国军队占领南京后,上海英法美租界以防御太平军为由,联合组建了独立的市政机构"上海工部局",并建立警察武装,正式形成第一个真正意义上的租界,中国法律从此不再适用于租界以内。

1862 年,法租界退出联合,次年,英租界和美租界正式合并为公共租界,由工部局统一管理。上海公共租界在中国租界史上是开辟最早、存在时间最长、面积最大、管理机构最庞大、发展最为充分的一个租界。公共租界经历过数次扩张,到 1899 年,已经达到 33 503 亩(22.59 平方公里),东面扩展至周家嘴(今平凉路军工路转角处),北面的边界到达上海县与宝山县的交界处,西面一直扩展到静安寺。在此期间,法租界也不断扩张,到 1914 年已达到 15 150 亩(约 10 平方公里)。1925 年

上海总巡捕房

"五卅运动"之后,租界对外扩张的势头得到遏制,其规模大致稳定下来。

 租界的权力是如何一步步扩大的

租界,是指两个国家议订租地或租界章程后,在其中一国的领土上拥有当地行政管理权的合法的外国人居留、贸易的区域,上海公共租界就是中国近代租界的一个典型。一开始,外国人在租界内只拥有土地的租赁使用权,而没有占领权,当时清政府的官员还参与租界的治安管理。

太平天国运动时期,外国人在上海租界内组织了"洋枪队",以维护租界安全。原来租界并没有中国人居住,但受江南战乱的影响,大批富商涌入租界,于是租界当局以人满为患为借口,扩大地界;又借口维护华洋杂居现象后的治安,开始单独设立警员和法庭,这些原本只属于国家机关的行政机构不断发展,并最终形

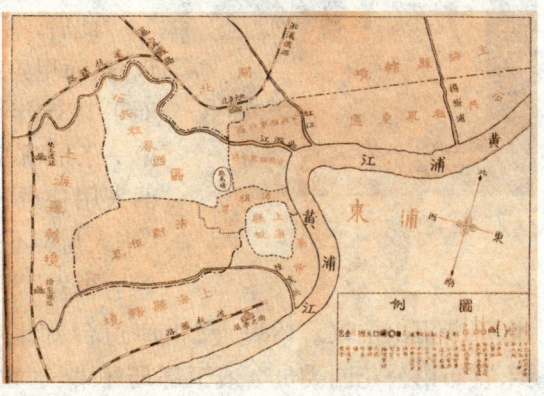

上海租界示意图

成"工部局"。后来,工部局的权力越来越大,成为一个拥有军队、警员、监狱和法庭的租界行政机构,在租界内还有征税、审判、管理市政设施、教育、卫生等各项权力,成为租界事实上的政府。这套制度在上海完善之后,就被推广到其他城市的租界,并在1876年通过中英《烟台条约》合法化。

租界的存在是对中国主权的极大损害,当时中国政府甚至将租界视为外国领土,不敢轻易干涉租界内部事务,更无法驻军、驻警,也难以对租界内的违法行为采取有效的司法行动。总之,租界的存在,实际上就是中国的一段屈辱史。

 "华人与狗不得入内"的招牌是怎么来的

提起上海租界,您一定不会忘记"华人与狗不得入内"的屈辱故事。这件事情的始发地就在现今苏州河与黄浦江汇合处的黄浦公园。

黄浦公园由租界工部局主持建造,于1868年正式建成开放。这所公园最初名为"公花园",只对欧美人开放,工部局还在公园门口安排巡捕,来阻止中国人进入。当时居住在租界的华人已经很多,他们和外国人一样缴税,但公园等公共场所却不对他们开放,这显然不公平。

老上海的趣闻传说

"华人与狗不得入内"的始发地
——黄浦公园

1878年6月21日,《申报》率先发表《请弛园禁》一文对此事进行评论。文中说:"香港办有公家花园,饰置极佳,向例不准华人出入。自港督易任后,以此事殊属不公,遂裁去此令,中西人互游于园。""上海与香港事同一律,弛于彼而禁于此,抑独何欤?""该花园创建时,皆动用工部局所捐中西人之银,今乃禁华人而不令一游,窃愿工部局三思。"

此后,不断有中国人就此向工部局提出抗议,然而租界工部局不但没有更改之前的决定,反而于1885年在公园门口竖立了写有园规的牌子,第一条是"脚踏车及犬不准入内",第五条是"除西人用仆外,华人不准入内",民间将其概括为"华人与狗不得入内",这是这句话的最初来源。

租界工部局的举动激起了中国人的极大愤慨,不断提出抗议。1889年,上海道台就此对工部局提出交涉,工部局略做让步,宣布由公花园委员会或工部局秘书长,根据华人的要求,酌情发放"华人游园证",允许少数"高等华人"入内。即便如此,其对华人的歧视依然存在。

1925年,五卅运动期间,中国人民爱国热情高涨,游行队伍经过外滩公园时,将那块写有园规的牌子砸毁。1927年,帝国主义慑于北伐军节节胜利和武汉收回租界形势,不得不规定,自1928年7月1日起,中国人可购门票入内。至此,经过60多年的斗争,"华人与狗不得入内"的时代才宣告结束。

"公共租界工部局"是个什么机构

1845年11月29日英国在上海外滩建立英租界,1849年,法国建立了法租界,但在租界内并没有独立的行政机构,租界仍由清政府管辖。1853年9月7日,小刀会攻占上海县城以后,上海县政府失去了对租界的控制。1854年7月11日,上海租界组成自治的行政机构行政委员会(EXECUTIVE COMITTEE),不久更名为市政委员会(MUNICIPAL COUNCIL),中文名为工部局,开始建立警察、法庭、监狱等一套类似于市政府的体系,进行行政管理活动。

上海公共租界工部局由董事会领导,1870年以后一般设9名董事,不发薪水,在9名董事中选举出一个总董。英国人始终占董事会大多数席位,美国人占1~2个席位,1873—1914年,德国人有1个席位,1915年以后,这个席位转给了日本人。1928年董事会增加3名华董；1930年增至5名。该工部局设有许多专门委员会，有警备委员会、工务委员会、财务委员会、卫生委员会、铨叙委员会、公用委员会、音乐委员会、交通委员会、学务委员会、图书委员会、房屋估价委员会；执行机构有总裁、总办处、警务处、捐务处、卫生处、工务处、教

上海公共租界旗

育处、财务处、公共图书馆、乐队、华文处等。警务处下有侦探队和14个巡捕房，1930年共有雇员4879人。工部局大厦位于江西路、福州路、汉口路、河南路4条马路之间，占地12亩，1914年初开始兴建，1922年11月16日竣工。

1941年12月8日太平洋战争爆发，日军进驻公共租界和法租界。公共租界工部局于此时宣告结束。

 为什么英文"Shanghai"一词又有"绑架中国人出海做苦力或水手"的译意

1843年上海开埠以后，很快发展成为中国第一大外贸港口。外国人在此横行，一些本地恶势力也为虎作伥，帮助外国人坑害中国同胞。大批的中国人被以招工或淘金等名义诱骗贩卖到外国做苦工。

1897年，有一位外地农民到上海状告一位美国商人拐骗了他的哥哥。状子上说他的哥哥与被告签约到上海做工，但实际上是被骗到船上做苦工。此事在上海引起很大轰动，人们纷纷谴责这种恶行。开庭那天，被告的律师拿出英语词典却说，在英语里，shanghai一词不仅有上海市的意思，还有"绑架中国人出海做苦力"的意思，这是一桩合法有约的买卖，当事人只不过是履行合同罢了；原告如此诬告当事人，实为没有根据。法官们目瞪口呆，原告和其律师都非常生气，但也没办法。这场官司不了了之。

在英语里shanghai为动词，意为诱拐、诱骗，尤其是指用酒或

上海租界屠宰场

麻醉剂使某人失去知觉后将其掳走。在英国从非洲贩卖黑人做奴隶时,常常先用酒引诱当地土著黑人,待其醉后将其拐骗到船上贩卖。Shang - 这一词根与 shandy 有关,shandy 意为搀干姜汁麦酒,或柠檬汁的啤酒,或其他混合酒;词根 - hai 有控制的意思。所以 shanghai 意为用酒或其他手段诱拐、诱骗某人。例如:Tourists were shanghaied into buying expensive fakes. 游客被诱骗去买昂贵假货。He was shanghaied and sent to North America. 他被拐骗并被送到了北美。

这一词未必与上海市有关,也不特指"绑架中国人出海做苦力"。Shanghai(拐骗)本身就是非法的,而且不能当做名词(拐骗)用。因此,那个美国商人的律师是在偷换概念,欺侮原告不懂英语。但在那个外国列强有特权的时代,法官不会去细辨一个英文单词的词意,美国商人就这么打赢了这场官司。

旧上海租界起始时间有多长,有何不同的特点

在旧上海有英租界、美租界、法租界,还有一个未正式签约但由日本人控制的日侨居住区,后称为日租界。

1845 年 11 月 29 日英国首任驻上海领事巴富尔与上海道台宫慕久商议签订了《上海土地章程》,达成辟设英租界协议,并开始建立中国领土上的第一个租界。1848 年,美国要求在虹口设立租界,并开始在虹口地区购地,造成租界事实,但未能够与清政府签约。1849 年 4 月 6 日,法国与中方签约,开始在外滩建立法租界,面积 986 亩。1854 年 7 月 11 日英美法成立租界行政委员会,中文名为工部局。1862 年,法租界退出联合,自设公董局。1863 年 6 月 25 日,美国领事熙华德与苏松太道黄芳议定美租界区域,在苏州河北岸黄浦江西侧建立美国租界,面积为 7856 亩。同年 9 月 20 日上海英、美租界正式合并,改称"公共租界"。1899 年,美英租界正式更名为"上海国际公共租界",扩展到 33 503 亩。1914 年,法租界扩展至 15 150 亩。

从 1870 年起,开始有日本人在虹口居住。1898 年,原英、美公共租界改称上海国际公共租界,日本等国开始参与租界管理工作。1899 年,公共租界被划分为北、东、中、西四区,日本侨民在北区和东区占有优势地位。同年,日本人在虹口组织义勇团日本队,作为自卫组织。到 1910 年,日本在虹

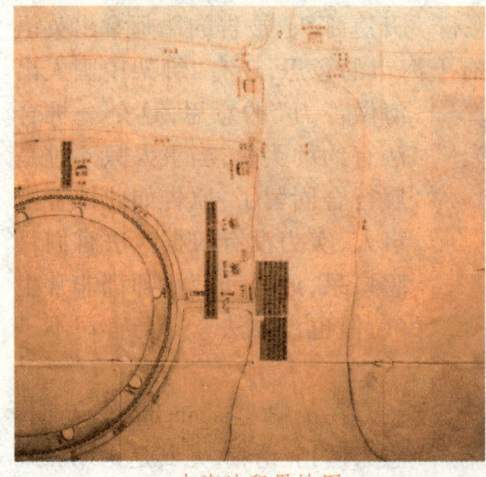

上海法租界地图

口地区的侨民人数超过其他各国,位居第一。1925年5月30日,五卅惨案爆发,日本借口保护侨民,于6月9日派遣海军陆战队抵沪,入驻虹口地区。由于日方并未与中方签订租借协议,其侨民居住地虽被当做租界管理,但并不能称为租界。"日租界"实际上仅是上海人对于上海虹口日本人居住区的一种习惯称呼。

1933年,大批犹太人为逃避纳粹德国的迫害,流亡上海,多数聚居在日本管理区内的虹口提篮桥地区。居住在虹口的犹太难民最多时达到1.7万人。1937年8月13日,淞沪战役爆发,虹口日租界成为战场,11月12日,日军完全占领上海,公共租界被迫承认日本对"日租界"区域有着完全的管理权。1939年9月22日,日本占领苏州河以北地区。

1941年12月8日,太平洋战争爆发,日军进驻公共租界和法租界。1943年1月,美、英两国废除了历史上与清政府签订的不平等条约,与战时陪都重庆的国民政府改订了新的条约,放弃了治外法权和在华的一切租界,至此上海公共租界宣告结束。2月23日,法国维希政府宣布放弃在华租界,7月30日,汪精卫政权收上海法租界,改称第八区。上海法租界宣告结束。1943年8月1日,日本占领军宣布将租界交还汪精卫政府。1945年8月,日本投降后,"日租界"区域被国民政府接管,"日租界"结束。

在上海的几个租界中,经济最繁荣的是苏州河南岸的原英租界,也是各租界中最大的一个,其次是法租界,以高级住宅和时尚商业街闻名。上海法租界还是帮会组织的大本营,黄金荣和杜月笙等人均发迹于法租界。日本管理区经济最不繁荣,地价最便宜。

"华洋分居"、"华洋杂处"知多少

上海刚刚开埠时,中英双方为防止华洋之间多事,采用"华洋分居"的办法。洋泾浜以北的租界内不允许中国人居住,同时《土地章程》第十六条规定,"在洋泾浜以北境内,商人得建一市场,以供华人将日用品运至该处售卖",以满足英国人的通商要求。这样,华人只能白天入北市贸易,晚上必须回城,就连用人也不得与洋人同住。在"华洋分居"的时期,租界内人口很少,直到1853年仅有数百人,其中有将近500名中国人,他们大多是未迁

"华洋杂处"上海租界街景

走的上海本地人,还有就是一些非法匿居的账房和用人。

1854年,由于太平天国战事的影响,原来的贸易无法维持。这一年,小刀会占领上海县城,受战事影响,上海老城内的两万多华人涌入租界。租界内的外商迅速发现了新的商机——投资房地产。于是他们在洋泾浜沿岸建造了800多幢简易住宅,供中国难民居住。中国人的涌入,为租界带来了大笔资金,一时间,租界内的地价、房价飞涨,为租界的繁荣提供了基础。

面对既成事实,英、美、法不得不提出修改《上海租地章程》。次年,上海道台颁布了《华民住居租界内条例》,开始允许华人进入租界设店、辟街,从事各种经营活动。而英国人也根据章程规定的特权,组织了工部局,开始成为租界真正的管理者。此后几年,华人大量涌入租界,到太平天国运动结束的时候,租界内的人口已达数十万,"华洋分居"的规定被彻底打破,"华洋杂处"的格局最终形成。

租界的巡捕是中国政府派驻来解决租界治安问题的吗

在上海租界里维持治安的警察被称为"巡捕"。"巡捕"一词取自"巡捕盗贼奸宄",清政府在京畿地区就设有"巡捕营",故在晚清时期,中国人将英语中的警察Policeman翻译作"巡捕"。但这些巡捕并不是中国政府派驻来解决租界治安问题的,而是租界各国设立的,主要职能是维护他们的权益。

1854年7月11日,上海租界组成自治的行政机构工部局。英美公共租界工部局下设有警务处,警务处下有侦探队和14个巡捕房,1930年共有雇员4879人。早期的巡捕都是以英国人为主的西捕,1865年以后,相继出现了华捕、印捕、日捕和俄捕,其中,华捕占了大半。虽然西捕的人数仅占巡捕总数的10%左右,但他们待遇优厚,起领导作用。华捕人数虽多,但地位较低,薪金只有西捕最低月薪的七分之一。

1862年,法租界退出联合,自设公董局。法租界巡捕房成员最初均为法国人,或为法国领事馆工作的外国人,1869年以后有华人加入,1906年越南人加入。法租界巡捕房还设政治处,主要任务是收集中国政情变化以及军事经

上海法租界巡捕房旧址

济社会动态,并关注在法租界里居住活动的政治人物以及社会名流。

租界内的巡捕主要负责维护租界内的社会治安,但很多巡捕经常干违法的勾当,与黑帮有暗地联系,而且外国巡捕经常欺压敲诈中国人,故巡捕的名声很坏。比如身材魁梧、脚登皮靴、头缠红巾的印度巡捕,在印度国内是亡国奴身份,但到了中国却很傲慢,在执行巡视任务时颇为蛮横,被上海人称为"红头阿三"。

1941年12月7日太平洋战争爆发后,日军开进了公共租界和法租界,大批英法巡捕被作为"政治犯"逮捕,多数下层巡捕被命令原职待命。1943年2月到3月,巡捕房被解散。

租界的"会审公廨"指的是什么

1843年,中英签订《虎门条约》,此后外国人取得了在中国的领事裁判权,基本不再受中国法律的管辖。上海设立租界之后,列强凭借不平等条约中关于领事裁判权的规定,在租界内设立了领事法庭。当时租界内的中国人违法犯罪,仍由清政府的上海地方官(上海知县和苏松太兵备道)审理,而租界内的外国人违法犯罪,则可以完全不受中国法律的制裁,由各国驻沪领事自行审理。

自太平天国运动之后,大批华人涌入租界。为了处理"华洋杂居"之后租界内的安全问题,1864年,英美租界(后称公共租界)内设立了一个司法机关——"洋泾浜北首理事衙门",由苏松太兵备道(上海道台)委派官员会同英国领事审理租界内发生的华人案件。紧接着,在1868年4月,根据上海道台与英美等领事商订的《洋泾浜设官会审章程》,在英美租界正式设立会审公廨(也称会审公堂),成为租界内正式的司法机构。会审公廨上海道台任命中方专职会审官(谳员),与外方陪审官(领事)会同审理租界内与华人有关的诉讼案件。根据双方的约定,如果案件涉及洋人或洋人雇用的华籍仆人,由外国领事参加会审或观审;如果是纯粹的华人案件,则由中国谳员独自审断。这个机构虽然名义上属于中国,但是会审本身就反映了外国人对中国在租界内的司法主权的一种损害。随后,外国领事又通过工部局和巡捕房,擅

上海租界会审委员会章

老上海的趣闻传说

自扩大外方陪审官的权力,甚至强行陪审并讯断纯粹华人案件,使中国谳员几乎丧失了当堂发落人犯的权力,这实际上是将租界内的华洋居民统统置于外方管制之下。

辛亥革命后,租界会审官弃职逃匿,英、美等驻沪领团乘机侵占会审公廨。次年又在机构内增设检查处,由工部局委任,这样,中方人员在公廨中彻底沦为陪衬,毫无发言权。1925年,五卅惨案发生后,各界群众强烈要求收回会审公廨,经过几番交涉,于1927年1月1日,正式废止会审公廨,在原址设立上海公共租界临时法院兼上诉院。

旧上海的城市格局如何,英、美、法及公共租界各在什么位置

在上海开埠以前,上海的建筑完全是中国传统式的,大多数集中在旧县城和郊县城镇。开埠以后,各式西洋建筑在租界相继建起。到20世纪30年代,上海的城市格局已经基本成形。上海的老县城一带称老城区,其北侧是法租界区,西北侧是法新租界区;再向北是原英租界,后称公共租界中区和公共租界西区;苏州河北岸河口一带为美租界,称为公共租界北区;从虹江向东,沿黄浦江至杨树浦,再至黄浦江北拐湾处,是公共租界东区。

法租界东起于外滩,南至上海县城,北至洋泾浜(今延安东路),经几次西扩,最后至虹桥镇东侧,今中环路一带。

英租界的范围东起于外滩,北至苏州河,西至周泾浜(今西藏路),南至洋泾浜(今延安东路),西至静安寺一带。英租界属公共租界中区和西区。

上海英租界使用的手铐

美租界1863年租借部分在苏州河北岸河口一带,东止到虹江,西北至火车北站东南侧,称为公共租界北区;1893年7月,上海道与美国领事订立了《上海新定虹口租界章程》,确认从虹江向沿黄浦江至杨树浦,再至黄浦江北拐弯处东周家嘴角,北界由虹口第五号界石至宝山县界,再由此划一直线至周家嘴,这一部分新美租界称为公共租界东区。

"万国商团"知多少

猛一听"万国商团"这个名字,还以为是很多国家的商人组成的团队,实际上它是清朝晚期在上海的外国商人组织成立的武装保卫团队。

1853年太平军攻克镇江时,在上海的外国人感到有必要建立自己的武装来保卫租界。4月8日,英美领事召开联席会议决定组建以上海租界内洋人为主的民兵组织,起名为"上海义勇队"。因成立的上海义勇队的成员来自多个国家,所以又称"万国商团"。中国人称之为"洋枪队"。

1853年9月,小刀会在上海县起义。清军派兵赶去镇压,行至租界西护城河时被洋人拦阻,于是扎营于河边以观形势发展。1854年4月3日,清军在租界东与洋人发生殴斗。万国商团前去支援,用大炮轰击清军营地。此后,英国领事又致书清军首领,要其后退西移。4月4日,英军炮舰炮击停泊在黄浦江上的清军战船,并将船只全部扣留。下午英军与万国商团分几路向清军营地进攻。清军死伤数百人,被迫西撤。这是万国商团成立后的第一场仗,竟然是与清军打,可见其设置目的并非单纯为防范太平军或小刀会,也是为了与清军抗衡。租界当局将4月4日这一天定为上海万国商团的"建军节",每年此日都要举行阅兵仪式。他们认为依靠商团武装足以保证租界的安全。

万国商团旗样

1870年,上海租界工部局接管了万国商团,使之成为其常设机构。其最高指挥机构为总司令部,设总司令一名,副总司令若干名,下有骑兵队、野炮队、轻炮队、工程队、铁甲车队、步兵队等。随后历年扩军,到了20世纪30年代,编制达到1500多人,已经成为一支正规军队。1941年12月7日太平洋战争爆发后,日军占领上海租界。1943年7月与8月之间,万国商团被解散。

上海第一个外侨俱乐部是什么

上海开埠后,租界里的外国商人和侨民日益增多,出于联络侨民间感情和

老上海的趣闻传说

上海英国总会

社交活动的需要，英国、美国、德国、法国侨民相继成立了一些外侨俱乐部，建起了俱乐部大楼。当时中国人把"俱乐部"译为"总会"。上海的第一个外侨俱乐部是位于中山东一路2号的英国总会。

在开埠初期的上海，外国人中以英国人最多，势力强、财力大。1861年，英国侨民俱乐部决定建造一幢俱乐部大楼，由兆丰洋行大班福格让出位于兆丰洋行北面的3.5亩地，上海体育运动基金会出借资金。俱乐部大楼于1863年破土动工，1864年建成开放。此大楼是旧英国式3层砖木结构，外墙用红砖镶砌，东立面每层都有阳台式的长廊，中央高处有山墙压顶。

1905年英侨俱乐部决定重建总会大楼，由英国建筑师塔郎特和A. G. 布雷设计，由怡和洋行、卜内门洋碱公司、汇丰银行、英商电车公司及正广和汽水厂联合出资，由英商聚兴营造厂施工，于1909年奠基，由日本建筑师设计室内装潢，1910年1月建成启用。新楼采用钢筋混凝土结构，地下1层，地上5层，高26.9米，十分引人注目，有"东洋伦敦"之称。其室内装潢豪华，有一条长达34米的吧台，号称远东第一吧台。这个英侨民俱乐部当时被称为上海总会。在20世纪二三十年代，此处是名流富贾消费寻乐的地方。

在1941年12月7日太平洋战争爆发后，日军占领租界。抗战胜利后，上海总会大楼由英商总会收回。1949年以后，外侨相继离开上海。上海总会大楼先后成为中国百货公司华东采购站和上海百货公司采购供应站。1956年，大楼交给国际海员俱乐部使用，1971年改为东风饭店，现为外滩华尔道夫酒店。

为何说上海和香港是中国近代史上的双胞胎

近代以来的上海和香港有很多相似之处。根据1842年《南京条约》的规定，英国人可以在上海"租借"地皮，所以上海是"半殖民地"。而香港岛则是"割让"给英国，因此，香港是英国的"殖民地"。这两个地方凭借自身濒临大海的地理优势，迅速发展成大型国际港口。20世纪二三十年代，上海被称为"东方的巴黎"。20世纪50年代之后，香港则被称为"东方之珠"。

在《南京条约》签订之后，上海县划出部分区域租给英国人居住，后来又陆续划地给法国人与美国人。从19世纪80年代起，上海外滩兴建了西式大楼，拓宽增修了很多马路。而这些租界原本是供洋人侨居之用，但西方列强数次扩张租界，在租界里建立了他们自己的行政、立法机构，包括警察机关和军队。一直到太平洋战争爆发后，美国与日军交战接连失利，英、法则是被日军打得一败涂地，往昔雄风不再。1943年美、英、法三国先后声明放弃了上海租界。但上海因为战略上的多种原因，还由英国管理。

香港维多利亚港夜景

1949年以前，上海是中国的经济贸易中心和东亚的金融中心，汇集有中外很多大银行，有中国的中央银行、中国银行、交通银行、中国农业银行，外国的有英国汇丰银行、德国德华银行、日本横滨正金银行、俄国华俄道胜银行、法国东方汇理银行、美国花旗银行、比利时华比银行等。这些银行大都设在外滩，因些外滩又被称为"远东华尔街"。此外，上海的私人银行、钱庄和信托公司经历了1927至1937年"黄金十年"的发展，到抗战爆发前，已达100余家，时称"银行多过米铺"。

在1949年前后，上海的不少资本家去了香港。由于宽松的经济环境，优越的地理位置，有利的政局形式，香港逐渐取代上海成为亚洲的金融中心。很多跨国公司，尤其是信息科技及金融服务行业，大多愿意在美欧与香港同时设办事处，可利用两地时差，24小时应对瞬息万变的市场。此外，香港与内地以及其他东南亚经济体系联系紧密，又与世界各地建立了良好的通信网络，资金可以自由流入和流出。而当时上海的金融业处于社会主义计划经济模式，没有足够的发展。因此，香港成为东亚的国际金融中心也是水到渠成的事。

由于旧上海和香港都有英国人管理或统治的背景，在市政管理模式上很相似，在城市建筑上同是近代欧美建筑，又先后成为亚洲的金融中心，故有人说上海和香港是中国近代史上的双胞胎。

为何说鸦片、赌博、娼妓是上海近代社会的三大毒瘤

近代以来的上海是繁华的大都市，东方的一颗明珠，一个能让人对未来充

老上海的趣闻传说

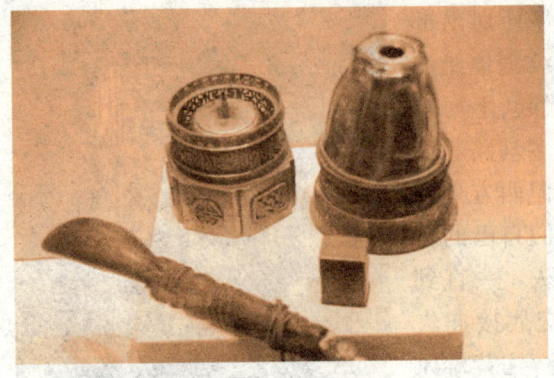

吸食鸦片的烟具

满梦幻的地方。然而，在各色光环下，上海也有其黑暗的一面。如帮派盛行，匪盗拐骗猖獗，各种罪恶层出不穷，严重扰乱了正常人的生活。其中以鸦片买卖、赌博、娼妓业最为盛行。

上海自开埠以来一直是中国对外贸易的前沿地区。由于鸦片贸易获利丰厚，在外国殖民者的经营下，上海很快成为世界最大的鸦片进口和中转口岸，最大的鸦片消费口岸。那时上海烟馆林立，毒氛炽烈，被时人冠以"鸦片之都"的恶名。

每年都有很多人去澳门"旅游"，因为在澳门赌博是合法的，不错，赌博是一个让人有想法的非常刺激的活动，有多少人迷恋上，从此妻离子散，无家可归，赌博同鸦片一样是现代社会的一颗毒瘤。

在上海，赌博业也是殖民者和黑帮赚钱的行业之一。各帮派为争夺赌场，经常相互血拼。很多人起初抱着"消遣一下"的态度进入赌场赌博，不久便沉溺其中，最终血本无归甚至倾家荡产。赌博腐蚀人们思想，败坏社会风气，影响生产工作秩序，导致家庭不和，甚至引起一系列违法犯罪行为的发生，严重危害社会治安。

娼妓色情行业也是殖民者和各黑帮经营的行业之一。上海经济发达，人员混杂，各种夜总会林立，在各派的经营下，娼妓业很兴旺。娼妓业是一种出卖肉体及灵魂的职业，败坏伦理道德，污染社会风气，传播性疾病，是各个文明国家所禁止的。由于上海的租界由外国人控制，他们为了赚钱，什么都可以经营，只要能交管理费，即使罪恶行当也可以默认。

由于鸦片、赌博、娼妓是上海各派势力的重要生财行当，租界又是外国人控制的地方，禁而不止，泛滥成灾。所以有人说，鸦片、赌博、娼妓是上海近代社会的三大毒瘤。但造成这种现象的根本原因还是外国列强在上海的半殖民统治。

老上海抽鸦片场景

老上海的建筑

 为何上海过去筑了城墙又拆墙

中国古代的县城一般都筑有城墙、护城河,上海也不例外。但上海的城墙建得格外晚,拆得却又格外早,算起来上海有城墙防护的历史,还不到400年。

上海在南宋成镇,元代成县。元至元二十九年(1292年),元朝中央政府将上海镇从华亭县划出,隶属松江府。一般建县就应该修筑城池,但当时上海民风彪悍,同时地方贫瘠,官府库藏空虚,一般也招不来什么流寇盗贼,因此一直没有建城。

到了明代,随着航运的发展,上海县已经成为富庶之地。嘉靖三十二年(1553年),倭寇见上海富庶又没有城墙,于是悍然进犯,在县城烧杀抢掠。当年4~6月3个

老上海古城墙的小东门(宝带门)

月时间内,上海就遭受5次抢劫,损失惨重。痛定思痛,上海百姓决定修筑城墙。官绅百姓同心协力,据说仅用时两个月即告完成。城墙周长九里,高达二丈四尺(约合8米)。环城筑有六门:大东门(朝宗门)、大南门(跨龙门)、老西门(仪凤门)、老北门(晏海门)、小东门(宝带门)、小南门(朝阳门),另有水门四扇。数年之后,又挖了护城河,增建敌楼四座,形成河上有桥、桥下行船的景观。这样,在成为县治260多年后,上海终于有了城墙和护城河。此后倭寇再有进犯,尽皆无功而返。

倭寇之后,上海的战乱不多,城墙保存得也颇为完好。但由于城墙没有将沿黄浦江的十六铺划入,于是上海的经济重心逐渐向城区转移,临近十六铺的大东门、小东门一带形成了繁华的商业中心,而西边的老西门则人烟稀少。

上海开埠之后,租界很快发展成为上海的新城区。租界与老城之间的物流、人流往来越来越频繁。然而当时上海城墙每到晚上六点(后改为十点)就关上了,这就给市民造成诸多不便,多次因人群拥挤而造成事故,也导致城门官受贿风行。而且城门低矮,交通物流多有拥塞。在小刀会起义和太平天国攻打上海期间,上海城墙屡次被大炮轰塌,老城墙在新式武器面前根本就不堪一击,其原有的防御功能几乎毫无意义,反而成了上海城市发展的一道障碍。

1903年,沪上贤达李平书动议拆除城墙,但受到保守人士的反对,两派相持不下。辛亥革命上海光复后,拆城派终于占到上风。1912年1月19日,在沪军都督陈其美和李平书的主持下,拆城工程开工,城墙被填入护城河以筑路。次年6月,北半圈筑成马路长2830米,取名为民国路(今人民路);南半圈于1914年完工,筑成马路2664米,取名中华路。城墙拆除后,上海旧城区与租界连成一片,奠定了近代上海新城市的格局。

现在要想看看上海的老城墙还是有去处的,在老城厢西北部的大境阁一带,就保留了30多米的老城墙没有拆。大境阁始建于明万历年间,此处原来是箭台,后增建为关帝庙,清嘉庆年间又翻建成高达三层的大境阁。当时,登阁远眺,阡陌纵横,炊烟与霞光相映,有"胜景烟霞"之景致。到了冬季,雪后白银铺地,一望无际,又是"江皋霁雪"的赏景之处,是"沪城八景"之一。在拆城时,因为大境阁还比较新,又是拆城指挥部所在地,因此就保留了下来。但1919年,一把大火将三层大境阁烧毁,后来复建,就成了现在的规制。大境阁东部有一石坊,还是清代

曾任老上海城厢内外总工程局总董的李平书

原物，上题"大千胜境"四字。大境阁是上海唯一一段古城墙，也成为人们凭吊上海历史的一个重要遗址。

上海外滩为何被称为"万国建筑博览会"

大名鼎鼎的外滩，位于上海市中心的黄浦江畔，它是上海的标志，也是到上海观光的游客必到之处。在全长不过1.5公里的街道西侧，一共有52幢大楼，沿黄浦江西岸铺开，其中既有哥特式、罗马式的，也有巴洛克式、中西合璧的，风格各异，被称为"万国建筑博览会"。这些建筑是上海曾经辉煌的象征，同时也记载着中国人民的一段屈辱历史。

外滩的范围，是指自外白渡桥至金陵东路的沿黄浦江西岸地区，这里原来位于上海老城厢东部，原为黄浦江滩地，其上有路，主要是纤夫所走的纤道。上海开埠之后，这里被英法殖民者辟为租界，英法领事馆就设在外滩两端。随后外商洋行、银行逐渐云集于此。最初还只是砖木结构的二层楼房，19世纪80年代后翻建为三四层。20世纪20年代，

老上海外滩

这里又普遍改建为钢筋混凝土大楼，高五六层，甚至10多层。其外墙大多用大理石、花岗岩贴面。建筑宏伟、风格各异，有许多标志性、代表性的建筑。这些西式建筑如此雄伟而且集中，在当时的东方世界是独一无二的。

外滩的建筑在建设之初，就非常注重设计，常常标新立异，争奇斗艳。有古典主义希腊式的，如原汇丰银行上海分行大楼；有哥特式的，如原中国通商银行大楼；有新古典主义的，如原怡和洋行大楼；有巴洛克装饰风格的，如原亚细亚大楼；有复古主义形式的，如原东方汇理银行上海分行大楼；有后期文艺复兴风格的，如原《字林西报》大楼；有装饰艺术派风格的，如原沙逊大楼、原百老汇大楼；还有中国传统风格的，如中国银行大楼等。这些建筑鳞次栉比，共同组成了一条错落有致的上海城市天际线。在陆家嘴崛起之前，这里是毫无争议的名片。

英国驻沪领事馆有何来历及特色

英国驻沪领事馆,也就是外滩 33 号,是上海外滩建筑群中最古老的,也是唯一一座 19 世纪的西洋建筑。现存的建筑建成于 1873 年,距今已有将近 140 年的历史。

上海开埠之初,首任英国驻沪领事馆巴富尔抵沪,与清政府上海道台宫慕久协商建立领事馆事宜。1844 年 2 月,巴富尔租得上海城厢内大东门西姚家弄名为"敦春堂"的老式 4 幢二层楼房,作为上海首处英国领事馆馆署。因嫌地方狭小,1846 年 4 月,领事阿礼国获得英国政府批准,在李家庄(今北京东路外滩附近)租地建造领事馆。1849 年 7 月,领事馆建成并投入使用。但是在 1870 年 12 月 24 日,一场大火将领事馆烧成一片废墟。1872 年 6 月,开始在原址重建,1873 年完工。1880 年,英驻沪领事馆升格为总领事馆。1941 年太平洋战争爆发后,总领事馆被日军勒令关闭,1945 年 9 月又重新开放。

英国驻沪领事馆

现存的英国领事馆,由英国人罗斯曼与伯依斯设计,原先占地 126 亩,现仍有 58 亩,系两层砖木结构的建筑。整体建筑具有英国文艺复兴时期的风格,屋顶为四坡式,覆盖中国传统的蝴蝶瓦,整个建筑平面近似正方形。由于外滩地势较低,故而设计了较高的台基,底层有五孔券廊。其内部是大厅,两侧窗框为平券;第二层中间的窗框为平券,两侧窗框为拱券。同时考虑到上海的气候特点,充分吸收了近似"东印度式"的建筑风格,底层和二层均建有宽敞的遮阳长廊,廊内侧即是房间。建筑面朝黄浦江的一侧是一个巨大的草坪,这也是外滩唯一拥有大片花园绿地的建筑。在周围绿草绿树的环绕衬托下,整个建筑显得格外秀美典雅。

1966 年,英国驻沪总领事馆关闭,该大院成为上海市政府机关事务管理局用房。1989 年,英国驻上海总领事馆重新在永福路 244 号建立,后又迁至南京西路 1376 号。外滩 33 号的老建筑,则在 2003 年置换给新黄浦集团。2009 年,新黄浦集团开始着手对原英国领事馆的改造,由贝聿铭旗下的美国贝氏设计事务所担纲设计。改造后,这幢老建筑将被打造成一座精品酒店和一个巨大的地下商城。

远东第一高楼——国际饭店知多少

随着历史的发展,上海的第一高楼几经变换。自宋代至清代,龙华塔一直以40.64米的高度稳居上海"第一高楼"的宝座,直到1916年夏季,外滩上的有利大楼以45.75米的高度首次突破龙华塔,成为上海第一高楼。

20世纪20年代,上海掀起了一阵兴建高层建筑的高潮,有利大厦之后,汇丰银行大楼、海关大楼、沙逊大厦都曾占据过上海"第一高楼"的宝座。此外,南京路上的新永安大厦、淮海路的峻岭公寓、苏州河口的百老汇等,都是70米以上的高层建筑,都是申城第一高楼的有力争夺者。这场竞争到了1934年,国际饭店横空出世,以83.8米的高度毫无争议地夺得上海第一高楼的桂冠,并将这一记录保持了将近一个世纪。

上海国际饭店,位于南京西路的黄河路口,1932年由大陆、中南、盐业、金城等银行组成的四行储蓄会投资开始建设,由当时著名的设计师匈牙利的邬达克设计。这也是他的成名之作,后来的大光明影院、四行储蓄会大楼、沐恩堂等均出自他之手。国际饭店在1934年12月建成营业,被誉为"远东第一楼"。由于当时楼高惊人,故有"仰观落帽"之

上海国际饭店

说。据说1933年,当时年轻的贝聿铭途经饭店,自豪感油然而生。未及读完上海圣约翰大学的课程,就踏上了去美国求读建筑学的道路,终成一代国际建筑大师。

国际饭店采用的是当时世界上最新的钢架结构和钢筋混凝土楼板,造型俊秀挺拔,高耸入云,其风格完全是当时美国装饰艺术运动摩天楼风格,其外墙采用深褐色面砖,顶部层层收进,显示出强烈的立体感。国际饭店地上22层,地下2层,占地面积仅1179平方米,但建筑面积达到了15 650平方米。

国际饭店建成后,一直是远东第一高楼的保持者,直到1952年才被日本的摩天大楼所超越。1983年,高91米、26层的上海饭店落成,国际饭店独领上海风骚的历史才正式结束。

历史上的国际饭店是名流聚集之地,军政要员、社会贤达常常在此设宴聚会,是上海上流社会的活动场地,宋美龄、张学良、陈纳德都是这里的常客。基辛格访华期间,也曾下榻此处。2005 年,国际饭店再次进行装修改造,恢复了原有的装饰风格。现在,国际饭店大楼已经被列为上海市优秀近代建筑,并在 2006 年被国务院正式公布为第六批国家重点文物保护单位。

汇丰银行为何被誉为"中国近代西方古典主义建筑的最高杰作"

在上海,"从苏伊士运河到远东白令海峡最华贵的建筑"这一名号,自然非外滩 10～12 号——汇丰银行大楼莫属。这幢建筑建成于 1923 年,被认为是"中国近代西方古典主义建筑的最高杰作",至今依然被公认为是外滩建筑群中最漂亮的建筑。

汇丰银行大厦于 1921 年 5 月 5 日开工,1923 年 6 月 23 日竣工,设计者是著名的英资建筑设计机构公和洋行的设计师威尔逊。其楼整体为钢框架结构,高 5 层,中部高突出部位为 7 层,是外滩占地面积最广、门面最宽、体积最大的建筑,建筑面积 23 415 平方米,是远东最大的银行建筑,也是世界上第二大银行建筑,仅次于英国的苏格兰银行大楼。其风格吸收了古希腊、古罗马的建筑艺术特点,用变换柱式和增加雕塑的手法给建筑增添典雅和庄重。以正门和中部高突穹顶连成的纵线为轴,形成左右对称的格局。同时采用三段式的外立面,底部 3 扇大门采用罗马石拱券,外墙用巨石贴面。2～4 层为中段,中部采用 6 根从罗马运来的爱奥尼亚式立柱支撑。上段在建筑中央修筑了一个半圆形穹顶,明显突出了建筑的主轴线,更增强了建筑的宏伟气势。在中部的大门两侧,竖立着两尊从英国定制的铜狮,作为大楼镇兽,用来纪念汇丰银行的行政总裁 A. G. Stephen 和上海行政总裁 G. H. Stitt,双狮图案同时也被印在香港汇丰银行发行的港币上。这对铜狮曾遭日军破坏,后被上海市博物馆收藏,现在楼前的为复制品。香港汇丰银行总部楼前的铜狮,也是由这一对铜狮复制而来。

大楼内部装饰相当豪华,进门是大厅,其中央铺着高级柚木

上海汇丰银行

拼花地板，四周地坪镶嵌着美丽图案的各色大理石。大厅两侧排列着一排2人方能合抱的大理石立柱，其中四根是由整块大理石雕刻而成。大厅的顶部是一个八角形天花板藻井，中央是黄道十二宫及太阳神、月神的壁画。四周是8幅马赛克镶嵌的大型壁画，分别为汇丰银行当时8个海外分行所在地的城市——上海、香港、东京、加尔各答、曼谷、伦敦、纽约和巴黎，每个城市都有其标志性景观和相应的女神守护。这些壁画曾在1956年被覆盖，于1997年装修时恢复。除此之外，大楼各层的楼梯、地板、墙面装饰都非常精致，还装有电梯、冷暖气设备，甚至自备发电机、抽水泵蓄水池，其装修之考究、设施之完备，无愧于"从苏伊士运河到远东白令海峡最华贵的建筑"这一称号。

自建成至1955年，汇丰银行一直在大楼内办公。后来，大楼收归国有，成为上海市人民政府大楼。1995年，上海市政府迁至人民广场，浦东发展银行通过竞拍取得大楼入驻权。目前，大楼为浦东发展银行总部所在地。

"外滩第一楼"是哪座楼

亚细亚大楼并不算宏伟，建成于1916年，高7层，是当时外滩最高的一幢建筑，而且这座楼位于中山东路1号，或者说是外滩1号，因此自然而然地就被人们称为"外滩第一楼"了。亚细亚大楼的成功设计和营造，对以后外滩近代建筑向更高层次发展，起了很大的促进作用。

亚细亚大楼的所在地，原来归英商兆丰洋行所有，后来被英国商人麦边买下。1913年，麦边将旧楼拆除，重建了一幢商务办公大楼，1916年建成，当时人们称其为"麦边大楼"。1917年，麦边将大部分楼宇租给了亚细亚火油公司（英国石油贸易公司），并允许其在大楼正门上悬挂"亚细亚"的公司标志。此后"麦边大楼"的名称逐渐被"亚细亚大楼"所取代。

亚细亚大楼由马海洋行设计，裕昌泰营造厂施工，占地面积1739平方米，建筑面积达11 984平方米，采用钢筋混凝土框架结构。大楼的外观兼有古典样式和新古典主义格调，被称为折中主义风格。大楼立面采用巴洛克风格辅以爱奥尼克柱式，采用曲面、曲线、断折、疏密等多种手法，突出立面与空间的凹凸起伏和运动变化，讲究视觉效果，使建筑外貌显得雄奇华

亚细亚大楼

丽。大楼的大门直竖4根大立柱,门廊旁又有2根小立柱,使视觉产生纵深感,门券是拱形结构,采用半突圆浮雕花纹,使大门外形线条富于变化,门楣上是巴洛克式断山花雕塑,3层至5层还装饰有巴洛克廊式阳台,大楼东南面的墙角呈凹弧形,给建筑增加了立体效果和旋涡形变化。建筑物俯视呈回字形,大楼犹如井壁,每层楼面外侧四面为办公室,内侧为宽敞走廊,安有2米高钢窗采光通风,空气对流畅通,光线明亮。该楼初建时共7层,1939年加盖1层。

太平洋战争爆发后,亚细亚大楼被日军占领。抗战胜利后公司复业。1950年,大楼由华东石油公司接管。1959年,上海冶金设计院等单位迁入。1996年,外滩房屋置换,这幢大楼成了中国太平洋保险公司总部。也就是在当年,亚细亚大楼作为外滩历史建筑群的一部分,被收入全国重点文物保护单位名单之中。

汇中饭店有何特色

和平饭店南楼,位于外滩和南京路这两条马路交会处的黄金地段,称外滩19号或南京路23号。这里原来是上海最豪华的饭店之一——汇中饭店。其实,这里早在18世纪50年代就建起了3层的中央饭店,与外白渡桥同为上海租界内历史最悠久的外资旅馆。1906年,英商香港上海旅馆股份有限公司将原中央饭店拆除,聘请英资玛礼逊洋行的司各特设计,兴建了6层高的汇中饭店,两年后竣工。

汇中饭店,高6层,建筑面积11 607平方米,以砖木结构为主,为仿文艺复兴样式的建筑,严格对称,外墙砌白砖,同时每层以红砖勾勒腰线,底层则为石砌外墙。外部装饰采用巴洛克风格,门窗设计变化多端,既有圆弧拱,又有平拱。屋顶原有花园,东西两端还各有一座巴洛克风格的凉亭。1914年,屋顶花园被烧毁,当时正值"一战"期间,业主无暇修复,遂改建为今日所见之平台。建成之初,汇中饭店是外滩最高的建筑(高30米),也是上海最早使用电梯的建筑。

汇中饭店内部装修精致考究,进门采用柚木旋转门,大厅内设有宽敞的木制楼梯,扶手栏杆雕工精细。楼内共有客房120套,底层还有可容纳300人同时就餐的大厅,四壁用柚木装饰,平顶还有雅致的石膏花饰,边座透过门窗可观赏南京路街景。如果撤去餐桌,可供上千人

汇中饭店

集会。1909年,清政府在这里举办了万国禁毒会第一次大会,中国、美国、英国、法国、德国、日本、意大利、奥匈帝国、荷兰、葡萄牙、俄罗斯、波斯(伊朗)、暹罗(泰国)13个国家41名代表与会,这是世界禁毒史上的标志性事件。1911年辛亥革命成功后,上海各界人士在这里欢迎孙中山先生归国,孙中山先生还在这里发表了演说。

太平洋战争期间,饭店停业,抗战胜利后恢复。1947年,华商大庆公司购得饭店产权,并继续经营至1952年。1965年,大楼改为和平饭店南楼,再度开放。目前,饭店三楼已改建为"斯沃琪和平饭店艺术中心",底层开设了全球最大的瑞士钟表制造公司在上海的精品钟表旗舰店。

上海的"百老汇"知多少

一般人都知道,纽约有百老汇(Broadway),但你知道上海也有"百老汇"吗?上海的百老汇路即今大名路,在路的最西端,矗立着一座咖啡色的巨型山岳似的建筑,这就是著名的百老汇大厦(今上海大厦)。这幢大楼与外滩隔苏州河相望,紧邻外白渡桥,也是外滩建筑群的重要建筑之一。

百老汇大厦是上海外滩建筑群中三座早期高层建筑之一,始建于1930年,由英资业广地产公司投资,公和洋行佛兰赛设计,新仁记营造厂承建,4年后竣工,造价达500万两白银。大楼地上21层,高77米,建筑面积24 596平方米,是外滩上与沙逊大厦、中国银行齐名的三座高楼。大楼属艺术装饰主义风格,外形呈"> <"状,不但巧妙解决了房间的朝向和采光,还使得整个建筑气势雄伟挺拔。楼体从11层起开始逐层收进,给人以很好的节奏感。大楼为全钢架结构,采用英国生产的铝钢,大大减轻了建筑自身的重量。而且地基处理得也非常好,在黄浦江边矗立了数十年,至今仍未有明显的下沉迹象,足见工程质量之高。受西方现代主义建筑思潮的影响,其外观和内部装饰较为简单,很少繁复的古典装饰。底层外墙为暗红色的高级花岗石,其余立面贴咖啡色的泰山砖,使整个建筑显得庄严凝重。

百老汇大厦最初是专供外国人使用的旅馆兼公寓,其西餐颇为有名,内部各项服务设施完备,还装有数部电梯,可直达顶层。百老汇大厦的顶层是上海最有名的观景平台,站在上面可以俯瞰

百老汇大厦

老上海的趣闻传说

黄浦江两岸,无论是江上巨轮,还是经典的万国建筑,还有繁华的市区街道楼房,无不尽收眼底。现在,这里也是欣赏浦东陆家嘴天际线的最佳地点。当年,汽车可以盘旋开到楼顶,那里可以停放80辆汽车。能开着汽车上屋顶观景,这在上海乃至全国都是独一无二的。

淞沪会战后,该楼被日军占用。1939年,业主将其卖给日资恒产株式会社。抗战胜利后,大楼由国民政府接管,改建为招待所。1951年,改名为上海大厦,接待过苏共总书记赫鲁晓夫、法国总统蓬皮杜、朝鲜领袖金日成等国际政要。20世纪80年代,大楼改建为宾馆并对外开放。

为何中国银行大厦要比沙逊大厦低

在外滩天际线的北段,有两座建筑几乎一样高,带有金字塔形大屋顶的是著名的沙逊大厦,而屋顶为平缓的四角攒尖形的则是中国人自行设计的中国银行大楼。但细细比较就会发现,中国银行大楼到底要比沙逊大厦矮那么一点点,就这一点点,便记录了一段中国人的屈辱史。

中国银行大楼原址在德国总会,"一战"后,德国总会也被作为敌产而没收,后中国银行以63万银元的价格从政府手中购得。中国银行的前身是清朝的户部银行,辛亥革命后改为中国银行。南京国民政府成立后,其总行从北京迁至上海。到1934年,决定将原德国总会拆除,新建一幢高楼作为中国银行总部大楼。建筑由毕业于英国建筑学院的建筑师陆谦受设计,英商公和洋行建筑师担任顾问。为了与外国银行竞争,彰显中国人的力量与实力,中国银行大楼原计划设计为34层,成为当时上海最高的建筑,并承包给第一流的陶馥记营造厂建设。隔壁沙逊大厦的老板沙逊得知后,随即出面干涉,蛮横地提出楼高不得超过沙逊大厦的金字塔屋顶。他还利用公共租界高额纳税人的身份使租界工部局工程处拒发34层的建楼执照,借口是陶馥记的建筑能力不足。34层计划是中国银行董事长宋子文的主张,当时宋子文还兼任国民政府行政院副院长、财政部长,但在外国殖民者面前,他也不得不屈服,最后将楼高降至17层,顶部比沙逊大厦低了0.3米。

中国银行大楼为早期现代派风格,以垂直线条勾勒建筑轮廓,同时又融入了中国传统建筑风格,屋顶

中国银行大楼

采用平缓的四角攒尖形,覆以宝蓝色的琉璃瓦,檐部以石制斗拱装饰,墙面栏杆、花纹、窗格都采用传统装饰,每层两侧还有镂空的"寿"字图案,体现了浓郁的中国传统建筑特色,是外滩上唯一一座具有中国传统风格的建筑。一层大门上方原饰有孔子周游列国的雕塑,厅内天花板两侧原装饰有八仙过海雕饰,均毁于"文革"。大厅顶部有方形照明灯36盏,整个大厅显得宽敞华丽。地下室设有当时最先进的保险库,同时每层都装有子母钟,以确保计时准确。

1937年,大楼刚刚封顶,就爆发了"八·一三"事变,收尾工程被耽搁。太平洋战争爆发后,大楼成为汪精卫伪储备银行的营业场所。抗战胜利后,又被中央银行占用,后几经交涉,直到1946年,中国银行才迁入办公。1949年,大楼作为官僚资本收归国有。改革开放后,农业银行、工商银行等金融外贸单位迁入,现为中国银行上海分行的所在地。

海关大楼有何特色

外滩号称"万国建筑博览会",各式建筑争奇斗艳,然而如果要选出一栋建筑作为外滩的代表,那自然非海关大楼莫属,海关大楼顶上的大钟,就是上海外滩的标志。海关大楼现为外滩13号,紧邻雍容豪华的汇丰银行大楼,两座大楼就犹如两朵并蒂莲,一个宽阔,一个高峻,共同组成外滩天际线的中段制高点。

上海海关在新中国成立前称江海关,开设于清朝康熙二十四年(1685年),是清初四大海关之一,原开设于小东门附近。上海开埠后,在黄浦江外滩附近开设江海北关,以方便外商贸易。一开始这里只是江海关的分署,后来逐渐成了江海关的主要办公地点。小刀会起义期间,江海北关被捣毁。1857年,清政府选址汉口路外滩重建海关,这就是第二代江海关。其大楼为古庙式建筑,门前有牌坊一座,上书"上海北关"四个大字。到了1891年,江海关业务渐长,房屋已经不够使用,于是上海道筹款将其改建为英国教堂式样,1893年竣工,这就是第三代江海关大楼。大楼外部建筑和内部设备颇为考究,装有转栏、石狮、钟楼、避雷针、暖气,报关大厅也颇为宽敞。大楼由英国人设计,浦东人杨斯盛承建,是杨氏的成名之作。

目前的海关大楼是第四代江海关建筑,于1925年在原址奠基,1927年竣工,共耗银430万

海关大楼

海关大楼夜景

两。大楼由公和洋行的设计师威尔逊设计，本来要请杨斯盛所属公司承建，但恰逢杨氏去世，后来转包给英国新金记祥号建筑公司。江海关大楼主楼高 36.2 米，钟楼高约 43 米，整体高度达到了 79.2 米，是 20 世纪 20 年代外滩最高的建筑物。大楼总体为希腊古典式和近代建筑相结合的折中主义风格，采用钢筋混凝土框架结构，正面外墙用花岗石垒砌。入口处为希腊多立克式门廊，门廊上竖有 4 根巨大的多立克式柱子，巨柱上端有 4 堵窗间墙直至 6 楼。顶部层层收进的钟塔更体现出立方体的体积感和高耸感，体现出装饰主义艺术风格。大楼正门底层大厅天花板上有 8 幅历代帆船战舰图画，用彩色马赛克拼成。2 层至 6 层各室皆铺柚木拼花地板，天花板则以石膏塌花涂金而成，装修奢华高贵。

在大楼的顶部，安装着中国最大、建造最早的海关大钟，总高 4 层，连同主楼总高 11 层。钟楼四角围 4 根方柱。大钟有四个钟面，每面都用 12 角菱形图案相拼，直径长达 5 米多。钟面上指时的是紫铜长针，每根重约 120 斤。在当时，此钟为亚太地区之冠，位居世界第三。据说，这钟是耗资 5000 两白银在英国参照英国国会大厦的大本钟制造的，1927 年运抵上海，原包装木箱重达 6 吨多，吊装之时，在上海引起轰动。

为什么要在海关楼顶设置大钟呢？首先，是为了起到航标和灯塔的作用。同时，为了统一时间，避免因计时误差而造成的业务纠纷，因为当时还滚以天数来计算船舶吨税，超过晚上 12 点就要另加 1 天，因此统一时间非常重要。再次，大钟楼的修建，也为上海市民提供了方便，并成为沪上一景。同时钟楼旗杆的经纬度，也成为 20 世纪 20 年代上海地理位置的标志点。1949 年 5 月，红旗升上钟楼旗杆，标志着上海解放。

1928 年元旦，大钟敲响第一声，每一刻钟都会奏《威斯敏斯特》乐曲，"文革"期间将钟面改为葵花图案，钟声改为《东方红》。1997 年，钟声停止。2003 年，钟声又恢复为《东方红》。

沙逊大厦有何建筑风格

中国银行大楼、沙逊大厦、百老汇大厦为上海外滩三座最高的建筑物，其中沙逊大厦以总高77米,超过中国银行大楼0.3米的优势成为"三高"之最,同时也成为外滩最高的建筑物。沙逊大厦由英资新沙逊洋行旗下的华懋地产投资兴建,1929年建成,其墨绿色的金字塔形铜屋顶在外滩各建筑中独树一帜,颇有特色。

沙逊洋行是上海首屈一指的大财团,其创始人是英籍犹太人大卫·沙逊,以棉纺织品和鸦片贸易起家,其次子伊利亚斯后来在孟买开设新沙逊洋行,随即来到上海谋求发展,前期以鸦片和军火贸易为主,后期主要投资房地产买卖。从19世纪末到20世纪初,沙逊和哈同轮流占据着上海地产界的头把交椅,他旗下的产业有沙逊大厦、华懋公寓、汉弥尔顿大楼、峻岭公寓等。20世纪40年代,上海有超过10层的大楼28幢,其中沙逊集团造的就有6幢。

沙逊大厦原址为美商琼记洋行,1875年被沙逊收购。1926年,拆除原有建筑重建,1929年竣工。大楼由公和洋行设计,新仁记营造厂承建,占地4622平方米,建筑面积36 317平方米。建筑平面呈"A"字形,高9层(临黄浦江一面13层),地下室1层。大厦为钢筋混凝土框架结构,属于装饰艺术运动风格。外墙除9层以上用泰山石面砖外,其余皆用花岗石砌筑。大厦的立面用垂直线条矗立,简洁明朗。腰线及檐部饰有花纹雕塑,充分体现了当时美国流行的"芝加哥学派"的设计手法。在大厦东侧主立面上,加盖了一个19米的瓦楞紫铜皮金字塔形铜屋顶,呈墨绿色。据说,这是沙逊从当时发掘埃及图坦卡蒙陵墓这一事件中获得的灵感,这种设计也体现了从折中主义向现代式建筑过渡的特点。沙逊大厦是外滩建筑中最具代表性的建筑之一,其建筑风格为后来许多建筑追随。

大楼1至3层为商场,底层沿外滩部分租给银行作为写字楼。3至4层是新沙逊洋行的办公地。10层以上为沙逊家族自用,在金字塔的顶内,还设有一个大餐厅。大楼中部5至9层为当时上海顶级的豪华饭店——华懋饭店,内部设计了中、英、德、印、日、西、法、意、美9个国家风格的豪华套房。华懋饭店的高档装修,吸引了大批客人,曾有人如此感叹:"住在华懋饭店,如同身处世界中心。""无线电之父"马可尼、电影大师卓别林、美国特使马歇尔等都曾在此下榻。英国剧作家诺埃尔·科沃德也就是在这里写下了自己的成名作——《私人生活》。抗战胜利后,大厦被山西裕华银行收

沙逊大厦(今和平饭店)
曾是沙逊家族在远东的标志

购。1952 年，上海市政府接管该楼，并在 1956 年改名为和平饭店开放。1965 年，外滩 19 号汇中饭店并入，分别称和平饭店北楼（外滩 20 号）和南楼（外滩 19 号）。1992 年，和平饭店荣登世界饭店组织评选的"世界著名饭店"金榜。

上海邮政大楼有何特色

上海邮政大楼，位于苏州河北岸，四川北路桥头。建成于 1924 年，是当时上海的十大建筑之一。

1878 年，李鸿章委派海关总税务司司长赫德办理邮政，中国邮政从一开始就由外国人把持。目前，拍卖会上最昂贵的邮票——大龙票，就是在这一时期发行的。1911 年，清政府设立邮传部，将邮政与海关分开。1917 年，中国政府决定在上海修建邮政总局大楼，逐步消除外国人的影响，但双方在选址问题上发生争执，外国人执意要将大楼建设在租界以内，最后中国政府进行了妥协，将其选在公共租界内的苏州河边。

大楼由协澄洋行设计，辛丰记营造厂施工，于 1924 年 11 月竣工，占地面积 6400 平方米，建筑面积 25 294 平方米，高 51.16 米，造价 320 万银元。大楼整体为钢筋混凝土结构，主楼高 4 层，转角处高 8 层，还有一层地下室。其外观采用英国古典主义手法，而主立面则采用古罗马建筑风格，用贯通三层的科林斯柱式列柱支撑，高大雄伟、气宇轩昂，体现邮政的公正与庄严。正立面顶部有 13 米高的钟楼，为意大利巴洛克风格，不同的建筑风格完美融合，同时体现了典雅格调与雄伟气势。钟楼上又有 17 米高塔楼，顶上还有 8.2 米高的旗杆。最引人注目的是钟楼基座上的两组雕像。一组是 3 人，手拿火车头、轮船的铁锚和通信电缆，代表邮政必不可少的交通。另一组也是 3 人，中间是水星，是希腊神话中的商神，左右为爱神，象征邮政为人类沟通情感。可惜这些建筑在"文革"期间受到破坏，现已修复。大楼内部装饰富丽辉煌，入口门厅用大理石装修，其他各层地面有马赛克、水磨石和水泥地坪 3 种。室内空间较大，光线充足，旋转型的大理石扶手楼梯和邮件滑梯的设计施工颇为精湛。尤其值得一提的是二楼的营业大厅，面积达 1200 多平方米，可以容纳 6 只篮球队同时比赛，当时有"远东第一厅"的美称。

上海邮政大楼

上海邮政大楼,是继1915年天津车站邮政大楼和1922年北京天安门广场邮政大楼之后的全国第三座邮政大楼,而前两座大楼已不复存在。因此,上海邮政大楼是至今保存最为完整的我国早期自建的邮政大楼。1989年被上海市政府定为上海首批优秀近代建筑、市级文物保护单位。1996年,又被国务院列为第四批全国重点文物保护单位。2002年,大楼二层开始改建,改建完成后成立了"上海邮政总局博物馆"。

工部局大楼有何特色

工部局,是上海公共租界的最高管理机构,其办公地点就在汉口路与福州路、江西中路与和河南中路所包围的一块方形地块上,在近代历史上,这里才是上海真正的主宰,是上海租界的权力中心。

工部局原设在南京路广西路口,为1896年建立的两座砖木结构的2层楼房。1907年,在今址圈下地皮。1913年,工部局决定集资翻建新楼,指派局工务处建筑师特纳等设计了几种方案,并将最后设计方案送交伦敦英国皇家建筑学院,由院长最终改定。后来,承包给华商裕昌泰营造厂施工。中间因为"一战"而停工,直至1924年才正式竣工。大楼呈四边形,占地4832平方米,建筑面积22 705.6平方米。这座大楼是上海唯一保存完好的具有罗马艺术风格的建筑,也是远东最杰出的仿罗马建筑之一。

大楼采用钢筋混凝土框架结构,高3层,局部4层,后来普遍加高成4层。厚厚的砖墙外再用花岗石贴面,俗称"石头房子"。整个建筑共有大门10处,中门设于江西中路与汉口路的转角处,建筑物的东北面。中门前建有专供停靠小轿车用的凹面扇形廊。大楼均用英国进口钢窗,是最早大批量使用钢窗的典型建筑。大楼的外墙雕塑物都仿照欧洲文艺复兴时期的建筑式样,整个建筑为新古典主义与巴洛克的结合。内部装饰考究,地坪用英国麦金洋行马赛克瓷砖铺砌,主要通道和扶梯为泰康洋行黑白相间的大理石。整幢大楼罗马风格的穹隆结构和簇柱显示威严和庄重。

实际上工部局大楼原设计远比现在要高,式样也是欧洲古典派与巴洛克风格的混合体。在入口上方还设计了一座高达50米的塔楼。"一战"期间,因进口原材料无法运到,

上海租界工部局徽标

老上海的趣闻传说

1867年上海工部局壹两银币

工程被迫停工。战后大厦重建,但却发现大楼地基出现了下沉,尤其是塔楼位置下沉更严重,结果不得不将塔楼取消。

工部局大楼,见证了旧上海的权力更迭,19世纪末,上海的权力核心逐步从老城厢移至工部局,在这里统治上海长达半个世纪。1941年太平洋战争爆发后,大楼被日军强占,原来的工部局董事有不少被投入监狱。抗战胜利后,国民党上海市政府迁入大楼,工部局的历史正式结束。新中国成立后,陈毅市长在这里完成对旧市政府的接管。上海解放一周年之际,陈毅手书"上海人民按自己的意志建设人民新上海"石匾,至今仍镶嵌在二楼大厅的正面墙壁上。1955年,人民政府迁到外滩原汇丰银行大楼办公,工部局大楼成为各局的办公楼。

旧上海的"跑马厅"有何历史变迁

上海跑马厅即上海跑马总会,于1850年引入上海,最早由英国商人霍格、吉勃、兰雷等5人组织发起。历史上,跑马厅曾经三易其地。最早位于现南京东路、河南中路的交界处,当时英国人以每亩不到10两银子的价格"永租"土地81亩,开辟了第一个跑马场,俗称老公园,跑道直径800码(731.52米)。由于场地太小,骑手经常把马骑到外边的泥石路上,人们便称这些道路为马路,这就是现在称城市街道为马路的由来。这里从1851年开始赛马,前后共进行7次。

1857年,他们将第一块跑马场以每亩超过200两银子的价格卖出,又从今湖北路、浙江路、芝罘路、西藏路、北海路、海口路包围的地段圈地170亩,建造了第二个跑马场,仅花费9700两银子,这也是这些路现在呈环形的原因。

到了1861年,跑马总会再度易址,他们将原址以购价10倍多的价格卖出,在泥城桥以西低价购进土地466亩,辟筑了第三个跑马场,也就是现在的人民广场

旧上海昔日的跑马厅

和人民公园的所在地。

跑马厅老板依靠赛马赌博,发行各种彩票,聚敛了大量财产,仅1920—1939年的20年里,跑马厅香槟票、独赢票2种彩票的收入就达14 139万多元。1936年,上海举办万国体育会,跑马厅就是其债务担保人,还购买了体育会5/8的股票,足见其实力之雄厚。

1932年,跑马厅耗资200万两白银进行了大规模的改建,由英资马海洋行设计,重建成一座钢筋混凝土结构,100多米长,4层高的新楼,建筑面积2.1万平方米。外观属于古典主义造型,外墙是红褐色面砖与石块交砌,有塔什干式柱廊。前面设有看台,西北转角处有一座8层、高达53米的钟楼。底层是售票处和领奖处,二楼是会员俱乐部,三楼是会员包厢,四楼是职员宿舍,其内部还设有上海第一个游泳池。跑马厅是当时远东最好的跑马场。

新中国成立后,上海市人民政府将跑马厅改建成人民公园和人民广场。建筑物部分作为上海图书馆、上海美术馆以及上海体育宫。以后又修建了上海市人大办公楼(后重建为上海市府办公楼——人民大厦)、上海博物馆、上海城市规划展示馆等标志性建筑,上海体育宫原址也被改建为上海大剧院。

为何说马勒别墅的设计灵感竟来自一个小女孩的梦境

在陕西南路西侧,延安中路南侧,有一幢颇具北欧童话色彩的建筑,这就是著名的马勒别墅。据说,这幢别墅的设计灵感,竟来自于一个小女孩的梦境。

马勒别墅的原主人是伊利克·马勒,是以经营航运为主的赛赐洋行的老板,其父亲靠赛马发迹。他在1926年就开始了设计构思,据说是按照他最宠爱的小女儿的一个梦境设计的,仅设计就花了三年时间。别墅从1929年开工,直到1936年才竣工,这座梦境中的建筑终于变成现实。

马勒别墅占地2411平方米,由6栋建筑组成,共计大小106个房间,内部结构相当复杂,尤其楼梯的构造往往让人不知道自己在几楼,几乎有迷宫的感觉。主楼共有三层,外墙用泰山面砖镶嵌,颇具特色。顶部矗立着高低不一的两个四坡顶,东侧坡屋顶高近20米,上设拱形凸窗,尖顶和凸窗上部均有浮雕装饰。西侧坡屋顶高约25米,屋顶陡直,属于典型的挪威建

马勒别墅

筑风格。主楼南立面上有三个垂直于主屋脊的造型优美且装饰精细的双坡屋顶和四个老虎窗,连带东西两座四坡屋顶交织在一起,宛如一座华丽的宫殿。中间双坡顶的装饰木构件清晰外露,构件间抹白灰缝条,比较典型地表现出斯堪的那维亚的乡村建筑情调。

室内装饰十分讲究,过道、走廊等处都有护墙板,到处雕着美丽精致的图案,室内穹顶上装有彩色玻璃,在阳光的照射下呈现出斑斓柔和的色彩。主要使用的房间有16个,特别是2楼的4个房间,具有英格兰风味。酷爱船只的马勒把住宅装修得酷似一条豪华的轮船,曲折多弯的楼梯分出东西两翼,分别通向前后舱,通道上的圆窗就像是船上的船舷,墙上的木雕画面全是船队的海上情景,就连地板也拼出了海草、海藻的图案,精美细巧犹如工艺品。

主楼南面有占地2000平方米的花园,花园四周用彩色花砖铺地,并植有龙柏、雪松等名贵花木,中间是一片草坪。因为马勒家族靠赛马发迹,因此草坪中放置了一匹青铜马。为美化园景和便于室内赏花,园中还设有赏花房,房内原装有暖气设备,室内雕花精美绝伦,地上铺有彩色瓷砖。马勒入乡随俗,在别墅内还设计了许多中国文化元素,如大门外放置了一对石狮子,花园四周的围墙用黄绿色琉璃瓦,楼道内还设有佛龛。

1941年,太平洋战争爆发后,身为犹太人的马勒一家被日本人赶进集中营,住宅被改为日军俱乐部。抗战胜利后,国民党的特务机关进驻。新中国成立后,马勒别墅成为共青团上海市委所在地。1989年,被列入上海市第一批优秀历史建筑。2001年1月,由衡山(集团)公司改建成小型精品酒店。2002年5月,正式对外经营,是为衡山马勒别墅饭店。

为何说劳动局大楼是"远东最杰出的仿罗马风格建筑"

位于汉口路与福州路,江西中路和河南中路之间的劳动局大楼建于1922年11月,该建筑原为上海公共租界最高行政机关工部局的办公大楼,是西方殖民者在上海的权力中心和象征,也是上海目前唯一保存完好的具有仿罗马风格建筑特色的建筑,人称"远东最杰出的仿罗马风格建筑"。

所谓"罗马风格建筑",是指10—12世纪欧洲基督教流行地

罗马风格建筑:罗马斗兽场

区的一种建筑形式。其主要建筑特征表现在以粗大石块作为建筑基础,墙体巨大而厚实,外观设有穹隆结构和立柱,给人一种牢固和稳重的感觉。大约在19世纪中叶,这种建筑开始逐渐流行于世界各国。

1843年11月上海开埠后,西方殖民者不断攫取中国特权,在上海的势力逐渐扩大。1862年,英美租界合并为公共租界,改1854年成立的行政委员会为工部局,掌握人事任免、征收捐税、管理公地等权力,负责市政建设,拥有警察,甚至还有一支武装力量——万国商团。工部局号称"自治政府",成为上海租界权力的中心。当时的公共租界工部局为了显示其政权机关的权威性和庄严性,建造该幢大楼时采用了罗马风格建筑,厚实的砖墙外面再用粗灰色的巨石做贴面,进门处和所有窗框均采用罗马风格的穹隆结构,同时,在外观墙壁上还设有许多立柱,整幢大楼看上去牢固、稳重,但又不失匀称和典雅之感,因而许多专家学者以及行家都称该楼为"远东最杰出的仿罗马风格建筑"。

沙逊别墅有何特色

沙逊别墅,又名罗别根花园或罗白康花园,是旧上海著名富豪房地产大王沙逊的乡村度假别墅,位于长宁区虹桥路2409号。别墅建于1932年,由英商公和洋行设计。建成后,入口处的道路即命名为罗别根路(今哈密路)。

沙逊别墅的建筑面积为800平方米,为一幢具有英国乡村风格的尖顶花园洋房。主屋用裸露的棕墨油烟色木头构架屋架,屋顶为斜陡的坡顶,上覆红色瓦片,墙面为粉淡黄色,色彩鲜明、高雅。房屋采用不规则布局,外形分割而整体相连,主体建筑横向置于北部,用人的卧室、厨房、炉子间位于主屋后部,车库、马厩、花房置于西侧。主屋坐北朝南,砖木结构,东部为二层,中部和西部为一层。入口处有一大平台,进门为走廊,设有200平方米长方形大厅,大厅东首为餐厅,往后是书房,二楼为卧室、起居室。内部装饰全部采用橡木和柚木,门窗特地选用带有疖疤的木料,并保留粗糙的斧凿痕迹,小五金构件也全部用手工制作,这些细节之处透出浓厚的乡土气息。主屋两侧种植了芭蕉、罗汉松、盘槐等树木,南面为大草坪,草坪西北角种有两株并列的悬铃木,下置秋千荡椅,非常温馨。

沙逊爵士

拍摄电影《红色恋人》时,就曾在此取景。

新中国成立后,沙逊别墅归寅丰毛纺厂所有,曾作为上海纺织局工人疗养院,现在是龙柏饭店一号楼。1989年,列为市级文物保护单位。

金门大饭店为何被誉为文艺复兴建筑中的精品

诞生于20世纪20年代上海的金门大饭店,位于"中华第一街"南京西路104号,原名为华安合群人寿保险公司、华侨饭店等,楼高八层,被许多建筑师和建筑评论家誉为"文艺复兴建筑中的精品"。

上海金门大酒店

金门大饭店堪称当年十里洋场尽人皆知的著名高尚楼宇,它以古朴、典雅的意大利精美风格著称。据说该饭店建筑要优于菲律宾国会大厦的外貌,因此,整幢大楼外形华丽气派。门外设有对称圆形楼梯,底层用料考究,均采用意大利原色大理石砌成,特别是会议室内的装饰,可称得上是一绝。垂直快速电梯在进门处中间,大大缩短了客人进房的时间。

1931年,日本发动"九·一八"事变,武装占领中国东北,国际联盟组织派调查团来华。这时,日本侵略者公开嘲笑中国没有能力和水平接待大型调查团。华安公司闻讯后,立即开展了一场公关战,他们四处活动,八方求援。终于在大家的共同努力下,将该幢大楼最好层面全部重新装修一番,并且以纯欧洲式的各种服务设施和规范服务接待调查团。当那些调查团官员离开这儿时,都非常赞赏地说:"华安是可以信赖的。"

从此,华安公司名声大振。

上海文庙有何特色

上海文庙,是上海市区唯一纪念孔子的古建筑,位于老城厢文庙路215号。上海文庙历史悠久,前身是南宋景定年间(1260—1264年)邑人唐时措兄弟在方浜长生桥西北所建的祭祀梓潼帝君的梓潼宫。上海建县后即改为文庙。庙址几经迁徙,小刀会起义前,文庙位于县署东侧(今聚奎街附近),后来毁于清军炮火。起义被镇压后,上海士绅募款在现址重建。占地1.15万平方米,建有棂星门、泮池、大成殿、崇圣祠、明伦堂、尊经阁、魁星阁、放生池等。太平天国运动时期,这里又成为英法联军营地,原有建筑大半毁坏,不久又重修。1936年,文庙被改建为民众教育馆,附设明伦小学,尊经阁则被改建为市立图书馆。新中国成立后,文庙被列为市级文物保护单位。"文革"期间,受到严重破坏。1983年、1996年曾两次大修。

现在的文庙分为祭祀线、休闲线和市场线三条主线。祭祀线,从棂星门、大成门、东西庑房、大成殿、崇圣祠等原文庙主要建筑,均按明、清风格原貌修复。休闲线,主要是魁星阁、明伦堂、放生池、儒学署一带,那里增设了绿地花木,游廊上设有"上海文化名人碑林",弘扬上海建城700多年来文化名人的业绩。市场线,

上海文庙明伦堂

为尊经阁一带,这里修建了一条长约70米,高低起伏、宽窄相间的明清建筑风格街市,这就是闻名沪上的淘书乐园了。

淘书乐园,即上海文庙书刊交易市场。市场每周日开设,均为临时摊位,现在周日逛文庙聚会已经成了上海文化人的一种生活癖好,堪称上海人的新风俗。

嘉定孔庙为何有"吴中第一"之称

嘉定孔庙,是上海现存最早、最完整的文庙建筑群,具有很高的历史文化价值,现已列为上海市文物保护单位。孔庙坐落在嘉定镇南大街,紧邻汇龙潭公园。嘉定孔庙是随着嘉定县城一起建立起来的,南宋嘉定十年(1217年),朝廷设置嘉定县,两年后,嘉定孔庙即告落成,称文宣王庙,其"规制崇宏,甲于他邑",有"吴中第一"之称。

嘉定孔庙建成后,宋、元、明三代皆有增建。明代正德年间,因风水问题而筑应奎山。万历年间,又挖汇龙潭,并多次增建改建。到了清代,孔庙规模已定,此后又历经多次修整。咸丰年间,受小刀会起义和太平天国运动战火影响,孔庙建筑多有损坏。同治、光绪年间,又陆续修复。1910年前后,孔庙内设立学校,后来又改为碾米厂,拆动甚多。1959年,开始照原貌修复。

老上海的趣闻传说

嘉定孔庙

现在的嘉定孔庙,虽然规模只及原庙的十之六七,但仍不失为目前国内比较完整的孔庙之一。孔庙大门前有石坊三座,东西两座上书"兴贤"、"育才",分别创建于宋代和元代,正中为"仰高"坊,建于明代。门前还有并排的三座石拱桥,大门两侧是历代重建时的碑文。从仰高坊开始,中轴线上的主要建筑有棂星门、泮池桥、大成门、大成殿等。棂星门为石制,门楣上有鲤鱼跃龙门雕刻。入门为半圆形泮池,池上有三座石拱桥,"泮",即"半水"。在古代,天子之学叫做辟雍,凿池圜水;诸侯之学叫做泮宫,池如半壁,半于圜水,故称之为"泮池"。泮池之后是大成门,面阔三间,其后两侧是东西两庑,各 12 间,原系名宦、乡贤祠,现为陈列室。大成殿在大成门后,是孔庙的正殿,重檐歇山顶,面阔五间,进深五间,建在一层石质台基之上。大成殿东侧是明伦堂,面阔五间,凸出抱厦三间,两侧以花墙围绕,构成一处小庭院。明伦堂东侧是东湖书院,前后二进,是当时县学的学馆。

孔庙东南侧为著名的汇龙潭,园林苍翠,景点丰富。明代曾有人罗列了"疁庠八景",分别是:汇龙潭影、映奎山色、殿廷乔柏、黉序疏梅、丈石凝晖、双桐揽照、启震虹梁、聚奎穹阁,至今明伦堂内还有八景石刻。此外,孔庙内还保存了宋至民国的书法碑刻,其中以黄庭坚、沈周、文徵明、董其昌等人的墨迹最为珍贵。

 徐家汇藏书楼有何特色

徐家汇藏书楼,是中国第一座教会图书馆,于 1847 年创办于徐家汇,隶属徐家汇天主堂耶稣会总院,又称汇堂石室。其后经 1860 年和 1897 年两次扩建,形成独立的两层藏书楼。藏书楼的藏书非常丰富,据 1935 年的统计,当时藏有中外书籍 20 万册。徐家汇藏书楼主要供教士阅览,管理者也是西方教会神父,辛亥革命后才有中国人参与管理。

现存徐家汇藏书楼为南北交错的两幢建筑:北楼即大书房,建于 1897 年,为两层双坡顶,砖木结构,南北立面设多个欧式壁柱尖券洋松百叶窗框,两层的设计理念和风格融合了中西文化内涵,上层为西文书库,布局和藏书摆架为梵蒂冈图书馆式样。藏有西文图书约 8 万册，以希腊、拉丁、英、法、德文居多，以百科辞书为主。还藏有《申报》《新闻报》《时报》《东方杂志》及耶稣会期刊等报刊，此外，还有碑帖和明清及太平天国钱币。藏书楼下层为中文书库，仿照明代宁波天一阁风格。此处藏有中文书籍 12 万册，按照经、史、子、集、丛书进行分类。此

徐家汇藏书楼内景

外，还收藏了大量的中国省、厅、州、县志，计 1615 部，19 489 册，42 266 卷，其数量之多，在全国名列前茅。南楼为耶稣会住院，即神父楼，建于 1867 年，几经改建，于 1931 年固定为四层坡顶外廊式建筑。

1949 年新中国成立后，徐家汇藏书楼的收藏归上海图书馆保存，其楼宇本身也成为上海图书馆的一部分，称上海图书馆徐家汇藏书楼。

 石库门房子有什么特色

如果你去过新天地，一定对上海石库门式的民居记忆犹新；但如果你看到新天地的新潮豪华就认为上海人以前的居住条件还真不错，那你就大错特错了。对于石库门民居的生活状况，有一句俗语，那就是"螺蛳壳里做道场"。如果你还是无法想象，就建议你去看看曾经闻名全国的上海滑稽戏《七十二家房客》，一幢破旧的石库门房子里竟然居住了 72 户人家，你想想是个什么滋味吧。

石库门住宅可以说是最具上海风格的建筑，有新式和老式两种。老式石库门住宅一般每幢两层，两楼两底，面积上百平方米，较为宽敞。"一战"后，随着上海经济的发展，新式石库门住宅大量出现，改为一楼一底，居住房间减少，以适应当时社会上出现的大家庭解体和劳动生产型的小家庭大量出现的需要，这是上海最普遍的石库门民居类型。石库门之间隔离出来的小路，就是弄堂。近代上海的大部分里弄

石库门弄堂

的弄堂都比较狭窄,住宅鳞次栉比。而石库门住宅里面房间面积小,室内功能少,许多家庭生活,如洗脸漱口、淘米洗菜、修理物件、洗衣晾晒等,都只能在狭窄的弄堂里进行。弄堂的上面,还有居民搭着的晾衣竿,上面晾晒着各式衣服,这就是著名的"万国旗"了,连好莱坞拍电影在上海取景,都不忘把万国旗捎带在内。

新中国成立后,石库门里的居民日渐增加,"七十二家房客"的情形日渐严重。十余家居民挤在一个小小的空间内,毫无个人隐私可言,偷窥、偷听(俗称听壁角)、猜忌、争吵成了家常便饭。而且当时一栋楼就一个水表、电表、气表,每到分摊水、电、气费的时候,都难免一阵唇枪舌剑。有人说上海人精明,善于处世,估计和这"螺蛳壳"里的锻炼分不开。

从20世纪90年代开始,一些上海人搬出了石库门,住上了宽敞的商品房。现在,里弄里的石库门也不再像以前那样拥挤了。许多石库门随着城市改造的步伐而被推倒,取而代之的是一幢幢宽敞明亮的大楼。现在,上海市开始注意保护石库门住宅,并对其进行了合理改建,新天地就是一个很好的范例。

老上海的山水园林

"沪城八景"知多少

"沪城八景"是上海的文人定出的原上海县的八大景观,早在明代即有此一说,首见于万历年间的《上海县志》,现在一般以清同治《上海县志》所载为准,分别是:黄浦秋涛、龙华晚钟、海天旭日、吴淞烟雨、野渡蒹葭、凤楼远眺、江皋霁雪、石梁夜月。

黄浦秋涛:是指黄浦江中的潮涌。当时沪人有农历八月"陆家嘴上看潮头"的习俗,每年中秋,潮水倒灌,"三江入海接潮还,申浦秋涛涌若山"。黄浦江潮虽不如钱塘江潮壮观,但也颇具观赏性。现在黄浦江变窄,已很难再见潮涌。

龙华晚钟:是指沪上天台宗名刹龙华寺的钟声,这是沪上八景中现在仅存的二景之一。龙华寺为沪上千年古刹,紧邻黄浦江。来自梵宫的夜半钟声传至黄浦江上,听者自有一番滋味在心头。"浪堆载得钟声去,船过龙华十八湾。"

龙华寺

海天旭日：是指清晨去海塘边看日出。"海日初升恰五更，红光晃漾令人惊。须臾已见腾腾上，碧落分明挂似钲。"其原址已不可考，近年有人在浦东芦潮港观日出，据说景色绝佳。

吴淞烟雨：即指细雨笼罩下的吴淞江。古时吴淞江两岸连田阡陌，每到春季细雨之时，田野间烟雨朦胧，别有一番景致。近年上海市整治苏州河，建起了河畔公园，重现绿柳婆娑、河面清澈的境况，多少能让人体会到古人笔下"别有归舟烟雨里，迎潮无那泊吴淞"的意境。

野渡蒹葭：是指浦南一带莲径苇塘、遍地蒹葭和石桥野渡的溪舍渔庄景象，这种宛如图画、充满诗意的农家生活，在以往的上海郊县比比皆是。随着乡镇经济的高度发展，现在已很难再寻觅到这样的天然野趣了。

凤楼远眺：凤楼即著名的丹凤楼，原位于小东门外供奉天后的顺济庙内，后移至城头万军台上。丹凤楼楼阁高耸，登楼远眺，沪上景致一览无余。每年端午之时，这里也是观看浦江龙舟的最佳之地。重阳节时，这里是登高首选。老城墙拆除时，丹凤楼也一并消失，今仅存丹凤路供后人凭吊。

江皋霁雪：位于原来城西北的大境阁一带，当时城外是空旷田野，每到冬雪之时，一片银装素裹。"昨夜天公剪鹅毛，北风吹散遍江皋。垆头买得双蒸酒，同上楼头劈蟹螯。"可见当时上海人喜欢冬日登阁，吃蟹饮酒，邀友赏雪。如今大境阁依然存在，但周边再也不可能白雪蔽野了。

石梁夜月：位于小东门外横跨方浜的陆家桥（明代正德年间翰林学士陆深捐资建造，又名学士桥）。以前中秋夜，上海妇女有"走三桥"习俗，须到三座桥上赏月，还要看水中月穿桥洞，其中学士桥就是必去之处。后来方浜被填平筑路，学士桥被拆，这一景致也就此湮没了。

2009年，鉴于"沪城八景"大多已经荡然无存，仅存者也已名不副实，同时为了配合世博会的召开，上海市又评选了"新八景"。它们分别是：外滩晨钟（外滩区域）、豫园雅韵（豫园旅游区）、摩天览胜（陆家嘴区域）、旧里新辉（石库门建筑群区域）、十里霓虹（南京路）、佘山拾翠（佘山旅游度假区）、枫泾寻画（枫泾古镇）、淀湖环秀（环淀山湖旅游区）。

传说中的"静安八景"今安在

所谓"静安八景"，是指千年古刹静安寺内的八处名胜，分别是赤乌碑、陈朝桧、讲经台、涌泉、虾子潭、沪

赤乌碑

渎垒、绿云洞及芦子渡。

赤乌碑： 相传，在三国东吴赤乌年间创建沪渎重元寺（静安寺前身）时，曾刻碑记其事，此即赤乌碑。在南宋迁移寺址时，赤乌碑没来得及迁走，结果被吴淞江水所吞没。

陈朝桧： 相传，系南陈后主在祯明年间（587—589 年）亲手所植，当年有两株，现仅存一株，树龄已达 1400 多年，仍枝繁叶茂。

讲经台： 相传，为南宋名僧仲依讲经的土台。仲依就是静安寺迁寺时的住持。

涌泉： 原在静安寺前，因泉水昼夜沸腾，又称"沸井"或称"海眼"，后人固以石栏，建亭其上，取名应天涌泉，号称"天下第六泉"。1966 年 9 月，梵幢被毁，涌泉被填没。

虾子潭： 原在静安寺前。相传，宋代寺僧智俨曾向渔人赊虾一斗食之，后渔人索钱，于是智俨吐虾于潭，虾仍活，此后潭中开始出产无芸虾，故名虾子潭。1919 年时，沸井浜填塞，虾逐渐绝迹。

沪渎垒： 原在静安寺旁，东晋虞潭为防海寇，便在沪渎旁修筑御寇垒，后称为沪渎垒。

绿云洞： 系元代静安寺住持寿宁的栖息之所，当时洞外植桧、竹、桐、柏，层阴叠翠，袭人衣袂。

芦子渡： 原在沪渎垒旁，相传，该地旧有东西芦子二城，上海人渡吴淞江，必由此取道，故名芦子渡。

现在，静安八景中除了陈朝桧和涌泉外，其余皆已不存。1999 年，上海市在静安寺旁的静安公园内复建了静安八景，称八景园，是人们怀古的好去处。

豫园为何被誉为"东南名园之冠"

豫园，是沪上名园之首，位于老城厢内，安仁街以西，福佑路以南，距今已有 400 多年的历史，是上海最著名的私家园林，是上海人的瑰宝。

豫园始建于明嘉靖三十八年（1559 年），第一任园主是明代刑部尚书潘恩之子潘允端。潘允端官至四川布政使，为了侍奉他的父亲，在家宅世春堂附近建园，取"豫悦老亲"之意，故名为"豫园"。豫园的修造前后持续了半

上海豫园挹秀楼

上海豫园灯会

个世纪,到万历(1573—1620年)末年才竣工。当时总面积达70余亩,院内布满亭台楼阁,曲径游廊相连,奇峰异石兀立,池沼溪流、花草古木相互掩映,规模宏大,景色幽深。明朝末年,正值文人造园兴盛期,上海私家园林不下数千,唯豫园"陆具岭涧洞壑之胜,水极岛滩梁渡之趣",景色、布局、规模都足以与苏州名园相媲美,被公认为"东南名园之冠"。

潘允端生活奢靡,晚年家业衰落。他死后,园林日益荒芜。此后园林几经易手,园中亭台倾圮过半,一片荒凉。乾隆年间,一些富绅集资购买豫园故地,赠给城隍庙。当时庙东已有东园(今内园),豫园就作为西园加以修缮。此后,豫园不再是私家园林,而成了供城邑士人乡绅们集会雅玩的寺庙园林,但仍然保留了文人宅园明秀雅洁的风貌。

鸦片战争期间,豫园遭到破坏,许多亭台被毁。太平军东征和小刀会起义时,这里都被辟为兵营,损毁颇多。光绪初年,豫园成为工商业同业公所。此后,院内茶楼酒馆相继兴起,摊贩云集,逐渐形成固定庙市,这就是豫园商场的前身。

新中国成立后,豫园得到妥善保护。1956年,政府拨款进行了长达5年的整修,使豫园恢复了秀丽典雅的名园风貌。1961年9月,豫园正式对外开放。"文革"期间,豫园破坏较大,此后政府又对豫园进行了多次维修。现在的豫园,占地30多亩,大致恢复了往日规模。院内亭台楼阁、假山水榭、古木名花错落有致。大体上可分为东部、中部、内园三大景区。

东部景区,位于院内东北部,主要景点有玉玲珑、玉华堂、点春堂、会景楼、九狮轩、积玉水廊、积玉峰等。中部景区,以水景为主,主要建筑有得月楼、倚藻堂、九曲桥、湖心亭、织亭、浣云假山、藏书楼等。内园,即原城隍庙之东园,面积仅2亩多,但十分精致,有静观大厅、观涛楼、还云楼、延清楼、船厅、耸翠亭、九龙池、古戏楼等。

自归属城隍庙后,豫园就成了公众园林,常年会在园内举办各种活动,花展、灯会、书画展至今已有近200年的历史了,期间曾有停顿,近年来都已恢复。此外,豫园还会不定期举办一些杂项展览,每次都能吸引大批游人。

江南名石"玉玲珑"是怎么来的

上海的玉玲珑、苏州的瑞云峰和杭州的绉云峰并称为江南三大名石。何为玉玲珑？单单从名称上,就不难觉出它的玲珑剔透之美。《上海县竹枝词》中就有这样的诗句留存:玉玲珑石最玲珑,品冠江南窍内通。玲珑剔透之美,品冠江南,从古至今便有。"玉玲珑"这名满天下的奇石自然有其曲折的身世之谜,那么它到底是从何处而来的呢?

玉玲珑位于上海的豫园里,高约3米,宽约1.5米,厚约80厘米,重量3吨左右,具有皱、漏、透、瘦之美。明代文学家王世贞有诗赞美:"压尽千峰耸碧空,佳名谁并玉玲珑。梵音阁下眠三日,要看缭天吐白虹。"玉玲珑极尽皱漏透瘦之美,相传在石底放上一炉香,石上的每个石孔都能冒出缕缕青烟;用一盆清水从石顶灌入,每个石孔都有清水流出。相传在石头上原刻有"玉华"这两个字,为石中精华之意。

上海豫园玉玲珑

玉玲珑的玲珑剔透深受古代收藏家的喜爱。据记载,宋徽宗赵佶为在首都汴京造花园艮岳,从全国各地搜罗奇花异石,列有"花石纲",玉玲珑便名在这"花石纲"中。但玉玲珑在运往汴京的途中丢失了。明代时,玉玲珑到了上海浦东三林塘人、太仆寺少卿、官至江西参议储昱的私人花园中。万历年间,储昱的女儿嫁给尚书潘允端的弟弟潘允亮。后来潘家建造豫园的时候便将"玉玲珑"移来。相传,载着"玉玲珑"的船在黄浦江上,遇到风浪,舟石俱沉。潘家人觉得这是不好的征兆,就出重金找人打捞,但等人将奇石打捞上来的时候,同时也打捞到了另外一块石头,这块石头与"玉玲珑"竟珠联璧合。潘家人就将这块石头与"玉玲珑"放置在了一起,这块石头就是现在"玉玲珑"的底座。还有传说其与城墙上的小南门有关,船从董家渡靠岸后,就近在城墙上开了个洞,把"玉玲珑"搬进城内。在洞口处修了一扇门,便是现在的小南门。

 ## 豫园的九龙池因何得名

在豫园的内园静观大厅东南,有一个池子,周围被各种奇花异石环绕,风景优美典雅。池水呈碧绿色,远看就像是镶嵌在园内的一块碧玉。池内砌有湖石,它们姿态各异。细看之下,每块石头都呈现出与众不同的姿态,给人意想不到的想象。这池子看着普通,名字却非常响亮,名为"九龙池"。这其中到底有何玄机呢?

上海豫园池景

原来,九龙池的名称来源于这个池子本身藏有的秘密。这个秘密就藏在池子的东西两壁隙间。在九龙池的东西两壁隙间,仔细瞧,会发现这里藏有四个龙头形状的石头,这便是四条龙。"九龙池",顾名思义就是九条龙,那么其他的五条龙藏在哪里呢?九龙池内水波荡漾,池边景物倒映其中,形成另外一个世界。看水中的湖石、水中的树、水中的花花草草,仔细端详之下,我们不难看到四个龙头。原来东西两壁隙间的四个龙头倒映在了水中。这水中的四条龙和水外的四条龙便已有了八条龙。九龙池的形状蜿蜒曲折,形状独特,整个看上去就像是一条龙,这便是第九条龙。因此古人就把这个看似普通的池子称之为九龙池。

古漪园的名称是怎么来的

古漪园,位于上海历史名镇南翔镇上,创建于明万历年间(1573—1620年),由当时著名的竹刻家朱三松设计。

古漪园最初的主人是明代嘉定南翔籍官员闵士籍,他聘请擅长竹刻、书画、叠石的朱三松设计布置,建有亭、台、楼、阁、水榭、长廊等,当时有"十亩之园,五亩之宅"之说。因院内广植绿竹,故取《诗经》"绿竹猗猗"句,名为"猗园"。闵士籍去世后,猗园在万历末年转售给了翰林李名芳之子李宜之,后来又先后归陆、李两姓所有。乾隆年间,叶锦购得猗园,并进行了大规模改建,乾隆十三年(1748年)秋落成,改名为古漪园。乾隆五十三年(1788年),嘉定士绅捐资购买了古漪园将其赠给城隍庙作为庙园。

太平天国运动期间,古漪园内部分建筑被毁,此后各行业公所修复了一部分建筑,又开设酒楼、茶肆,庙园沦落为集市。1932年"一·二八"事变期间,日军占领古漪园两个多月,撤退后,园林更加衰败。南翔人随即修补,但不久抗战爆发,园内大部分建筑

古漪园

被毁,面目全非。抗战胜利后,虽有修复重建,但景色已大不如从前。

新中国成立后,古漪园得到保护。1957年,南翔镇集资修缮古漪园,次年上海市又拨款对园内进行了大规模修缮,使园内面积达到5.84公顷。1959年,当地又将原云翔寺的唐代石经幢和宋代石塔迁入,此后又移植了王鸣一捐赠的一株百年重瓣大红牡丹,同时还增建了不少景点,到1963年,公园面积已达7.8公顷。"文革"期间,园内部分文物受到损毁。1973年以后,陆续进行修复,1977年恢复古漪园园名,并投巨资进行整修。1985年到1987年,上海市政府拨款60万元,在园东部扩建2.2万平方米的青清园,使全园面积增至9.18公顷,大小位居五大名园之首。

目前,古漪园分为逸野堂、戏鹅池、松鹤园、青清园、鸳鸯湖、南翔壁6个景区。在园林布局上,明代以戏鹅池为中心,清代以来的历次修复和扩建,都特别注重挖河理水,形成各个水系相互沟通的格局。园内亭台楼阁大多临水而建,与水景相互配合,再现了"亭台到处皆临水,屋宇虽多不碍山"的意境。在鸳鸯湖景区有一补阙亭,位于竹枝山顶,亭建于1931年"九·一八"事变后,亭子东北无角,以志国耻,体现了中国人收复失地的决心。

醉白池的名称有何来历

醉白池,位于松江区人民南路,是沪上名园之一,与豫园、嘉定古漪园和秋霞圃、青浦曲水园并称为上海五大古典园林,同时也是其中最古老的一座。

醉白池最早可以追溯到900年前的宋代,当时松江进士朱之纯在此地建造了私宅花园,取东晋陆机诗"仿佛谷水阳"而命名为"谷阳园",说这是陆机、陆云家乡的名园。朱之纯之后,历代多有扩建。明末,董其昌在此建造四面厅、疑舫等建筑,成为当时松江文人的聚会吟咏之所。明末之后,谷阳园逐渐废弃。

清顺治七年(1650年),工部主事顾大申在旧园遗址上辟建私人别墅,以一泓池水为中心,环池建园。顾大申仰慕唐代诗人白居易之风雅,仿宋代韩琦因白居易而筑醉白堂的故事,而取名为醉白池。

新中国成立后,国家对醉白池进行了扩建维修,向西扩征农田4公顷,使其占地面积达到了5公顷。1959年建国10周年时,对外开放。1965年,改名人民公

松江醉白池

园。1979年,恢复现名。

醉白池,以700平方米的长方形荷花池为主体,以不规则对称等园艺手法经营池岸,精心运用竹、梅、假山、奇石等元素,相互陪衬,融合一体。同时善于运用空间循环套接,使庭院的时空在连续的变化之中,颇有"山重水复疑无路,柳暗花明又一村"的艺术境界。

院内原有"醉白池十景":池上草堂、四面厅、疑舫、花露涵香、蓬叶东南、半山半水半书窗、乐天轩、卧林轩、宝成楼及原大门。新中国成立后,又新增玉兰园、赏鹿园、碑刻画廊、雕花厅、石雕照壁、深柳读书堂、假山河池等景点。

醉白池内廊壁和部分庭园里石刻碑碣较多,这是该园的特色之一。池南长廊的墙壁上嵌有《云间邦彦画像》石刻,共28块(一说为30块),镌刻着松江府属各县从元到清初的乡贤名士91人的画像和赞词,刻画甚工,其中就有人们所熟知的董其昌、徐阶、夏允彝、夏完淳、陈子龙等。此系清乾隆松江人徐璋所绘,后来散失了一部分,由画家改琦补绘,刻于石上,得以保留至今,这也是凭吊先贤的一个好去处。

为何秋霞圃是上海五大名园之一

秋霞圃,位于嘉定区嘉定镇,也是上海五大古典名园之一。面积3.15公顷,系由明代龚氏园、金氏园、沈氏园3座私家园林和嘉定邑庙(城隍庙)合并而成。秋霞圃的建筑大多建于明代,但邑庙则可追溯至宋代。如果以邑庙的始建时间推算,秋霞圃可算是五大园林中最古老的一个。

秋霞圃丛桂轩

龚氏园最晚建于明嘉靖五年(1526年),一般认为是当地进士龚弘创建的。龚弘去世后,家境败落,其曾孙龚敏卿于嘉靖三十四年(1555年)将宅第卖给盐商汪氏。万历元年(1573年),龚敏卿考中进士,于是又收回祖业。"嘉定三屠"期间,龚氏后人坚定抗清,以身殉节,此后家第败落,园林被汪氏辟为秋霞圃,俗称汪氏园。金氏园在龚氏园北,为嘉靖年间进士金翊所建。后金翊孙金兆登中举后,又进行了大规模扩建。沈氏园在龚氏园东侧,为明末万历、天启年间秀才沈弘正所筑。后园归申氏所有。嘉定邑庙始建于宋嘉定年间(1208—1224年),明洪武三年(1370年)迁至现址,供奉的城隍神为朱元璋部将韩成。

雍正四年(1726年),汪家将花园捐给城隍庙作为灵苑。乾隆二十四年(1759年),申家也将园林并入,与秋霞圃合并,成为城隍庙的后花园,又称城隍园,已是一处规模较大的园林。太平天国进攻上海期间,邑庙后花园及金氏园毁坏殆尽。光绪年间,将残破的金氏园并入,逐步恢复原有景观。后又在院中增设茶肆、书场、戏台,使其成为县城民众主要的娱乐场所。1920年,曾对院内建筑作过较大整修。淞沪会战后,嘉定沦陷,秋霞圃被伪区公署、日军医院所占用,抗战胜利后不久,即辟为"邑庙公园",逢节假日对外开放。

新中国成立后,邑庙公园恢复秋霞圃原名,并列为市文物保护单位。"文革"期间,部分建筑被拆除,园林日渐残破。1980年,上海市开始拨款进行修复,1987年10月1日重新对外开放。

秋霞圃,布局精致,环境幽雅,小巧玲珑,可分成桃花潭、凝霞阁、清镜塘、邑庙四大景区。

桃花潭景区,位于秋霞圃西南,占地约8亩,系原龚氏园故址。景区以桃花潭为中心,南北两山隔潭相望,山石亭台互为衬景,错落有致,主次分明,山具丘壑之美,水揽幽邃之胜。南山上有霁霞阁、仙人洞、晚香居等景点,北山有山亭、归云洞,山麓有延禄轩、观水亭、题青渡等建筑,环池周围还有西门楼、仪慰厅、池上草堂、涉趣桥、丛桂轩、三星石、三曲桥、碧光亭、碧梧轩、横琴石灯建筑景观。

凝霞阁景区,在园之东部,占地4亩,原为沈氏园旧址。景区建筑密集,以太湖石堆砌的大屏山为中心,北有凝霞阁,南有聊淹堂、游骋堂、彤轩、亦是轩,东有扶疏堂、环翠轩、觅句廊,西有屏山堂、数雨斋、闲研斋、依依小榭等。区内多院组合,院廊相连,曲折深邃。院墙多置漏窗,院内孤植树木和丛植花草,步移景异,若隐若现。

清镜塘景区,在园之北部,占地20亩,为金氏园遗址。清镜塘位于南侧,塘北侧与东侧有三隐堂、柳云居、秋水轩、清轩,西有青松岭、岁寒亭、补亭等建筑。景区以清镜塘贯穿东西,以植物景观为主体,疏朗开阔。亭榭、林木、花径、溪塘、山丘、护岸或敞或蔽、或大或小、或明或暗,变化无穷,具有浓郁的村野气息,与建筑紧凑的凝霞阁景区形成强烈的反差,一疏一密,各具其趣。

邑庙景区,位于园东南,面积4亩,原系嘉定城隍庙。庙内殿宇宏伟、高大,结构独特,系上海地区保存最为完整的邑庙。

秋霞圃三隐堂

曲水园因何得名,有何特色

曲水园,位于青浦区城厢镇,是上海五大古典名园之一。始建于清乾隆十年(1745年),最初是青浦县城隍庙的灵园。据说,当初为建此园,特向城中每个居民募征一文钱,故有"一文园"之称。当时建有觉堂、得月轩、迎晖阁等建筑,后来又挖池垒山,初具园林规模。嘉庆三年(1798年),江苏学使刘云房莅青浦,应知县杨东屏之邀,会集当地贤达在园中宴饮,见园内池水迂回,便取王羲之兰亭会饮、曲水流殇之意,改园名为曲水园。太平天国运动期间,园林与城隍庙一同毁于兵火,光绪年间修复。民国年间,又有增建。"淞沪会战"中,曲水园在日军飞机的轰炸下成为废墟。新中国成立后,曾多次修缮扩建,构成一组错落

青浦曲水园

有致的古建筑群。1980年,恢复曲水园旧名。

现曲水园占地近2公顷,其中水体面积占15%,小巧玲珑,典雅古朴。全园共有24景,分别是迎仙阁、迎曦亭、镜心庐、天光云影、恍对飞来、小濠梁、坡仙亭、二桥、濯锦肌、虬龙洞、玉宇亭、米拜亭、环碧楼、花神祠、冰壶、清虚静泰、喜雨桥、舟居非水、夕阳红半楼、得月轩、有觉堂、清籁山房、白云坞、凝和堂。全园建筑以凝和堂为中心,横向有觉堂、花神祠左右并列,纵向有清籁山房位于凝和堂之后。景观布局以湖区为核心,各个景区皆环湖而建,自然成趣,颇具匠心。园中树木枝繁叶茂,素有"春日樱桃争艳,夏天荷花出水,入秋金桂馥郁,冬令腊梅璀璨"之誉。园中植物以竹为主,有紫竹、慈孝竹、刚竹、凤尾竹等遍植园内。路多为石板路,曲径通幽,错综有致。山有壁、立峰等余脉绵绵,石则嶙峋,似羊、似如意,千姿百态。园景既具有江南园林的特点,又有幽雅的寺观园林的特色,不愧为江南名园。

松江方塔与方塔园有何特色

松江方塔,是上海地区有名的古塔,又称兴圣教寺塔,始建于北宋中期,已有近千年的历史,至今仍耸立在松江方塔园内,早已被列入国家级重点文物保

护单位名单。

方塔原来是兴圣教寺的寺塔,寺建于五代后汉乾祐二年(949年),塔建于北宋熙宁、元祐年间(1068—1093年)。元末寺毁仅存塔与钟楼,后建塔院。咸丰年间,钟楼、塔院再次被毁,仅剩塔身。1975—1977年间修复。

方塔为砖木结构,九级,高42.5米。在形态结构上,沿袭唐代砖塔风格,底层外建有围廊,塔身呈方形,每面长约6米,逐级收缩。塔内为方室,四面辟有壸门,门内通道上施叠藻井,内室用券门。壸门外设置腰檐、平座、栏杆,均靠斗拱承托支撑,斗拱大部分是宋代原物,券门上的月梁、外檐上的罗汉枋、撩檐枋等亦为原物。在江南古塔中,松江方塔是保留原构件较多的

松江方塔

一座。20世纪70年代维修时,在第三层西外檐下斗拱之间的拱眼壁上发现了一幅宋代佛像,系建塔时所绘,这也是上海迄今发现最早的壁画。修缮时还发现了宋代地宫,出土了一些珍贵文物。

1978年,修缮工作完成后,又在方塔周围兴建了160多亩的园林,称方塔园。添建了广场、石板路、甬道、石壁、仿古长廊等建筑,并进行了绿化。后来,又将原上海天后宫的大殿(建于1883年)、松江中山西路的兰瑞堂(俗称楠木厅,为少见的楠木建筑,始建于清初)、明代画家孙克弘别墅废址中的大小美女峰石、明代画家顾正谊的濯锦园废址中的"五老峰"等著名文物移建搬迁至此,连同园内原有的明代砖雕照壁、清代陈化成祠堂等建筑,构成了一处文物荟萃的现代园林,其文化内涵,绝不逊于建园颇早的上海五大名园。

松江明代照壁有何传说

松江照壁,位于松江区方塔园内,创建于明代洪武三年(1370年),原来是城隍庙前的一块影壁,是随着松江城隍庙一起建立起来的。抗战时期,松江府城隍庙被日军飞机炸毁,唯有照壁留存下来。这块砖雕照壁雕刻精美,是上海乃至全国最古老、最精美、最完好的大型砖雕艺术品之一。松江照壁高4.75米,宽6.1米,为一大型砖刻浮雕,其壁面约30平方米,雕刻内容十分丰富。檐下有云、鹤、鱼、龙、凤、鹿等组成的雕刻纹饰,两侧是白色粉墙,其中心为圆形雕刻团,东侧为青龙,西侧为白虎。壁面正中由70多块方砖组成,上面雕刻着一

松江方塔园砖刻照壁

只巨型神兽,名叫"犭贪"。它生有龙头、鹿蹄、狮尾、麒片,身壮如牛。只见它独角直竖,眼似铜铃,牙尖嘴利,昂着头,张着口,嘴里衔着元宝,又似乎在咆哮。怪兽的四蹄之下踩着元宝、如意、珊瑚、犀角等宝物,周围还有摇钱树、灵芝草和飞禽走兽。传说"犭贪"非常贪吃,胃口特别大,力猛性狠,横行四方,不但吃尽了山中的仙草、飞禽走兽,还要吃人间的金银珍宝。即便这样,"犭贪"仍然不满足,它看到东方升起的一轮金灿灿的旭日,也想将其吞吃,于是它来到东海边,向太阳纵身跳跃,结果葬身东海之中。在城隍庙前竖立这样一面照壁,为的就是告诫世人,尤其是为官当政者,不可存"贪心",如果贪得无厌,必然会像"犭贪"一样自取灭亡。据说,历史上在松江做官的人,到任的第一件事就是去拜一拜这块照壁,以示日后要为政清廉。

汇龙潭公园因何得名,有何特色

汇龙潭公园,位于嘉定区塔城路,这里原来是嘉定孔庙附近的花园。占地4.76公顷。嘉定孔庙始建于南宋嘉定十二年(1219年),当时称文宣王庙,明清两代多有扩建。明代天顺年间(1457—1464年),准备在孔庙东南开辟桃李园。当时在孔庙前半里处的归澄江门(今嘉定镇南门)内,有一座北宋天圣年间(1023—1032年)建成的留光禅寺,风水先生一看,认为这佛寺矗立在孔庙门前,有碍孔庙风水,不利于嘉定文脉。于是县丞下令挖土堆山,挡住寺庙,并命名为应奎山。万历十六年(1588年),又在孔庙门前凿了一个大水池,将附近的五条水道引至庙前。应奎山就坐落在潭中,四周绿水环抱,犹如一颗明珠,形成了五龙聚会、五龙抢珠之势,故定名为汇龙潭。

1928年,嘉定县将汇龙潭、孔庙、应奎山、魁星阁、龙门桥、文昌阁一带的建筑和花木略加整修,于次年辟为奎山公园。公园在抗日战争中被炸

嘉定汇龙潭公园

毁,破坏严重。1976年开始,县、市相继拨款,对公园进行整修和扩建,定名为汇龙潭公园。1984年,又再次扩修,形成今日规模。

现园内布局大致可以分为南、北两大部分。南部是以汇龙潭和应奎山组成的山水相依的自然景观,颇具江南古典园林风格。沿潭筑有石栏,望柱上雕刻着72只形态各异的小狮子,栩栩如生。潭西北借助孔庙建筑和周围的苍松翠柏,构成一幅优美的图画。应奎山四面环水,山顶建有四宜亭,登亭俯视四周,魁星阁、玉虹桥、碧荷池、打唱台等尽收眼底。打唱台原来是上海闸北区钱业会馆里的一座戏台,1976年迁建至此。北部景区建筑较多,景点相对集中,亭榭楼阁布局紧凑,有碎玉泉、夕照亭、芭蕉小院、玉莲池等景点,错落有致,幽静自然,成为"园中之园"。汇龙潭经常举办菊花展,在上海非常有名。

泖塔是怎么建起来的

泖塔是唐朝时期建立的一座古塔,位于上海市青浦区沈巷镇张家圩村泖河中间的一个四面环水的小岛(泖岛)上,距今已有1100多年的历史。泖塔是一座五级四面的长方形砖塔,结构简洁,造法工整,体现出唐朝时期的建筑风格。到底是谁在水中的小岛上建造了这么一座宝塔呢?这宝塔又是怎么建造起来,怎么从辉煌到被遗弃再到现在的重生的呢?

据史料记载,唐乾符年间(874—879年),僧人如海在泖岛上建塔,后来围绕着此塔建寺,寺名为"澄照禅院"。宋代景定年间(1260—1264年),寺院改名为"福田寺",故此塔又被称作"福田寺塔",后又名"长水塔",俗称为"泖塔"。明天顺年间(1457—1464年),修建了塔院,在嘉靖和万历年间又陆续添建,这里逐渐成为一座具有规模的寺院。清朝末期,佛寺遭到毁坏,保存下来的就只剩泖塔。泖塔经历代修葺,塔身保持完整,塔刹和相轮尚存,只是塔顶的宝瓶被盗。它于1959年被列为青浦区文物保护单位,1962年被列为市级文物保护单位。

泖塔在建立之初,泖河地处入海口,水面开阔,每到夜晚泖塔塔顶便会有灯火燃起,为来往的船只指引方向。至宋朝末年,因海岸线后退,使泖塔作为灯塔的功能逐渐减弱。如今,塔顶已不再燃起灯火。泖岛现在改名为太阳岛,连同泖塔一起成为旅游景区的一

青浦泖塔

部分。富有特色的泖塔更成了景区迎宾的标志。

泖塔位于河流的中央,塔上视野开阔,是看风景的好去处。古时便留下许多文人墨客的足迹,其中有王安石、朱熹、林则徐等。泖河上风景秀丽,明代陈继儒《渡泖》诗中曰:"秋老江苹漾久空,萧萧枫叶挂疏红。那知三泖清秋思,偏寄芦花一寺中。泖上定波叠乱沙,寺门桥断半兼葭。何从一借风帆力,醉挟飞鸥拍浪花。斜阳约略水西头,余景还能上竹楼,天际蘼芜半中绿,钓蓑归处起双鸥。"全诗极尽河上风光之旖旎。

南翔双塔有何特色

南翔双塔位于嘉定区南翔镇大街,是上海历史悠久的一座古塔,也是我国砖塔中的珍品。它建于五代至北宋初年,原来坐落在白鹤南翔寺的山门两侧。南翔双塔作为我国砖塔中的珍品,自身具有非常独特的魅力。南翔双塔的特色来源于其名称由来、传奇经历、建筑风格。

首先,双塔的特色来源于其名字的来历。这里面流传着当地家喻户晓的故事。相传在南朝梁天监年间(502—519年),有一个农民在地里得到一块石头,常有两只白鹤飞来伫立其上。有人拿这事来募款建寺。寺院建成后,双鹤从南边飞走,于是人们将这寺院起名为"南翔寺"。而双塔作为寺院的一部分,被称为"南翔双塔"。

其次,双塔的特色来源于它自身的传奇经历。清乾隆三十一年(1766年),一场大火吞噬了整个南翔寺,大火过后,只有双塔幸存。200多年来,双塔历经沧桑,岌岌可危。1982年,人们参考大量的文献资料,根据塔身遗留下来的结构以及地下出土的实物,勾画出了双塔复原方案。经过工作人员的努力,这才形成了现在我们所能看到的南翔双塔。

最后,双塔的特色来自建筑自身。双塔七级八面,高11米,是一座具有典型唐宋风格的砖塔。双塔为砖塔,塔身用青砖砌成,但却与一般砖塔不同,它在构件和外观上都模仿了江南的木结构楼阁式宝塔,将二者完美地融合在了一起。双塔上火焰形的壶门,简朴的直棂窗,精巧的斗拱,细腻的栏板等都体现出典型的唐宋时期的建筑风格。

南翔双塔

南翔双塔是全国现存唯一的一对年代最悠久的仿木结构楼阁式砖塔,既有极高的艺术价值,又为研究我国古代建筑史、宗教史、地方史提供了珍贵的实物资料。

护珠塔为何被称为"斜塔"

护珠塔位于上海市松江区天马山中峰,塔为砖木结构,平面八角形,七层,高18.82米,楼阁式,每层有腰檐、平座、栏杆,原是一座玲珑的宝塔。这么一座玲珑宝塔怎么会被人称为"斜塔"呢?

护珠塔所在的天马山是"云间九峰"第八峰,是九峰中最大的一座。而护珠塔所在的圆智教寺是九峰中较大的一座佛寺。圆智教寺建于唐大中十三年(859年),它刚开始是建在华亭县城西南,后来在五代时期遭水灾坍塌,所以人们就将整个寺院迁建在了山上。到了宋代的时候,寺院进行了扩建,在寺院后面就有了这座护珠塔。

关于护珠塔名字的来历,有这样一个传说在当地流传。相传护珠塔是为保护舍利珠而建造的。传说在塔中藏有舍利珠,塔顶时常宝光四射,因此,它又被称为"宝光塔",也称为"宝光护珠塔"。护珠塔为保护舍利珠而建,这就更加增加了它"斜塔"名字的神秘性。

原来,护珠塔早在乾隆年间就因为佛事燃爆竹被大火烧得面目全非。经过这次大火,护珠塔的塔心木和各层木结构都被烧毁,从而引起塔身的倾斜。关于塔的倾斜还存在着另外一种说法。在造塔时砖缝里塞有开过光的铜钱,后来有人发现了铜钱,以为塔里藏有宝藏,就拆了塔砖来寻找宝藏,这样使护珠塔的塔基遭到破坏,从而造成倾斜。护珠塔被烧毁塔心木后,一直未得到保护,年久失修,损坏有增无减。

现在的护珠塔因为斜而不倒成了天马山上的一道风景。护珠塔倾斜度甚至超过了世界著名的比萨斜塔。在1982年的时候,经测量,护珠塔的塔身已经向东南倾斜了6°51′52″。护珠塔在1982年被列为上海市级文物保护单位。在1983年时,上海成立了"天马护珠塔修缮组",制定了科学的修缮方法,将古塔的塔基和山岩结成一体,其外貌不变,却更加坚固,斜而不倒。

为何将护珠塔称作"斜塔"?没有什么答案能比亲临其境更能解决我们心中疑问的了。天

天马山护珠塔

马山的妙处大概就在于"风景如画,有塔斜而不倒"了吧。

老上海还有哪些古塔

"南朝四百八十寺,多少楼台烟雨中"。此话的确不假,上海曾经也是佛教相当昌盛的地方,现今许多寺庙已经荡然无存,但其佛塔却保留下来,成为上海变迁的见证,上海现存共有 14 座古塔。其中多处佛塔,包括"松江五塔"在前文已经讲过,兹不赘述。

上海龙华塔

龙华塔:说到古塔,首屈一指的当然就是龙华寺的龙华塔。相传,此塔与龙华寺一同创建于三国吴赤乌年间,北宋重建,此后又多次修缮。1954 年整修时,恢复了宋塔式样。龙华塔塔身高 40.64 米,七层八角,以砖身为主体,内壁呈方形,底层高大,逐层收缩成密檐。每层四面皆有壸门,四角有佛龛,佛像今已不存。每层均设有飞檐曲栏,檐下悬有铜铃,风动铃响,清脆悦耳。塔内有楼梯旋转而上,供游人登高远眺。塔顶塔刹重达 3.2 吨,由覆盆、露盘、相轮、浪风索等 18 个部件组成。龙华塔姿态雄伟美观,被誉为沪上"宝塔之冠"。

华严塔:位于金山区松隐镇的松隐禅寺内,塔与寺均创建于明洪武十三年(1380 年),由德然和尚募资建成,距今已有 600 多年历史。塔呈方形,共七层,通高 32 米,砖木结构,颇具唐代风格。因塔顶藏有德然和尚刺血书写的华严经 81 卷,故名华严塔。

青龙塔:位于青浦区青龙镇,建于唐长庆年间(821—824 年)。原名隆福寺塔,又名青龙雁塔,俗称青龙塔,是上海历史最久的古塔。当年的青龙镇是上海最大的贸易港口,青龙塔就是镇内标志性的建筑,见证了当时上海商贸的繁荣。青龙塔原是七级八面,砖木结构,后被兵火破坏,又屡次修缮,康熙南巡时还赐名吉云禅寺塔。新中国成立前,青龙塔年久失修,楼梯尽毁,腰檐不存。1956 年,塔顶的铜葫芦被台风吹落。1992 年,塔身偏离中心 1.56 米。随后,上海市文管会特邀专家曹时中教授予以扶正。现青龙塔仅存宋代修建的塔身,残高 30 多米。

真如寺塔:是上海著名佛寺,原名"万寿寺",元延祐七年(1320 年)在现址重建,并改名为"真如寺"。后经多次修缮,现寺院大殿仍是元代原物,是上海地区现存最早的木结构建筑,在全国来说也是很少见的元代遗构,非常珍贵。现在的真如寺塔，系1999年重建，为四边形方塔，共11层，其高峻的身姿，已经成为真如寺的标志。

万寿塔：位于青浦区青浦镇以南，俗称南门塔。这座塔可以说是上海年龄最小的一座塔了，它始建于清乾隆八年（1743年），仅200多年历史。塔为方形，七级四面，为砖木结构。建成仅30多年就遭遇雷击，大部分建筑被毁。光绪九年（1883年），一铜匠上塔偷锡，结果在熔锡时失火，将木结构完全烧毁，如今塔顶宝刹、腰檐已荡然无存。

韩塔：位于普陀区桃浦镇，始建于南宋建炎四年（1130年），距今已有870年历史。相传，是宋代名将韩世忠所建，故名"韩塔"。原有南北二

嘉定法华塔

塔，南塔在"文革"时期被拆除。北塔仅剩3层，高4.9米，塔身皆为砖石结构，飞檐皆为砖砌。韩塔自清代雍正和嘉庆年间有两次修缮之后，一直未有维修，塔顶杂草丛生，砖塔剥蚀严重。2000年8月，在台风"派比安"吹袭上海时倒塌。

法华塔：又名金沙塔，坐落在嘉定区嘉定镇中心，始建于南宋开禧年间（1205—1207年），俗称文笔峰，是一座祈求科举中试之塔。建塔10年后，嘉定设县，县城即以此塔为中心。此后法华塔几经兴废，万历年间重修，恢复七层楼台，在四面设壶门，各层建有腰檐、平座、栏杆，飞檐翘角，下悬风铃。修复后，"金沙夕照"成为嘉定的人文胜景之一。1924年，再次大修，部分改为钢筋混凝土结构。后塔身逐渐倾斜，位移达1.2米。1994—1996年，上海市对法华塔进行抢修，使其恢复了往日光彩。现在塔内设有楼梯，可登高眺望全城景色。高峻的塔身与塔下弯曲的河水、幽深的街巷、古色古香的老屋，构成了一幅完美的老街景象。

佘山风光有何特色

佘山国家森林公园位于上海市郊西南的松江县，包括东西佘山、天马山、凤凰山、小昆山等12座山峰，拥有各种游览、娱乐的景点和场所20多处，风光特色众多，是休闲游玩的好去处。

佘山风光最大的特色在于"山"字。上海位于长江入海口处，地势平坦。佘山国家森林公园中的12座山峰，最高的天马山不过才99.8米。与三山五岳相

佘山风光

比,这自然算不得山,但在上海这样一个没有海拔的地方,这12座山峰自然就成了众人眼中的山。佘山国家森林公园是上海地区唯一的以自然山林资源为主的旅游景点。

佘山国家森林公园以12座山峰为主线,拥有众多的旅游景点。园内山体钟秀,风景秀丽。东佘山有南北两峰,山上原有木鱼石、骑龙堰、沸香泉、眉公钓鱼矶、白石山亭等历史景点;此外,山上还新建了观光塔、森林浴场、仙人洞、滴水观音等景点。佘山古来产竹,竹笋美味,有淡淡的兰花味,因此佘山又称"兰笋山"。围绕着竹文化,人们在东佘山上建造了竹楼、竹迷宫、竹牌楼、竹桥等富有特色的景点。西佘山园最具特色的是其灿烂的宗教文化。在西佘山上,建造有天主教堂、佘山修道院和天主教中堂。其中天主教堂建筑面积1400多平方米,在建成时期号称"远东第一大教堂",它融会中国、罗马、希腊、西班牙、以色列、哥特式多种建筑风格于一身。另外,西佘山上还有佘山天文台、百鸟苑等著名的旅游景点。

佘山森林茂密、植被丰盛,拥有丰富的自然资源。在这里,遍布着低等植物104种,高等植物788种,涉及216科、578属。有些在平原地区已绝迹的植物,如灵芝等,在九峰之上还能找到。不只是自然资源,佘山还有丰富的人文资源。山上有许多名苑别墅,建在明代时期的居多,著名的有遂高园、东佘山居、西佘山居、白石山房、白石山庄等。

 金山三岛有何特色

金山三岛,坐落在上海市金山县,位于杭州湾北岸,由大金山、小金山和浮山三个岛屿组成。金山三岛距离金山嘴海岸大约有6.6公里。金山三岛自然环境优良,自然植被保护优良。1993年上海市在此地建立了海洋生态自然保护区。

金山三岛古时候是陆地上的一座山,它们同属一山,统称为金山。古时金山三岛上遍布人类生活的足迹,山上有寺庙,周围有村落。后来因为海岸坍塌后退,陆地在12世纪80年代后期沉入海中,只剩下三个顶峰露在海面上,形成了现在所能看到的三个岛屿。

大金山岛东西尖狭,中部宽阔,略呈菱形,最长处有963米,最宽处437米,面积0.3平方公里。其顶峰高105.03米,是上海市地面最高点。大金山岛悬崖峭壁,低谷幽深,怪石林立,林木掩映,由于数百年来与大陆隔绝,受人类活动的影响相对较少,大金山岛保存有上海地区陆地上早已绝迹的中亚热带地带性原始植被。大金山岛上保存下来的原始植被和珍稀植物,为人类提供了丰富的信息,具有重大的科研价值。大金山岛

上海金山三岛风光

上植被茂盛,落叶阔叶林有日本野桐、黄檀、算盘子群落;常绿阔叶林有红楠群落和青冈砾群落。此外,还有竹林。岛上还有灌木、草本植物和蕨类植物分布。据调查,岛上植物多达98科208种,称得上是一个天然的植物园。大金山岛气候宜人,长年平均气温16℃,年较差只有22.5℃,为上海地区最小。在炎炎夏日,大金山岛上依然凉风习习,是一个难得的避暑胜地。

小金山岛,俗名焦山,也称胜山,位于大金山岛西北1.75公里。它的山体构造与大金山岛相同,但不陡峭,山势非常平坦。浮山岛位于大金山岛南0.63公里,山势非常平缓,呈椭圆形。其山头浑圆无峰,中部有山脊隆起,像一个圆盘浮在海面上,因此浮山也称玉盘山。在浮山岛椭圆形山体的东部,有狭长的小山脊露出海面,形状恰好像乌龟,俗称乌龟山。在山体的东端,有一块狭长的礁石藏在海面下,与山体相连,俗称牛绳。另外两个小岛与大金山岛的植被茂盛不同,小金山岛和浮山岛都因为土壤冲失而导致岩石裸露,植被稀少,成为很好的海岛山石景观。

练塘镇有何特色

练塘镇位于上海西南,东临上海市松江区,西南紧挨浙江嘉兴、嘉善。练塘镇历史悠久,拥有浓厚的人文气息和丰富的非物质文化遗产。

练塘镇原名章练塘,名字取自历史上的练夫人及其丈夫。相传五代时期,高州刺史检校太傅西北行营招讨使章仔钧曾居住在这里。他的夫人杨氏,世代居住在练河,又称练夫人。练夫人是个心怀仁慈的人,她随丈夫去福建时,曾舍宅为寺;在福建时拼死保护建州(今福建省建瓯市)百姓的生命财产。在练夫人死后,建州百姓为其立碑,称她为"全城之母"。由于这个缘故,练塘镇形成后,

老上海的趣闻传说

青浦练塘镇风光

就以章练夫人名字来命名,称为章练塘。

练塘镇人才辈出,其中最出名的要数开国元勋陈云。陈云故居暨青浦革命历史纪念馆成为了爱国主义教育基地,每年都吸引着各界人士前来考察学习。颜安小学是陈云读过的小学。小学的前身是颜安书院,建于清朝光绪十五年(1889 年),已经有 123 年的历史。"颜安"也称颜回,他是七十二贤中孔子最喜欢的一位。光绪三十一年(1905 年)颜安书院改称颜安初级小学堂,民国初年改为小学。

练塘镇拥有宝贵的非物质文化遗产,既有神奇的民间医术匎经,也有地域色彩浓郁的山歌。匎经是流传于练塘地区的一门民间医术。匎经以中医推拿穴位为病理基础,通过对全身的按摩达到舒筋活络、改善功能的目的。匎经的治疗没有毒副作用和不良反应,对于治疗五岁以下婴幼儿的感冒、发烧、腹泻等病症有奇效。

练塘田山歌是练塘镇的一大特色。练塘是盛产稻米的江南水乡,每到农忙时节,农民在劳动时,会一展歌喉,来抒发对自然景物、自由恋爱的赞美。练塘田山歌有落秧歌调和大头歌调两种曲调,这两种曲调在不同的劳动场合演唱,演唱曲目可以通用。练塘田山歌作为一种美妙的民间传统音乐,是一项宝贵的非物质文化遗产。

练塘地处江南水乡,水多,自然桥也多,"小桥流水人家"这样的江南之景在练塘镇随处可见。始建于元代的顺德桥结构简单,是一座一梁柱式石桥,具有典型的元代特色。石桥几经修葺,至今仍在使用。

练塘镇的特色还体现在商铺上。练塘保留有民国时期的商铺,有阜康酱园、陈家米行等,这些商铺建筑都具有典型的民国时期特色。有的商铺至今仍在营业。

练塘镇历史悠久,古风保存完好,是一个体验古风人情的好去处。

为何放生桥是上海地区最大的一座五孔拱形大石桥

在上海市淀山湖畔,有一个名闻天下的江南古镇朱家角。镇内河港交错,水路便利。全镇共分布有 36 座古桥,其中最有名的是一座叫做"放生桥"的石拱桥,被誉为"沪上第一桥",是上海地区最大的一座五孔拱形大石桥。

元代时在漕港南岸建有慈门寺,到明隆庆五年(1571年),慈门寺的寺僧性潮募款在漕港上造桥,于明万历年间(1573—1620年)建成。慈门寺人以慈悲为怀,规定桥下一里之内不能撒网捕鱼。明清时期,每逢农历初一,当地僧人都在桥上举行仪式,将活鱼放入水中。因此这座桥称作"放生桥"。

夕阳下的朱家角放生桥

清嘉庆十七年(1812年)重建放生桥。新建的放生桥全长达到70.8米,宽达到5.8米。放生桥有五个半圆形的桥孔,中间最大的桥孔直径达到13米,两侧桥孔直径各10米左右。它的承重结构采用的是超薄型的桥墩,桥墩厚度大约只有100厘米。薄型桥墩使得整个大桥壮观而不失精巧。仅凭这些,放生桥能够就将其他的古石桥踩在脚下,成为最大的五孔拱形大石桥。放生桥长如带,形如虹,历来为文人雅士所赞美,有诗云:"长桥驾彩虹,往来便是井。日中交易过,斜阳乱人影。"

上海地区保存下来的石拱桥,一般都比较陡峭,过桥时非常吃力。而过放生桥时完全不用担心这个问题。放生桥虽然桥体庞大,形若长龙,给人一种大气磅礴之感,但放生桥的建筑风格处处体现出精致、周到。放生桥共有122级台阶,台阶厚度很小,最薄的仅有3厘米,最厚的也不过8厘米,因此人过此桥如履平地。设计建造放生桥的人,为过往行人想得非常周到,这体现出了造桥人对路人的一种人文关怀。

放生桥设计的精致体现在石刻上。放生桥石刻技艺非常高超,龙门石上刻有8条盘龙,形态十分逼真;桥头四角蹲着四只石狮子,仰头张嘴,栩栩如生。中间有望柱,桥面中部镶嵌着雕花石板。

放生桥壮观而不失精巧,处处体现出古代人民的智慧,不愧为上海地区最大的一座五孔拱形大石桥。

为何福泉山被誉为上海的金字塔

福泉山位于上海市青浦区重固镇钱家经村,2001年6月25日被国务院公布为全国重点文物保护单位,是上海市青浦区唯一的全国文物保护单位。被称为文物保护单位的有很多,但只有这个被称为上海的"金字塔"。福泉山到底有什么与其他文物保护单位不一样的地方呢?

青浦福泉山遗址出土的黑陶罐

福泉山,高7米,南北宽84米,东西长94米。福泉山其实不是山,它只是一个略呈椭圆形的土台,因为土墩形状像覆船,所以又称覆船山。在1962年上海市开展的文物普查时,在福泉山上发现了新石器时代的陶片、石器和红烧土等文化堆积。这次文物普查确定福泉山这里是一个古文化遗址。但是福泉山所藏有的秘密不只是新石器时代这么简单,在接下来几十年的文物发掘工作中,考古人员在这里发现的文物越来越多。仅在20世纪80年代,就出土了2800多件远古和近古时期文物,其中有不少珍稀文物。

福泉山古文化遗址面积大约有2150平方米,发掘中出现有黄褐、灰褐、灰黑、青灰、黄土五种颜色的土层。其中在灰黑土层下的三层灰黄土层,即灰色和黄褐色土中,发现良渚墓葬18座,墓内陪葬物品制作精良,为新石器时代稀有的珍品。黄褐土层下是黑褐土层,发现17座崧泽晚期墓葬,其中有同性合葬和男女合葬,在太湖地区属首次发现。黑褐土层下又是灰黑土层,属崧泽文化早期古人的居住地遗址。随着土层颜色的变化,反映了马家浜、崧泽、良渚文化先后有序的文化层叠压关系,福泉山的土层堪称是一份距今6000年至7000年的上海远古时代的历史年表。因此福泉山被考古学家称为"中国的土建金字塔"、"古上海的历史年表"、"上海的发祥地"。

为何说淀山湖是上海最大的湖泊

上海地处江南水乡,河道纵横,但湖泊却并不多,主要集中在西部与江苏省的交界处,淀山湖是其中最重要的一个。淀山湖原名薛淀湖,是上海最大的淡水湖,面积达62平方公里,相当于11.5个西湖,位于上海市青浦区和江苏省昆山市的交界处,是太湖水系众多湖泊中的一个。

淀山湖西临鼋荡(大部分属江苏省),上承太湖来水,同时又是吴淞江和黄浦江的水源地之一。其一部分湖水经漕港向东后向北汇入吴淞江,另外一些则通过拦路港向东南方向汇入黄浦江。

淀山湖不仅面积广大,而且水质非常清澈,达到了国家二级水质标准,因而成

淀山湖

了上海重要的水源保护地。这里也非常适宜开展水上运动,如赛艇、皮划艇、帆船、帆板、龙舟等体育项目,曾经是第五届全运会的水上运动分会场。

淀山湖附近是江南水乡的核心地区,近年来进行了适当的旅游开发,现在湖泊周围有周庄、朱家角、东方绿舟、红楼梦大观园、关王庙、报国寺等景点,是上海旅游热点地区之一。

青浦课植园因何得名,有何特色

课植园,是上海又一处大型私人园林,位于青浦区朱家角镇。原主人为上海富商马维骐。课植园自民国元年(1912年)始建,共费时15年,耗银30万两,至马维骐去世时园林尚未建好。此园取"耕读"之名,故题名为"课植",即"课读之余,不忘耕植"之意,俗称"马家花园"。

课植园占地5.3万平方米,有房屋200多间。园内既建有书城,又辟有稻香村,寓园名"耕读"之意。整个花园坐西朝东,由厅堂区、假山区、园林区三大部分构成。北部为厅堂区,第一进为轿厅,其余为头厅、二厅、三厅和迎宾厅四进。二厅为两层楼建筑,楼上为马氏生活区。迎宾厅北为书城楼,围墙上饰有城垛,似小城楼。厅堂内建筑十分考究,雕梁画栋,工艺精细,屋顶面采用双层瓦片行板结构,有冬暖夏凉之奇效。

以碑廊为界,南部为假山区。假山区内是以各种造型的瘦、漏、透太湖石堆砌而成,形成迂回曲折、如入迷雾的格局。此处建筑有打唱台、逍遥楼、观戏厅、荷花池、藕香亭、课植桥、钓鱼台、蝙蝠亭等。假山南面是庄园内一座标志性建筑——四方形五层楼,称"望月楼",又名"冠云挚月楼",这在当时是全镇最高建筑,雄伟壮观。碑廊内荟萃了明代江南四大才子的碑刻。

朱家角课植园

有祝枝山书写的"梅花诗"、文徵明"游西山诗",以及唐伯虎、周天球等人的诗文。

荷花池西为园林区,就是所谓的稻香村。内有各种花卉树木数十亩。北部有"耕九余三堂",西南角上是小游览区,有小假山、荷花池、九曲桥和倒挂狮子亭等。课植园建筑结构精巧、气势雄伟、布局优雅、独具匠心,是中国古典园林的珍品之一。

为何芦潮港被誉为"好望角"

上海的芦潮港是一个具有旅游、观光、餐饮、海产品交易等功能的海洋特色风貌区和渔港综合服务区。芦潮港拥有天然渔业港口、深水港区、万亩桃园、黄金海岸等丰富的旅游资源,另外还有完善的现代旅游功能设施,吃、住、行、游、玩,样样都有。在这里,你可以观海涛看日出、尝海鲜品野味,也可以踏青赏花、海边拾趣。可是这么一个旅游胜地却被誉为"好望角",却又是为何呢?

原来芦潮港的地理位置非常优越,它位于太平洋西岸,坐落在中国东部沿海中段的南汇县海边的凸处,北边与长江口相连。所有在太平洋上航行的船只只有经过芦潮港才能够进入长江,因此它被誉为西太平洋上的好望角。

作为船只进入长江的唯一通道,芦潮港有着强大的优势。芦潮港原本就水深浪静,是个做港口的好地方。在19世纪末芦潮港只是一个解决舟山群岛、宁波和上海之间人员出行需要的小码头。随着历史的发展,芦潮港层层蜕变,如今的它早已是一个依水而建的海港新城。随着上海经济的飞速发展,深水港建设不断推进。泊位不断增多,各类配套设施不断完善将成为未来发展的方向。在芦潮港客运码头东侧约四公里的地方,有一座世界上最长的跨海大桥,它就是东海大桥。其总长度达32公里,通航标准按5000吨级、通航净空高40米设计。芦潮港作为港口逐步趋向完善,使其作为"好望角"的功能发挥得越来越强大。

另外现在的芦潮港,交通、贸易、旅游、房产和娱乐全面开发的投资环境已经形成。香港、新加坡、马来西亚等中外客商都想在此地争得一席之地。芦潮港拥有锦江桃园、世界桃园仙境度假中心、好望角度假村、世界芳草屋精品总汇等一系列的休闲度假场所。在东海岸线上,逐渐形成了以芦潮港为中心,直达普陀山、嵊泗、舟山等海岛之旅游圈,三者将构成南汇独特的"点线圈"旅游格局,从而成为上海的"后花园"。

芦潮港东海大桥

老上海的宗教

 上海现存最老的寺庙是哪座,有何特色

上海现存最古老的寺庙,要数嘉定区安亭镇老街上的菩提禅寺。早在佛教传入中国100多年后,它就已经矗立在上海这片土地上了。菩提禅寺,是东吴赤乌二年(239年)孙权为其母亲吴国太所建,距今已有近1800年的历史了。寺庙建成后,香客信众纷至沓来,于是村落逐渐变成了市镇,因此有"先有菩提寺,后有安亭镇"之说。

菩提禅寺几经兴废,宋代重建时,宋太宗赐"菩提"匾额一方,即定名为菩提禅寺。明代万历年间,寺庙再次荒废,杭州僧人海月见此,便发誓重修寺庙。他让铁匠铸了100多斤的铁锁链,将其锁在自己颈上,却把钥匙投入古井。他向众人发誓,若不修复古寺,他绝不取下铁锁链。此

嘉定菩提禅寺

后三年，他不顾严寒酷暑，身负铁锁链云游各地化缘，见者无不感动，纷纷慷慨解囊，经过五年艰辛，终于重修禅寺。

清乾隆年四十四年（1779 年），寺院再次重修，占地达 25 亩，分三进，前为天王殿，中间为观音殿和地藏殿，后为大雄宝殿，殿内保存有记载当年重修寺院之事的石碑，殿前还用铁环高挂着一口巨钟，重达千斤，声震数里。新中国成立前，菩提禅寺毁于战火，仅剩数间破房，后来成为安亭中学的所在地。

2003 年，经有关部门批准，菩提禅寺的恢复重建工作正式启动，新的菩提禅寺占地 11.5 亩，建筑面积 6000 平方米，建成后将成为上海佛教文化的亮点。

天主教在上海是如何传播的

天主教在上海的传播起始于明朝后期的上海人徐光启。大约在万历二十一年（1593 年），徐光启受聘到韶州任教。在韶州他见到了传教士郭居静（L. Cattaneo），第一次接触到西洋科技知识，并且听说有一位叫利玛窦的传教士在西洋科技方面很有名。1600 年，他听说利玛窦正在南京传教，便从上海专程前往南京拜访他，想向他学习西洋科学知识。但利玛窦则想发展徐光启为天主教徒，送给他两本宣传天主教的小册子。徐光启于万历三十一年（1603 年）在南京接受洗礼，加入了天主教。

万历三十二年（1604 年）徐光启中进士，万历三十五年（1607 年）徐光启任翰林院检讨，不久丧父，返乡守制。1608 年，徐光启邀请传教士郭居静到上海传教。受徐光启的影响，他的子孙和周围一些居民先后受洗入教。崇祯十三年（1640 年），徐光启的第四个孙女玛尔第纯（教名）出资买下了上海县城北安仁里的世春堂，改建成一座天主教教堂，取堂名"敬一"。敬一天主堂是上海最老的天主教教堂，故又称"老天主堂"。此堂由华名为潘国光的传教士主持。

到清朝初期，天主教在上海地区已颇具规模，有两座大教堂，约三四万教徒。雍正年间，天主教被禁止，上海的天主教堂全被没收，"老天主堂"被改成为关帝庙。1842 年七月，法国耶稣会传教士南格禄、艾方济、李秀芳三人抵达上海。1844 年《中法黄埔条约》签订，规定清政府有保护教堂的义务。不久，法国又迫使清政府取消了对天主教的禁令，准许天主教传教

佘山教堂

士在通商口岸自由传教。上海地区的天主教传教事务由法国耶稣会传教士专营,其他国的天主教教会,只可在上海设立账房,而无传教的权力。

1847年耶稣会在徐家汇建了一座罗马式的小教堂。1853年,董家渡天主教堂落成,成为当时上海的第一大天主教教堂。之后,在早期法租界内又陆续建造了一些天主教教堂。随着法租界的几次西扩,离徐家汇越来越近。1904年徐家汇天主堂(今蒲西路158号)开始建造,费时6年建成。这是一座法国高直式建筑,高17丈,大堂进深25丈,可容纳2500百余人,整体建筑有浓厚的宗教气氛。在传教的同时,教会还办起了徐汇公学、徐汇女中、启明女校、幼稚园等教育机构,创建了徐家汇天文台、藏书楼,还兴办了育婴堂和土山湾孤儿院等慈善场所。1935年,天主教会在佘山建起了一座佘山教堂,称之为远东第一大天主堂。到1937年,天主教上海教区已成为中国最大的天主教教区。

基督教在上海是如何传播的

基督教分为天主教、基督新教、东正教三大派别。中国通常所说的基督教是指基督新教。基督新教传入上海是在鸦片战争结之后。

1843年,英国基督新教伦敦会派传教士麦都思、雒魏林至上海传教。1845年美国新教圣公会派传教士文惠廉到上海传教。1847年,美国新教公理会派传教士裨治文到上海传教。他们是最早被派到上海的基督新教传教士。

基督新教的宗派很多,几乎每个宗派都派遣传教士到上海传教。每个宗派都有在上海传教的权力。这与法国规定只有法国天主教会能在上海传教不同。新教为了扩大影响,也是先开办教会学校、翻译西书、出版书报,以及从事一些慈善活动。1869年上海第一座基督新教教堂圣三一堂在今江西中路、九江路交会处落成,是一座具有哥特式艺术风范的教堂,红砖彩窗,钟楼高耸,俗称"红教堂"。之后,上海地区出现不少新教教堂,大教堂如国际礼拜堂、怀恩堂等,小教堂则分散于全市。1929年,上海地区最大、最高的一座新教教堂慕尔堂新堂于今西藏中路上建成(1958年易名为"沐恩堂")。到1937年日本侵占上海时,新教已在上海拥有不少信徒。

上海是近代中国接受西方先进的科技文化和资本主义民主思想最早、最多的城市。基督新

上海沐恩堂

教以上海为基点，向中国其他地方传播，使上海成为新教中国教区的传教中心。

伊斯兰教在上海是如何传播的

伊斯兰教是世界三大宗教之一，7世纪时由穆罕默德的传播而兴起于阿拉伯半岛，并迅速向外传播。穆罕默德去世不到20年（651年）就传入了中国，但其在中国的发展较慢，仅局限于西北部地区。直到蒙古兴起并对外扩张时才真正向全国传播，当时信仰伊斯兰教的主要是地位仅次于蒙古人的色目人。伊斯兰教也大约就在这个时候传入上海。

据史书记载，元至元十二年（1275年），元将沙全（西域回回）率兵进驻华亭，因功授华亭县达鲁花赤（"掌印者"），后又任松江府达鲁花赤，其部下官兵及家属便定居松江，他们中有许多是信仰伊斯兰教的色目人，这样伊斯兰教就进入了上海。元至正年间（1341—1370年），松江府已有31户色目人定居，其中主要是西域回回，于是便在松江建立了上海第一座清真寺——松江真教寺。松江真教寺的创立，可视为伊斯兰教传入上海的标志。

在明代，朱元璋分封开国元勋中的回回将领食禄金山卫和嘉定等地。明中期又将2000多名西北甘、凉二州的回回官兵迁往江南各卫，以巩固海防，其中就有金山卫。此后，上海回民人口有了增加，于万历年间在青浦县增建了第二座清真寺。

到了清代，上海开埠之后，来沪穆斯林逐渐增多，特别是1849年江宁水灾和1853年太平军攻占南京前后，大量原籍南京、扬州、镇江、苏州的回民逃往上海，他们聚居在县城南门外军营附近，不久便在这里修建了上海市区内第一座清真寺——草鞋湾清真寺（南寺）。划定租界后，一部分印度籍穆斯林来到上海，于1855年在英租界内创办了唯一一座清真寺。后来，南门外的回民迁徙到城北一带，逐渐形成了南市回民聚居点，并创建了穿心街清真寺（北寺）。晚清、民国期间，上海的伊斯兰教又有所发展，先后建立了日晖港（今肇家浜路）清真寺、沪西清真寺、高墩街清真寺（上海第一座清真女寺）、小桃园清真寺，同时开辟了上海赴沙特阿拉伯的吉达港去麦加朝觐的直达航线。

抗战时期，上海有4座清真寺毁于炮火，数千穆斯林难民流

松江清真寺讲经堂

离失所。新中国成立后,政府拨款对清真寺进行修缮,并增建了北站清真寺。1962年,召开了上海伊斯兰教第一次代表大会,成立了上海伊斯兰教协会。"文革"期间,除保留小桃园清真寺供外国穆斯林礼拜外,其他清真寺被停止活动,改作他用。改革开放后,国家落实宗教政策。1979年,上海伊斯兰教协会恢复工作,曾经关闭的清真寺陆续修缮并恢复。目前,上海已有5万余穆斯林,大多聚居在清真寺周围,为上海的城市建设贡献着自己的力量。

"青浦教案"知多少

鸦片战争结束之后,英国基督新教伦敦会派传教士麦都思、雒魏林至上海传教。清道光二十八年二月初四(1848年3月8日),英国基督教新教伦敦会传教士麦都思、雒魏林、慕维廉三人违反清政府的规定,前往青浦县道教圣地城隍庙传教,向众人发放福音书。有漕运水手向他们索要福音书,雒魏林不给,水手遂与他争辩,雒魏林拿起手杖到水手头上打了两下,引发争执。雒魏林等见事情不妙,便想逃跑,刚走出西石牌楼,被水手40多人截住。仇人相见,分外眼红,一时拳棍齐下,把三个洋人打得鼻青脸肿。刚开埠时,中国百姓是不怕洋人的。此事顿时轰动青浦县城。县令金镕派人将雒魏林三人护送回上海。中国官民以为此事不大,可就此了结,谁知英国人借题发挥,扩大事态,最终发展成为近代史上中国人民在本国受屈辱的一个大案。

青浦事件第二天(3月9日)英国驻上海领事阿礼国要求上海道台咸龄令青浦县捉拿打人凶犯。咸龄在3月11日写信慰问麦都思三人。3月13日阿礼国亲到上海道署向咸龄示威,威胁要停止英国船只向清政府交纳税款,若不立即缉捕凶手惩办,中国漕船亦不许离开上海口岸。当天阿礼国即命令英军兵舰封锁吴淞口,并且断了漕运。

于是上海道台咸龄被迫于3月16日派海防同知沈丞赴缉凶,逮了两名水手,3月19日解到上海。3月20日阿礼国派副领事罗伯孙率舰队去威胁南京。两江总督李星沅、江苏巡抚陆建瀛畏于英军军力派人赶到上海,督办漕运和青浦事件。3月22日麦都思等人到上海道署认人,说被捕者是从犯,不是首犯。3月25日、26日官府又抓了6人,由沈丞复押到上海,并得到麦都思等人指认。道署将抓到的10

大清帝国为英国驻沪领事馆麦都思发的护照

人在新关枷号示众。

因在此案中,咸龄不向英国示弱,英国领事便进一步要求撤换上海道台咸龄。5月8日,两广总督兼五口通商大臣耆英在江苏高淳详细听了青浦事件的汇报,同意将上海道台咸龄暂行撤任,调换熟悉夷情的吴健彰代理道台。

5月中旬,江宁藩司傅绳勋复讯这10名水手后定案,将首犯王明付充军,从犯倪万年判徒刑,其余枷号释放,赔偿麦都思三人白银200两。

此案中基督新教传教士违反规定擅自到道教场所传教在先,又先打伤了人,其被殴打也是自取,但英国凭借其武力,威胁省县官员,使10名中国人被判刑,一道台被撤职。该案系中国近代史上的第一起基督教教案,称为青浦教案。清政府对此案没有做出公正的判决,使本国政府威信扫地,使中国百姓在自己的地方受到屈辱,实在是令国人心寒。英法等国由此事看到了清政府的软弱,便大肆扩张租借的居住地,使之能为租界,占尽了便宜。

为何静安寺中庭院墙壁上书"赤乌古刹"四个字

静安寺,是上海著名的佛教真言宗古刹,中国汉地佛教重点寺院之一。静安寺是闹市中难得的清静之地,上海静安区就以静安寺命名,足见静安寺的重要地位。

在静安寺庭院内的墙壁上,写有"赤乌古刹"四个大字,古刹好理解,赤乌又是什么意思?许多游客不是很理解。实际上,这四个字就是形容静安寺古老、历史悠久的意思。赤乌原意是一种瑞鸟,系太阳之精,古人也有以赤乌指代太阳的。但这里的赤乌是东吴大帝孙权的年号。静安寺正是创建于东吴赤乌十年(247年),是中国较早的一批寺院之一。佛教自东汉明帝永平年间(58—75年)传入中国,100多年后就传到了当时还比较偏远的东吴地区,静安寺就在这个时候创建的,距今已有将近1800年了,可见其历史之久远。

静安寺

初创之时,静安寺名沪渎重玄寺,寺址在吴淞江边。唐代易名为永泰禅院,宋代始名静安寺。南宋嘉定九年(1216年),因寺院太靠近江岸,寺基有倾圮之危,寺僧仲依便将寺院迁至现今寺址。此后静安寺屡废屡兴,乾隆年间得到大修。太平天国运动时期又被毁,仅存大殿,后来逐步恢复。

静安寺周边原来是荒郊僻壤，1862年，租界筑马路到静安寺，形成静安寺路（今南京西路）。此后百余年间，静安寺得地利之便，周边建成市镇。每年浴佛节庙会期间，商贾云集，游人如织，极大地促进了静安寺周围地区的繁荣。

在清代，静安寺有"静安八景"之说，即赤乌碑、陈朝桧、讲经台、虾子潭、涌泉、绿云洞、沪渎垒及芦子渡，历代多有题咏，但这些景致如今大多已经湮没。1991年，静安寺大雄宝殿重建竣工。现殿中供奉的释迦牟尼佛像来自缅甸，由纯玉雕成。玉佛高3.87米，宽2.6米，重达11吨。这尊玉佛比著名的玉佛寺中的两尊玉佛要大得多，也是目前中国内地最大的玉佛之一，仅次于辽宁鞍山玉佛苑中的玉佛。2009年年底，静安寺又迎来了由15吨纯银浇铸而成的如来佛祖银身像。如今的静安寺，庙宇巍峨，佛像庄严，是一座闹市中的法海佛国。

玉佛寺的玉佛从何而来，为何玉佛寺先有佛，后有寺

玉佛寺也是全国重点寺院，因供奉有巨大玉佛而得名。这两尊玉佛系玉佛寺的镇寺之宝，由整块的缅甸美玉雕琢而成，质地细腻，晶莹剔透，圆润光滑。雕工也非常精湛，佛像面部丰满，犹如满月，双眼微开，嘴角上翘，自有一种静谧安详，见之令人心神宁静，礼佛之心油然而生。

要说起这玉佛的来历，还得说一说慧根法师。慧根，原是普陀山僧人，德行高超，信仰诚笃。他曾云游四方，五台山、峨眉山都曾留下他的足迹，后来由西藏经尼泊尔、印度而入缅甸。他见缅甸盛产美玉，且质地精良，便生起采购美玉雕刻佛像的念头。他在缅甸四处募化，在其感召之下，缅甸华侨纷纷慷慨解囊，还打动了笃信佛教的缅甸国王。国王下令特许慧根在缅甸开山取玉，雕刻佛像。最终他开山取得五块巨大玉石，又延请能工巧匠将其精心雕琢成大小玉佛五尊，并奉回国内。

慧根原打算将五尊玉佛全部送普陀山供养。在途经上海时，上海佛教界众弟子见玉佛玉质精美，雕琢精致，佛像庄严，颇有留恋之意。于是慧根便决定留下大小玉佛两尊，供上海信众瞻拜，其余三尊，则送回普陀山供奉。这两尊玉佛一坐一卧，坐像高1.95米，重约1吨，卧佛略小。为了供奉玉佛，上海信众开始在上海寻地建寺，后由僧人可成募得现址，逐渐建成现有规模。

玉佛寺玉佛

新中国成立后,政府多次拨款修缮。1963 年,周总理陪同锡兰(今斯里兰卡)总理班达拉奈克夫人访问玉佛寺,寺院僧人为已故前锡兰总理班达拉奈克诞辰 60 周年做纪念法事。"文革"期间,受周总理保护,玉佛寺没有受到冲击。改革开放后,玉佛寺成为上海第一家恢复宗教活动的场所,曾接待了上百位外国元首、政府首脑和国际贵宾。上海佛学院设在该寺。

为何宝山净寺从道教宫观变成了佛教寺院

宝山净寺,是宝山区最大的寺院,历史虽不算悠久,经历却颇为曲折。

此寺庙始建于明代正德六年(1511 年),原为唐氏别墅,后由其后裔将其改建为佛寺。其后几经沧桑,乾隆二十七年(1762 年)重修真武阁。道光初年再修殿堂。太平天国运动期间毁于兵火,仅存真武阁。光绪五年至二十五年(1879—1899 年)重建山门、朝房、大殿、祖堂、塔院,改建真武阁为正殿,并改名玉皇宫,成为一座道教宫观。此后,道观历经战争、"文革"摧残,几成废墟,其间还曾被工厂所占据。

宝山净寺

1988 年 4 月,上海市决定对其进行大修,于次年 1 月开光,取宋王安石题宁波天童寺"青山捧出梵王宫"句,易名"梵王宫",作为静安古寺的下院。1993 年,又易名为宝山寺,次年更名为宝山净寺。现在,寺院占地面积已达 17.3 亩,建筑面积 7400 平方米。

宝山净寺是佛教净土宗的念佛道场,寺内有颐养堂,专供静安寺的老年佛教徒念佛颐养天年。现在,寺内有殿堂百余间,塑像百余尊。殿宇庄严辉煌,花木葱茏清幽,是一处极好的清修道场。1989 年年末,中国佛教协会会长赵朴初居士专程到此礼佛,并题词:"老有所终,大同理想,报众生恩,扶老为上。"

"崇明岛四大古刹"知多少

早在唐代,崇明岛刚刚露出水面,刚刚有人定居的时候,这里就有了第一座寺庙——"奉圣寺",这是崇明岛最早的寺庙。此后,佛教在崇明岛日渐兴盛,先后建成寺庙多达百余所,佛事活动非常兴盛。但这些寺庙大多几兴几废,现在保存下来的以寿安寺、广福寺、寒山寺和无为寺最为有名,这就是所谓的"崇明岛四大古刹"。

寿安寺:始建于南宋淳祐二年(1242年),距今已有700多年历史,是崇明岛现存历史最悠久的古刹。寿安寺最初由僧人楳和倬建造,名为"富安寺"。元朝延祐五年(1318年),朝廷赐寺额"永福寿安寺"。现寺址位于崇明县城东五里金鳌山南端,与金鳌山相依,既有深山古刹之神韵,又有平川名寺之风华的寺庙风光。寺内三尊铁铸三世如来佛像,均重达数吨,宝殿门前还矗立着一只雕龙描凤大香炉。1983年,在广愿法师的推动下,恢复宗教活动,并重建三圣殿,重塑佛像金身,现在已是闻名上海的重要寺庙。

广福寺:创建于清咸丰年间,其前身为"武圣殿",原址汲浜镇北。1921年,了道大师驻锡于此,更为现名,成为净土宗寺院。1946年,广福寺南迁中兴镇,其弟子叶承大师继承住持,教宗天台,行归净土。目前,广福寺就其规模而言已经成为崇明岛最大的寺庙,而且其位置靠东,因而也有"长江第一寺"的美誉。

寒山寺:创建于明朝天启四年(1624年),由杨军门夫人朱氏(法名颠修)创建,寺内供寒山、拾得二像。

寿安寺大雄宝殿

现寺庙坐落于城桥镇东门路,有寺房32间,占地近7000平方米。崇明寒山寺与苏州寒山寺除了在寺名和供奉上相同外,相传还有"瀛洲东门寒山寺,夜半钟声迎客船"和"姑苏城外寒山寺,夜半钟声到客船"争相媲美的诗句。

无为寺:位于崇明县庙镇米洪村,又名吃素庙,创建于清朝同治九年(1870年),占地0.43公顷,建筑面积1325平方米,是崇明岛西部地区著名的佛寺圣地。寺内有大雄宝殿、天王殿、大悲殿、药师殿、三圣殿等大殿,还有香亭、放生池等,两侧有大小屋舍30余间。"文革"期间寺庙被毁,1996年重修。

真如寺因何得名

真如寺,是上海有名的古刹,位于上海普陀区真如镇北首,占地近15亩,建筑面积1370平方米。佛寺始建于南宋嘉定年间(1208—1224年),原名"万寿寺",俗称"大庙"。普陀区历史上曾有不少寺庙,但绝大多数都已废毁,留存下来的寺庙，以真如寺建寺最早、影响最大。

南宋嘉定年间，和尚永安创建万寿寺，寺址选在官场（今大场附近）。元代延祐七年（1320年），妙心和尚将其移至今址，改名为真如寺。寺名乃取自佛经《成唯识论》里的解释："真，谓真实，显非虚妄；如，谓如常，表无变易。谓此真如，于一切位，常如其性，故曰真如。"寺内对联有"佛日光辉崇盛世群咸悟真如"之句，点出了寺名的来历。

真如寺

真如寺迁建至现址以后，明代洪武、弘治年间都曾重建，清代也多有颁赐，影响较大。因寺院香火旺盛，以致寺前出现市集，称真如市。随着集镇的发展，真如寺也不断扩大，正殿（大雄宝殿）四周扩建了许多偏殿佛阁。清末时，东庑有送子观音殿、伽蓝殿，西庑有十王殿、痘司殿，寺前有韦驮殿、鄂王殿、鲁班殿、财神殿、北方殿，寺后有大悲殿、文昌殿、西方境等，形成了一片辉煌壮观的寺庙建筑群。太平天国运动时期，真如寺受到损毁，除正殿外，其他大部分建筑成为废墟。后再次重建，不久又恢复往日规模。

真如寺最珍贵的建筑就是建于元代的真如寺正殿，即大雄宝殿，面宽、进深都只有三间，规模虽然不大，内部构造却极为复杂。明代、清代都曾进行修缮，但大殿形制并未改变。现存梁、柱、枋、斗拱等主体结构以及大部分构建皆为元代原物。1979年，上海市文物保管委员会对该寺大修，就发现殿内额底部写有"时大元岁次庚申延祐七年癸未季夏月乙巳二十一日巽时鼎建"字样。元代统治时间较短，很少有建筑留存下来，真如寺正殿就是全国为数不多的元代建筑之一，因此非常珍贵，被列为国家重点文物保护单位。

另外，寺内还有一株古银杏，树龄已达700多年，系建寺之时所植，是上海树龄最大的古树之一，见证了真如寺乃至上海的兴衰毁盛。其老干婆娑，掩映于梵刹之间，为真如寺一大胜景。

法藏讲寺有何来历及特色

法藏讲寺历史虽然不算久远，却是上海佛教四大丛林之一，同时也是上海唯一的佛教天台宗道场，在上海佛教界有着非同一般的地位。法藏讲寺，位于老西门吉安路 271 号，创建于 1923 年，至今历史不到百年，但其创建历史，却是近代中国佛教史上的一段佳话。

1918 年，天台山方广寺高僧兴慈受哈同夫人罗迦陵居士之邀，前往上海爱俪园讲解"天台四教仪集注"，听众踊跃。此后，信众极力挽留法师常驻上海进行教化，于是在小南门创办超尘精舍，但地方狭小，不便信众修学。于是在 1923 年，由白龙山人王震等居士发起，购得吉安路与东台路之间五亩余土地，经五年施工，建成了法藏讲寺。

"文革"期间，法藏讲寺被改建为工厂，寺院毁坏严重。国家在 20 世纪 80 年代恢复宗教活动，但工厂直到 1997 年才腾退，寺院得以恢复。重新修复的大雄宝殿，既保留了原设计的西式建筑风格，又增扩为 5 层，加盖歇山式民族传统风格，飞檐斗拱，堪称中西合璧。大雄宝殿内部空间宏阔，有可供讲经说法、开斋设席的千人大厅。

法藏讲寺大雄宝殿

法藏讲寺原有藏经楼，收藏有珍贵的佛教文物，如古代铜铸观世音菩萨立像、唐玄奘三藏法师舍利塔、明刻版"南藏"全部、清乾隆版"龙藏"全部以及民国年间的频伽精舍铅印的"频伽藏"全部，可惜这些珍贵文物尽皆不存。幸运的是，印光、圆瑛、持松、兴慈诸位高僧大德及王一亭、戴季陶、李烈钧等名士所题楹联碑刻至今仍然存在，大雄宝殿重建时又使其回归原处。目前，法藏讲寺虽然内部建筑仍在恢复之中，但宗教活动已经展开，上海唯一的天台宗道场正逐渐恢复其昔日辉煌。

青浦报国寺的三宝知多少

报国寺，位于青浦区著名古镇朱家角的西侧，濒临碧波荡漾的淀山湖。报国寺原址为明代供奉武圣关羽的关王庙，1989 年改扩建为上海玉佛寺的下院，命名报国寺。

关王庙始建于明代，崇祯十三年（1640 年）曾经重修，至今寺内仍保存着崇祯年间的一块石碑。百余年前，关王庙香火极盛，远近闻名。此后迭经战乱，庙内建筑大部分被毁，到新中国成立前，仅存东西两座配殿。殿内有石碑两块，大铜钟一口。铜钟上原有拇指大小的一尊金弥陀，后被人窃走。铜钟也在 1958

朱家角报国寺

年"大跃进"中被毁。自此,关王庙日渐衰落。20世纪80年代,上海市恢复了宗教活动,关王庙也得到重新修缮,被辟为佛教活动场所,并对外开放。关王庙修缮后,香火渐盛。1989年,上海市佛教协会副会长、上海玉佛寺方丈真禅法师发愿,将关王庙加以修缮扩建,作为上海玉佛寺下院,取名报国寺,为佛教众弟子报恩于国土之意,同时,真禅法师还从新加坡请来汉白玉释迦牟尼、观世音佛像各一尊,供奉于寺内。

报国寺历史似乎也不算久远,但寺内却有一株千年银杏。这株古银杏树围6米,高36.5米,东西冠径达17米。经有关部门鉴定,其树龄已达1000多年,约为五代时所植,是上海地区最古、最大的一株银杏。古银杏犹如一柄巨伞,耸立在淀山湖畔,千百年来一直是湖上船只的天然航标,如今已被列为市级文物保护单位。古银杏与汉白玉释迦牟尼佛、观世音菩萨并称为报国寺"三宝"。

如今的报国寺,占地面积达到38.5亩,建筑面积5000多平方米,气势恢弘,香客盈门,其地处淀山湖畔,风景秀美。不但是申城胜景,也是苏、浙、沪交界地带重要的宗教活动中心。

龙华寺是何时建造的

龙华寺位于上海市西南以桃花、宝塔和古刹闻名的徐汇区龙华镇,是上海地区历史最久、规模最大的古刹,也是中国著名的佛教古刹之一。它以千年古塔、龙华庙会、龙华晚钟为特色,构成名闻遐迩的宗教圣地。

传说中,龙华塔与龙华寺为三国时所建。东吴孙权于赤乌五年(242年)为孝敬其母动工兴建,5年后建成,并按佛经中弥勒菩萨于龙华树下成佛的记载而拟名。另有传

上海龙华寺大雄宝殿

说，龙华寺建于垂拱二年（686年）。但据史料确切记载，龙华寺为五代时吴越王钱俶弘所建，距今已有上千年的历史。宋治平三年（1066年），北宋皇帝赐名宝相寺。寺内花苑里保存着一块刻有"宝相寺以西南角界石"及"标外枝为大界相"字样的石头，可为佐证。到了明代，龙华寺的规模有了很大的发展，永乐年间复名为龙华寺。清初，龙华寺走向全盛时期。后来，历经战乱，破败不堪。现在的龙华寺建于清光绪年间，但基本保持着宋代佛教禅宗的伽蓝七堂制原貌，是一组较完整的寺庙建筑群。寺内珍藏有唐、五代、明、清年间的经书、金印、佛像等。

为何龙华晚钟要撞一百零八声

"龙华晚钟"是著名的"申城八景"（"龙华晚钟"、"黄浦秋涛"、"海天旭日"、"吴淞烟雨"、"石梁夜月"、"野渡蒹葭"、"凤楼远眺"、"江皋晴雪"）之一，堪与姑苏城外寒山寺的"夜半钟声"相媲美。明人潘大儒作《龙华晚钟》："江寺鸣钟到夕曛，山僧不语带归云。一夜雨散人散渡，竹房香梵渡氤氲。"在寂静之中可闻美妙钟声，给人以绝尘脱俗之感。

自20世纪90年代以来，"迎新春，撞龙华晚钟"成为沪上一道亮丽的风景线。每年公历岁末、农历除夕，龙华寺内香烟缭绕，嘉宾云集，游人摩肩接踵，在聆听一百零八响钟声中迎接新年。

人们为何对一百零八响钟声如此神往？有几种说法：一说，佛教认为人间有八万四千个烦恼，归为一百零八类，"闻钟声，烦恼轻"，听过一百零八响钟声之后，便可消除种种烦恼。二说，中国是农业大国，一年有十二个月、二十四个节气、七十二个候，共一百零八关，如果关关顺当，则风调雨顺，国泰民安，所以要敲一百零八下。新年撞钟有辞旧迎新、祈愿新年风调雨顺、国泰民安之意。三说，佛教史上有一百零八个长老，敲击此数是引起人们对他们的思念、敬意。各地撞钟的方法，也不尽相同。有的前后三十六，中发三十六，共成一百零八声；有的是紧十八，缓十八，六遍凑成一百零八。龙华晚钟一般在二十三时以后敲响，最后一响敲在零点整。随着这一响，礼花迸射，鞭炮齐鸣，寺里寺外万众欢腾，将新年撞钟推向高潮。

上海龙华寺烧香祈福的游客

云翔寺究竟是如何变成留云禅寺的

在上海四大历史名镇之一的嘉定南翔镇上,有一条古色古香的繁华老街,在这条老街的尽头,有一座风格古朴,但建筑很新的寺庙,这就是在海峡两岸都很有影响的留云禅寺。

留云禅寺虽然看似一个新建的寺庙,实际上历史颇为久远。其前身是著名的云翔寺。云翔寺始建于南梁天监四年(505年),距今已有1500年历史。传说,当时有人从该地掘得一块直径一丈有余的巨石,有两只白鹤经常飞来停在石上。僧人德齐和尚听说后,认为这是"佛地仙迹",于是四处化缘,募集钱款,最后在此地创建寺庙。寺成而白鹤南飞,故名"白鹤南翔寺"。唐朝时,寺庙达到鼎盛,周围形成集镇,南翔镇即由此而来。南宋绍定年间(1228—1233年),宋理宗赵昀赐"南翔寺"匾额。1700年,康熙南巡期间,又赐额"云翔寺"。清末,云翔寺几经战火,寺庙毁损殆尽,目前可见的云翔寺遗物仅有双塔一对,以及散落在古漪园内的唐石经幢和宋普同塔。

21世纪初,当地决定重建云翔寺。正逢台湾地区的海明寺老方丈悟名长老访问全国政协,因上海的留云寺毁于日军炮火,他在访问中表达了恢复祖庭的愿望。留云寺创建于清光绪二年(1876年),亦称海潮寺,原址在上海南市区留云寺弄,为当时上海四大寺院之一。特别是在清末民初,因留云寺地处闹市,紧靠上海老城区南门,其佛事之盛,堪称上海第一。可惜在抗日战争中,寺院毁于炮火,藏经化作灰烬,寺址已不复可辨。

在悟名长老的推动下,上海市佛教协会决定恢复留云寺建制,并将其易址于嘉定区南翔镇,将修建中的云翔寺更名为留云禅寺,同时也表达了两岸僧侣"云翔于四海而根留于祖基"的美好意愿。2004年,在云翔寺建寺1500年纪念之际,占地面积1公顷的留云禅寺正式落成。

留云禅寺规模宏大,布局严谨,共分三进院落,中轴线上有山门、观音殿、大雄宝殿和藏经楼,左右对称布置伽蓝殿、大势至殿、钟楼、鼓楼、文殊殿、普贤殿、上客堂、僧寮等,并有回廊围绕。此外,还在地下建有功德堂、万佛堂。留云禅寺的主要建筑依唐代风格重建,不饰彩绘,风格古朴,

南翔云翔寺

也更显庄严、大气。

上海主要有哪些道观

我国的道教主要分为两派：正一派和全真派。正一派，历史较久远，系东汉末年张陵所创，以江西龙虎山的天师府为祖庭，重视符箓方术和斋醮仪课。全真派，则由金代王重阳所创，重视内丹修炼，出家茹素。这两派在上海都有活动。

南宋以前，在上海活动的道教主要是正一派，在上海北部的，受茅山的影响较大；南部的，受龙虎山的影响较大。据《松江府志》记载，南宋绍兴三十一年（1161年），有道士叶太真在松江创办仙鹤观，据称此观是在东晋废观原址上复建的，虽不太可靠，但可以肯定，至少在南宋之前，上海就已经有道观存在了。清代末年，上海开埠后，江浙一带的民众来沪谋生，大量正一派道士也随之进入上海。据统计，在极盛时期，全市正一派道观达到23所，道院73处，聚集在道观和道院周围的道士约有3000多人。

钦赐仰殿屋脊道观雕像

全真派进入上海，是在南宋之后的元代。据《松江府志》记载，娄县（后并入松江）有建于元大德十年（1306年）的"长春道院"，这应该是上海第一座全真派道观了。但明清两代全真派在上海的活动不多，直到近代，同治十三年（1874年，一说同治五年），杭州显真观的全真道士王明真才在上海北门外的新桥朝阳楼（今浙江路、北海路附近）募建了全真道观"雷祖殿"。此后，全真道观又陆续发展了10座，在全盛时期，上海有全真道士300多人。

历史上，上海建成的大大小小的道观不下百座，但目前保存下来的，且仍在进行宗教活动的，仅有10多座，即位于老西门西林后路的白云观、浦东源深路的钦赐仰殿、浦东三林镇的崇福道院、奉贤新寺镇的上真道院、黄浦区老城厢内的上海城隍庙、浦东新场镇的东岳观、闵行诸翟镇的关帝庙、青浦区青浦镇的城隍庙、浦东龚路乡的龙王庙、浦东严桥乡的三元宫、青浦朱家角的城隍庙等。另外，上海还有30多所道观，但现在大多挪作他用，或被毁而仅剩遗迹，如原江湾万安路的景德观现已改建为万安路小学，嘉定城隍庙现已改作嘉定区博物馆，丹凤楼早在拆除城墙的时候就已被拆，这些道观至今仍未修复，也没有进行宗教活动。

上海白云观属于道教的什么教派

上海白云观,位于黄浦区大境路239号,是一座全真派道观,也是上海道教协会和道教文化研究中心的所在地。清末同治年间,杭州显真观的全真派道士王明真曾在北门外创建全真道观雷祖殿。光绪八年(1882年),全真道士徐至成决定在雷祖殿的基础上募建道观。同年,因为要拓修马路,雷祖殿需要拆迁。徐志成在仁济善堂绅董们的资助下,在老西门外(今白云观址)购地3亩,重建雷祖殿。随后规模陆续扩大,曾建了斗姆殿、三清殿、吕祖殿、丘祖殿、甲子殿等,使雷祖殿成为占地达14亩、具有一定规模的全真派道观。

1887年,住持徐至成将雷祖殿定为"永归龙门正宗住持"的"十方丛林挂单接众之处"。次年,徐至成进京,得到清政府官员德驹、徐松阁和北京白云观方丈高仁峒的帮助,以"北京白云观下院"的名义,向朝廷求得明代正统版《道藏》一部,8000余卷(该《道藏》于20世纪50年代初由上海图书馆保存)。因为徐至成嗣法于北京白云观,于是将雷祖殿改名"上海白云观",自任监院。同时,整顿白云观规戒,确立全真十方丛林的规制。

1894年,上海海关查获企图走私出国的7尊明代的镏金道教铜铸神像,其中5尊是天将站像,高177厘米,法相威严;2尊天师站像,高175厘米,仪态端庄。另有真武大帝坐像一尊,高131厘米,铜像背后铸有明万历二十三年(1595年)铭文。还有1尊玉皇铜坐像,系清代所铸。经上海商会会长陈润夫提议,将铜像移送白云观三清殿供奉,这7尊铜像为全国其他道观所未见,是上海白云观的镇观之宝。

徐至成去世后,上海白云观日趋冷落。1937年,淞沪会战爆发,丘祖殿等部分建筑毁于日军炮火,此后白云观历经战乱,同时内部也颇多纷争,观内戒律松弛,道俗混杂。新中国成立后,白云观重整教规,恢复了道教丛林面貌。1957年3月,上海市道教协会筹备委员会成立后,即在白云观内办公。"文革"期间,白云观停止宗教活动,神像、文物受到破坏,房屋被改作工厂。

1984年,修整后的白云观恢复宗教活动,重新开放。1985年4月,上海道教协会正式成立,其会址就定在白云观。1986年3月创办的上海道学班,也就是上海道学院的前身,也设在白云观内。

上海白云观

上海主要有哪些尼姑庵

上海信仰佛教的比丘尼甚多,其修行的地点,也就是尼姑庵,在上海也有很多,但大多比较偏僻,规模也不大。上海主要的尼姑庵有法善庵、沉香阁、慈修庵、下海庙、龙音寺、潮音庵等。

法善庵: 位于杨浦区政本路338号,此庵始建于清代,原本供奉有释迦牟尼、观音、"刘老爷"神像,香火颇盛。"文革"期间,法善庵被毁,直到1994年才在原址重建。现法善庵庙门朝北,由大雄宝殿、伽蓝殿、念佛堂、藏经阁、功德堂、素斋部、尼众寮房,以及沿马路的山门斋堂等组成,殿宇飞角重檐,富有民族特色。

沉香阁: 说起上海的尼姑庵,就不能不提黄浦区的沉香阁。沉香阁,初创于明万历二十八年(1600年),由建阁供奉一尊沉香木观音像而得名。新中国成立后,政府多次拨款修缮,使之成为中国最大的比丘尼寺院之一。1983年,沉香阁被国务院确定为汉族地区佛教全国重点寺院。

慈修庵: 位于榛岭街15号,是一处市级文物保护单位,原为上海黄氏家族的家庵,创建于同治九年(1870年)。后来为迎胜愿法师入庵为住持,而改名为慈修庵。1917年,慈修庵毁于火灾,后部分恢复。1984年,上海市宗教局拨款重修,恢复宗教活动,还开办了尼众学习班。

下海庙: 俗称"夏海庙"、"义王庙",位于虹口区昆明路73号(靠近提篮桥)。始创于清乾隆年间(1736—1795年),本为当地渔民供奉海神的民间神庙,嘉庆年间(1796—1820年)塌毁。后心意师太筹款重修。此后寺庙规模不断扩大。抗战初期,下海庙毁于日军炮火,1941年起由觉莲师太募资重建,遂成今日规模。

龙音寺: 位于闵行区闵东路1号,建于清乾隆年间。相传,当时有观世音菩萨像从黄浦江漂来,时人见而迎归,并建观音阁供奉。不久又见有丈余长的白蛇游入横泾河而去,尼僧无不称奇,以为白龙现身,便使工匠雕刻龙头一尊,供奉于观音阁。1937年,住持惠明法师重建观音阁,并易名为龙音寺,取观音在此、白龙现身之意。"文革"期间,宗教活动停止。1995年,南城老街规划改造,便将寺庙迁至现址重建,现占地2亩多。新建有三层重檐宝殿,一层为讲堂,二层为大雄宝

沉香阁

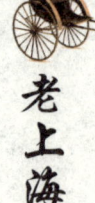

龙音寺

殿,三层为藏经阁,将一般寺庙的三进院落融于一楼之中,既充分利用了土地,也使寺院显得更加巍峨壮观。

潮音庵:位于浦东新区顾路乡东村,始建于明景泰七年(1456年),俗称"观音堂",是当地历史悠久、规模较大的尼庵。每逢农历四月初八,信徒集中到庵进香,即视此庵为"小普陀"。清雍正年间(1723—1735年)毁于火灾。乾隆四年(1739年)重修。光绪三十年(1904年),里人徐耀江捐资装塑已故上海知县刘郇膏像,祀于庵之东次间。1930年,又毁于火灾。4年后重建。1956年,庙房为顾路酿酒厂用作厂房。1965年,又作为川沙烟糖公司仓库。由于长期被占用,颇多损坏。1982年,开始修复。1986年农历二月十九日,观音菩萨诞辰,潮音庵恢复宗教活动,并对外开放。

上海寺庙最大的比丘尼道场是哪个

上海最大最重要的比丘尼道场,当然非沉香阁莫属。这里不但是上海尼众的所在地,也是国务院确定的全国重点寺院之一。

沉香阁之名,来源于供奉于观音殿内的一尊沉香木观音像。关于这座观音像的来历,还有一段掌故。传说,在隋朝大业四年(608年),隋炀帝派大臣常骏出使南方,宣示国威,并颁赐各国礼品。当时赤土国回赠沉香观音一尊。常骏回到长安后,正值隋炀帝巡游扬州,常骏便携观音像从淮河乘船赶往扬州。不料中途遇风翻船,沉香观音落入淮河,自此湮没千年。到了明代万历年间,上海豫园主人潘允端督漕运于淮河,发现沉香木观音像,于是将其运回上海,并于万历二十八年(1600年)建观音阁供奉。其后又不断增扩,渐成寺院,因观音像为珍稀沉香木雕成,故称"沉香阁"。据说,原来每逢阴

沉香阁天王殿

雨天气,沉香观音就会芳香四溢。可惜这座观音像在"文革"期间不知去向。现在观音阁内的观音,系1990年住持观性法师从泰国募集的沉香木,配以上等檀香木照原样雕刻而成。

沉香阁建成后,又在嘉庆二十年(1815年)重建,并改名为慈云寺,但民间仍称其为沉香阁。在清代,沉香阁在上海的地位非常高,是邑城官员祈晴祷雨之处,上海在未建万寿宫前,皇帝皇太后生日也在这里朝贺。"文革"期间,宗教活动停止,寺庙改建为工厂,寺内众多文物毁损。1989年,落实宗教政策,开始边修复边开放。经过5年整修,沉香阁恢复了明清旧貌。

在其中轴线上,第一个就是修复的明代石牌楼,飞檐斗拱,器宇轩昂。牌楼以里是天王殿,内供弥勒菩萨和四大天王。第三座建筑是大雄宝殿,供奉有毗卢遮那佛和文殊、普贤、大梵天、帝释天等菩萨天人。毗卢遮那佛头顶是精美的藻井,上有348尊贴金小佛像,其与殿内的金塔相互呼应,将整个殿堂映衬得金碧辉煌。大雄宝殿之后是高耸别致的观音阁,赵朴初居士为其题额为"南海飞渡沉香大士宝阁",阁内供奉的,就是沉香阁的镇阁之宝——沉香木观音像。

1994年,沉香阁被列入全国重点文物保护单位名单。这里离豫园、城隍庙较近,每日游人如织,已经成为享誉上海的著名景点。

慈修庵为什么庵小名气大

慈修庵,是上海有名的尼姑庵,始建于同治九年(1870年)。此处原来是黄氏家族的家庵,因黄氏在其他地方另有家庵,故俗称其为"新庵"。后来为迎胜愿法师入庵为住持,而改名为慈修庵。当时建有三座大殿和两排厢房,建筑面积约1000平方米。

光绪年间,胜愿之徒福根接任住持之位。1917年,慈修庵几乎毁于火灾,建筑几乎全部被焚,一时无力修复。后住持传给福根之徒谛参,谛参积极游说,终于化得不少钱款,于是重修三开间大殿和东西厢房,另外,增建了韦驮殿,使得慈修庵重现往日光辉。

慈修庵地方虽小,却接待过许多高僧大德在此讲法,如20世纪40年代后期,慈修庵就曾先后礼请当代高僧兴慈法师讲《金刚经》,应慈法师讲《华严经·普贤行愿品》,灵源法师讲

慈修庵

《梵网经》，守培法师讲《楞严经》等，念佛及讲经活动十分兴盛，在当时上海的佛教界已经很有名气。

"文革"期间，宗教活动停止。1983年，上海市宗教事务局拨款对慈修庵进行重修，现主要建筑有大雄宝殿及僧舍等。同时，慈修庵也恢复了宗教活动，寺庙目前由观性法师住持，同时这里还向广大尼众弟子开办学习班。

下海庙是尼姑庵吗

下海庙也是一座尼姑庵，俗称"夏海庙"、"义王庙"，位于提篮桥附近。原来这里有一条下海浦，与上海老城附近的上海浦相对。在明代以前，下海浦是渔民出海的地方，为了祈求平安，他们在下海浦岸边修了几间古漪园内的唐经幢房，供奉海神、天后、观音等。清嘉庆年间，心意师太到此，决定以原有小庙为基础修建寺院，将其作为一所临济宗的比丘尼道场。咸丰四年（1854年），她又购得8亩1分多地，逐步扩建。相传，心意师太直到98岁高龄时，才将寺院交给徒弟法成师太住持。陆续增建前殿等殿舍。光绪二十一年（1895年），法成的师妹福星师太继任住持，下海庙又增建后殿等房屋。此后，又有福根、觉莲等师太继任。淞沪会战期间，下海庙毁于日军炮火，房舍荡然无存。1941年，觉莲法师募资重建，逐渐恢复往日规模。

下海庙大雄宝殿

1949年，下海庙有庙基8亩4分，大殿及庙房34间。1953年时，庙内有比丘尼20余人。每逢农历初一、十五，进庙烧香礼拜者，数以千计。"文革"期间，下海庙被外单位占用，宗教活动停止。

1990年，上海市佛教协会成立下海庙修复委员会。自1991年起，下海庙边修复边开放，始有信徒进庙烧香。1992年6月，大殿佛像开光。同年起，比丘尼昌修师太担任住持。1999年7月3日，在下海庙举行了改扩建工程开工典礼，扩建后的下海庙占地面积达7.4亩，其后又陆续兴建了大雄宝殿、天王殿、藏经楼等。

上海的城隍庙供奉的是哪位神仙

中国几乎每个城市都有自己的城隍庙，庙里面供奉着当地的守护神灵，道教将城隍神纳入自己的神系,称他是剪除凶恶、保国护邦之神,并管领阴间的亡魂。

上海的城隍庙全国闻名,位于老城厢内方浜中路上,安仁街西侧,紧邻豫园。里面供奉着两位主要神灵,一位是上海城隍神秦裕伯,另一位是西汉博陆侯霍光。

秦裕伯(1296—1373),字惟镜、景容,号蓉卿,别号葵斋,江苏扬州人,生于上海,系北宋秦观的八世孙。元至正四年(1344年)中进士,官至延平路总管兼管内劝农事,元末弃官回籍,后返沪为母守丧。张士诚据苏州,招之不应。朱元璋曾两次征召,第二次征召有"海滨之民好斗,裕伯智谋之士而居此地,苟坚守不起,恐有后悔"之语,秦裕伯不得已入朝。历任侍读学士、待制、治书侍御史,还曾与刘基一同担任主考,主持京畿考试,后出知陇州,因病辞归。传说,因裕伯屡次辞谢明廷征召,朱元璋曾有"生不为我臣,死当卫我土"之语,于是上海百姓在秦裕伯死后奉他为当地城隍神。

霍光

那供奉霍光是从何而来呢?原来在永乐年间(1403—1424年),上海知县张守约修筑城隍庙时,直接占用了城内的金山神庙,仅将其改建而作为城隍庙。金山神庙原来供奉的是镇水之神——西汉博陆侯霍光,改建之后,对霍光的供奉也保留下来,毕竟上海临海临水,也需要水神护佑。这样城隍庙就有了"前殿为霍,后殿为秦"的供奉格局。

城隍庙初建时规模并不大,后明清两代屡次增修,规制不断扩大。乾隆二十五年(1760年),原豫园主人的后裔将豫园出售,其西园划归城隍庙,使城隍庙增扩至约50亩。后又陆续增建,逐渐形成了具有宗教、商业、园林汇集特点的繁华地区。

1840年之后,城隍庙屡遭兵祸,鸦片战争、小刀会起义、太平军进军上海等战乱期间,城隍庙遭到极大破坏,其后虽略有恢复,但在民国时期又屡遭火灾,几乎沦为一片废墟。1926年,黄金荣、杜月笙、刘鸿生、程霖生等沪上豪强捐银5万元,重建城隍庙

上海城隍庙老街

大殿,改为钢筋混凝土结构。1937年,市民又将民族英雄陈化成的塑像入祀,称为"三城隍"。

新中国成立后,政府对城隍庙进行了清理和整顿。1966年,城隍庙被豫园商场占用。1988年,归还上海市道教协会。1995年,边开放边修复,成为一所正一教道观。

如今的城隍庙,殿宇林立,神像众多。大殿主要供奉金山神主汉代霍光、清代民族英雄陈化成,配设四判官、八皂役塑像;中殿石门外,配设三班、二班、中军、役吏、门房等塑像;石门内正殿,供奉上海县城隍秦裕伯;东西花厅供奉城隍父母,后殿供奉城隍懿德夫人,楼上为寝宫。此外,还建有玉清宫、星宿殿、文昌殿、斗姆阁、财神殿、三元殿、阎王殿等,供奉三清、阎王、观音、财神、月老等各路神灵。

城隍庙的主要宗教活动,有每年的清明节、农历七月半和十月初一的三次城隍出巡的三巡会,主要香期还有农历新年、二月二十一日(上海城隍诞辰)、三月二十八日(城隍夫人诞辰),以及观音等主要供祀神的诞辰等,其中以城隍出巡日最为热闹。

上海较有特色的天主教堂知多少

天主教在上海的传播,最早可以追溯到明代末年。万历三十六年(1608年),徐光启邀请意大利传教士郭居静来到上海传教,在其宅第西侧建立了上海第一座教堂。徐氏家属亲友等200余人受洗入教。但利玛窦去世后,天主教在上海一直没有很大的发展。到康熙末年禁教之后,天主教颇受打击。

鸦片战争后,上海天主教在法国外交官的保护下日益活跃,修建了大量教堂、礼拜堂,还培养了不少中国的神职人员,比较有名的如马相伯。此外,教会还兴办了许多公益事业,创办了天文台、博物馆、藏书楼、医院、学校等,在一定程度上推动了中国近代教育、科学、文化、卫生事业的发展。在此期间,上海一直是天主教进入中国的前哨战,他们兴办了大量的教堂,有许多历经战火而保留下来,至今仍在举行宗教活动。

上海比较著名的天主教堂有:徐汇区的徐家汇天主堂、松江邱家湾耶稣圣心堂、崇明县大公所耶稣圣心堂、浦东的傅家玫瑰

董家渡天主堂

圣母堂、黄浦区董家渡天主堂、青浦区朱家角耶稣升天堂、奉贤区南桥圣母无原罪始胎堂、浦东张江镇钱家圣母圣心堂、浦东张家楼镇耶稣圣心堂、崇明新开河保禄堂、四川南路若瑟堂、虹口天主堂、浦东唐墓桥露德圣母堂、松江佘山圣母大堂等。

上海最大的天主教堂是哪座

上海最大的天主教堂就是徐家汇天主堂,又名圣依纳爵堂,位于蒲西路158号,始建于1847年上海刚刚开埠之时。1906年扩建,在旧堂东部新建大堂,1910年竣工,占地6670平方米,建筑面积2670平方米。该教堂是一座5层砖石结构的哥特式建筑,外表呈红色。其东西耸立着两座灰色的钟楼,钟楼十字架最高处高达56.6米,巍峨高耸。大堂高26.6米,长83.3米,可容纳3000余人,有祭台19座,中间后部为大祭台。徐家汇天主堂规模庞大,建筑瑰丽,曾有"远东第一座大教堂"之称,是天主教上海教区的主教堂。

徐家汇是上海天主教的发源地之一,中国天主教先驱徐光启的墓地就在此处。徐家汇天主堂在上海天主教历史上占有重要地位,是上海天主教的核心教堂。1924年,中国天主教"第一次全国主教会议"曾在此举行。抗日战争初期,徐汇大堂、徐汇中学等办了难民所,收容难民数以万计。

徐家汇天主教堂

新中国成立后,上海天主教界走上了独立自主自办教会的道路。1960年,上海市天主教第一届代表会议选举张家树神父为上海教区正权主教,其祝圣主教仪式就在徐家汇天主堂举行。从此徐家汇天主堂成为主教座堂,并改奉"圣母为天主之母"为主保,称天主之母堂。

"文革"期间,教堂受到破坏,钟楼尖顶被拆毁,彩色玻璃被砸碎,成为上海果品杂货公司的仓库。1979年,教堂归还教区,并着手修复。1988年,张家树主教去世后,其骨灰就安置在徐家汇天主堂。1989年9月25日,徐家汇天主堂由市政府公布为上海市文物保护单位优秀近代建筑。

中国天主教圣地——佘山圣母堂知多少

佘山圣母堂,坐落在风景秀丽的松江区佘山山顶,是闻名全国的天主教圣

佘山圣母画像

地。1867年,法国传教士杜若兰在佘山山顶建立了六角亭,用来供奉圣母像。1870年6月,"天津教案"发生,耶稣会会长谷振声为此到佘山圣母像前许愿,若"教难"平息,将在山顶建一教堂。后北方教案未波及上海,佘山圣母保佑江南教区之说就在教徒中传开,为此纷纷捐款筹建大堂。

1871年,六角亭被拆掉,随即建起了中西合璧式样的圣母堂。此堂呈正十字形,名为圣母进教之佑堂,可容纳800人。1872年5月,由郎主教主持"公拜圣母"仪式,参加教徒达2万人,从此,佘山成为天主教的朝圣地。随后又陆续增建中山教堂、三圣亭(圣母亭、圣心亭、若瑟亭)、山园祈祷像和14处苦路像等。由于教众日益增多,教堂无法容纳众多朝圣者,于是在1925年拆除大堂,在原址重建新堂(圣母大堂),于1935年落成。

新堂即今日所见之教堂,整体为近代罗马式建筑风格,钟楼高达38米,穹顶上立一铜铸圣母抱小耶稣像,高4.8米,重约1.8吨。内部结构均采用金山石,外墙面砌红色砖,顶上两层堂脊铺绿色琉璃瓦,四周用彩色玻璃窗装饰。内部大堂空间巨大,东西长56米,南北宽25米,脊高17米,可容纳3000人。

1942年,教皇庇护二世封佘山圣母堂为"宗座乙等大殿"。1947年5月,惠济良主教曾邀请黎培里和于斌共同主持了教堂内"圣母抱小耶稣像"的加冕典礼。新中国成立后,该堂的宗教活动和5月间的朝圣活动逐渐减少。"文革"期间,宗教活动被迫停止,宗教设施受到破坏,大堂被佘山天文台占用。1981年开始修复,5月朝圣活动也随之恢复。修复工程于1984年完工。

自20世纪80年代以来,每年来自全国各地的朝圣教徒人数在3万以上。港、澳、台同胞及世界各国的天主教人士也来佘山朝圣或参观访问,比利时国王博杜安二世、菲律宾枢机主教海梅·辛、香港枢机主教胡振中、澳门主教林家骏、诺贝尔和平奖获得者印度特雷萨修女等都曾到该堂瞻仰。1989年9月25日,佘山圣母大堂由市政府公布为上海市文物保护单位优秀近代建筑。

为何浦东的路德圣母堂被称为"远东第一堂"

路德圣母教堂,位于浦东新区唐镇老街40号,曾经是上海教区最宏伟壮观的教堂。在徐家汇天主堂(1910年落成)、佘山圣母大堂(1935年竣工)建成之前，路德圣母堂的规模堪称上海第一，号称"远东第一堂"。时至今日，华东地区天主教教会仍把唐墓桥路德圣母堂作为上海地区的两个朝圣地之一（另一个是佘山圣母堂），每年5月，都有大批教徒前来朝圣。

浦东是天主教传入较早、发展较快的地区，早在150多年前，唐墓桥就已经有天主教教堂（会口）了，1851年，又建成了育婴堂。到1853年，唐墓桥会口已成为天主教浦东北部的中心。后来，负责唐墓桥教区的法国传教士鄂劳将其母亲去世时留下的一笔巨款赠与上海教区，倪怀纶主教即将此款用于建造唐墓桥大堂。工程于1895年4月在修女王宠姑所献的14亩土地上开工，两年后竣工，

唐墓桥路德圣母堂

1898年初举行开堂典礼，随即定为奉、南、川三县总铎座堂。新大堂奉"路德圣母堂"为主保，故以为堂名。该堂建筑风格为哥特式，长120米，最宽处50米，可容纳约3000人，钟楼高近50米，有螺旋形扶梯登楼，东可眺望大海，西可望上海市区，钟声远播七八里之外。1915年，又在该堂南侧建筑假山1座，山洞中供路德圣母和圣女伯尔纳德像。

1964年之后，路德圣母堂的宗教活动停止。"文革"期间，教堂被铸钢厂作为厂房，受到破坏。20世纪80年代，该堂归还教区。1991年开始修复，次年竣工，随即举行隆重的复堂典礼。现在，路德圣母堂已经成为浦东地区天主教活动中心，在外侨天主教徒心目中也有着很重要的地位。

四川南路天主堂是何时建的

洋泾浜天主堂，原名圣约瑟教堂（St. Joseph Cathedral），因位于四川南路36号，故又称四川南路天主堂。它是上海市保存完好的近代西洋建筑，具有很重要的历史意义和建筑参考价值，被列为上海市近代优秀保护建筑。

四川南路天主堂的建立有一段历史故事。清初，政府实行禁教政策。康熙末年，更把天主教当做"邪教"。至雍正，全国禁教，并没收天主教教堂及其全部财产。据说，徐光启的孙女在上海创建的一座教堂——敬一堂，也被清政府没收了，并被改建成关帝庙和敬业书院。鸦片战争后，清政府才开始公开承认天主教是"劝人为善之宗教"，并同意归还当年占领的天主教堂土地。但是，位于

四川南路天主堂

上海的原敬一堂已经被改建成关帝庙和敬业书院,按道理已经没有空地存在不该归还土地。天主教会坚持说还有剩余土地没有占用,要求归还。清政府为了避免纠纷,就花重金买了土地用于天主教堂的建设。

建设的新教堂位于洋泾浜南岸,故称洋泾浜天主堂。因其奉"圣约瑟"为主保,又称圣约瑟教堂。该教堂于咸丰十年(1860年)4月15日开始破土动工,翌年6月29日竣工并举行了典礼。光绪三年(1877年),清政府对教堂正面及钟楼进行了重修工程。1991年,新建成两幢大楼,并对旧楼进行了修缮工作。1994年3月,四川南路天主堂被列为上海市文物保护单位。

起初的洋泾浜天主堂并不大,只能容纳1000人。但是它的建筑高度达50米,为当时上海最高的建筑。这座天主堂带有折中主义的倾向,其建筑设计都有明显的哥特式建筑特征。因而学术界通常把这座天主堂看做是由罗马式和哥特式风格混合成的建筑。从世界建筑史上看,这种混合风格的建筑正反映了时代的变迁、建筑技术的进步。

同治四年(1865年),该天主堂曾经办理过学校,其目的是为了宣传宗教信仰。到1953年2月,学校更名为"黄浦区四川南路小学",一直沿用到今天。

 ## 上海较有特色的基督教堂知多少

基督教进入上海的时间较晚,第一个进入中国传教的是英国伦敦会差派的马礼逊。第一个来到上海的基督教传教士,是1831年乘坐鸦片走私船窥察上海港口情况的郭士立。上海开埠之后,伦敦会派出麦都思、雒魏林、慕维廉等第一批传教士,他们借助不平等条约在上海建立教堂、医馆、印刷所等,他们也是基督教在上海第一个教案——青浦教案的肇事者。他们到来之后,英国圣公会、美国圣公会、美国长老会、美国浸礼会、美国监理会等基督教各宗派也都先后来沪建堂传教。

第二次鸦片战争后,基督教在华势力迅速发展,上海成为他们对华传教事业的基地,曾在此召开三次由各宗派代表参加的在华传教士全国性大会。这一时期,基督教会兴建了许多基督教堂,同时还开办学校、医院、出版机构等,对中西文化交流起到了一定的促进作用。

1903年初,夏粹芳、宋耀如等13人发起成立中国基督徒会,创办《中国基督徒报》。1906年,上海闸北堂牧师俞国桢宣布脱离美国北长老会的管辖,成立了由中国人自办的耶稣教自立会,4年后成立全国总会。全国不少地方的基督徒纷纷响应,形成了中国基督教自立运动。民国时期,受战乱影响,中国基督教自立运动曲折连连。

新中国成立后,在周恩来总理的关怀启发之下,吴耀宗联合基督教内一批领袖,于1950年在上海发起了中国基督教"三自"革新运动,此后中国基督教走上了自治、自养、自传的道路。

上海沐恩堂内景

上海曾经是中国基督教的中心基地,因此留存有大量的基督教堂,其中比较著名的有西藏中路建于1874年的沐恩堂、大昌街建于1860年的清心堂、昆山路的景灵堂、宝通路的闸北堂、陕西北路的怀恩堂、国和路的沪东堂、复兴中路的诸圣堂、长宁路的沪西堂、中山北路的普安堂、衡山路的国际礼拜堂等。

上海地区古老的唐经幢知多少

幢,原是中国古代仪仗中的旌幡,是在竿上加丝织物做成,又称幢幡。佛教传入,尤其是唐代中期佛教密宗传入后,人们开始将佛经或佛像书写在丝织的幢幡上。不过为了保持经久不毁,便改为刻写在石柱上,因刻的主要是《陀罗尼经》,因此称为"经幢"或"陀罗尼经幢"。经幢一般由幢顶、幢身和基座三部分组成,主体是幢身,刻有佛教密宗的咒文或经文、佛像等,多呈六角形或八角形。我国现存五代两宋时期的经幢最多,一般安置在通衢大道、寺院等地,也有安放在墓道、墓中、墓旁的。

上海有两座唐代的石经幢,一座位于松江,一座位于嘉定南翔。松江唐经幢位于松江镇中山小学内,是上海最古老的地面建筑,始建于唐大中十三年(859年),系用大青石雕刻垒砌而成。经幢8面,刻有《尊圣陀罗尼经》全文,并附有题记。题记中有"立于通衢"字样,说明立幢之地原为通衢大道。这座经幢有台座、托座、束腰、檐盖等21级,通高9.3米,造型优美和谐。除刻有经文外,还雕刻有菩萨、天王、龙、狮、莲座、海水纹等,造型简洁明快,技术娴熟。经幢顶

古漪园唐经幢

部刻有 16 尊佛像,以及郡主在二女官的服侍下前去礼佛的形象,人物面部表情生动,显示出盛唐的艺术风格。据说,创建此幢有两个目的,一是此处为"海眼",需造幢镇之。二是因为每年秋天官府在此行刑,于是造幢以超度亡魂。鉴于松江唐经幢的悠久历史和其对研究唐代佛教文化的重要意义,1988 年,国务院将其列入全国重点文物保护单位名单。

上海另一座唐经幢位于嘉定南翔古漪园内,此经幢原立于南翔寺前,1959 年,因南翔寺已成为废墟,南翔镇政府便决定将其迁入古漪园中加以保护。此经幢始建于唐咸通年间(860—874 年),北宋曾重修,元代修葺时重刻《尊圣陀罗尼经》经文。经幢通高 8 米多,幢身 6 面,上面雕刻有莲花、如意纹、力士、天王等,也十分精美。经幢目前为嘉定区文物保护单位。

钦赐仰殿因何得名

钦赐仰殿,是上海正一派的重要道观之一,位于浦东新区源深路 476 号,又名东岳行宫。钦赐仰殿何以名"钦赐"?"仰殿"又在寺内何处?这多少有些让人好奇。

相传,钦赐仰殿创建于三国东吴时期,系孙权为其母所建。后来又有人从殿内梁上发现"信官秦叔宝监造"字样,则又说成是唐代敕建。然而查考上海历史,这两种说法都不足为信。现在,有关钦赐仰殿最早的记载是在明万历《上海县志》上,当时称"金四娘殿"。据清代的《沪城备考》记载:"有驱蝗神名金姑娘,或称金四娘,祀盛于崇祯间,田家赛神多祭之。钦赐仰殿殆因是传讹,后人附会唐建,改奉东岳耳。"可见这里原来是供奉驱蝗神金四娘的殿宇,后来因口音讹变,成为"钦赐仰殿",于是当地人附会为唐代尉迟恭所建,改而供奉东岳大帝,因此又称东岳行宫。可见钦赐仰殿既非钦赐,也无仰殿。

钦赐仰殿

乾隆年间，知县清泰重建道观，并作记。此后，历代均有整修。辛亥革命时期，钦赐仰殿曾驻守军队，殿庑神像遭到损坏。新中国成立后，曾加以修缮。"文革"期间，停止宗教活动，大殿被移作他用。

1982年，上海市道教协会对该殿进行重建。次年，重新对外开放并恢复宗教活动。1984年5月，举行神像开光暨住持升座仪式。重修后的钦赐仰殿焕然一新，其主要建筑有中轴线上的牌楼、大殿、三清殿，大殿内供奉东岳大帝，两侧是炳灵公、碧霞元君。两庑供奉天妃、慈航、三官大帝、关帝、吕祖等。三清殿分两层，上层供奉"三清"：玉清元始天尊、上清灵宝道君、太清道德天尊，楼下供奉玉皇大帝、北极大帝、天皇大帝、后土地祇，以及太乙、雷神等。每年农历三月廿八是东岳大帝诞辰，该殿会举行传统的"莲船会"，祭祀演戏，热闹非常。

国际礼拜堂有何特色

国际礼拜堂位于衡山路53号，是一处市级文物保护单位，创建于1925年。

1920年，旅沪美国基督徒在今东湖路租借了一个场地做礼拜用，取名Community Church，中文为协和礼拜堂，取"协和万邦"之意。1923年，发起建堂募捐，并于1925年建成新堂。建成后，每周日都由上海广播电台转播礼拜实况。这里原本是美国人的专属礼拜堂，用英语聚会，牧师也都是美国人。抗战爆发后，租界外的教堂被日军占领，而这座教堂位于租界内，因而有许多欧洲人和少数中国信徒到此参加礼拜，于是改名为"国际礼拜堂"。

国际礼拜堂，是一座近代哥特式砖木结构的建筑，具有英国民间乡村建筑风格，堂体平面呈L形，屋顶为交叉形木屋架。大门朝北，两边设尖拱长廊，窗框均为弧拱形，镶嵌梅花纹玻璃。堂的左侧为3层楼房，底层为牧师办公室，3楼是小礼拜堂。当时还装有暖气设备。1931年，建牧师住宅。1932年，堂内添置管风琴。

20世纪三四十年代，国际礼拜堂的信徒除外籍人员外，中国信徒大多是教授、工程师等高级知识分子以及上层有产者，大多数有较高的英语水平。其后，中国牧师逐渐增多，1950年起聚会改用普通话。"文革"期间，礼拜堂被"革命样板"戏剧团占用，堂内管风琴及洗礼池、铜十字架等设备遭到破坏。

上海国际礼拜堂

1981年,教堂恢复了宗教活动。除了接待中国天主教徒外,还接待外籍人士和港、澳、台同胞参加礼拜。国际礼拜堂的音乐颇有特色,圣诗班人多水平高,在国外也享有盛誉。从1996年10月起,每周日下午举行在沪外籍人士的英语礼拜。1989年9月25日,国际礼拜堂由市政府公布为上海市文物保护单位优秀近代建筑。

上海有特色的清真寺有哪些

上海的清真寺最早可以追溯到元代,开埠后,随着回族移民的增加而有较多的清真寺出现。历史上,上海一共出现过26座清真寺(包括清真女寺),迄今尚存7座(含1座女寺):黄浦区小桃园清真寺、松江清真寺、福佑路清真寺(北寺)、沪西清真寺、景星路清真寺、清真女学和浦东清真寺。

福佑路清真寺:位于黄浦区福佑路378号,原名穿心街礼拜堂,后改称穿心街回教堂,俗称北寺。该寺始建于1870年,由当时聚居在老北门一带的穆斯林集资创建,占地1052平方米,建筑面积1520平方米。设有大殿、沐浴室(供教徒礼拜前净身)、图书室、望月亭等。

沪西清真寺:位于常德路1328弄3号,创建于1922年,原址在西康路,由民国初年来自鄂、鲁、豫、皖等地的穆斯林集资募捐建成。1992年,为配合旧城区改造,迁至现址。现清真寺建筑面积1125平方米,由双心拱门、扇形穹隆顶的两层礼拜殿为主体建筑,与两条走廊辅助建筑相衔接,外部的宣礼塔高达25米。前后庭院各有彩色喷泉,院顶饰有6个拱形圆顶,3个装有新月标志。这是新中国成立后,上海第一座重建的清真寺。

景星路清真寺:位于景星路302弄117号,创建于1928年。由来自苏北的穆斯林倡议建立,抗战期间,穆斯林返乡避难,礼拜停止。抗战胜利后恢复,并租地作为礼拜场所。新中国成立后,教众增多。1956年,周士钊阿訇赴宁夏募款2000万元,扩建清真寺。1959年7月,该寺与汾州路清真寺合并,改名为沪东清真寺。1985年2月,进行整修,竣工后定名为景星路清真寺。

清真女学:现位于小桃园街24号。

浦东清真寺

始创于1923年,由当时上海的伊斯兰教妇女宗教团体——坤宁同德会集资开办。初名上海清真坤宁同德女学,后改名西仓桥清真女学,位于西仓桥街。1950年,因道路拓宽,迁至现址。1993年,上海市伊斯兰教协会出资对女学进行整修。1995年,清真女学竣工并对外开放。

浦东清真寺: 位于浦东大道吴家厅甲16号,创建于1925年。当时山东籍阿訇洪长金租赁一处楼面作为临时礼拜场所。1929年,开始租地造屋建寺。后来通过扩地和置换,使浦东寺规模扩大。1985年,浦东清真寺恢复宗教活动。1995年,为配合浦东市政建设规划,迁至现址,占地面积1650平方米,建筑面积2250平方米,成为上海规模最大的清真寺之一。

上海历史上比较著名的清真寺还有:创建于1852年的草鞋湾清真寺,后并入小桃园清真寺;创建于1855年的浙江路清真寺,现被市伊斯兰教协会改为招待所;创建于1892年的肇嘉浜路清真寺,现由市民委改建为明珠饭店;创建于1915年的高墩路女学,现已停办。

小桃园清真寺有何特点

小桃园清真寺,因其位于黄浦区小桃园街而得名,始建于1917年,旧称西城回教堂,俗称清真西寺。

1917年,原上海清真董事会董事金子云以1.2万多银元的价格购得2.4亩花园住宅,捐产建寺。数年后,因地方狭小,于是金子云再次捐资1万多银元,并在哈少夫、马乙堂等人的支持下向各地穆斯林募捐,随即重建清真寺,遂形成今日规模。

小桃园清真寺占地面积1492平方米,建筑面积2100平方米,建筑颇具西亚伊斯兰风格。寺门北部有拱形花格铁门,上有金色的"清真寺"3个大字。门头镶嵌有《古兰经》经文一节:"真主所喜悦的宗教,确是伊斯兰教。"进门后是一个长方形的庭院,西侧是礼拜大殿,面积500平方米。殿分两层,底层为正殿,门上有"显扬正教"匾额一方。殿顶为一平台,中央建有穹顶,穹顶上筑望月亭,新月标志就矗立在拱形望月亭顶上。另外,平台四角还有4座拱形圆顶。其他附属建筑还有图书室、阅览室、讲经堂、教长

小桃园清真寺

室、沐浴楼等。

建寺之后,这里曾举办伊斯兰师范学校、清真国民小学、回教孤儿教养所等公益事业。同时该寺也是中国穆斯林赴麦加朝觐的集散地,曾为教民提供了不少帮助。

"文革"期间,清真寺虽受到冲击,但未遭严重破坏。1978年开始整修,恢复寺院原貌。1990年,市政府又拨款大修,寺院面貌焕然一新。目前,小桃园清真寺是上海伊斯兰教协会的所在地。1994年3月18日,小桃园清真寺由市政府公布为市级建筑保护单位。

松江清真寺历史知多少

要说起上海最古老的清真寺,自然非松江清真寺莫属。松江清真寺又名松江真教寺、云间白鹤寺,位于松江区西马路桥缸甏行,俗称"松江回回坟"。

松江清真寺创建于元至正年间(1341—1370年),是由上海第一批信仰伊斯兰教的穆斯林创建的,初名松江真教寺。明代洪武二十四年(1391年),松江真教寺奉诏重建,称为敕建松江真教寺。其后,历经明代3次、清代4次整修。该寺虽多次修缮,但至今仍保持元、明时期清真寺的寺、墓合一的风格。

松江清真寺墓地

松江清真寺坐南朝北,寺外有照壁,上书"清妙元真"四字。门内照壁上书"清真寺"。寺周原为"回回"墓地,在道路右侧,还保存有"元郡守达鲁花赤"墓。清真寺既有阿拉伯风格,又有中国明清建筑的风貌。主体建筑由大殿、窑殿、穿廊组成,另有南北讲堂、邦克门和水房。窑殿外高约8米,南北东三处辟门,内部为阿拉伯式砖拱形圆顶,高达4米,墙壁有精致砖雕,内部无梁,俗称"无梁殿"。邦克门,是一座有门无楼的元代建筑。清真寺中这两处建筑最具特色。寺内保存有碑刻4块,包括清代两次重修的碑记。

1954年,清真寺曾进行整修。1985年,宗教活动恢复,上海市拨款80多万元对其进行了大修,1989年竣工,目前该寺占地面积7亩多,是上海最大的清真寺之一。

1980年8月26日,松江清真寺由市政府公布为上海市文物保护单位。

老上海的饮食

 "上海菜"属八大菜系吗,其特点如何

  沪菜即上海菜,是我国的主要地方风味菜之一,习惯叫"本帮菜"。本帮菜虽然不在中国传统的川、鲁、苏、粤、浙、闽、湘、徽这八大菜系之中,却也有自身的特色。
  上海本帮菜起源于老城厢、南火车站及十六铺一带,当时有不少中小饭店向黄浦江边的码头工人及过往旅客商人提供家常便饭,当家菜有豆腐血汤、肉丝黄豆汤、韭菜百页、红烧鱼块、炒腰花等,价格低廉。后来随着社会的变迁,上海的外地人越来越多,外地菜也进军上海。本帮菜师傅不断吸取外地菜特别是苏锡菜的长处,在20世纪中叶形成了料取鲜活、品种众多、品味适中的本帮菜。
  早期的本帮菜以浓油赤酱、咸淡适中、保持原味、醇厚鲜美为其特色。常用的烹调方法以红烧、煨为主。后来受世界饮食潮流趋向于低糖、低脂、低钠的影

上海私房菜

响，本帮菜逐渐由原来的重油赤酱趋向淡雅爽口，形成"海派本帮"之特色。其烹调方法上的一大特色就是善于用糟，别具江南风味。

长期以来，本帮菜中也出现了不少招牌名菜，浓油赤酱、口味较重的，如虾子大乌参、大鱼头、锅烧河鳗、佛手肚档、油酱毛蟹、响油鳝糊、油爆河虾、红烧划水、红烧鱼、黄焖栗子鸡等；清淡素雅的，首推夏秋季节的糟货，如糟鸡、糟猪爪、糟门腔、糟毛豆、糟茭白等；而荠菜春笋、水晶虾仁、冰糖甲鱼、芙蓉鸡片、素炒等以鲜嫩清淡见长；扣三丝等菜肴，则以刀工见长。

现存著名的本帮菜菜馆，有上海老饭店、老正兴菜馆、德兴馆等，都是上海有名的老字号。

为何说"到上海不去城隍庙，等于没到过大上海"

上海城隍庙有着悠久的历史，宏伟的建筑，在国内外都享有盛誉。到上海不去城隍庙，等于没到过大上海。为什么会这么说呢？

上海城隍庙坐落在上海市最繁华的城隍庙旅游区，在上海道教的建筑中有重要的意义。上海城隍庙建立于明朝永乐年间，距今有600年的历史。自从建立以来，就一直得到上海老百姓的支持。清朝道光时期，城隍庙庙基不断扩大，最大时近50亩，三万多平方米。经历过"文革"时期的神庙建筑几乎都遭受过破坏，上海城隍庙也不例外，神像被毁，神殿挪为他用。1994年，随着宗教信仰自由政策的实施，上海城隍庙逐步得到恢复。后来由正一派道士管理。2005年，上海城隍庙的前厢房被归还，随之开始了它的第二期修复工程。现今的上海城隍庙包括九个大殿，分别是霍光殿、甲子殿、财神殿、慈航殿、城隍殿、娘娘殿、父母殿、关圣殿、文昌殿，总面积达2000平方米。

到上海城隍庙一是旅游观光，二是品尝各种小吃。观光旅游不必细说，无外乎名胜古迹、名人逸事。而城隍庙的小吃却不可不说。

上海老城隍庙小吃广场小吃

去上海城隍庙第一个要品尝的小吃就是"蟹粉小笼"。蟹粉小笼，咬下去一包蟹油，满口溢香。不仅味道鲜美，而且营养丰富，能够延缓衰老，调理贫血，是百吃不厌的人间美味。除此之外还有特色小吃"蟹壳黄"、"糟田螺"、"南翔小笼包"等。如果你到上海旅游，这些小吃一定不能错过。

第二就是要到湖心亭品茶。湖心亭原是豫园的一景。所谓豫园,就是上海老城隍庙。在湖心亭中品茶,很有诗情画意。"湖心有亭,渺然水上……亭外远近植蕖万柄,花时望之,灿若云锦,凭栏延赏,则飞香喷鼻,鲜色袭衣,虽夏月盛暑,洒然沁人心脾。"在湖心亭里品着香茗,赏着美景,"如入方丈登蓬瀛,俗尘万斛一廊清"。

上海城隍庙是到上海旅游的必去之处。不仅是因为城隍庙有丰富的人文景观,还因那众多的著名小吃。思之,令人垂涎欲滴。

上海最有名的素菜馆是哪家,有何特色

提到吃素斋,上海人首先想到的肯定是功德林素菜馆。这家素菜馆由杭州城隍山常寂寺维均法师的弟子赵云韶于1922年创办,馆名取自佛经上的"功德"之意,故名"功德林",其以经营精美的素菜佳肴而闻名海内外。

素食在中国众多菜系中独树一帜,其大致可分为宫廷素食、寺院素食和民间素食。功德林味兼三派,其特点是以时鲜为主,选料考究、技艺精湛,品种繁多,风味独特。一般以植物油、食用菌、新鲜果蔬、大豆类制品、面筋、竹笋、藻类和干鲜果品等植物性原料进行烹制。美食界有句俗语:"无肉骨的汤不肥,无鸡肉的汤不鲜。"但素食是绝对禁止用荤的,而且"小五荤"也不让使。也就是说,平常调味的葱、姜、蒜、葱头、韭菜等带有辛辣、且有壮阳作用的调味品和青菜都是不能用的,在这种情况下想要烹调出色香味俱佳的菜肴,其难度可想而知。但功德林之所以深受广大顾客喜爱,其秘诀主要有三条:首先是选料精细。坚持用四季时蔬做原料,竹笋、冬菇等都是取其精华上品,而豆腐、素鸡、素火腿都是自己精心制作而成。其次,厨师经验丰富,厨艺精湛。再次,功德林善于吸收创新,博采众长,不断改进,形成了口味多样、清淡适口、鲜嫩软熟的独特口味。

功德林的招牌菜有黄油蟹粉、樟茶卤鸭、罗汉素面、糖醋黄鱼、三丝鱼卷、西兰花素鲍鱼、响油鳝丝、翡翠鱼片、十八罗汉、茄汁芦笋、三鲜鱼肚等,其中有不少被评为全国名菜、上海名菜。此外,功德林还生产净素卤味、中式点心、西式糕点和节令时令素食品。每逢中秋佳节,功德

功德林素蟹粉

林的净素月饼也很受市民欢迎。

上海第一家经营涮羊肉的清真菜馆有何特色

说起上海的清真菜馆,首屈一指的当然是洪长兴。洪长兴创始于清光绪十七年(1891年),最早由著名京剧表演艺术家马连良(回族)的二伯马春桥在吕宋路(今连云路)创办,当时称"马家班伙房"。据说,当年京剧名伶马连良的叔父马赐立和姑姑马秀英领衔的以回民组成的马家班经常到上海演戏,但当时偌大一个上海就没有一家清真饭馆,演员们的吃饭都成了问题,他们吃不好,嗓子就唱不上去。于是马连良的二伯马春桥就开了这家餐馆,主要满足戏班子的需要,同时也为北方来的回民提供方便。

"洪长兴"匾额

1918年,马春桥将伙房送给回民朋友洪海泉,此后饭店更名为"洪长兴"。洪海泉接手后,立即从北京请来一批清真名厨,开始重点经营涮羊肉火锅。历经一百多年的发展,洪长兴现在已经成为上海最大的清真饮食店。

洪长兴涮羊肉之所以名气响亮,主要在于其选料精细、调料讲究。其羊肉来自湖州、嘉兴一带的湖羊,年龄仅七八个月,而且是阉过的公羊,肉嫩、膘足,而且几乎没有腥膻味。其酱料以优质花生酱、卤虾油、绍酒、酱油、醋、乳腐卤、韭菜花、香菜等调制而成。涮羊肉时蘸上这种酱料,香嫩异常。此外,洪长兴的羊肉串、葱油饼等,也很受食客们的追捧。

上海开设最早、资格最老的酒家是谁

要说起上海开设最早、资格最老的酒家,那就非王宝和莫属。王宝和创始于清乾隆九年(1744年),至今已有260多年的历史了。以经营绍兴黄酒和清水大河蟹而名噪中外,曾被誉为"东南亚最闻名的酒家之一"。

王宝和的创始人王楼臣就是一位酿酒好手,他在绍兴自设酿酒作坊,酿出的黄酒就是与众不同。他曾总结自己的酿酒经验,将其归结为"三个精心":其一选料要精心,他专用江苏金坛、丹阳地区的上等糯米;其二制作要精心,要严

王宝和黄酒

格按照规定操作,不可马虎、偷工减料;其三贮藏要精心,他的黄酒贮藏期一般在10年以上,有的更长达20年。在这"三个精心"的酿造之下,王宝和出品的黄酒,无论是花雕、太雕还是玉液,还是善酿、金波、陈加饭,在开坛时总是酒香四溢。

清水大河蟹也是王宝和的招牌之一,每逢黄菊盛开的时节,店门口的缸里、笼里都盛满了青背白肚、金爪黄毛的大河蟹,可现拣、现买、现烧、现吃,不少人在这儿举杯邀友,乐而忘返。王宝和的蟹宴称得上是沪上一绝,专挑阳澄湖中四两以上的大闸蟹为原料,而且餐桌上道道菜都不离蟹,有翡翠虾蟹、流黄蟹斗、凤衣蟹卷、芙蓉蟹粉、蟹粉鱼盒、菊花对蟹等,令人垂涎三尺。

新中国成立前,王宝和就是上海名流的常去之地,著名的电影演员韩兰根、殷秀岑等,经常光临此处。著名京剧表演大师程砚秋更是这里的常客,每当金秋季节,他就会兴致勃勃地登楼持螯赏菊。王宝和的服务员为了不使他的手被蟹螯划破,还主动热情地帮他剥蟹肉,而程砚秋为了表示感谢,常常在席间清唱一段,赢得满堂喝彩。

梅龙镇酒家有何特色

梅龙镇酒家,创建于1938年春,是上海滩享有盛名的四川风味菜馆。其原址在今南京西路江宁路口。酒家因"明朝正德皇帝私访梅龙镇上酒店"的传说而得名。昔日,这里是上海文化艺术界知名人士的聚会之地,"越剧十姐妹"的结拜盛宴即在此举行,国画大师刘海粟还为其题写了店名。

川菜是中国的八大菜系之一,其味型多,富于变化,尤其以善于用麻辣调味而闻名全国,有

梅龙镇酒家

"吃在中国,味在四川"之说。梅龙镇酒家保持了川菜酸、甜、香、辣、麻的特色,又不断创新,被誉为"海派川味"。其名菜有干烧明虾、素火腿、梅龙镇鸡、龙园豆腐、茉莉花鱿鱼卷、干烧鲫鱼、茉莉鸡丝汤等。

1999 年,上影公司和香港唐人电影联合制作了电视剧《春风得意梅龙镇》,就是以梅龙镇酒家为背景进行拍摄的。

上海老饭店因何得名,有何特色

上海的老字号饭店有很多,可是以"老"自居的,可就只有"上海老饭店"一家。上海老饭店创建于 1867 年,距今已有 140 多年的历史了。其前身是浦东川沙人张焕英创办的荣顺馆。一开始饭店设备陈旧,店堂狭小。张焕英亲自掌勺,老婆孩子端菜收账,只是一家小小的"夫妻店"。张焕英厨艺高超,烹饪的虽然只是肉丝黄豆汤、酱肉豆腐等上海家常菜,但味道鲜美、价格低廉、经济实惠,很受普通市民欢迎,因而一直客源兴旺。随着饭店生意越来越好,张焕英就在荣顺馆名字前面加了一个"老"字,成了"老荣顺馆"。但顾客常嫌"老荣顺馆"叫起来麻烦,便干脆称为"老饭店",时间一长,渐渐叫出了名,老板也就索性更名为"老饭店"。1965 年,老饭店迁至福佑路,规模更大。

上海老饭店

上海老饭店,以经营本帮菜为主,为了保持和发扬本帮菜的特色,其厨师下大功夫汇集了本地主要菜肴,并进行改造和创新,制作出了许多传统名菜,如红烧鮰鱼、扣三丝、八宝鸭、虾子大乌参、青鱼肚档、汤卷、红烧河鳗、糟钵头、生煸草头等 200 多种菜肴。其中,特级厨师李伯荣主掌的扣三丝(火腿丝、鸡丝、冬笋丝),还在 1970 年被商业部评为优质产品。

上海老饭店曾多次接待国际国内贵宾,俄罗斯总统普京夫人、新加坡总统纳丹、原国家主席夫人王光美、香港著名实业家邵逸夫,参加 APEC 会议的印度尼西亚总统等都曾经是上海老饭店的座上客。

新雅粤菜馆有何特色

新雅粤菜馆位于上海市南京东路719号,地处中华第一商业街——南京路步行街上。它创建于1926年,是上海最受中外宾客喜爱的粤菜馆。新的粤菜馆改建后于1998年开业,是一座十层的现代化豪华建筑,总面积达8500平方米。新雅粤菜馆名扬中外,深得宾客喜爱,其原因在于它拥有自己的特色。

首先,新雅粤菜馆的特色在于菜。新雅粤菜馆的特色菜众多,包括招牌海鲜泡饭、水晶虾仁、烟熏鲳鱼、蚝油牛肉、蟹粉豆腐、南乳糟鱼片、烤乳鸽、烤乳猪、片皮鸭、葱油白切鸡等。在新雅粤菜馆里,这些菜深受顾客的喜爱。招牌海鲜饭包含虾、蟹、海参等食材。海鲜的鲜味和米饭的醇香在这里配合得天衣无缝,鲜香可口,使人回味无穷。蚝油牛肉选用品质新鲜的牛肉,运用传统手法烹制而成,口感鲜滑柔嫩。烟熏鲳鱼在20世纪30年代由新雅粤菜馆独创,是将西餐中烟熏烘烤的手法运用到制作鲳鱼之上,颜色看着黑黑的,但入口丰腴、肥美、烟香四溢。这里的特色菜各个风味独特、口味纯正,是粤菜喜爱者的天堂。

其次,新雅粤菜馆的特色在于点心。新雅粤菜馆的各式点心都做工精良,造型精致,口感上乘。蜜汁叉烧,选用品质上乘的猪肉,用传统的卤汁腌制,再放入烤炉中烘烤,待烤熟后,将其取出,均匀地淋上饴糖和蜂蜜,最后切片装盘。奶油布丁入口松软,奶香四溢;布丁中藏有的口感细腻、香甜的豆沙,使这道点心口感

新雅粤菜馆

更加完美。另外这里还有水晶饼、金牌叉烧酥等富有港粤风味的特色小点心。

最后,新雅粤菜馆的特色在于新雅广式月饼。新雅广式月饼是新雅粤菜馆的拳头产品,继承了传统的制作配方及科学的工艺流程,引进全套现代化设备,选用上等天然原料,成品皮薄馅靓,口感滋润柔软,品位高尚,质量上乘。新雅广式月饼和新雅餐饮服务商标被上海市工商行政管理总局认定为"上海市著名商标"。

新雅粤菜馆在发展中坚持以广帮特色为基础、博采众长、兼容并蓄,菜点极其丰富。新雅粤菜馆是上海一家融港粤风味特色菜肴、喜庆寿宴、中西点心、豪华包房为一体的综合性的国家特级酒家。

杏花楼酒家有何特色

杏花楼酒家,原名"杏华楼",是上海的一家传统餐饮、食品加工名店。其总店位于黄浦区福州路343号,是中华老字号之一,声名远扬海内外。

杏花楼酒家的特色体现在历史、菜肴和广式月饼这三个方面。

杏花楼酒家的历史,可以追溯到19世纪中期。1851年,退休厨师徐阿润在福州路山东路转角处创立杏华楼,专营广式餐饮。1872年徐阿润因年纪大,将杏华楼转手他人经营,后多次易手。民国时,到上海经商的广州人增多,使以粤菜为主的杏华楼生意兴隆。杏华楼为满足顾客需求,几经翻修。在1927年,杏华楼翻修成一座七开间、四层高的酒楼,可以同时开宴百桌,成为当时上海最大的粤菜馆。杏华楼接待过李宗仁、孙科、杜月笙等历史名人,甚至还在20世纪30年代举办过上海市教育局就国联教育考察团到达上海的欢迎晚宴。因名声远扬,店主采纳他人建议,根据杜牧的诗句"牧童遥指杏花村",将其改名为"杏花楼"。并且由同为广州人的清末榜眼、知名书法家朱汝珍题写了"杏花楼"三字作为招牌。新中国成立后,杏花楼几经改革,最终在2002年改为现在的名字。2003年,SARS时期,杏花楼利用停业时期进行翻修,成为今日的杏花楼。

七宝古镇杏花楼

杏花楼酒家菜肴品种众多,其中知名菜肴主要包括:明炉叉烧、西施虾仁、植物四宝、清炖海狗鱼、香露葱油鸡、蛇羹、龙虎斗、脆皮烤鸭等三四百种。在杏花楼酒家的知名菜肴中,最为知名的是龙虎斗。龙虎斗是用眼镜蛇、金环蛇、过树榕蛇、猫、貂狸肉为原料,加上鸡丝、鱼肚、冬菇丝、木耳丝和调料烹制成的一道菜,此菜风味独特,称得上是沪上一绝。

杏花楼月饼,是杏花楼酒家最负盛名的产品之一。杏花楼在1928年首次推出广式月饼。杏花楼为使自家的月饼独具特色,专门聘请粤菜名厨制作独家配方。杏花楼月饼都选取上等食材制成。豆沙采用海门特级大红袍,莲蓉用的是湖南通心湘莲,椰蓉采用海南特级椰丝,另外有广东西山的橄榄、浙江北山的杏仁、云南头箩核桃等。用这些食材制成的月饼,一经推出,便好评如潮,成为上海最畅销的月饼。

大富贵酒楼有何特色

上海大富贵酒楼有着悠久的历史,是中华老字号酒楼。光绪七年(1881年),大富贵酒楼落成运营。现成为上海历史上最有名的徽菜酒楼。如今的大富贵酒楼在上海开有多家连锁店。该酒楼分为点心部和饭店部。点心部主要经营上海特色小吃。饭店部主要经营各色徽菜。

上海大富贵酒楼原名叫"徽州丹凤楼",由安徽人在清光绪七年(1881年)合伙开办的。原地址在今复兴东路转角处。因所建之地原为"丹凤楼茶园",故称新建酒楼为"徽州丹凤楼"。随着上海商业的发展,该酒楼所经营的菜品也越来越精美。到20世纪初期,"徽州丹凤楼"已经闻名遐迩。抗战开始后,该酒楼一度停业。1940年,"徽州丹凤楼"迁移到左邻的中华路1465号,并改名为"大富贵酒楼",取"吉祥如意,荣华富贵"之意,恢复营业。在2000年复兴路改造时,大富贵酒楼配合政府工作迁移到现今的位置,即中华路1409号,照常营业。

改革开放之后,大富贵酒楼也几经翻新,不光是酒楼,还有酒楼所经营的菜品。大富贵酒楼所经营的徽式"三鲜小馄饨"等,于2006年获得"上海名点、名小吃"的荣誉称号;其"酱鸭"等,于2007年获得"上海名菜"的美誉。

现如今,大富贵酒楼所烹制的菜肴,不仅保持了正宗徽菜的传统特色,而且还融合各地菜肴之所长。大富贵酒楼根据上海消费者的需求,不断改进、创新、发展,形成了新的风味。

在上海大富贵酒楼里,你能吃到100多个种类的精品徽菜。其所烹制的徽菜特色菜"金银蹄鸡"可谓是一绝。"金银蹄鸡"取金华火腿、猪蹄和母鸡以砂锅炖制,因火腿为"金蹄"、猪蹄为"银蹄",故名"金银蹄鸡"。此菜汤浓味鲜、营养丰富,是冬季食品的上上之选,深受老年人欢迎。除此之外,"绩溪臭鳜鱼"、"刀板香""文蒸山笋""徽州鳝糊"等都是大富贵酒楼的精品菜肴。

大富贵酒楼不断推陈出新,将一道道的美味呈现在消费者面前。

上海大富贵酒楼扣三丝

知味观杭菜馆有何特色

知味观素有"知味停车、闻香下马"的雅称。上海知味观杭菜馆继承和发扬了杭州老店的优良传统和经营特色,让上海消费者在本地就能吃到正宗的杭州菜。

知味观原来是在杭州,由孙翼斋于20世纪初创建。建店之初,生意不是很好。于是孙翼斋在店门上贴了八个大字"欲知我味,观料便知"。这八个字引起了食客的好奇之心,使食客纷纷来店品尝。食客吃完,赞不绝口。上海知味观杭菜馆的老板来自杭州,他高薪聘请杭州菜大厨掌勺烧制杭州菜。上海知味观杭菜馆不仅继承和发扬了杭州菜的特色,而且为符合上海人的饮食习惯,还加以改良。因而上海人对这个饭馆青睐有加。很多人在这个饭馆里举行婚宴、寿宴、朋友聚餐等。据说,鲁迅就曾在这家饭馆热情招待远道而来的朋友。

知味观烤羊排

上海知味观杭菜馆所经营的菜品,选料都是有讲究的。比如莼菜,江南各地的湖泊都有生产,而知味观杭菜馆的莼菜不仅是取自杭州,而且来源于西湖的三潭印月。其鲜嫩爽滑,别有一番滋味。再比如龙井虾仁这道菜。所谓龙井,就是指龙井茶,来自杭州狮峰龙井。其茶叶"色绿,香郁,味醇,形美"。它所炮制的虾仁,经大厨料理之后,味道不仅更加鲜美,而且有着龙井茶的清醇郁香。上海知味观杭菜馆不仅选料上有讲究,而且在做工上还很精细。西湖醋鱼是杭菜馆的名菜之一。按照传统,所烹饪之鱼不会很大,仅重1斤多一点。当西湖醋鱼被端上桌时,你会发现盘中之鱼撑着翅膀,鼓着双眼,整条鱼的外形完全没有改变,就像活着一般。

"水光潋艳晴方好,山色空蒙雨亦奇。欲把西湖比西子,淡妆浓抹总相宜。"这首诗出自大文豪苏东坡的手笔。苏东坡喜欢吃猪肉,曾经研究过如何烹饪出美味的猪肉来。在被贬杭州时,苏东坡向人们讲述了他烹饪猪肉的经验。后来形成一道菜,叫"东坡肉"。东坡肉色、香、味俱佳,深得人们喜爱。这也是上海知味观杭菜馆的招牌菜之一。

在上海知味观杭菜馆不仅能吃到地道的杭州菜,而且还能领会到杭州的诗情画意。这里的每一道菜都能让您大饱口福的同时,还能享受到西湖的优美意境,感受着源远流长的饮食文化。重新装修后的上海知味观杭菜馆不仅环境优雅,而且服务周到,给您家的感觉和全新的享受。

甬江状元楼有何传说及特色

在上海,提起宁帮菜馆,人们就会想到"状元楼"。上海以"状元楼"为招牌的宁帮菜馆有"沪东状元楼"、"沪西状元楼"、"甬江状元楼"、"四明状元楼"等。

关于"状元楼"的传说,自然是与"状元"有关。清朝乾隆年间,在宁波有一个名为"三江酒楼"的菜馆。三江酒楼的宁帮菜做得很是地道,在当地颇有名声。有一天,店里来了两个上京赶考的年轻人。这两人举止儒雅,谈吐不凡。两人临窗而坐,对酒吟诗。这时,小二送上一道"冰糖甲鱼",二人见盘中青黄相映,油汁紧裹鱼块,入口绵糯,香、甜、酸、咸各味俱全,禁不住对其绝口称赞。于是两人问小二菜名,小二见两人都是书生打扮,猜想二人是上京赶考的读书人,于是说此菜为"独占鳌头"。两人听了非常高兴。碰巧的是,后来其中一人真的金榜题名,中了状元。在他衣锦还乡途中,他再次来到"三江酒楼"提笔写下"状元楼"三字。从此,"三江酒楼"改名为"状元楼"。再后来,"状元楼"成了宁帮菜馆的特定名称。在新中国成立前,各地有名的宁帮菜馆名称里都有"状元楼"这三个字。

上海的甬江状元楼创办于1937年,坐落在市中心西藏中路162号,是上海一家较为知名的宁帮菜馆。

甬江状元楼擅长烹制各种各样的海鲜,品种繁多,选材新鲜,制作精良,口味多变,因时而异,各具特色。甬江状元楼有冰糖甲鱼、清蒸河鳗、丝瓜卤蒸鱼、溜黄青蟹等宁帮名菜。其中冰糖甲鱼位于宁波十大名菜之首。冰糖甲鱼,又名"独占鳌头",是以新鲜的甲鱼和冰糖,加上各种作料,制作而成,色泽深红,软糯味浓,香甜可口。冰糖甲鱼不仅口味纯正,令人回味无穷,而且是一道养生菜肴。冰糖甲鱼含有丰富的蛋白质、铁质、碘、维生素 B 等多种营养成分。另外这道菜也是一种补品,冰糖与甲鱼同炖,具有滋阴、调中、补虚、益气、祛热等功能。

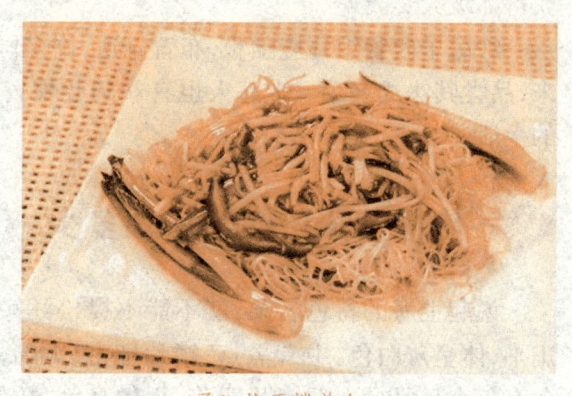

甬江状元楼美食

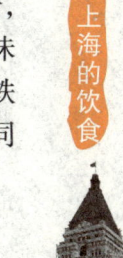

西菜馆红房子有何特色

以经营西餐而荣获"中华老字号"称号的，在全国不多见，上海红房子是其中一家。红房子在上海已有 70 多年的历史，其前身是意大利籍犹太人路易·罗迈开设的罗威饭店，1945 年更名为"喜乐意"。因其门面及外墙都涂上红漆，时间久了，人们就称其为"红房子"。1956 年，饭店干脆按照顾客的老习惯更名为"红房子西菜馆"。

上海红房子西菜馆

红房子的法式西餐具有"选料考究、操作精细、讲究沙司、注重蔬菜、品种繁多"等特点，既有享誉世界的法式传统名菜，也有独树一帜的本土创新。其特色菜品有烙蜗牛、烙蛤蜊、洋葱汤、罗宋汤、牛尾汤、芥末牛排、奶油起司烙明虾、海鲜杯、红酒鸡、奶酪小牛肉、起司烙鳜鱼、麦西尼鸡等。其中，奶油起司烙明虾，还曾获得部级大奖。

红房子西餐馆环境幽雅，布置舒适，许多国际名人访问上海时，都曾慕名而来，品尝其法式名菜。上海人也喜欢到此聚餐，体验一下以前大上海"老克拉"的生活。

珍稀美味松江鲈鱼知多少

说起上海的特色名菜，就不能不提松江鲈鱼。松江鲈鱼又称四鳃鲈鱼，头扁平，体呈灰白色，中有黑点，鳞片细密，大嘴，身长约 30～35 厘米。因在鳃前各有一个呈月牙形的鳃状凹陷，很像真鳃，故历来被误传为四鳃。别看松江鲈鱼貌不惊人，但其肉质洁白似雪，肥嫩鲜美，少刺无腥，食之口舌留香，回味无穷，而且营养价值极高，为野生鱼类之首，历来与黄河鲤鱼、松花江鲑鱼、兴凯湖白鱼一起，并称为中国四大名鱼。李时珍《本草纲目》称："松江鲈鱼，补五脏，益筋骨，和肠胃，益肝肾，治水气，安胎补中，多食宜人。"

松江鲈鱼分布于东海沿岸 9 个省市，但唯以上海松江秀野桥下所产的鲈鱼最负盛名，因而得名"松江鲈"。也有人认为这种鱼以产于吴淞江者最多最佳，故名松江鲈鱼。松江鲈鱼原来并不少见,20世纪50年代秋汛期间,捕获量可达万斤。松江鲈鱼是洄游鱼类,每年春天,幼鱼从长江口游到内河生长育肥;到秋季性成熟后,再游到长江口海水与淡水交界处产卵,繁殖后代。后来,因为河流建坝,再加上水源污染,河道淤塞,松江鲈鱼的生存环境大受影响,到20世纪70年代几乎绝迹。后来,松江水产部门和上海科研单位经过研究,成功进行了人工饲养。目前,松江鲈鱼已经被批量饲养并送上餐桌,但价格依然非常昂贵。

松江鲈鱼有一个特殊习性,你若将其放养在清水里,它1~2天就会死去,若放在砻糠里,反倒可以存活6~7天。烹调鲈鱼方法有红烧、煮汤和作羹。据说,烹调鲈鱼不能用刀剖腹,只能用竹筷从鱼口插入鱼腹,向一个方向绞动将内脏取出,洗净后仍放还腹中。松江鲈鱼肉质鲜嫩,将其投入药菜的咸汤中,可以久煮不老。

松江鲈鱼

历史上对松江鲈鱼美味的称赞有很多。《晋书·张翰传》记载,张翰在洛阳为官,见秋风起,就想起了家乡的莼菜和鲈鱼,为此他竟然弃官而归。于是"莼鲈之思"成了思念家乡的代名词。隋炀帝畅游江都时,品尝到了松江鲈鱼,称其精美可口,真乃"东南佳味也"。乾隆游江南时,更是评价松江鲈鱼为"江南第一名菜"。历史上杜甫、白居易、苏东坡、陆游等,都曾撰文写诗,称赏松江鲈鱼之美味。

蟹壳黄知多少

蟹壳黄是上海最具特色的点心之一,创始于20世纪20年代初。因其饼色与形状酷似煮熟的蟹壳而得名。由于此饼制作时还需放入特制的烤炉中,贴于壁炉直到烤熟,因此又称"火炉饼"。

蟹壳黄是用油酥加酵面作坯(要用熬炼七八成熟的菜籽油炒油酥面),先制成扁圆形小饼,外面撒一层白芝麻,然后贴在烘炉壁上烘烤而成(注意烘烤时要把握好时间和火候)。馅心分为甜、咸两种,甜味的有枣泥、白糖、豆沙等,咸味的有虾仁、葱油、蟹粉等,口味各具特色,让人流连忘返。

相传1357年朱元璋率大军在徽州作战,兵败后被敌人追杀,躲在农户家中

老上海的趣闻传说

蟹壳黄

避难。他饥饿难忍时吃到了当地的烧饼,赞叹不已。后来朱元璋做了皇帝,称此饼救驾有功,遂赐此饼徽州救驾贡饼字号。

"三个蟹壳黄,两碗绿豆粥,吃到肚子里,同享无量福。"这是人民教育家陶行知先生为赞美家乡的小烧饼而作的诗。此诗充满浓厚的乡土气息,体现了徽州人悠闲自得的生活状态。

上海人为何特别爱吃排骨年糕

排骨年糕是上海著名的特色小吃,已有50多年的历史,经济实惠,风味独特。其品种多样,以水磨年糕为最佳。它以排骨和年糕为两大主料,不仅搭配具有特色,还含有丰富的营养价值,对人体十分有益。

制作排骨时要用刀背将其肉拍松,将其边上的白筋切断;然后把排骨放入调拌好的调料中腌制20分钟左右,再倒入地瓜粉;最后将排骨均匀地裹上一层粉浆后放入油中炸,直至酥黄时方可捞出。制作年糕时要先将调味料全部放入锅中烧开,再放入年糕,然后改为小火一同煮10分钟。待到年糕熟软时即可盛出。最后把制作好的排骨和年糕盛到一个盘子中,一道美味的排骨年糕就大功告成了。

关于排骨年糕的由来,还有一段历史传说。相传清光绪年间,有些梁湖人在绍兴开店卖年糕。那时的年糕是用燥粉加水用手捏制而成的,做法比较粗糙,质量不好,既易开裂,口感又欠佳。陈培基是梁湖的一个农民,他的优点是善于观察与思考。一次,他经过豆腐店时发现里面的豆腐又细又嫩,于是灵机一动,回家后便模仿豆腐的制作方法制成了水磨年糕。改造后的水磨年糕不仅质量好,口感也不错。自此来他店里吃年糕的顾客络绎不绝,其生意也越来越红火。

排骨年糕

生煎包有何特色

生煎包已有上百年的历史，是近些年流行于上海、苏州一带的著名小吃，又称生煎馒头、生煎包、水煎包。其馅心最先以鲜猪肉加皮冻为主，后来又增加了鸡肉、虾仁等多种馅心品种，使其口味变得更加丰富。

生煎馒头

生煎馒头的制成约有四个大步骤：制馅、制皮、合成和煎制。制作这道小吃时要用半发酵的面皮包馅，包好后把馒头排放在平底锅内油煎。尤其值得注意的是，在煎制过程中要不断地淋凉水（这样可以使口感更好），直至馒头底面变得黄、硬、脆才可。最后再撒上一些葱花和芝麻就大功告成了。记得生煎包要趁热吃，这样口感最佳。

上海著名的生煎馒头有丰裕生煎、小杨生煎、王家沙生煎、大壶春（清水）生煎、飞龙生煎等。

 ## 南翔小笼馒头有何特色

南翔小笼馒头又被称为南翔小笼包，是上海市嘉定县南翔镇传统名小吃，已有百年历史。2002年11月获得"中国名点称号"；2006年获得"上海名点光荣称号"。

其馅心是用猪夹心肉剁成肉末，然后放入适量的盐、糖、酱油、水调制而成。皮是用不发酵的精面粉做成。馒头包好后放入小笼屉用大火蒸10分钟即可。吃时，可以先在小笼的底部咬个洞，然后吸吮汁水，之后再把小笼包放入嘴里细细品尝；如果再配上姜丝、醋、蛋丝汤，其味道更佳。

南翔小笼包

相传同治十年(1871年),南翔镇上的老板黄明贤每天都到古漪园去卖大馒头。由于馒头的味道好,经常受到顾客夸赞。后来许多同行的人都来抢生意,这使黄贤明十分苦恼。经过思考,他开始对大馒头进行改良。他把大馒头的皮变薄,馅增多,而且将其体积也变小。他做馒头馅时不但不用味精,还把鸡汤煮肉皮制成冻后拌入,再撒一些芝麻。因此蒸熟的小笼晶莹剔透,味道鲜香,十分受顾客欢迎。后来去上海旅游的南翔人邀请黄贤明到那边去开小笼馒头店。这样,南翔小笼包逐渐被大众所熟知且至今盛名不衰。

鸡鸭血汤有何来历

上海城隍庙作为特色小吃的聚集地,品种繁多,常使人眼花缭乱。其中鸡鸭血汤是不容错过的精品,它作为城隍庙特色小吃的代表,因美味和低廉的价格一直广受食客青睐。在享受美味之时,人们不免疑惑:这美味到底是怎样被创造出来的呢?

鸡鸭血汤

据说,鸡鸭血汤创造于20世纪早期,是由一个叫做许福泉的小商贩发明出来的。许福泉用一个俗称"铁牛"的深腹铁锅烧汤,中间用铝皮隔开,一半烫血,一半以鸡头鸡脚熬汤。客人光顾时,就将煮熟的鸡心、肝、胗、肠和鸡卵放入碗中,浇上鸡汤,撒上少许葱花,淋几滴鸡油。几个简单的步骤之后,一碗鲜嫩滑爽的鸡鸭血汤就完成了。

现在的鸡鸭血汤在食材的运用上有所改良,一般店家会加入豆腐、冬笋、粉丝等辅料,做好后的鸡鸭血汤还会放上香菜、胡椒粉等。经过这种改良后的鸡鸭血汤比原来的更加鲜美。

1973年,因政变而流亡到中国的柬埔寨亲王西哈努克在上海访问期间,负责接待的人员为其准备了鸡鸭血汤。据说当时中方将制作鸡鸭血汤当做一项政治任务来完成,要求汤中的鸡卵要大小一致,为此,负责做汤的师傅们三下南翔,杀了108只上海本地草鸡才找到需要的鸡卵。鸡鸭血汤做好后,亲王吃了赞不绝口,连吃两碗。这个故事虽然显得荒谬不可信,但为这一平民化的小吃增添了一丝传奇色彩。

如今上海鸡鸭血汤做得最为地道就是老松盛了。老松盛位于上海城隍庙中,是一家历史悠久、负有盛名的百年老店。因其选材讲究、制作精细,一直备受顾客青睐。

糟田螺有何美丽传说

糟田螺是上海著名的风味小吃。其原料讲究,是用安徽屯溪产的龙眼田螺加工制作而成,肉质滑嫩、厚实,不仅味道鲜美,而且具有丰富的营养价值。田螺肉含有铁、钙、蛋白质、维生素A,可以清热去火、抑制狐臭。但须注意,尽量避免与冰、柿子、蚕豆、面、黑木耳、糖、蛤等同吃,以免引起身体不适。

糟制好的田螺呈灰褐色,肉质滑嫩,卤汁鲜美,口口留香,以清明节或中秋节时品尝最佳。关于其来历,还有一段美丽传说。

相传有一位单身汉因家境贫穷一直没能娶上媳妇。他每天早出晚归地忙于地里的农活,常常只能吃些剩饭、剩菜。有一次他在田里捡到了一只田螺,就把它

糟田螺

带回家养在水缸里。时间过得很快,转眼三年过去了。这一天小伙子像往常一样去田里干活,但是当他傍晚回到家时却发现桌子上摆满了各种美味的饭菜。由于好奇,他打算一探究竟。第二天他和往常一样,也是早早地就拿起锄头离开了家。其实他并没有去地里干活,而是偷偷地躲在屋外观察。晚上时,他发现屋里有一位漂亮的姑娘在帮他做饭,于是就闯了进去。进屋后他看到自己养在水缸里的田螺只剩下了空壳,便猜出姑娘是由田螺变成的。随后他就问姑娘这么做的原因。姑娘告诉他单身汉的前世曾救过她性命,今世又养了她三年,所以要来报恩。单身汉听后十分感动。

后来单身汉与这位田螺姑娘结了婚并且生下一对儿女。从此他们恩恩爱爱,过着幸福的生活。

小绍兴鸡粥因何出名

小绍兴鸡粥是上海地道的风味小吃,堪称天下第一美味。其以三黄鸡和白粳米为主料,先把鸡汁原汤加白粳米煮成粥,然后配上鸡肉以及盐、葱、姜、蒜、

酱油、白糖、味精、香油这些作料。此粥特别适合早餐和晚餐食用,不仅味道鲜香而且营养丰富。

小绍兴鸡粥店由润牛、章如花两兄妹创办,已有数十年的历史。据说"小绍兴"这个店名是由顾客喊出来的。1940年春,章润牛与妹妹章如花跟随父亲从浙江绍兴逃荒到了上海。他们批发了一些生鸡头、鸡翅、鸭脚,将其加工制作后走街串巷地叫卖。挣了一些钱后,他们便摆了一个摊头,主要卖馄饨、面条等。尽管兄妹二人十分勤劳努力,顾客依然寥寥无几。最后他们没办法就把摊位改成粥摊,可生意仍然不好,为此二人十分苦恼。

小绍兴鸡粥

有一次兄妹二人聚在一起想办法时,突然想到了小时候听过的一个传说。据说曾向清代仁宗皇帝进贡的鸡就是绍兴产的越鸡。那时绍兴有几家农户每年都养许多鸡。但是他们养鸡的方法很特别,每天都要把鸡放到山上去觅食。长大后的鸡肉很肥嫩,烧好后味道也特别鲜美。皇帝品尝了以后就特别喜爱,于是让他们每年都向皇宫进贡这种鸡。章润牛就是受到这个传说的启发,开始选用老百姓放养的鸡作粥的原料。从这以后,其生意红火起来。由于章润牛说一口绍兴音,个子又比较矮小,因此顾客就喊他"小绍兴"。小绍兴鸡粥店与小绍兴鸡粥也就因此而得名了。

三鲜大馄饨有何特色

三鲜馅大馄饨是上海有名的特色小吃。其制作方法比较简单,把洗净的鱼肉、虾仁、猪肉和葱末一起剁碎放入盆中;再加入盐、料酒、香油、胡椒粉、蛋清、水淀粉等调料,并将它们搅拌均匀制成馅料;然后用馄饨皮包入馅料,将其放入煮沸的高汤锅中,煮熟便可。

关于"馄饨"的由来,传说与四大美人之一的西施有关。

相传春秋战国时期,吴王夫差打败越国并俘虏了越王勾践,不仅得到许多金银珠宝,还得到了大美人西施。从此他不问国事,一直沉湎于酒色歌舞之中。冬至节来临的时候,百官像往常一样都来朝拜吴王。宴会上吃惯山珍海味的吴王很不高兴,于是放下筷子不再吃任何东西。西施看到这一情况后便亲自下厨，又和面又擀皮，想要为皇上做出一道新式的食物。她思考片刻后便用擀好的皮子包出了一种与众不同的点心，将其煮熟后捞进碗里，然后加上鲜汤，再撒上葱、蒜等调味品，做好之后献给了吴王。吴王品尝后觉得十分美味，一口气就吃了一大碗。他问西施此种点心是什么。西施暗想：这个无道的昏君，只管饮酒作乐，不理朝政，真是混沌不开，便顺口应

三鲜馅大馄饨

道"混沌"。从此之后这种叫"混沌"的点心就流入了民间并且深受大家喜爱。吴越人家还将其定为冬至节的应景美食。后来，"混沌"改称"馄饨"。

白斩三黄鸡有何特色

　　白斩三黄鸡是上海著名的一道风味小吃，由于味道鲜美、独特而备受青睐。其做法比较讲究，须用白水煮三黄鸡，而且火候要把握得当，刚刚熟的状态为最佳，时间一长会使鸡肉口感变老。煮熟后要等到鸡肉和鸡汤一同冷却后才可将鸡取出。准备调料时，先将生抽和糖搅拌均匀，然后加入葱末和姜末，最后放几滴麻油即可。

　　相传明朝开国皇帝朱元璋攻打京城胜利后，天天吃美味佳肴。但是时间一久他对那些饭菜就腻了。一次，国师刘基为皇帝献上一盘鸡肉，朱元璋吃后赞不绝口。后来国师告诉皇帝，此鸡产于浙江的仙居，因为黄冠、黄羽、黄喙，体小肉嫩、营养丰富，其外形又像元宝，故名"元宝鸡"。朱元璋听后笑道：好一个"黄冠、黄羽、黄喙"，于是为此鸡赐名为"三黄鸡"。从此"三黄鸡"名扬天下，也成了朝廷必备食物之一。

白斩三黄鸡

　　皇帝喜欢"三黄鸡"这件事不仅流传于民间，据说《辞海》中也有过记载。"三黄鸡"在国家农业部权威典籍《中国家禽志》一书中排名也是居于首位。

擂沙圆有何来历

擂沙圆是上海乔家栅点心店的风味小吃,已有 70 多年的历史。在煮熟后的各式汤团上滚上一层干豆沙粉而成。这样既有汤团的美味,又有干豆的清香,别具一番风味。

擂沙圆

相传清朝末年,一位姓雷的老太太在上海城内开了一个汤团店。为了方便顾客把汤团带回家吃,她想尽办法,最终找到了窍门:把煮熟的汤团捞起后裹上一层炒熟的赤豆粉,这样汤团就没有汤,携带起来也更加方便,故而取名"雷沙圆"。当上海乔家栅食府创设后,就大量生产这种小吃。后来其制作方法得到改进,味道也变得更加可口,遂将"雷沙圆"改为了"擂沙圆"。

制作擂沙圆时,先将赤豆煮烂并磨成细粉,在烈日下晒上两三天(也可用烘箱烤干),等水分完全蒸发后使其冷却;然后将其用微火炒 30 分钟,取出磨细并用 17 眼箩筛一下,把粗粒再磨,直至磨成棕黄色擂沙粉(注意擂沙粉最好现炒现用,搁置久了香味会散失);最后将煮熟的汤团沥去汤,外表滚上一层擂沙粉就大功告成了。

鲜肉猫耳朵有何来历

鲜肉猫耳朵是上海的一种特色小吃,因其外形与颜色酷似猫的耳朵而得名。传统的本小吃是将面皮制作成猫耳朵的形状,然后配上鸡丁、肉等作料带汤食用。上海的猫耳朵则独创一格,把擀好的面皮或馄饨皮包上鲜肉馅或豆沙馅,先煮至七成熟,然后再油炸。用这种方法制成的此小吃口味独特,很受欢迎。

据说清朝乾隆有一次微服私访到了江南。一天他坐着小船去西湖

鲜肉猫耳朵

赏景,玩得兴致勃勃时忽然下起了大雨。于是,游客们全部躲进了船舱内避雨。此时乾隆已饥饿难忍,便命令船家为他做些吃的。船家无奈地告诉他说:"这里有面但是没有擀面杖,所以做不成面条。"当大家都在发愁的时候,老船家的小孙女抱着一只猫走进来说:"没有擀面杖就让我用手来捻吧。"于是小姑娘开始将面捻成块。捻好的面块小巧玲珑,形状很像猫的耳朵。她把捻好的面块放入锅中煮,煮熟后又浇上鱼虾的卤汁。乾隆吃后连连称赞,说其味道与众不同,回京后便把小姑娘召进宫专门为他做"猫耳朵"。"猫耳朵"由此而来并逐渐成名。

青鱼秃肺是如何出名的

青鱼秃肺,又名"炒秃肺",是地道的上海菜肴。其不仅营养丰富,而且具有名目调理的功效。制作这道菜时不要把青鱼的鱼肝切得过小。若发现鱼肝上有青蓝色的胆汁时,可用刀切去,以免有苦味。炒这道菜时应晃动炒锅,而不能用炒勺去下锅搅,以免破坏鱼肝的完整。

民国初期,上海银楼老板的儿子杨宝宝经常在老正兴菜馆就餐。他特别喜欢这家店的青鱼菜肴。有一次吃饭时他对店里的厨师说:"青鱼肉味道鲜美,十分可口。但是青鱼鱼肝既然可以作为重要的补品及药物,那么能否将其做成菜肴呢?"之后不久,店里的厨师挑选了一条重量将近4斤的青鱼并取出鱼肝反复清洗,然后再加上葱、姜、笋片、酱油等调料,便制成了现在的菜肴"青鱼秃肺"。此菜因有强身健体之效,不久便闻名于市,到20世纪30年代就成为老正兴菜馆最为著名的菜肴之一。

青鱼秃肺

鸽蛋圆子因何出名

鸽蛋圆子是上海市桂花厅独家经营的特色甜品小吃。其主要以糯米和白

芝麻为原料。制作面团时,为了使其有韧性,既要将圆子投入沸水中煮,又要投入冷水中浸。包好鸽蛋圆子后,将其放入沸水锅内用大火烧并用铁勺轻轻搅动,待圆子浮上来后再煮一分钟,直至圆子表面有光泽时方可捞出。最后将炒熟的白芝麻碾成粉末,将冷却的圆子蘸上芝麻就大功告成。此菜不仅营养丰富,而且具有健脾养胃、补中益气、明目补血、抗衰老等功效。

鸽蛋圆子

王友发是鸽蛋圆子的创始人。他之前是甜食商贩,主要做花生糖、糖山楂、枣子糖等食品,生意还算不错。但是每到夏日高温,糖品易融化,这时就难卖了。王友发冥思苦想,终于想出用清凉的原料去制作的办法。他用糯米作皮,薄荷、砂糖作馅心,经过反复试验,终于成功地制成了这种点心。

为了保持食品的新鲜,夫妻二人起早贪黑到城隍庙的茶楼、书场等地叫卖出售。由于是在炎热的夏日,所以这种清凉祛暑的圆子很受欢迎。

新中国成立以后,茶楼、书场都相继停业了,王友发便到一家糕团店做活。此时正是餐饮业复苏的时候,业内人士想到了他的一手绝技,就把他请来重操旧业,使鸽蛋圆子的制作技艺保留至今。

佘山兰笋因何出名

佘山兰笋,实际上就是松江佘山所产的毛竹笋,其笋壳微黄,略带光泽,笋肉雪白,鲜香脆嫩,尤其特别的是,在烹炒的时候,会有一股淡淡的兰花幽香飘散而出,令人心旷神怡,故而名为"兰笋"。

兰笋的闻名,还得益于康熙皇帝所做的"大广告"。当年康熙南巡时,游至松江佘山,恰逢春笋萌发,于是当地以东佘山"骑龙堰"所生的竹笋做膳进献。康熙吃后,只觉齿颊留芳,赞不绝口,遂欣然手书"兰笋山"三字相赐。此后,佘山又多了一个"兰笋山"的雅称,佘山毛竹笋也是身价陡增,文人墨客蜂拥而至,争尝兰笋。清代诗人唐大泰在《续华亭百咏》中,曾歌咏道:"万竹青青中,笋香似兰馥。一经御笔题,光辉湛云谷。"

佘山兰笋在每年4月初始掘,此时的竹笋笋根发白,最为鲜嫩。到4月中旬所产为尖笋,产量也最高,但质量略逊于头茬笋。到了4月下旬,所产竹笋的

佘山兰笋

品质就更差了。兰笋大的有3公斤重,小的不足1公斤,一般以1.5公斤左右的为佳。

抗战期间,佘山竹林曾惨遭日军火焚,几遭灭顶之灾。新中国成立后,成立佘山林场,开始实行封山育林。经过数十年的努力,佘山毛竹再现往日盛况。不仅东、西佘山密布毛竹,天马山、横云山、钟贾山和薛山诸峰,皆有成片翠竹,面积达到1600亩。自2002年开始,佘山林场都会在每年4月举办"兰笋文化节",以笋、竹和茶文化为主题,以"挖笋、品笋、采茶、品茶"为主要内容,因为可以亲身参与,因而很受上海人欢迎。

上海小吃中的"单档"和"双档"各指什么

在上海小吃中,有"单档"和"双档"这样两个概念。如果对老上海的小吃不熟悉的话,提起这两个肯定会是一头雾水。要想弄明白这两个的意思,首先得从上海有名的小吃面筋百叶包汤说起。

一碗粉丝汤,添点熬得鲜香的骨头汤,再配上油面筋和百叶包,就成了一碗老上海人尽皆知的面筋百叶包汤。这里面的油面筋不是普通的油面筋,油面筋是一大块的,并且里面是藏有肉丸的。吃起油面筋,不仅嚼劲十足,而且肉香四溢。百叶包则是用薄薄的百叶卷起鲜香可口的肉馅,然后用粉丝或细线扎一下以防止百叶包散开。一碗热气腾腾、鲜香四溢的汤与油面筋、百叶包配合得天衣无缝。

"单档"和"双档"这两个概念来源于现在人们熟悉的面筋百叶包

面筋百叶包汤(双档)

汤。在以前,面筋百叶包汤只被称作"单档"、"双档"。一碗汤里放一个油面筋、一个百叶包,称为单档;放上两个油面筋、两个百叶包,称为双档。顾名思义,单份的是单档,双份的是双档。后来,为了便于外地人理解,"单档"、"双档"逐渐改名为"面筋百叶包汤"。在现在的上海,也只有那些老上海人才真正懂得"单档"、"双档"的含义。现在,上海大多在卖双档汤。但这里的"双档"已不是以前的意思了。上海现在的双档汤里大多只放一个油面筋、一个百叶包。现在的人们想要吃到以前原汁原味的"单档"、"双档"已经很难了。

旧上海有哪些著名的茶楼

中国人爱喝茶,茶馆遍及各大小城镇。在旧上海的街道上,茶馆随处可见。

上海的茶馆历史开始于咸丰元年(1851年),兴盛于同治初年。在茶馆兴盛初期,洋泾浜三茅阁桥边建有著名的老茶馆丽水台。丽水台临水而建,且四周青楼环绕,在当时引来无数的文人雅士、富绅阔少。在老上海有"茶馆先推丽水台"之说,可见丽水台在当时人们心中的地位。

豫园湖心亭茶楼

上海的茶馆多开设在庙园周围。作为上海最有名的庙园,城隍庙附近自然茶馆云集。有西园湖心亭、鹤亭、群玉楼、春风得意楼等10多家茶馆。其中,作为南市茶馆代表的西园湖心亭,建于乾隆四十九年(1784年),位于老庙九曲桥旁的荷花池中央。湖心亭之中,荷香茶香交织,风景别致,是难得的休闲去处。清末民初的春风得意楼拥有三层堂楼,可接纳1000多人同来饮茶,并开设有三个说书场,生意兴旺,场面十分地热闹壮观。

今天的南京东路、广东路中段、福州路一带,在19世纪六七十年代时期茶馆分布密集。有松风阁、桂芳阁、阆苑第一楼、一洞天、升平楼、一壶春等。其中广东路上的松风阁茗饮在当时声名远扬,被人列为沪北十景之一。著名的一洞天茶馆后来成为各报社的"新闻聚会中心"。

有人曾在1919年做过统计,结果显示当时上海的茶馆有164家之多。这些茶馆主要分布在今天的南京路、城隍庙、金陵东路附近。新中国成立后,因为历史条件和时代氛围的改变,老上海的茶馆市场逐渐萎缩。一直到20世纪80年代茶文化复兴,上海的茶馆才开始重新兴盛起来。

老上海的风物特产

 **"冠生园"老字号有何来历**

无论是在上海还是全国,"冠生园"都是响当当的食品品牌。其最知名的就是"大白兔"奶糖,那曾经代表着许多中青年人的甜蜜童年。

冠生园创办于1918年,当时广东人冼冠生与他人合伙,创建了冠生园食品厂。初期产品仅限于陈皮梅、香港果汁牛肉等数种。1923年,公司改组为股份有限公司,经过融资,业务迅速扩大,陆续在汉口、杭州、天津、重庆、南京、成都、贵阳、昆明等地创设分店(分公司)。又买地辟为农场,买山栽种梅子,从原料开始即自产自销,数年间,其产品种类就发展到了上千种。其食品别具风味,因而生意兴隆。

1934年,冠生园借上海"大世界"举办月饼展览会,特邀影

20世纪30年代的上海冠生园

后胡蝶,制成了著名的宣传广告"唯中国有此明星,唯冠生园有此月饼",一时间轰动上海。抗战爆发后,冠生园总部迁往重庆,胜利后迁回。新中国成立后进行公私合营,厂店分开,并陆续有糖果厂、蜂蜜厂等并入,规模不断扩大。1972年,周恩来总理还特地将大白兔奶糖作为礼品赠送给了首次访华的美国总统尼克松。

1997年,冠生园引进外资,组建了冠生园食品有限公司。2001年,冠生园因使用陈馅制作月饼而被曝光,企业形象受损。其后,公司严把质量关,励精图治,目前仍是上海食品行业中的龙头企业。

1918年至1949年间,"冠生园"商标主要用于糖果、蜂蜜、鲜蜂王浆、蜂王浆粉和固体饮料五大类产品,进入20世纪90年代以后,主要用于糖果、蜂制品、面制品、调味品、速冻微波食品、啤酒、黄酒七大系列。

"乔家栅"老字号知多少

乔家栅也是上海有名的老字号,创始于清宣统元年(1909年),前身是永茂昌汤团店,先后在上海老城厢乔家路、馆驿街、旧校场路等处开设分店,后几经迁徙,1940年迁到襄阳南路336号,定名为"乔家栅食府"。乔家栅最初以其汤圆质佳味美驰誉沪上,被誉为"汤圆大王"。

上海乔家栅特色八宝饭

1956年,全行业公私合营后,乔家栅由乔家路迁至老西门中华路上。店面扩充为五间,并设有独立的糕团工场。由于其点心名师云集,做出的名特点心闻名全市。但凡上海人做寿、过生日都要选购"乔家栅"的寿桃寿糕,乔迁也是非"乔家栅"的馒头糕不可。逢年过节时,"乔家栅"也有特色点心推出,如春节的"八宝饭"、"松糕"、"桂花糖年糕",元宵节的"汤团",清明节的"青团",端午节的"粽子",重阳节的"重阳糕"等,均深受上海人的喜爱。此外,乔家栅的江南传统风味菜肴也是卓有盛誉,如红烧河鳗、上海熏鱼、特色鸭膀、乳腐肉等,都曾拿过全国性的烹饪大奖,而乔家栅汤包、鲜肉汤团、鲜肉锅贴、绉纱馄饨等点心也都具有"中国名点"的称号。20世纪80年代,原上海市副市长赵祖康为其题写了"上海乔家栅"的金字招牌,至今仍闪耀上海滩。

"朋街"店名因何而来

"朋街"并不是一条街,而是坐落在上海南京东路上的一家女士服装店。在被称作时尚之都的上海,"朋街"这家创建于20世纪30年代的老字号,不仅在上海姑娘,甚至在美国、欧洲、日本等地的女士心中,它都是引领时尚的风向标。

"朋街"的创始人是一位叫立西纳的德裔犹太人。当时他为了躲避纳粹德国的迫害,只身来到有"东方巴黎"之称的上海滩。为了在异国他乡生存下来,立西纳邀集了几位懂服装设计和制作,一块"逃难"到上海的同乡友人,再找了几名中国裁缝,在"十里洋场"的南京东路61号(今南京东路142号)二楼,开设了一家

上海朋街服饰公司

专为外国女士定做衣服的高级裁缝店。为表达对故乡的思念,立西纳以家乡的一条小街——"Bong street"作为店名,翻译成中文名就是"朋街"。经过三四年的经营,"朋街"制作的衣服由于品质上乘、款式新颖、深受上海上流社会人士的喜爱,引领着上海的潮流风向,但随着日军对华战争的爆发,立西纳也被日寇投入集中营,身心受到巨大的伤害,同时也使得立西纳萌生了强烈的回国念头,在抗战胜利后,他将"朋街"盘给领班张新远、张根挑叔侄俩,回到了家乡。而张氏叔侄俩也秉承了立西纳开店之初的理念,对质量严格把关,设计独特,形成自家独特的风格,引得无数爱美的女士流连忘返。

 ## "老介福"店名有何来历

"老介福"位于上海南京路河南路口,是一家经营百年的呢绒绸缎老字号,全称为"老介福呢绒绸缎商店"。其始创于1860年,最初专门经营丝葛、绸缎等高档织品,经营者喜爱收集世界各国精美花形图案的丝绸,并自行设计花色。其产品花样多、色彩全,被誉为丝绸总汇。1949年后除继续发展真丝织品外,还将经营范围扩展到新生的人造丝、尼龙线等化纤织品。老介福在旧上海滩的名声极大,上海的上流社会都会光顾他家,甚至当年卓别林访问中国的时候都特地来到他家订购礼服。

老上海的趣闻传说

老介福绸缎店

关于老介福店名的由来,有一段趣闻。老介福的原址是在九江路河南路口,是由来自福建的祝氏两兄弟合资开办的。当初他们给这家店取名叫"介福",其中"介"的意思指的是兄弟俩,而"福"则指的是他们是福建人的意思。但是,祝氏兄弟原是文人出身,其志在读书,对经商兴趣缺乏,于是委托来自徽州的姚姓经理代为管理店务。不过,祝氏兄弟科举却屡屡不中,后来不禁心灰意冷,欲归原籍,便将这家绸缎庄以6000两银子盘给苏州人程芦舟,姚某仍担任经理一职。若干年后,这家绸缎庄由程芦舟之子程用六(此人是个小胖子)与来自苏州的李讪石(此人年事已高,胡须及胸)及姚应生(此人身高脚长)三人合伙经营。当时一些社会名流见三人长相有趣,便给他们各取绰号。唤老李为"老寿星"、姚氏为"长脚"、程氏为"大阿福"。一日,这三人聚在一起商量想把店名给改了。年纪最大的李讪石提议道,既然三人绰号名声在外,何不来个顺水推舟,从三人的绰号里各取一个字组成店名。"老寿星"取"老"、"长脚"取"长"(谐音为"介")、"大阿福"取"福",合在一起就是"老介福",就是在原店名前加个"老"字就行了,姚、程二人听了不由抚掌大笑,一并称好,并请来书法名家写下招牌。

上海"老婆饼"有何来历

上海老婆饼也叫潮州饼或潮州朥饼,是上海四大茶食帮别(广州、苏州、潮州、宁波)之一。其色泽金黄鲜艳,皮酥薄脆,馅厚润滑,口味清甜,肥而不腻。

"朥"在潮汕方言中指的是猪油,因此所谓朥饼说的就是用猪油和面,经烘焙后做出来的饼。据说当初是因为这道点心是由一位茶点师傅的老婆最先做出的,又因为茶点师傅来自潮州,所以也叫"潮州老婆饼"。

上海在晚清时期逐渐成为我国第一大都市,吸引着四面八方的人来到这里,当然

上海"老婆饼"

也少不了有"东方犹太人"之称的潮汕人。他们不仅将精明的生意之道带到上海，也把潮汕的饮食带到了上海，当中自然也包括潮汕茶食代表潮州朥饼。到20世纪30年代，潮州朥饼已经是家喻户晓的茶点了，而不少上海人也将这种源自潮汕的茶点当做是本地的特产，改称为"上海老婆饼"。

朥饼以自己独特的风味引来许多名人品尝，当年京剧大师梅兰芳在上海参加"源盛饼食店"的店庆，在尝过老婆饼后，欣然写下"潮食泰斗"的题词。

"童涵春堂"老字号有何来历

涵春堂国药店创于清乾隆四十八年（1783年），是上海的百年老店、名店，它由开始时的单开间门面小店，经过童氏一族几代经营，200多年来长盛不衰，被上海人称为"金字招牌"放心购物店。

童涵春堂的创始人是宁波人童善长（1745—1817）。童氏家族在宁波是大户，在童善长的家乡，宁波庄桥镇甚至还流传着这样一首童谣："童姚马泾张，银子好打墙。"童善长自幼聪明伶俐，长大后继承祖业，仍在庄桥一带经商。然而他并不满足于祖业的现状，他利用祖传资本，外出跑马头来到上海，觅址在小东门外，里咸瓜街上开设恒泰药行，专做中药材的批发生意。他经常去四川等地贩运药材，自采、自运、自销跻身于上海滩的药材买卖，生意日见兴隆。

童涵春堂的前身是"竺涵春"，坐落于上海南市小东门瓮城地段（今方浜中路），是一家只有一开间的小药铺，后来被宁波富商童善长看中，他特别欣赏招牌中"涵春"二字，认为有永葆青春的含义。于是出资把"竺涵春"的资产全部买下，改为"童涵春堂"，童善长就是涵春堂的第一代创始人。

涵春堂国药店

童氏接手后，苦心经营，他继承古方、收罗验方、博采众方，坚持质量第一，赢得广大消费者交口赞誉。从此童涵春堂代代相传，生意逐渐兴旺发达。到1918年，当年的小药铺已经发展成三开间、五进深的大店，并且因其严把质量，在社会上享有较高的声誉，最著名的便是"童涵春堂人参再造丸"。1937年，抗战爆发，南市小东门市面萧条，被迫停业，童家人只得另选门面，搬至爱多亚路（大世界西首）继续经营，也就是今天的延安东路493号大世界童涵春堂国药号本址，一直至今。

上海梨膏糖有何来历

梨膏糖是有名的江南小吃，据说起源于唐朝，至今已有1300多年的历史。关于梨膏糖的发明，在上海还流传着一个有名的孝顺故事。

相传，唐贞观名臣魏徵十分孝顺，他的母亲患有气喘病，咳嗽多年，魏徵四处求医，仍不见好。唐太宗李世民知道后，便派来御医诊治。御医开出含有川贝、杏仁、陈皮、法夏等药材的处方，哪知这位老夫人的脾气有点怪，药汁喝了一小口，就说这药太苦，任你再怎么劝也不肯再喝。无奈之下，魏徵忽然想起母亲平时爱吃生梨和糕点，于是他将梨和糕点捣碎，和御医的处方药材一起煎熬，制成了块状的"中药"。魏徵母亲一尝，觉得非常可口，一连吃了一个月。结果老夫人胃口大开，不仅食量增加了，而且咳嗽、气喘的病也没了踪影。此事传开后，医生也开始用这一妙方来为人治病疗疾，小商小贩也看准其中的商机，将其制成方形的糖块，很快受到人们的欢迎，因为其原料中有梨，人们就称它为梨膏糖。

上海梨膏糖商店

梨膏糖，自南宋起就盛行于江南一带。清咸丰五年（1855年），有商人在城隍庙附近开设店铺"朱品斋"，自产自销梨膏糖。后来又有"永生堂"等店铺加入竞争，他们促销手段各异，竞争激烈，城隍庙梨膏糖的名声也越来越响。早年卖梨膏糖有"三分卖糖，七分卖唱"的说法，为了让顾客了解梨膏糖的神奇功效，卖梨膏糖的人还编了一首歌："一包冰屑吊梨膏，二用药味重香料，三（山）楂麦芽能消食，四君子打小图痨，五和肉桂都用到，六用人参三七草，七星炉内生炭火，八卦炉中吊梨膏，九制玫瑰均成品，十全大补共煎熬。"

现在，梨膏糖已经成为上海特产之一，其品种也日益增多，有止咳的、开胃的，还有火腿梨膏糖、百果梨膏糖、玫瑰梨膏糖、桂花梨膏糖、金橘梨膏糖等，不下二三十种。当然，品质最好的梨膏糖，还是得到城隍庙去购买。

"老大房"有何来历

"老大房"是上海最早经营苏式糕点的老字号,始创于清道光二十二年(1842年)。当时嘉定人陈奎甫在董家渡天主堂街开设了一家糕团店,原名"陈大房",以经营糕团为主,因其配方独特,技法高超,因而生意兴隆。后来,他与人合伙自产自销苏式糕点、糖果,并于咸丰元年(1851年)更名为"老大房"。1921年,扩大合伙,迁至南京路福建路口,因同名号的茶食店较多,乃取名"老大房协记",并在南京路、淮海路、静安寺等热闹的地方开设了分店。

由于"老大房协记"的生意很好,于是众多摊贩纷纷仿效,一时间"琳记老大房"、"兴记老大房"、"圣记老大房"纷纷出炉,几乎将陈奎甫的"老大房"淹没,搞得顾客真假莫辨。为此,真假"老大房"打起了官司。最后商务局经查阅认定,"老大房协记"在创建之初就已经办理过注册登记手续,是正宗的老大房。官司

真老大房鲜肉月饼

虽然赢了,同时也给陈奎甫带来了更多经验教训。不久他就以"真"字商标办理了注册手续,现在我们看到老大房时,就会看到店牌右上角有一个圆圈包围着的"真"字。

如今,老大房已经是上海商业系统中的名特优商店,经营烟酒、南北货、糕点、炒货、糖果、腌腊制品等,还自产自销熏鱼、熏货、中秋月饼、鲜肉月饼及苏式糕点。

高桥四大名点各有何特色

在上海滩流行的上千种糕点中,浦东高桥镇的本帮糕点尤为有名。其松饼、薄脆、松糕和一捏酥,以其独特口味被人誉为"四大名点"。

松饼:又称千层饼,其特点是松、香、酥、脆,吃后不觉得腻,特别受到中老年人喜爱。

薄脆:顾名思义,薄脆的特点就是口味浓郁,入口松脆,甜润适中,深受顾客的欢迎。据说,大文豪郭沫若就曾经常派人来购买薄脆。

高桥松饼

松糕：其特点是形态多变，入口松糯，营养丰富，是冬令季节的可口点心。春节期间走亲戚，上海人就喜欢送上几盒松糕。

一捏酥：其名字很形象，原为粉状，用汤匙吃，做冬令进补的小食品。后为便于出售，便制成一捏之形，故称"一捏酥"。其外形如一手所捏，指纹清晰完整，不松散，入口松如雪絮，酥如霜花，油而不腻，甜而适口，回味无穷，特别适合儿童及老年人食用。

奉贤鼎丰园的"进京腐乳"有何特色

奉贤区鼎丰园生产的腐乳，以其色泽鲜艳、香气醇厚、滋味鲜美而闻名，更有"进京腐乳"的美称。据《奉贤县志》记载，清朝年间，有个在山西做官的奉贤人陈氏，有次返乡探亲，当地士绅、官吏宴请不断，鱼肉荤腥吃厌倒胃，便拿出京里同僚馈赠的名产腐乳招待客人，大家打开一看，不禁大吃一惊，原来那同僚馈赠，又经千里迢迢带回的腐乳，竟是家乡奉贤鼎丰园所制。鼎丰园老板得知此消息后，就精心赶制了"进京腐乳"大型匾额，高悬于店内，自此鼎丰园腐乳名声大噪。一些地方官吏还将其作为"贡品"，送往皇宫内院。

鼎丰园创始于清同治三年（1864年），其前身是浙江海盐人肖蓝国原在上海县莘庄镇开设的"肖鼎丰"腐乳作坊，后来与张、沈、鲍姓合资而成鼎丰酱油园。1880年，肖宝山出任经理后，非常注重产品质量，诚信经营，赢得了大批顾客。后来的鼎丰园经理也秉承优质、诚信原则，企业规模不断扩大。清代江浙两省中，出产腐乳的有4处：平湖、苏州、绍兴、奉贤。其中，奉贤鼎丰园的腐乳味道鲜美，咸淡适中，食后留有余味，堪称上品。

奉贤"进京腐乳"

枫泾丁蹄和枫泾状元糕有何来历

枫泾镇，位于金山区西北部，是上海四大历史名镇之一，这里出产的丁蹄和状元糕驰誉上海，颇受人们喜爱。

枫泾丁蹄，创始于清咸丰三年（1853年），当时有姓丁的兄弟俩在镇上张家桥开设了一家"丁义兴"酒店。丁氏兄弟为了把生意做大，就潜心研制出了枫泾丁蹄。此丁蹄采用著名的枫泾猪，因其细皮白肉、肥瘦适中、骨细肉嫩。丁氏兄弟取其后蹄，先要去其管骨，并选用嘉善姚福顺三套特晒酱油、绍兴老窖花雕、苏州桂圆斋冰糖，以及丁香、桂皮、生姜

枫泾丁蹄

等原料，经柴火三文三旺之后，以文火焖煮而成。成熟后的丁蹄外形完整，色泽暗红光亮，热吃酥而不烂，冷吃喷香可口，就算大热天在碗中也会定团成冻，数日不会变质。如此佳肴研制出来后，很快受到大家的欢迎，因店主姓丁，故名曰"丁蹄"。

清末，枫泾丁蹄的销售市场遍及沪杭一带，后来还打入南洋、欧美市场，非常受欢迎。还曾获得过巴拿马国际博览会金质奖章、德国莱比锡博览会金质奖章，享有国际盛誉。

因为"糕"谐音"高"，有步步高升之意，因此全国许多地方都会生产年糕，而枫泾的状元糕则堪称其中上品。状元糕原名元糕，明末清初之时，枫泾有许多出售元糕的店铺。此糕以松江优质粳米、糯米粉为主料，再加以豆沙、猪油、枣仁、绵白糖为辅料蒸制而成。因蒸糕时笼底垫有荷叶，故出笼时清香扑鼻。夏天蒸糕时还要加入薄荷叶汁，因此吃起来感到十分清凉。清乾隆二十二年（1757年），枫泾举人蔡以台进京殿试，结果考中一甲状元。蔡以台从小就爱吃枫泾元糕，他便把元糕改名为状元糕，一时间，元糕身价陡增，成为上海著名的特产。

上海名绣为何称"顾绣"

也许你知道中国有苏、湘、蜀、粤四大名绣，可你知道在这四大名绣之前，还

老上海的趣闻传说

有一门绣艺,当年曾风行南北,甚至一度成为刺绣的代名词,四大名绣也从其技法中获益良多。这名震天下的刺绣就是出自上海松江的顾绣。

顾绣素享"画绣"之誉,是中国绣苑中一朵艳丽的奇葩。它起源于明代松江人顾名世之家,顾名世是明嘉靖三十八年(1559年)进士,书画造诣极深,又深谙官宦之家女眷的深闺寂寞,遂于案牍之余,精选宋元大家的字画名作勾勒底稿供女眷刺绣。顾绣工艺不同于一般的民间刺绣,它绣制时不但要求形似,而且要表现原作神韵,且做工精细、技法多变,其针法有施、搂、抢、摘、铺、齐以及套针、刻鳞针等数十种。一幅绣品的完工,往往要耗时数月。

顾绣《群鱼戏藻图》

顾绣一经问世便名声大噪,其兴盛时,甚至凌驾于著名的松江缂丝之上。顾绣在300多年中涌现出诸多名手,其中首推顾名世的孙媳妇韩希孟,她所绣人物神采奕奕,呼之欲出,花鸟草虫"生气回动,五色烂发"。崇祯年间,韩氏搜访宋元名迹,临摹数幅,然后历经数年,将其绣出,计有洗马、仕女、松鼠葡萄、蜻蜓扁豆、华溪渔隐等8幅,这就是现藏于故宫博物院堪称绣画第一藏的《顾绣宋元名迹册》。这些作品无论施针、用色都极精细,灵活多变,把物象的生动情态表现得惟妙惟肖,已达到让人分辨不出是绣还是画的意境。董其昌对此极为赞赏,称它"精工夺巧,同侪不能望其项背,人巧极天工,错奇矣"。

顾名世晚年移居上海南市露香园,故松江顾绣又有"露香园顾绣"之称。

由于顾绣的卓绝是以高素质的艺人和大量的工时为代价的,制约条件很多,所以难以大量普及。清末,顾绣逐趋湮没,几至被人遗忘,反而被吸收顾绣技法和营养而崛起的苏绣所取代。20世纪70年代初,新组建的松江工艺品厂踏上了振兴松江顾绣的艰难历程,厂里的几位工艺美术师夙兴夜寐,翻阅典籍、查寻资料。1978年,该厂终于绣出了第一幅顾绣作品《群鱼戏藻图》,并在上海民间工艺美术展上一举夺得设计、刺绣

顾绣《芦塘饮鹅图》

两个一等奖。1981年和1991年,顾绣曾两次东渡日本,引起很大反响。2006年,顾绣被国务院批准列入第一批国家级非物质文化遗产名录。2007年,经文化部确定,戴明教为该文化遗产项目代表性传承人,并被列入第一批国家级非物质文化遗产项目226名代表性传承人名单。

杏花楼月饼是如何出名的

杏花楼,是上海著名的餐饮业老字号,目前已是上海最具实力的餐饮业集团之一。上海人说起杏花楼,首先想到的就是美味的杏花楼月饼。

杏花楼原名杏华楼,始创于1856年(一说1851年),是上海历史最悠久的餐饮老字号之一。最初由广东商人创办,仅两开间门面的小店,以经营小吃、茶点、腊味饭等广式小吃为主。后来店铺几经转手,到了李景海的手中。1928年,李景海看到上海广式月饼生意不错,利润高,便决定做月饼生意。当时,上海广式月饼以锦芳饼家和冠生园名头最响,李景海深知,要想使自己的月饼在市场上立足,必须要有过硬的品质。他先请人将锦芳饼家和冠生园的各种月饼统统买来,从颜色、馅料逐个分析,细心品尝。然后他又试做了一批广式月饼,送给顾客品尝,并耐心听取顾客的意见,这样他就掌握了上海人的口味特点。

了解其中门道后,李景海即着手筹划。首先,他决定选用最好的原料来做月饼。他派出采购、委托商人,直接到全国著名的原料产地进行选购。例如,红豆沙必用海门的特级大红袍,莲蓉一律用湖南通心湘莲,椰蓉则来自海南的特级椰丝。"五仁月饼"中的榄仁,来自广东西山;核桃仁,则用云南头箩核桃;油,是著名的山东青岛生油;糖,则是台湾地区产的优质绵白糖……每一种原料都精心挑选,用料非常考究。而且,他制作的月饼馅料多,辅料少,顾客买回去一看一尝,个个货真价实,都非常满意。

此外,李景海对操作工艺非常重视,各种原料都必须一一加工后才使用,每批月饼出炉时,都要经过严格检查,有些表面不光滑或皮子有裂缝、露馅的,都必须拣出来,坚决不允许对外出售。这样,凭着过硬的质量,杏花楼的月饼很快创出品牌,打开了销路,跃居同行之上。抗战胜利后,大批归国观光的华侨买了杏花楼的月饼带回居住地,这样,杏花楼月饼在南洋、

杏花楼月饼

日本、美国等地也有了一定名气，每年中秋节，境外购买月饼的订单就会纷至沓来。

目前，杏花楼集团旗下有杏花楼、广雅、功德林三个月饼品牌。杏花楼、广雅是广式月饼，功德林出品苏式月饼，三者都是上海有名的月饼品牌，连续多年被评为上海优质产品，杏花楼月饼更是多年蝉联"国饼十佳"的业界最高荣誉。如果你有机会在中秋节前来上海，那就别忘了带点杏花楼月饼回去。

"邵万生"老字号有何来历

位于南京东路414号的邵万生南货店，是上海又一家久负盛名的百年老店，也是上海最早开业的南货店之一，其糟醉食品在上海很是有名。

邵万生，原来是宁波商人邵六百在上海外白渡桥北堍开设的一家小店，除了经销南北货外，邵六百还制售具有宁波风味的糟醉食品，深受客居上海的宁波人的欢迎，生意日渐兴隆。经过数年的经营，邵六百积累了一笔资金，于1870年将店铺迁到了南京路，并改店名为"邵万生"。后来，邵六百因为地皮问题与人发生纠纷，打官司打伤元气，不得不将店盘出。后几经易手，在1932年由徐叔荪盘了下来。

邵万生醉蟹钳

在徐叔荪的经营下，"邵万生"渐有起色。他安排员工每天早晨在店门口对商贩送来的活蟹进行严格挑选，每只蟹一定要在2～3两，而且必须是强而有力的雌蟹。附近居民和路人见店家如此重视原料质量，无不为此称好。另外，"邵万生"糟醉食品的独特之处还在于他们采用祖传秘方加工制作，将肉、禽、蛋、鱼虾等加上粮食、酒、白糖、花椒、茴香等辅料，经过腌、洗、风、酱、糟等加工工序，使其产品具有糟香浓郁、醉味醇和、咸鲜合一、食有余味的特点，上海人佐酒、下饭都喜欢吃。

糟醉食品特别讲究"得时"，制作后在一定的时间内食用味道才最佳，过早过迟都会影响口味。为了使顾客能够品尝到最佳的糟醉食品，"邵万生"实行了糟醉货预约订货制度，根据顾客食用的时间来制作，并在放糟货的瓮口标明启封日期，顾客按期启封开瓮，就能够品尝到味道最好的糟醉食品了。

"邵万生"的糟醉食品不仅质量好，而且品种多，一年四季均有上市，曾有一首赞美邵万生糟货的打油诗:"春意盎然尝银蚶,夏日炎炎食糟鱼,秋风萧瑟持醉蟹,冬云漫天品醉鸡。"

崇明老白酒有何特色

崇明老白酒是有名的上海特产。这几年随着崇明岛作为上海生态旅游岛地位的确定,其也跟着受到空前的追捧。到崇明岛喝上一杯崇明老白酒,感受自然的气息,也成为一种时尚的生活方式。

崇明老白酒是以糯米作为主要原料酿造而成,初酿时色泽乳白,陈放 15 天后色泽变深,转为琥珀色,像是陈放了一缸的牛奶。酿好后的老白酒味道甘醇,酒香馥郁,营养丰富,且酒中不含添加剂和防腐剂,坚持自然沉淀,所以确保了其天然的特色。据崇明岛上的老人介绍,崇明老白酒只有在岛上才能酿造出它独特的口感,因为岛上温湿的气候条件给它提供了一个天然的储藏环境,赋予了它大自然的味道。与其他酒类相比,其不仅有着浓郁的香味,还有甜中带酸的特殊口感,酸而不倒牙,甜而不腻口,所以深得人们的喜爱。

崇明老白酒

早在百余年前,其便因酒度适中、价格低廉等特点在苏沪地区流行起来,乡民们在婚庆喜宴时都会用它来款待宾客。但是还得提醒第一次品尝的异乡客,该酒颇有后劲,不可喝得太猛,不然会醉得很深。冬天时,当地的居民都会将其烫温后再喝,饮上一碗后能感觉有股暖流从喉咙涌入心底,最后环绕全身,颇有进入仙境的畅快感。夏天时人们多数选择冰饮,因为其特殊的做法,所以即使冰镇后也不会影响口感,只让人觉得清凉。

现在,为了满足人们的需求,崇明老白酒也在保持传统工艺的基础上推陈出新,酿制出了爽口型、配制型、浓香型和清甜型这四种不同的口味,也实现了新酿米酒在一年四季都能喝上的夙愿。

城隍庙五香豆为何能享誉全国

城隍庙五香豆,其全名是"城隍庙冰糖奶油五香豆",其表面有一层极薄的

城隍庙五香豆商店

盐霜,仿佛冰糖奶油,故名。在上海,有"不尝老城隍庙五香豆,不算到过大上海"的说法,足见城隍庙五香豆之名气。

城隍庙五香豆的创始人是郭瀛州,系江苏扬中人氏,早年在上海闯荡。抗战初期,城隍庙内有一家名叫"雷云轩"的旱烟店。老板惧怕打仗,便搬到乡下去了,郭瀛州就盘下了这家店面,并取名为"郭记兴隆号",做起了茴香豆的生意。他肯钻研,大胆创新,不断改进烧豆的方法,烧出来的五香豆既不夹生,又香甜可口。后来,他又发现,用铁锅烧豆,表皮发暗,色泽不美,便定制了一次能烧20公斤豆的大紫铜锅,做到产品色、香、味俱佳,口感呈软中带硬、咸中带甜,深受顾客赞誉,生意越做越兴隆。当时的茶馆、酒楼、书场、戏院等,都派人前来购买,甚至还远销海外。

1959年,"郭记兴隆号"更名为"城隍庙五香豆",成为城隍庙最有名的特产之一。

精益眼镜店的"精益"二字有何来历

精益眼镜店是在1911年成立的,至今已创立有80余年,其秉承着精益求精的精神和对镜片质量一丝不苟的要求而赢得了顾客们的青睐,成为现在享誉国际的中华老字号之一。

精益眼镜店的原名是"中国精益眼镜股份有限公司",但为何会取名"精益"呢?这还得从我们中国的成语说起,众所周知精益求精是指在做好的基础上再通过努力做得更好,当时公司的首创者正想跟国人表达这种理念,便借此成语中的"精益"二字作为公司的名号以此来宣传公司的形象,同时也激励国人要时刻保持着精益求精的心态。

但是也有不同的说法存在,有人说"精益"的读音与"中国眼镜公司"的英译即"Chinese Optical Company"中的"Chinese"谐音,而

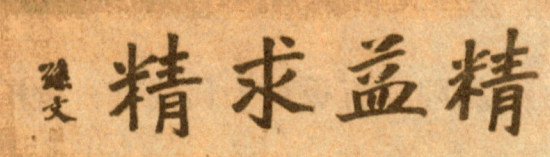

孙中山题写的"精益求精"四字

该公司的创始人正是认为用"精益"二字能让人们知道这是第一家由中国人自己创办的眼镜公司,故取名"精益"。

虽然精益眼镜公司的名字起得响亮,但起初几年却并没有得到想象中的成功,在 1919 年之前基本多数国人都不知道还有这样一家眼镜店。1919 年可以说是精益眼镜公司重要的一年,这一年孙中山到它的广州分店配制眼镜,配完后,对其质量和态度大为赞赏,于是提笔为该店写下了"精益求精"四个大字。上海总店知道此事后,立刻为中山先生的题词配上镜框并张挂在上海总店,之后又将这四字复印发往各大分店,渐渐的精益眼镜公司便在民间流传,名扬内外,成为了国人骄傲的眼镜店。

自创办以来,精益眼镜公司发展稳定,现全国各地都遍布有它的分店,说它是中国眼镜业的巨头一点都不为过。在新的形势下,精益眼镜店更是凭着百年老字号的名声,屹立于眼镜行业的潮头。

小花园鞋店有何特色

小花园鞋业发展公司始创于 20 世纪 20 年代,前身是小花园鞋店,距今已有 80 余年的历史,以生产和经营各类男女皮鞋及布鞋而驰名中外。其制作工艺地道,选料上乘,对鞋子要求严格,所以深受人们的青睐,可以说是我国传统制鞋工艺的优秀代表,也被中华人民共和国国内贸易部确认为"中华老字号企业",多次获得了"产品质量信得过"的称号。

在 20 年代初小花园还只是指小洋房花园住宅,坐落在福州路以北地区,后来这一带陆续建起了许多弄房,随着搬入了一些大户人家。20 年代中期,有个皮鞋匠叫陆麻子,他觉得这一块有着很大的商机,所以经常提着包出入公馆,久而久之他凭借着精湛的手艺逐渐受到了人们的欢迎,没多久便开起了"太源祥"女鞋店,主营绣花女鞋。有些商人看到了陆麻子的成功,也纷纷到小花园开设女鞋店,到了 20 年代末,这一带的鞋店数不胜数,包括了麒麟阁、美最时、新新等招牌,小花园也因此闻名中外,很多顾客都是慕名而来,一时间这里变成了人们的焦点。

50 年代后商业改造,小花园大批女鞋合并,并称为小花园鞋店,这便是现在的小

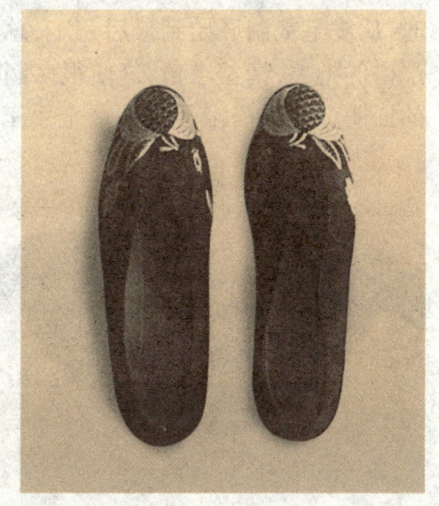

小花园鞋店生产的鞋

花园鞋业发展公司。这里做出的鞋有一个特色,即新、飘、轻,穿在脚上能感觉到它极富弹性,可塑性强,且感觉双脚轻巧、柔软,十分舒适,令男士潇洒稳健,女士端庄秀美。有人说该公司是中华民族鞋饰文化的浓缩,它能将我国传统的鞋饰工艺和文化浓缩在"三寸金莲"中,且做工在中国至今无人能及。其做出的鞋更是再现了我国鞋业工艺的效果,令人叹为观止。

现在该公司经营的品种名目繁多,有百页密踏布底、男女真直贡呢黄牛底大小圆口、方口鞋;真丝软缎绣花(手工苏绣)女鞋;皮面、绣花面拖鞋系列;绣花面软底室内鞋等,多达100多种,是上海名牌产品之一。

盛锡福帽店有何特色

上海盛锡福帽店开业于1939年,原名"盛锡福帽厂上海发行所",坐落在南京路。1954年,上海"盛锡福"开始脱离原厂,自己建立工厂,开启了自产自销的经营模式。1972年,其更是新创了"雪蝠"牌商标来区别其他城市的"盛锡福"。

雪蝠牌帽子做工精细,用料讲究,是全国品牌帽子获奖次数最多的品牌,也有部分帽子获得过商业部部优产品称号,如尼龙网眼儿童朝鲜帽、全毛华达呢圆顶帽、防雨卡晴雨帽、全毛花呢便帽等,此外它的海豹皮帽、水獭皮帽、海龙皮帽、紫貂皮帽等也是备受青睐。

盛锡福帽子的制作工艺在我国可谓是首屈一指,集合了国内制帽的优秀技术,形成了一套特有的生产体系,且它的后期质量考证也是经过严格工序来确定的,所以其不仅具有精美的外观更有质量的保证。它在加工制作一顶帽子时,从皮毛裁制开始到最后完工,总共要经过十几道工序,且每道工序都要经过严格的把关,精益求精,这使很多制帽工厂都望而项背,也是它在中国霸主地位的证明。盛锡福帽子几乎是全手工完成,且在制作时尤为讲究,制作一顶帽子时首先必须要求毛的长短、粗细、软硬和倒向都要一致;裁制时更是要灵活运用到月牙刀、弧形刀、梯子刀、人字刀、斜刀、直刀、顶刀、鱼鳞刀等各种刀法,仅有一种是远远不能达到要求的;缝制时要求做到吃头均、顶子圆、缝头匀等,这完全就不是机器所能比拟的。正因

盛锡福生产的大清顶戴

为这些复杂而讲究的制作程序,使得盛锡福皮帽成为了我国的帽中精品,更是多次受到国家领导人的肯定,以其作为中国制帽业的象征,馈赠国际友人。现在,盛锡福已挺进国际市场,也在国际中赢得了人们的重视,这是中国传统工艺向国外迈进的一大步,也让中国传统工艺文化在国际市场得到了一定的认可。

黄草编织有何由来

别看上海是个新兴的城市,实际上这里还出产不少享誉全国的手工艺品,嘉定黄草编织就是其中之一。

嘉定区的徐行乡是中国有名的黄草之乡,这里出产的黄草,具有光滑、柔软、坚韧等特点,是制作编织器具的好材料。黄草编织品如草鞋、草编包、果盆等,既美观大方,又轻巧实用,是上海的传统特产,在清代还被列为贡品。

关于嘉定黄草编织的起源,还有一个动人的故事。相传,古代曾有一位美丽善良却家境贫苦的姑娘,眼看要出嫁了,她却没有嫁妆,就连买一双鞋子的钱都没有。眼看就要光脚过门,她觉得很难为情。有一天,她到村边的小河旁放牛割草,看着自己光着的脚丫子,就默默地流泪。这时,与她相伴多年的老牛用舌头舔了舔她的脚。姑娘一看,原来老牛

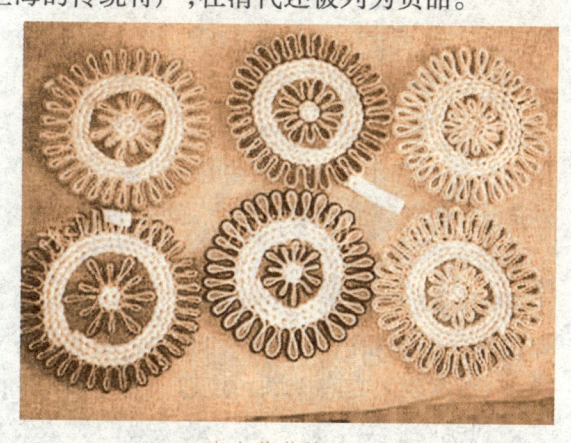

嘉定黄草编织

衔来一把黄草放在她身边。看着黄草,姑娘的眼睛顿时亮了起来,她拿起黄草,用自己精巧的手艺,编织成了一双金灿灿的草鞋。出嫁那天,她就穿着这双鞋到了婆家。这事一下就轰动全村,所有的姑娘都编起了草鞋。后来人们为了纪念这位最先用黄草编织草鞋的姑娘,就把村名改名为"蒲草村",将姑娘尊奉为"草编仙子"。

制作黄草编织,要经历去苋(剪去顶部花苋)、开辟(将草茎辟为细茎)、染色、模具、编制五大步骤。由于黄草编织属纯手工业,无法成规模生产,因而经济效益不高。再加上大片黄草滩在城市建设中逐渐被破坏,现在的嘉定黄草编织早已大不如前,亟待保护。

为何"亨达利"与"亨得利"虽竞争惨烈,却双双扬名

亨达利与亨得利,一字之差,而且都是钟表珠宝品牌,究竟谁是"山寨版"?这还得从其历史说起。

老上海亨达利全体职员名录

先说说"亨达利"。当你来到上海最繁华的步行街——南京东路上,你就会在一幢三层老楼上发现亨达利的巨大招牌。亨达利钟表店是闻名全国的钟表商店的元老,至今已有140余年的历史。亨达利的创始人是法国人霍普,他于1864年在上海创办霍普兄弟公司,并为公司取了个传统中文名——亨达利,取亨通、发达、赢利之意。最初亨达利并不专做钟表生意,而是一家主要为欧美侨民生活需要服务的综合性商店,光绪皇帝结婚的镜台,就是通过亨达利向国外订制的。

霍普归国后,亨达利几经易手,1914年,"一战"爆发,外商归国,买办虞芗山、孙梅堂接手商铺。虞芗山是颜料商人,而孙梅堂则是当时中国最大钟表企业美华利的创始人,他制作的钟表曾经在巴拿马博览会上获得过金奖。"一战"结束后,虞芗山专心于颜料生意,将亨达利的股权完全转让给了孙梅堂。自此,亨达利就成了美华利集团内最主要的钟表专业商店,并更名为亨达利钟表总公司,从此专营钟表。由于其与洋行的特殊关系,进口货源充沛,再加上美华利的背后支持,亨达利迅速成为上海最有名的钟表品牌,孙梅堂也被人称为"钟表大王"。

1926年,孙梅堂离开亨达利,此后企业几经易手,时起时伏,再加上战争、时局影响,亨达利日渐衰落。新中国成立后,亨达利重获新生,开办了亨达利钟表厂(后合并组建上海钟表厂)。

至于"亨得利",那也是一家百年老店。1915年,浙江海宁商人王光祖集资在江苏镇江创办了第一家亨得利钟表眼镜店,取"生意恒

亨得利本钟

通,利市百倍"之意。由于其经营有方,发展很快,在上海、北京、天津、南京、沈阳、郑州等大城市都开办了连锁店,而其总店,也设在上海。

可见,亨达利和亨得利就好似中国钟表行业的两兄弟,各自独立发展,平等竞争,都是百年老店。新中国成立后,全国各地的亨达利和亨得利店都进行公私合营,并保留了原店名。为了使百年金字招牌放射出新的光芒,1985 年由天津、武汉、青岛、上海、北京等六个地区的 7 个"两亨"企业发起并创建了"全国两亨联合会"。1992 年,加入中国商业企业管理协会,成为"两亨"分会,会员 80 余家遍布全国。"两亨"分会实施区域负责、分组管理。各区域选举产生负责人单位,成为国内颇具规模的钟表眼镜的行业协会。

"鼎日有"为何号称肉松大王

"鼎日有"在上海几乎是家喻户晓,也是上海有名的老字号之一。不过这个老字号却来自上海以外的福建,虽不是上海本土产品,但仍然受到了喜爱肉松的上海人的追捧。

相传在清咸丰年间,有个名叫林鼎鼎的人,在福建道台周瑞家里当厨师。他厨艺高超,深得主人器重。一次,周瑞在家设宴招待朋友,林鼎鼎在烧肉时因为火候不当,导致锅中的酥烂的肉烧得微焦。林鼎鼎想,这下可糟了。不过他尝了一口,觉得味道还不错,于是将错就错,顺手加入糖、盐、红糟等,然后用文火继续烧。慢慢地肉变成了粉末状,于是他装盘入席。果然不出所料,食客对这道菜大家赞赏。周瑞问此菜为何名?林鼎鼎脱口而出:

鼎日有肉松

"肉松。"此后周瑞每次在家中设宴,总会要林鼎鼎上一盘肉松。周瑞曾得意地向朋友表示:"家有林鼎鼎,肉松日日有。"后来,林鼎鼎自己开了一家小店,专营肉松,并根据周瑞的一句戏言,而定名为"鼎日有"。

上海的"鼎日有"开设于 1931 年,因其店主熟悉生产技术,并进行了改良,使油酥肉松呈深红色,颗粒大小均匀,质酥软,入口即化,很受上海人欢迎,被冠以"肉松大王"的美称。

为何"雷允上"的"六神丸"最负盛名

"雷允上"原称"雷诵芬堂",创始人名叫雷大升,字允上,号南山。雷家祖籍江西丰城,后来移居苏州。雷大升生于清康熙三十五年(1696年),年轻时就喜读医书,清雍正年间,雷大升患了一场重病,愈后他弃儒从医,并游历各地,采集各地药材,收集药方,最后回到苏州开了"雷诵芬堂",以自己的字挂牌坐堂行医。由于其医术高超,在百姓中有口皆碑,人们便将他的药店称作"雷允上"。到1860年,太平军进军北上,雷家药店无法正常经营,雷家后人迁至上海法租界(今新北门永胜路),后又扩展至民国路(今人民路)并经营至今。

"雷允上"匾额

雷允上所制药丸中,以"六神丸"最为知名。从诞生之日起,就因其绝佳的疗效饮誉海内外,是吴派中医的代表药物。"六神丸"是采用我国中医的"以毒攻毒"理念所制作出的黑色药丸,它小若芥子,圆整光亮,对于昏沉、恶心、呕吐、头疼等症状疗效极佳,最重要的是,它的价钱便宜,对于看不起病的贫困人家来说,"六神丸"就是绝佳的救命药。

新中国成立后,雷家主动将"六神丸"的秘方交给国家,上海市政府于是专门成立生产"六神丸"的制药厂,即上海中药一厂,其销量连续多年蝉联同类产品冠军之位,深受广大群众的喜爱。

三林塘崩瓜因何得名

三林塘种植崩瓜的历史已有百余年。崩瓜原产于浙江绍兴,上海最早在川沙、莘庄、端桥等地栽培,继而传到南汇乔家花园、观音堂一带,最后才流传到三林塘。三林塘一带由于土质疏松肥沃,加上瓜农栽培得法,因此此地的崩瓜较其他地方的更甜脆多汁。

崩瓜,是西瓜的一种,也叫浜瓜或马铃浜瓜,是浦东地区的名产。崩瓜一般重约1.5~2.0kg,其瓜皮淡绿色,上有浅白色花纹,瓜瓤呈菊黄色,虽不如其他瓜种鲜艳,但其甜度确实最高的。崩瓜的成熟期较其他瓜种要早10~20天。三林塘崩瓜皮极脆,极易击碎。有传说每当雷雨过后,瓜田里的瓜常破裂满地,

故得名"崩瓜"或"迸瓜";又因其形如马铃薯,所以也叫"马铃瓜"。

三林塘崩瓜命运多舛,新中国成立以前,因其"娇贵"的品性,只能是有钱的大户人家才能享用的高档品,它还曾远渡重洋,传到日本,改称"嘉宝"。新中国成立后,一度种得很多,但因后来实行计划种植,瓜田面积越缩越小,而且收购的价钱也与其他瓜一样,种崩瓜成了赔本的买卖,最后在 1976 年,崩瓜在三林

三林塘崩瓜

塘彻底绝种了。直到 1978 年,上海农科院从日本引回"嘉宝"原种试种,之后产量逐渐增加,超市中也开始有供应。但也许是因为这并不是真正的三林塘崩瓜,甜度并没有达到往昔传说中的 17 度,三林塘崩瓜成了"广陵散"绝唱。

"王星记"扇庄有何特色

上海的"王星记"扇庄位于南京路上,在这里,你可以买到许多不同用途的扇子。"王星记" 1875 年在浙江杭州创建,1893 年,王星记进军上海,在上海城隍庙开了一家季节性小扇店,后来由于其精湛的工艺,在上海逐渐打开知名度,成为上海传统名产。

"王星记"扇庄所产扇子

"王星记"的扇子是我国最负盛名的传统名牌扇子,有"贡扇"之誉。其扇子选料考究,做工精细。生产的扇子分为十大类,包括黑纸折扇、檀香扇、竹骨扇、绢扇、象牙扇、戏剧扇、舞蹈扇等,400 多个品种,1300 多种花色。王星记的扇子制作工艺复杂,一把黑纸扇一般需要经过 86 道工序才能制成,而其生产的黑纸扇不仅可以扇风取凉,还能遮阳蔽日,有"半把伞"之称。

为何说嘉定竹刻是我国工艺品百花园中的一枝奇葩

嘉定除了有名的黄草编织外,还有在中国竹艺界占有重要地位的嘉定竹刻。

明代嘉靖、万历年间,中国的竹刻艺术发展十分迅速,出现了一大批杰出的竹刻艺术家。后来江南竹刻工艺的发展逐渐形成了各具特色的两大派,一是"金陵派",一是"嘉定派",其中以"嘉定派"更为繁荣。

嘉定竹刻

嘉定派竹刻的创始人是朱鹤,字子鸣,号松邻,他本是一位善于诗文书画的文人,文化修养很高,因而在制作中能够以书画笔法来用刀,敢于创新,称誉一时。他制作的笔筒、香筒、佛像等,有的朴茂质拙,有的精妙绝伦,但又大多是以"洼隆浅深",刻五六层的镂空深刻透雕进行制作的。他创造出深刻法,为唐代以来的竹刻艺术开辟了新的天地。朱松邻的作品在当时深受士人器重,得到他器皿的人,不呼器名,而是以"朱松邻"称之。甚至乾隆帝得到他刻制的竹器后,也在上面题刻"高枝必应托高士,传神莫若善传神"的诗句加以赞扬。

朱松邻之子朱缨(号小松)和孙朱稚征(号三松)继承此业,技艺都很高。此外,秦一爵、沈大生、侯崤曾等,都是著名的嘉定派竹刻大师。到了清代康雍乾嘉时期,嘉定竹刻已臻于鼎盛,有名的竹刻家就达六七十人之多,其中较为突出的有吴之璠、周灏、封锡爵、封锡禄、封锡璋、施天章、张希黄等,均具有一定的代表性,对后世影响深远。在近年的拍卖会上,这些大师制作的竹器都是藏家们激烈角逐的珍贵藏品。

道光之后,嘉定竹刻逐渐衰落,名家稀少。民国以后,嘉定竹刻渐趋滞销。新中国成立后,嘉定全县仅有潘行庸、叶田生等几位老竹刻艺人继续从事刻竹,赖以维持生计。1955年,政府组织嘉定手工艺竹刻生产小组,吸引年轻人学艺,使这门技艺得以流传下来。1999年,艺人张伟忠开设了"新篁馆",使嘉定竹刻重放光芒。2006年,经国务院批准,嘉定竹刻入选中国第一批非物质文化遗产名录。

老上海的娱乐

旧上海的女子浴室知多少

时至今日,讲究个人卫生已经成为了一种习惯。有条件的人,几乎每天都会洗浴。在旧上海,并不是所有人都有地方可以洗浴的。旧上海的女子浴室少得可怜。

旧上海,老少爷们都喜欢早晨喝茶,晚上泡澡。这样的生活可以说是无上的享受。当问及女子浴室的情况时,大多数人可能都回答不出来,也许只有极少数人才知道有家女子浴室在日新池。

据《卢湾区志》记载,上海市第一家女子浴室开张于1934年,名字叫"日新池鸿记浴室"。说起这家浴室来,还有一段故事。流氓头子黄金荣喜欢一个叫阿桂姐的女人,就把位于普安路的一家浴室送给了她。阿桂姐接手后,交给马鸿生打理,改名为"日新池鸿记浴室"。浴室开业之初,生意还不错。但不久却在浴客中流出阿桂姐家的女佣也在浴室里洗澡的传说来。渐渐地,就没人来了。原因是女人在浴室里洗澡犯了忌讳,不吉利。之后,阿桂姐一怒之

旧上海女子浴室

下，就下令改建浴室。改建完成后，浴室三楼就专供女子使用，成为了一个女子浴室。下面两层仍是男浴室。

改建后，生意也没有什么好转。阿桂姐发狠说，纵使赔本，也要经营下去。如此一来，渐渐有了名气。人们也知道了上海有这么一家女子浴室。日新池女浴室为之后女子浴室的发展开创了先河，因而也被人们认为是第一座女子浴室。但是这第一的名号却不一定符实。1927年9月27日上海出版的《天鹏画报》刊登了一则女子浴室的广告。由此可知，上海有女子浴室的记录远远早于1934年。这家女子浴室全称是"龙泉家庭女子浴室"，称"是上海女子唯一清洁所"。据1933年出版的郁慕侠的笔记体《上海鳞爪》中说："上海滩上的风气，色色都能争先，唯是女浴室的开设，远不如平津之盛，到如今只有浙江路一家龙泉家庭女子浴室。该浴室开设迄今，不过六七年光景……至于浴客，以窑姑娘和淌小姐为多。"郁慕侠指的这家女子浴室，说有六七年的历史，可知此家女子浴室开设于1927年前后，而《天鹏画报》刊登的女子浴室广告也是在1927年，这应当是同一家女子浴室。郁慕侠还说："现在的大旅社均设置西式浴盆，故公馆太太、摩登女郎开房间洗澡的很多，以故女浴室的生意不能算十分发达，倘使再创一家，恐不能支持下去。否则，上海的商人惯会投机，那肯不继起而开设呢？"由此推断，龙泉家庭女子浴室应当是第一家女子浴室，而且在当时还是独一无二的。

龙泉家庭女子浴室分为两层，一层是供男子洗浴的"龙园"浴室，二层是供女子洗浴的"龙泉"浴室。楼上楼下，虽是一家，但绝不会混杂。实际上，女子浴室的管理极为严格，而且从未出现过女子浴室与色情有关的新闻报道。

也许是到日新池女子浴室开张后，龙泉女子浴室就渐渐淡出了人们的视线，以致后来，人们只知道日新池女子浴室的存在。

上海女子浴室少，一是因为价钱昂贵，不是一般劳动者能接受的。二是洗浴的女子多为妓女。正经人家的女子怕被误认为是妓女，很少去。三是浪费时间。浴场如同茶馆，浴客洗浴完毕之后，都不肯回去，而是或坐或躺，闲聊一些话题，有时甚至彻夜不归。

直到20世纪末，政府实行新的政策，男女浴室才出现共存共荣的现象。

为何说茶园是旧上海最具代表性的戏剧剧场

中国戏曲表演场地，经历了由戏场、戏棚，到茶楼、茶园，再到新式剧场

上海茶楼

的演变过程,其中茶园是旧上海最具代表性的戏剧剧场。

开埠之前,上海民间的戏曲演出活动,除了在筑有戏台的神庙、会馆演出外,一般都在茶楼客堂内搭板为台进行表演。到了咸丰年间,来到上海的戏班艺人逐渐增多,他们开始租赁房屋,划地为台,或者以竹木搭建戏场或戏棚,开场串戏,聊以谋生。

随着演出市场的兴盛,出现了旧式戏院——茶园。1851年,上海第一家营业性的茶园"三雅园"在县署西侧开张,上午卖花,下午、晚上则成为专门的戏园。开张之后,演出火暴,此后其他戏班纷纷仿效。到1867年,租界内就有了"大小戏园30余所"(王懋材《沪游记胜》)。

清末民初,京剧风靡上海,"京剧风行,茶园斯盛"(海上漱石生《上海戏园变迁志》)。茶园的兴盛,娱乐空间的竞相开放,使得戏曲从达官贵人的厅堂宅园、从乡镇的草堂庙台迅速走向了市民观众,走向了激烈竞争的城市娱乐消费市场。一开始,有满庭芳和丹桂两家大茶园鸣锣开业,不久,久乐园、宜春茶园等相继赶上。早期的戏园如丹桂园,一般为上下两层,楼上一圈作为包厢,两旁设板位;楼下正厅池座内设茶桌座位,后边和两旁设排座。但池座露天,不蔽风雨。后来,春桂茶园开张(1905年),开始改露天为封闭式,并在场内安装电风扇,到了冬天还有暖气。同时,还非常注意安全通道的修建,左右设置太平门6处,人流通畅。当时娱乐业竞争激烈,各大茶园也是绞尽脑汁,对场地精心布置,力争做到角色整齐、行头精美、服务周到。通常大型茶园都在预订席位的桌案上摆有鲜果点心,观众可以边看戏边品茗叙谈。丹桂茶园,演戏到半夜,还有汤圆、肉面等夜宵供应。久乐园,还准备有椅垫、搁脚租赁。

在茶园兴盛的同时,西洋歌舞、马戏、电影、话剧也登陆上海,对本土娱乐业形成了挑战。1874年,兰心大剧场开业,这是最早出现在中国的有近代化设备和镜框式舞台的剧场。到了1908年,上海倡导京剧改良的代表人物夏月珊、夏月润众兄弟与潘月樵,于南市开设了一座机构商办的新式剧场"新舞台",成为首家中国人开设的近代化剧场。剧场的演出方式抬高了艺人的地位,同时摒弃了茶园中泡茶、送点心、召妓等不良风习,因而受到戏班和观众的青睐。短时间内,新式剧院如雨后春笋般涌现,而茶园则因建筑老式、设备陈旧、场地狭小、资金匮乏等原因而被淘汰。1917年,贵仙茶园关闭,标志着茶园在上

上海大光明电影院

海正式退出历史舞台。

上海最早的大型游乐场是谁开的

黄楚九

首开上海大众化游乐场所之先河的,是上海滩的商业巨子黄楚九。1912年,他与京润三合伙,选中永安公司的屋顶,在那里加盖一玻璃棚,开设了"楼外楼茶座"。在其入口处放有哈哈镜,内有说书等项目,茶客边饮茶边听戏,又能远眺外滩景色。场地内还经常举办梅花集、兰花会、菊花山等活动。为了吸引客人,黄楚九还加装了电梯,这在当时可是新奇之物。楼外楼收费低廉,开业伊始,上海人纷纷前往,生意十分兴隆。

1915年,黄楚九嫌"楼外楼"场地狭小,便与人合伙在跑马厅一角开设"新世界",游艺节目更多,分处南北的两部,有地道相通,收洋也只二角,同样顾客盈门。不料在经营正旺的时候,合伙人把黄楚九一脚踢开。黄楚九愤怒之余,在跑马厅另一角开设了规模更大的"大世界"。

楼外楼、新世界、大世界,都是黄楚九最初创办的,也是上海乃至中国最早的三家大型娱乐场所。

旧时上海街头的"小热昏"是干什么的

"小热昏"又名"小锣书",俗称"卖梨膏糖的",是一种广泛流行于江浙一带的曲艺谐谑形式。"小热昏"最早可追溯到宋元时期的"说诨话",也有人认为其源于清末杭州街头的"说朝报"。"朝报"是一种地方小报,卖报者为了招徕顾客,便一面敲锣,一面唱出报上的主要内容。其表演都是自编自演,形式滑稽幽默。

1905年,上海城隍庙卖梨膏糖为生的杜宝林将"说朝报"的表演形式运用到了卖梨膏糖上,"小热昏"就此诞生。杜宝林表演的"小

上海街头的"小热昏"

热昏"一改过去卖糖艺人那种单纯唱支小曲或说点小笑话的谋生方式,把说唱的内容由新闻朝报和生活趣事变为有简单故事情节、有人物性格和矛盾冲突的节目。另一种说法认为"小热昏"出现在1880年左右,创始人是苏州一带卖梨膏糖的赵阿福。

有时"小热昏"的演唱者随口编排新闻,以发泄对现实生活的不满,因此常常招致官差驱赶,为了逃避追究,他们往往以"哩今朝热昏哉,唱格事体勿作数格"作搪塞,也就是说:"我今天被热昏了头,唱的东西怎么能当真?"于是"小热昏"就被作为这种表演的名称而被称呼开来。又因为"小热昏"表演时以敲击小锣进行伴奏,因此也称为"小锣书"。

"小热昏"流传至今,已有六代传人,涌现出了安忠文、徐筱安、周福林等著名艺人。同时"小热昏"的表演艺术形式,对上海"独角戏"的形成和发展也产生过较大影响。2006年,"小热昏"被列入第一批国家级非物质文化遗产名录。

大光明电影院为何被誉为"远东第一影院"

大光明电影院,曾是中国第一家宽银幕电影院,第一家立体声电影院,第一家四星级电影院,也是中国现存最古老的影院之一,曾享有"远东第一影院"之盛名。其前身是1928年12月31日开业的"大光明大戏院",京剧大师梅兰芳曾亲自为它开张剪彩。1933年,由著名的匈牙利建筑师邬达克设计重建。

大光明电影院在当时之所以会被誉为"远东第一影院",有以下的原因:

有利的地利位置。大光明电影院地处黄浦区南京西路216号,坐落在人民广场文化圈,南临上海市政府大楼和上海大剧院,东临"中华商业第一街"南京路步行街,占地近10 000平方米,具有六七个放映厅的现代化多功能经典影院,为上海独具特色的文化娱乐中心。

令人瞩目的欧美建筑风格。其奶黄色的外立面构成像波浪中行进的风帆,流畅的圆弧曲线从大厅顶部围环整个影院,渐叠层呈荷花型的三层屋顶装饰别具一格,意大利大理石砌成抽象的图案,高傲的观众大厅极富气派,宽敞的观众休息厅优雅并充满文化艺术氛围,整洁的环境令人赏心悦目。其整体布局无不显示典型的欧美建筑风格。另外,其电影厅上下二层的观众厅共有

大光明电影院

座位1554个,专有豪华座任观众择需享用。

老上海放映机

周到的服务,先进的设备。20世纪二三十年代,"大光明"放映的绝大多数是欧美影片。身穿工作服、头戴圆筒形平顶帽子的"BOY"会拉开大门,恭敬地将观众揖请进大厅。检票口处是当天所放映电影的说明书。说明书是中英文对照的,印刷、编排及内容都非常精致,除印有电影内容外,还印有影片公司名称、演职员表、海报、剧照等,进场观众可免费取阅。由于戏院放映的都是原版片,所以每一个座位上都装有"译意风",可通过耳机向观众播讲剧情和对白。

品质生活的象征。当时"大光明"的票价一般为0.6～2.5元,相当于一般百姓每月生活费的5倍。因此普通百姓去"大光明"看电影是一件隆重而值得炫耀的事,更是一种品质生活的象征。

正是大光明电影院极佳的地理位置,富有创意的欧美建筑风格,优雅的氛围,舒适的环境,周到的服务,先进的设备,极富品质生活的象征,使得它赢得了"远东第一影院"的美誉。

2008年,大光明电影院斥资1.2亿元进行修复工作。翻修一新的影院重新找回十里洋场中的"洋气"感觉,其欧美建筑风格的辉煌外观令观众有着置身20世纪30年代的错觉。

这个昔日的"远东第一影院"不仅见证了八十几年来中国电影的兴衰流转,而且随着经济和社会的发展,其必将重铸辉煌,再现经典。

金都大戏院与金都血案知多少

1947年7月27日午夜时分,上海金都大戏院外,警察和宪兵两队人马,双方剑拔弩张,形势一触即发。

"啪"的一声,一记清脆的枪响在黑黝黝的夜空中回荡,在午夜时分的上海街头响得格外惊心。随着这声枪响,警察李光正头骨爆裂,脑髓迸流,直挺挺地仰面栽倒。金都血案,由此正式揭开。几十分钟后,警宪双方密集的枪击方告中止。金都大戏院门前,横下一片尸体。

这就是历史上著名的金都血案。其实,事情的起因非常简单。

金都大戏院的优待券

1947年7月27日晚，位于上海福煦路和同孚路交界处的金都大戏院，正上映国泰影片公司最新出品、名噪一时的古装哀艳巨片《龙凤花烛》。上海市工务局第四区工务管理处课长刘俊夫也随友人夫妇一起来看电影，他们三个人只有两张票，打算入场时再补一张。不料检票稽查毫不通融，双方发生口角。正在巡夜的驻沪宪兵二十三团八连中尉排长李豫泰闻声上前干预，对刘俊夫等推推搡搡予以驱赶，引起众人围观。

恰在此时，市警察局新成分局警员卢运亨也因执勤路过此处，上前为刘俊夫等帮腔。身为宪兵的李豫泰哪里把警察放在眼里，对横插一杠的卢运亨极其恼火，几句话不对便狠狠地扇了对方一个大耳光。卢运亨不甘示弱，抬脚回踢李豫泰。双方大打出手。

顷刻之间，单打独斗的卢运亨便被李豫泰和他手下的两个宪兵用枪托砸趴在地，昏死过去，随后又被架着拖上戏院二楼，关进了一间小黑屋。

说来也巧，卢运亨挨打的那一幕，正好被他的顶头上司、执勤警长郑宽从戏院门口路过时撞见。可郑宽畏葸着没敢贸然上前，而是急匆匆赶回局里报信。

没多少工夫，郑宽就带着新成警局的20多个年轻警员赶回了金都。他们在二楼的小黑屋里找到了昏迷不醒的卢运亨。触景生情，众警察一时间群情激愤，吼叫着要找宪兵报仇。

警察被宪兵打伤的消息很快就在附近的几个警察分局内传开了。经常遭宪兵欺凌的警察们，纷纷自发地向金都赶来。不到一个小时，金都门前已聚集了警察上百人。

李豫泰带着下士杨燮开、上等兵吴伯良，此时已避到三楼，并且通过电话向团部报告了他们遭警察围困的险境，请求火速增援。

午夜时分，李豫泰的救星终于赶到。两卡车全副武装的宪兵，在宪兵二十三团八连上尉连长王廷望和上尉连长任亚夫的带领下，直扑金都。车刚停稳，宪兵们即在王廷望等的指挥下，分别把守四方路口，抢占有利地形，对

民国三十六年宪兵第二十三团证章

包围金都大戏院的警察实施了反包围。

由此,便形成了文章开头的双方剑拔弩张的紧急形势。

事实上,警察和宪兵之间的摩擦之所以一点就炸,是有些背景的。自从抗战结束后宪兵二十三团入驻上海以来,上海滩上警察与宪兵发生冲突的事屡见不鲜,且愈演愈烈。冲突发生的地点大多为马路、剧院等习惯上归属于警察管辖范围的公共场所。随着宪兵带着巡视督察的授权走上街头以后,警察的指挥棒就开始不灵了,以往的威势不断受到宪兵的挑衅,双方为争夺势力范围屡屡发生冲突。这种冲突从表面上看似乎是警宪之间个人的争强好胜,骨子里却属于管辖权限界定不清所导致的利益之争,根子在上面。一旦冲突发生,吃亏的往往都是警察,不是被殴打致伤,就是被扣留关押。

4个月后,国民党中央行政院、国防部军事法庭对金都血案作出裁决。其中,以共同杀人罪,判处宪兵罗国新死刑,褫夺公权终身;对宪兵杨燮开、顾明辉,各处有期徒刑15年,褫夺公权5年。以共同伤害他人身体罪,对宪兵李豫泰、吴伯良,各处有期徒刑2年,褫夺公权1年。而王廷望、任亚夫等均被宣判无罪,当庭释放。

一场震动全国的金都惨案就这样草草地结束了。

上海早期的电影公司有多少

上海最早的电影公司,是美籍俄裔商人本杰明·布拉斯基于1908年创办的"亚细亚影戏公司",这也是中国第一家电影公司。这家电影公司的运作并不□□□□□□□□□□□□国第一批电影人。

1931年联华影业公司歌舞班学员

"一战"以后,商务印书馆成立了专门的电影制作发行部门活动影戏部,标志着中国电影制片业进入了一个新的阶段。此后,上海本地电影公司就犹如雨后春笋般涌现,短短数年间已发展到近百家。1925年以后,在相当长的一段时间里,"明星"、"大中华百合"、"天一"三家电影公司在市场上呈三足鼎立之势,其中又以资格最老的"明星"公司为老大。在激烈的竞争之下,一些小的电影公司逐渐倒闭,到20世纪30年代初,上海的电影公司只剩下

26 家。这时联华影业公司加入竞争,使得上海电影市场竞争更加激烈。

明星电影公司:是张石川、郑正秋、周剑云等人于 1922 年成立的,曾先后拍摄了《孤儿救祖记》《玉梨魂》《火烧红莲寺》《十字街头》等著名影片,还捧红了王汉伦、杨耐梅、张织云和宣景琳这"四大名旦",以及胡蝶这位影后。1937 年淞沪会战期间,明星电影公司毁于战火。在 16 年的时间里,"明星"公司共推出了 200 多部影片,是当时中国营业时间最长的电影公司,也是中国电影业最早出现的"霸主"。

天一电影公司:创办于 1925 年,由来自宁波的邵醉翁兄弟组建。在短短数年间,"天一"共投拍了超过 100 部影片,其中一半以上取材于"水浒"、"三国"、"西游"、"施公案"、"三言二拍",以及其他取之不尽的乡村野史、民间稗闻。由于贴近百姓,因而所出电影几乎部部卖座。在这种情况下,"天一"受到了同行——"明星"的排挤,"明星"联合"大中华百合"等其他电影公司组建"六合影片营业公司",企图挤垮"天一","天一"果然损失了在上海的部分市场,然而"天一"的首脑邵醉翁兄弟却转而发展起南洋的发行网。20 世纪 70 年代,香港电影业的老大"邵氏公司",就是"天一"的余脉。

联华影业公司:创办于 1930 年,其创始人是罗明佑。此前,罗明佑已经组建了华北电影公司,经营影片发行放映,在北京、上海、天津收购了数十家电影院,成为中国最大的影院托拉斯。此后,罗明佑开始从事电影制作,与其他几家电影公司合作,组建了联华影业公司。联华实力雄厚,很快就吸引来一批高水准的电影人才,比如导演中的孙瑜、蔡楚生、史东山,编剧里的田汉、夏衍,再加上阮玲玉、金焰等一代巨星,构成了中国 20 世纪 30 年代电影无可复制的黄金阵容。蔡楚生导演的《渔光曲》,更成为中国第一部国际获奖影片。抗日战争爆发后,联华影业被迫停办。

旧上海有哪些著名的电影人

旧上海电影业相当繁荣,诞生了一大批著名的电影艺术家,在中国电影史上的第一、第二代电影导演,绝大多数都是上海电影人。

郑正秋(1889—1935),广东潮州人,生于上海。他是中国电影事业的开拓者,是我国最早的电影编剧和导演之一。郑正秋于 1913 年涉足影坛,编剧并参与导演了中国第一部短故事片《难夫难妻》。1922 年与张石川等创建明

中国电影业奠基者——郑正秋

星影片公司,担任编剧、导演。主要作品有《劳工之爱情》《玉梨魂》《姊妹花》等共53部影片。郑正秋开创了中国电影从现实社会生活和从戏剧舞台艺术方面吸取丰富的创作养料的优良传统,为中国电影艺术道路的开辟奠定了基础。他了解观众的喜好,善于虚构故事、烘托情节,因此他的作品能够抓住观众,特别是受到市民的欢迎,成为当时不少创作人员学习和模仿的对象。

明星电影公司的创始人——张石川

张石川(1899—1954),浙江宁波人,16岁闯荡上海滩。1913年,他与郑正秋合导中国第一部故事片《难夫难妻》。1916年,他创办幻仙公司,1922年,又联合郑正秋创办明星影片公司,任总经理兼导演。自1913年23岁开始从事电影事业至1953年去世,张石川为了中国电影献出了毕生的精力。35年间,他编导了156部影片,创造了多项中国第一:第一部故事片《难夫难妻》、第一部有声片《歌女红牡丹》、第一部武侠片《火烧红莲寺》、第一部反帝片《黑籍冤魂》、第一部劳工片《劳工之爱情》、第一部体育片《二对一》等。中国电影史上,第一个导演艺术家、第一个电影事业家、第一个电影企业家非他莫属。

邵醉翁(1896—1979),浙江宁波人,随父迁居上海。1922年,集股经营笑舞台,演出文明戏,并创办"和平社"剧团,演出自编讽世剧。1925年,以和平社演员作班底,与弟村人、仁枚、逸夫在上海创办天一影片公司,任总经理兼导演。此后编导了多部电影,包括《立地成佛》《白蛇传》《七侠五义》《挣扎》《一夜豪华》等,影响遍及南洋。1936年下半年,天一公司陆续将制片资材运往香港,建立香港分厂。抗日战争爆发后,天一公司结束在上海的制片业务,将全部资材运往香港分厂,改名南洋影片公司。现在,邵氏兄弟创办的邵氏兄弟公司依然是香港影视界首屈一指的大鳄,其掌门人就是邵醉翁的五弟邵逸夫。

除了以上人物之外,当时立足上海投身电影业的还有但杜宇、杨小仲、程步高、蔡楚生、史东山、沈西苓、费穆、孙瑜等,他们都是当时中国电影业的中坚。

上海马戏城为何被称作"中国马戏第一城"

上海马戏城中剧场

上海马戏城位于闸北区,坐落在共和新路上,南侧紧靠闸北体育场,北侧紧邻广中公园,占地面积2.25公顷,是上海市北区的文化、体育、娱乐中心。马戏城于1998年开始投资建造,次年竣工,建筑面积近3万平方米,由杂技场、排练辅助房、娱乐城、兽房、演员接待中心五大部分组成。其最有特色的建筑就是圆球形的杂技场,杂技场采用金色的铝钛合金屋顶,整个球体高达32米,在阳光的照耀下格外醒目,是北部上海的地标性建筑。

上海马戏城,规模庞大、设施先进、功能齐全,是当之无愧的"中国第一马戏城",它既能满足国际、国内杂技表演之用,还能进行音乐、歌舞表演,丰富市民的文化生活。自开始营业以来,上海马戏城与世界各主要杂技演出商建立了演出营销网络,引进国际上优秀的杂技、马戏节海马戏城目,策划组织了大型杂技比赛,使之成为国内外杂技马戏演出、展示、交流的重要平台。

沪剧有何来历

沪剧是上海的地方戏,也流行于苏南和杭嘉湖地区。沪剧的起源,可以追溯至早期流行于江南一带的农村山歌小调和民间俚曲,后来受到其他戏曲与说唱的影响,逐渐形成了具有曲艺、小戏风格的艺术品种。清乾隆年间就有流行,当时称"花鼓戏"或"滩簧",如苏滩(苏州)、杭滩(杭州)、甬滩(宁波)、锡滩(无锡)等。上海开埠之后,周边各地的滩簧相继进入上海演出,上海本地的滩簧为了与之相区别,就自称"本滩"或"申滩",这就是沪剧的前身。

上海沪剧表演

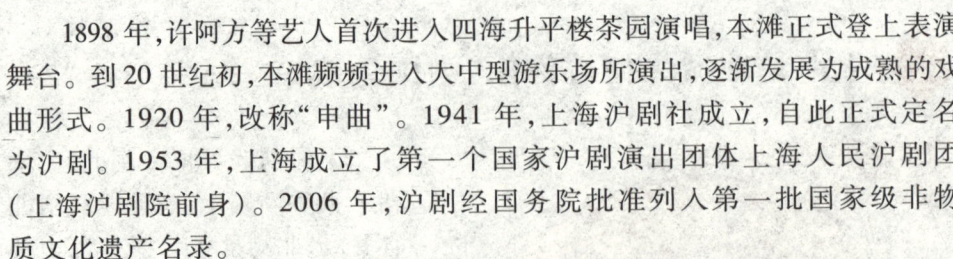

1898年,许阿方等艺人首次进入四海升平楼茶园演唱,本滩正式登上表演舞台。到20世纪初,本滩频频进入大中型游乐场所演出,逐渐发展为成熟的戏曲形式。1920年,改称"申曲"。1941年,上海沪剧社成立,自此正式定名为沪剧。1953年,上海成立了第一个国家沪剧演出团体上海人民沪剧团(上海沪剧院前身)。2006年,沪剧经国务院批准列入第一批国家级非物质文化遗产名录。

沪剧是上海土生土长的剧种,其音乐属于滩簧腔系,音乐比较柔和、优美,富于江南水乡风味,也具有表现现代生活的能力。沪剧唱腔分长腔类、簧腔类、小调类3种,表演偏重于通俗、写实、细腻、质朴,特别注重唱功,形成一种长于抒情的风格。

早期沪剧剧目大多是反映农村家庭题材的,如《阿必大回娘家》《陆雅臣》等。新中国成立后,开始出现一些反映现代生活的题材,如《罗汉钱》《黄浦怒潮》《芦荡火种》《红灯记》等。改革开放后,又涌现出了《一个明星的遭遇》《今日梦圆》《母亲的情怀》等优秀剧目。著名沪剧表演艺术家有筱文滨、王雅琴、施春轩、丁是娥、杨飞飞、王盘声、袁滨忠、马莉莉、茅善玉等。

上海流行的独角戏有何来历

独角戏,是流行于上海、江苏、浙江一带,以滑稽娱人为主要审美功能的曲艺种类,一般由一人表演,用方言演出,有点类似单口相声,很受"长三角"百姓的喜爱。

独角戏大师——周柏春

独角戏兴起于20世纪20年代,一开始受到江浙沪一带流行的"小热昏"、"唱新闻"、"隔壁戏"等说唱形式的影响。第一位演唱独角戏的艺人是王无能,当时他在堂会客串演出时,由一人说笑话、讲故事、唱京戏、学方言,扮演多种角色,自称独角戏。1927年,王无能正式以"独角戏"挂牌演出。同年,杭州江笑笑来沪演出,称"社会滑稽"。次年,刘春山相继而起,称为"潮流滑稽"。三人各独树一帜,后人称为"滑稽三大家"。此后,独角戏的影响日益扩大,到20世纪30年代,独角戏处于鼎盛时期,从业人员有100多人,并在游艺场、堂会和民营电台演播,均自编自演,各显其能,不少独角戏演员还投入宣传抗战活动。抗战胜利后,姚慕双、周柏春、程笑飞、杨华生等人各展所长,在电台、游乐场、堂会、舞厅、酒楼演出,吸引了大批观众,再次掀起独角戏高潮。到新中国成立初期,独角戏演员已逾500人。

早期独角戏以口技、杂学唱一类的节目为多,以后又发展了以"学"、"说"、"做"为主的节目,使独角戏的艺术表现手法形成"说、学、做、唱"四类。"说"、"学"、"唱"近似于北方相声,"做"则以直接扮演人物,在舞台上表演作品中的情节和人物对话为主,表演的夸张幅度大,喜剧效果强烈。后来,"做"的手法逐渐渗入到以说、学、唱为主的节目当中,成为重要的艺术手段。早期独角戏以一人说唱为主,后来出现二人合作的形式,并逐渐成为主流,偶尔也有三人合演的形式。

新中国成立后,独角戏演员进行了大量的艺术改革和实践,整理了一批优秀传统节目,如《调查户口》《宁波音乐家》《水淹七军》《拉黄包车》《七十二家房客》《看电影》《两个理发员》《啼笑皆非》《啥人嫁拨伊》等。"文革"期间,独角戏受到摧残。改革开放后,独角戏重获新生,并走上荧屏,出现了"滑稽小品"的表演形式,涌现出王汝刚和钱程等一批新独角戏演员。近些年红遍上海滩的周立波,与独角戏也有很深的渊源。他的师傅,就是著名的独角戏演员周柏春。

2008年,上海独角戏被文化部列入第二批国家级非物质文化遗产名录。

为何说话剧起源于上海

中国人最早接触西方戏剧的,是一些出使西洋的外交官,他们曾在访问途中观看过西方戏剧的演出。这令他们感到相当惊奇,并写进了自己的旅行日记之中。不过话剧最早出现在中国,则是在开埠之后的上海。当时许多西方侨民聚集在上海,工作之余,便组织剧社聊以娱乐。1866年,外国侨民在上海建立了中国第一座西式剧院——兰心大戏院。不过戏院早期都由外国人经营,而且演员也都是一些外国侨民。一些曾留学国外,或对西方戏剧感兴趣的中国人,时常出入于兰心大剧院,他们有幸较早地在中国本土上观看到了西洋戏剧,并逐渐对这种新鲜的艺术样式有了更具体的认识。

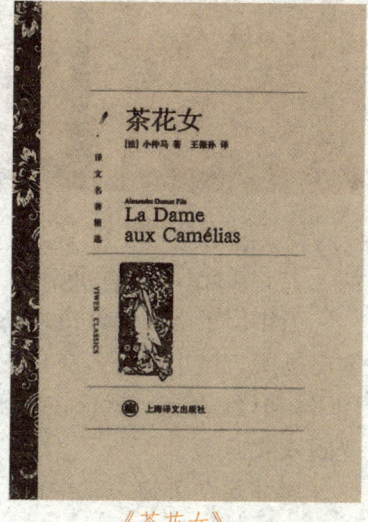

《茶花女》

1899年，上海圣约翰书院的中国学生，仿照兰心大戏院的演出模式，编演了一出名为《官场丑史》的新戏，这出戏"既无唱功，又无做工"，演出方式同传统戏曲迥然不同，可以说是中国早期话剧的先驱。

1906年，一群旅日中国留学生成立了旨在研究各种文艺的团体春柳社，主要成员有李叔同、欧阳予倩、吴我尊、马降士、曾孝谷等，他们推崇日本新剧，并以研究和仿效新派演剧为目标。次年，春柳社社员在东京演出了法国小仲马的名剧《茶花女》的第三幕，获得东京中外人士的称赞。他们的演出全部是口语对话，没有唱歌朗诵，也没有旁白独白。这种演出形式，可以说就是话剧了。现代话剧界也一般将这次演出视为中国话剧的开端。

其后，春柳社又组织了多次演出，在旅日中国留学生中产生强烈反响。很快，这种表演形式就被介绍回中国，并迅速流传开来，当时在南开就读的周恩来，就曾参加话剧表演。

旧上海舞台上的"连环戏"知多少

连环戏，是一种舞台剧与电影相互结合的演出形式，舞台上的表演同电影放映穿插进行。这种戏剧在民国初年比较流行，主要集中在当时上海的几家大戏院内。

《红羊豪侠传》

连环戏一般将一部戏划分为若干节，剧情中丛林高山、江河险滩等室外场景，预先拍成影片。而一些发生在室内的情节，则像话剧一样，仍由演员在舞台上进行表演。演出主场外情节时，剧场灯光逐渐熄灭，银幕下垂，开始放映电影。待电影放映完一个段落，则灯光复明，银幕卷起，舞台上的演员则接着原先的情节继续演下去。如此反复，直至剧终。

当年位于南市的九亩地新舞台建成后，成为沪上时装京剧和文明戏的主要演出场所。徐半梅等人受日本"连锁剧"的启发，设计编排了两部连环戏：《凌波仙子》和《红玫瑰》，就选在新舞台上演。两部戏借助新剧场和新形势，一时间颇受观众欢迎。

连环戏在上海轰动一时，但其本身也存在诸多局限，如果戏中的主角脱离剧团,整个戏就会因为台上演员与银幕演员无法统一而停演,这无疑是一笔巨大损失。因此,连环戏最终并没有发展起来。当时较有代表性的连环戏作品,是1934年在荣记共舞台上演的《红羊豪侠传》,这还是一部有声的连环戏。

"样板戏"为何在"文革"时期风靡一时

新中国成立后,我国各地剧种发展迅速,产生了许多新的作品。尤其是"文革"期间,受政治影响,革命"样板戏"曾风靡一时,全国传唱。"文革"过后,林彪、江青反革命集团垮台,但样板戏保留下来,至今仍在传唱。

"文革"期间,被标明为革命"样板戏"的主要有:五出"革命现代京剧"《智取威虎山》《海港》《红灯记》《沙家浜》《奇袭白虎团》;两出"革命现代芭蕾舞剧"《红色娘子军》《白毛女》;一出"革命交响音乐"《沙家浜》。其后,又陆续加上的京剧《龙江颂》《平原作战》《磐石湾》《杜鹃山》,芭蕾舞剧《沂蒙颂》及《草原儿女》,钢琴伴唱《红灯记》等。在这15部剧作中,就有不少是出自上海的戏剧工作者。

《智取威虎山》,系由上海京剧院根据曲波小说《林海雪原》中"智取威虎山"的一段故事并参考同名话剧改编而来,1958年夏由上海京剧院一团首演。此剧情节紧凑,唱词铿锵,很受听众欢迎。其中"打虎上山"和"打进匪窟"两段传唱最为广泛。

京剧《沙家浜》的前身就是沪剧《芦荡火种》,描述了阳澄湖畔春来茶馆的老板娘阿庆嫂与当地群众智斗伪军胡传奎和刁德一的故事。此剧矛盾错综复杂,情节环环相扣,结构严谨,个性突出,把阿庆嫂机智灵活、不卑不亢的性格塑造得栩栩如生。1964年,此剧由北京京剧团汪曾祺、杨毓珉等人改编为京剧,成为"样板戏"之一,其"智斗"选段,几乎家喻户晓。

革命样板戏《奇袭白虎团》

旧上海的百乐门舞厅为何被誉为"东方第一乐府"

百乐门全称"百乐门大饭店舞厅",是旧上海最有名的综合性娱乐场所。位于静安区愚园路218号,华山路路口处。于1933年正式开业,曾一度是夜上海的核心地带。

1929年,原来在戈登路(今江宁路)上兼营舞厅的大华饭店歇业,导致上海西区没有一个与其"贵族区"相适应的娱乐场所。中国商人顾联承看准商机,便投资70万两白银,购置静安寺地块,营建Paramount Hall,有至高无上的、高档的意思。顾联承取其音译,定中文名为"百乐门"。1933年,百乐门舞厅开张,当时上海市市长吴铁城还亲临现场并发表祝词。

"百乐门"由当时极负盛名的设计师杨锡缪设计,建筑共3层。底层为厨房和店面,二层为舞池和宴会厅,最大的舞池面积达500平方米,地板采用汽车钢板支撑,跳舞时会产生晃动的感觉。大舞池周围还有随意分割的小舞池,可供幽会之用。室内还装有冷暖空调,陈设豪华。三层为旅馆。顶层还装有一个巨大的圆筒状玻璃钢塔,非常醒目。

"百乐门"开业后,立刻成为上海的夜生活中心,号称"东方第一乐府"。诸多社会名流也慕名而来,张学良、徐志摩都是这里的常客,陈香梅与陈纳德的订婚仪式就选在这里举行,卓别林夫妇访问上海时也曾到此休闲。抗战前,百乐门舞女的月收入高达3000~6000元,是普通员工的10倍以上。太平洋战争爆发后,有一位叫陈曼丽的舞女,因为拒绝为日本人伴舞,结果被枪杀在舞厅内。

上海百乐门舞厅

新中国成立后,"百乐门"由政府接管,原主体建筑改建为洪都戏院,后称洪都电影院。其余建筑则改建为商场。2003年,经内部整修,"百乐门"大舞厅重新开业,重现了当年"远东第一乐府"的风采。

为何说"四大名旦"之一的荀慧生成名于上海

过去人常说,京剧演员"不到上海不成名"。四大名旦之一的荀慧生也是如此。他早年曾学过梆子戏,后改学京剧旦角,常演于京、津等地,亦未成名。

1919年,"国剧宗师"杨小楼应上海"天蟾舞台"之邀翩然来沪,特别邀请谭小培(谭富英之父)、尚小云、白牡丹(即荀慧生)联袂同行,时人称他们为"三小一白"。

9月9日首演的戏目是《花田错》,白牡丹饰丫鬟春兰,李桂芳饰卞玑,何金寿饰店东袁有分。由于白牡丹扮相俊秀,表演动人,跷功到位,兼有梆子戏的韵味,令上海观众耳目一新。与此同时,他的代表作之一《宝蟾送酒》亦引起了轰动。这是他演的第一个红楼戏,为欧阳予倩所编排,极受欢迎,多次被各界观众要求重演,先后被加演共达86场,场场满座,盛极一时。还有他所演《吕纯阳三戏白牡丹》,他艺名"白牡丹",又自饰白牡丹,语意巧合,极合观众的心理好奇,亦极卖座,也连满了12场之多。

荀慧生演出照

荀慧生在沪之演出,不仅商家灌成唱片,常引一批顾客驻足聆听,亦让上海学界倍加瞩目,吴昌硕、严独鹤、舒舍予(非老舍)等知名人士特地成立了"白社"研究单位,大力介绍"白牡丹"的艺术成就。

四个月期满,杨小楼等返京,独"白牡丹"被一再挽留,被"天蟾"倚为台柱,连演半年,亦久演不衰。后又被"亦舞台"、"共舞台"争相聘请,可谓红极一时。

1924年,他拜国画大师吴昌硕为师,后又求教于齐白石、傅抱石诸大师,演艺之余,悉心洽画,画艺果然日有所进。并把其中的意趣融化于表演之中。在《丹青引》一剧中,他唱"日暮天寒雁泪哀",并当场作画,观众为之叫绝。1925年,他与余叔岩合演《打渔杀家》,正式改白牡丹的艺名为荀慧生。

1927年,北京《顺天时报》举行京剧旦名伶评选,荀慧生以主演《丹青引》一剧名列前茅,被评为"四大名旦"之一。"四大名旦"即梅兰芳、尚小云、程砚秋、荀慧生是也。

为何说近代上海成为全国"南腔北调的熔炉和大舞台"

上海是中国大陆的文化中心之一,上海的文化被称为"海派文化"。它是在中国江南传统文化(吴文化)的基础上,与开埠后传入的影响上海的欧美等各国文化融合而逐步形成的。既古老又现代,既传统又时尚,区别于其他地方的文化,具有开放而又自成一体的独特风格。

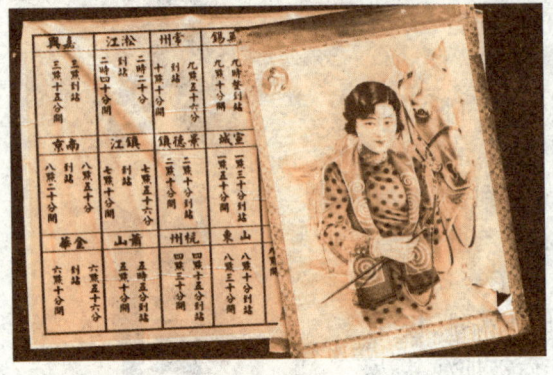

上海影视乐园

鸦片战争后,形形色色西方文化和中国传统文化的冲突融合,在上海城市形成一种独特的经济、地理和文化环境,使得近代以来的非上海籍外来人口始终占绝大多数。这一特点使上海城市文化的异质程度较高,往往是主随客"变",而不是客随主"变",充分体现上海的宽容性与开放格局。

第一,从物态文化来看。上海有豫园等典型的明清江南园林,也不乏带有地方特色又吸收了西方因素的石库门民宅;上海有英国新古典建筑代表的汇丰银行,有法国式的装饰主义建筑代表和平饭店,又有美国式建筑的代表上海大厦、上海市总工会等;有众多的地中海风情的西班牙别墅,又有马勒别墅(那栋德国巴伐利亚路德维西王朝时代的城堡式别墅);还有北欧式民居和东瀛日本式的住宅;新中国成立后又有一些俄式建筑,如今更有许多新的代表当代最新水平的建筑如金茂大厦、环球金融中心、维斯汀酒店等"巨无霸"拔地而起,万国建筑的美誉更加充实。

第二,从形态文化来看。上海的绘画、舞台、影视艺术连同上海人的饮食菜肴师承广泛、风姿多彩、精致曼妙、新颖时尚。上海的滑稽戏在同一场景下会听到浦东本地话、苏州话、宁波话、苏北话甚至广东话等方言,最能反映上海五方杂处的特性。精英与大众、高雅与世俗,这些两歧性的文化元素在海派文化这里获得了一种奇妙的结合,彼此镶嵌、相互渗透,形成了独特的上海文化性格。

历史上的上海是一座新兴移民城市。东西方文化在这里交流,国内文化精英曾在这里汇聚。上海本地人与外乡人混居,客观上促进了上海文化和经济繁荣,使上海成为全国"南腔北调的熔炉和大舞台"。

中国第一家西式剧场是哪家

兰心大戏院是中国第一个西式剧场,这里第一次上演了西式戏剧,国内的话剧界一般将其视为话剧进入中国的开端。

兰心大戏院的历史,最早可以追溯到19世纪60年代。当时许多英、法、美的侨民来到上海,为了丰富自己的业余生活,一些爱好戏剧的侨民便聚在一起,排练西洋戏剧。后来还组成了两个业余剧社。1866年,两个剧社合并成立了"上海西人爱美剧社"。不久,他们就集资购得圆明园路诺门路(今圆明园路香港路)上的一块土地,建造剧院。剧院最初由木板修建,比较简陋,但却是中国第一家西式剧场。1867年剧场落成,取名Lyceum Theatre,音译过来就是"兰心剧场"。

兰心大戏院

数年之后,简陋的剧场毁于火灾。租界纳税西人会随即出面募集资金重建,1874年,新剧场落成,这是一座三层楼的砖石结构建筑,基本上仿欧洲歌剧场式样,看台分上、下两层,上层设有豪华包厢。整个建筑在当时可说规模宏大,金碧辉煌,剧场的音响效果也很好。当时媒介都称其为"西国戏院"或"大英戏院"。最初,"兰心"的演出基本上由外国人所垄断,但它的出现,也增进了中国人对西洋文化、生活理念的认识。中国人正是在"兰心"第一次真正领略到现代戏剧的艺术魅力。其变幻离奇的灯光、浪漫瑰丽的布景、新颖的演出形式,对中国观众和中国戏剧界产生了强烈的震撼,推动了中国戏剧的改革步伐。

20世纪20年代后,上海电影业兴起,戏剧业逐渐萧条,历经半个世纪的"兰心"也显得破旧不堪。1929年,剧场主人将旧"兰心"售出,决定在蒲石路迈尔西爱路(今长乐路茂名南路)口重建新的剧场。1931年,新剧场开幕,并保留了"兰心"的金字招牌。因为当时的戏剧业并不景气,在建成后的很长一段时期内,"兰心"新剧场都以放映电影为主。新中国成立后,兰心大戏院由市文化局接管,改称上海艺术剧场,作为话剧演出的专用场地。1991年,剧场恢复"兰心大戏院"之名,至今仍是上海最优秀的演出剧场之一。

霍元甲在上海创办的精武体育会知多少

20世纪80年代,电影《霍元甲》风靡一时,也使霍元甲、精武门家喻户晓,霍元甲、精武门在历史上真的存在吗?答案是肯定的,霍元甲及其开创的精武门的事迹,就发生在上海滩。

霍元甲(1868—1910),字俊卿,祖籍河北东光,世居天津。其父霍恩是名显一时的秘宗拳师,霍元甲幼时体弱多病,但他天资聪颖、毅力惊人,在诸兄弟中出类超群,获父亲悉心传授。后来霍元甲以武会友,融合各家之长,将"秘宗拳"发展为"迷踪拳"。1896年,霍元甲收山东大侠刘振生为徒,后又与"大刀王五"成为至交。1909年,英国大力士奥皮音在上海登广告,辱我"东亚病夫",霍应友人邀赴上海约期比武。英国人惧于霍元甲之威名,竟悄然逃遁。后来虹口的日本技击馆武士也向霍元甲挑战摔跤,结果霍接连取胜,一时振奋国人,轰动上海。

在上海有识之士的敦请之下,由陈其美、农劲荪、陈公哲等于1910年6月发起并组织集资在闸北王家宅(今交通路会文路附近)举办精武体操学校,由霍元甲、刘振生教授武术。孙中山先生赞扬霍元甲"欲使国强,非人人习武不可"之信念,并亲笔写下了"尚武精神"四个大字,赠予精武体育学校。当年9月,日本柔道会会长率10多名技击高手与霍较艺,败在霍的手下。日本人奉以酒筵,席间见霍呛咳,就推荐日本医生进行治疗。霍元甲一生坦率,不意中毒,于9月14日身亡,终年42岁,学校也暂时停办。

次年,陈公哲、姚蟾伯、卢炜昌等借铁路旱桥块房屋创办"中国精武体操会"(1916年改称精武体育会),继承精武精神,熔各派武术于一炉,聘任各派名家为教员。首任会长为霍元甲好友农劲荪。此后10年间,精武体操会还在绍兴、汉口、佛山、广州、梧州、南昌、厦门等10多个城市建立分会。1920年,应海外华人之请,上海精武会派了5名骨干成员陈公哲、黎惠生、罗啸敖、陈士超、叶书田,去香港、越南、新加坡和印度尼西亚等国家和地区,宣传精武体育会的武术事业并协助建会,史称"五使下南洋"。此后,精武会又在泰国、美国、加拿

霍元甲

大创建分会。高峰时国内外分会达到42个,会员40多万人。

精武体操会提倡"体、智、德"三育并进,主张"乃武乃文",确立了初、中、高三级的"精武三十套武术基本套路"。同时还编辑出版了《精武本纪》《工力拳》《达摩剑》等数十种作品和书刊,宣传中华武术。新中国成立后,精武体操会会场成为虹口区的一个体育场馆。1979年后,精武体操会在上海恢复活动,并逐渐开展与海外精武组织的联系与交流。

世界上第一个以自己体力完成环球旅行的人是谁

世界上第一个以自己的体力完成环球旅行的人,叫潘德明。

潘德明(1908—1976),上海南汇人,生于浙江湖州。曾在南洋高等商业学校读书,后在南京开西餐馆。1930年春,他从报上获悉8名青年组织"中国青年亚细亚步行团",乃征得父母同意,关掉餐馆,赴杭州赶上步行团。不到半年抵越南西贡后,同行者或因难耐其苦,或因患病,相继打道回府。潘德明决定独自走下去,而且索性走出亚洲。次年元旦,他重上征程。他从东南亚入印度次大陆,经中近东,入非洲的埃及,再北渡地中海,循巴尔干半岛转中欧和斯堪的纳维亚半岛,经英国横渡大西洋赴美国及中美洲,最后跨太平洋,至新西兰和澳大利亚。途经越南、柬埔寨、暹罗(泰国),过马来西亚、新加坡,乘船过马六甲海峡,到印度、伊朗、伊拉克、叙利亚、埃及、希腊等国家,再跨英吉利海峡到英国,乘五万吨巨轮——"欧罗巴"号邮轮到美国。在美国游历一年后,经加拿大、古巴、巴拿马、斐济、新西兰、澳大利亚、印度尼西亚、缅甸,于1936年6月回到祖国云南。潘德明在云南停留了相当长的时间,然后,入湖南沿长江顺流而下,过湖北、江西、安徽、江苏,于1937年7月返回上海。至此,潘德明历尽千辛万苦,延续七载,行程数万里,经过40多个国家和地区的环球旅行正式结束。

就在他回到上海的第二天,"七七事变"爆发。在日益险恶的环境中,潘德明试图探险青藏高原和其他的旅行计划均未能实现。他把筹集的10万美元捐献给了抗日事业。潘德明后来定居上海,曾在联合国善后救济总署工作。1949年后,一直处于失业状态,靠熨烫衣服和画

潘德明

宫灯养家糊口。新中国成立后曾在昆明益兴汽车材料行工作。1976年10月18日,听到四人帮倒台的消息,大喜过望,因多喝了几杯酒突发心肌梗死而辞世,终年68岁。

潘德明持"雪东亚病夫耻"、"以谋世界上之容光"的信念,历时7年,行程数万里,行经亚、非、欧、美、澳五大洲40多国家和地区。7年的世界之行,其艰难困苦的程度是可以想象的:酷暑严寒、水土不服、疲劳过度、经济拮据,更加上还有来自自然和人为的各种各样的危险。但另一方面,潘德明也得到了周游世界的巨大收获:他得以饱览了沿途各国的奇情胜景,受到了各国人民,尤其是海外华侨的热烈欢迎,并且还获得了许多国家名人政要的礼遇。其中包括印度圣雄甘地以及后来的总理尼赫鲁、诗哲泰戈尔、美国总统罗斯福、"土耳其之父"凯末尔将军、瑞典大探险家斯文赫定、新加坡巨商胡文虎,还有英国首相、希腊首相、法国总统、瑞士总统、挪威国王、保加利亚国王、澳大利亚总理等许许多多人,他们亲自接见,或予勉励,或给题词,或赠财礼。

人类历史上,首次完成环绕地球一周的,当推16世纪的葡萄牙人麦哲伦率领的船队。但第一个以自己体力完成环球旅行的人,则是中国的潘德明。他在世界上开辟了徒步环球旅行、探险的先河。为了纪念这位英雄,中国自行车旅游者协会的最高奖项就称为"潘德明骑游奖"。近些年来,受潘德明精神感召,中国出现了许多徒步行走,挑战自我的勇敢者。

中国最早的动画片是哪部

中国历史上第一部动画片——《铁扇公主》,也诞生在上海滩。《铁扇公主》由著名的动画大师万籁鸣、万古蟾导演制作,上映后引起轰动,对亚洲的动漫产业产生了巨大影响。

《铁扇公主》剧照

1938年,美国迪斯尼推出动画片《白雪公主》,影片耗资百万美元,历时三年,上映后风靡全球。《白雪公主》在上海放映时,盛况空前,票房很高。于是上海新华联合影业公司成立卡通部,聘用万古蟾为主任,拍摄动画长片《铁扇公主》。

《铁扇公主》的情节出自《西游记》中"孙行者三调芭蕉扇"一段。其制作规模浩大,有100多名制作人员,历时一年零四个月,片长 9700 尺,放映时间 80 分钟,开创了中国动画史上第一部长片纪录,也创下当时亚洲地区第一部长动画片的纪录。

《铁扇公主》第一次将中国山水画搬上银幕,第一次让静止的山水动了起来,为这部动画片增加了更为浓郁的民族特色。影片摄制于抗战时期,片中的情节设置也体现了"全国人民联合对敌、争取抗战最后胜利"的隐喻意义,曾引起国内外广大观众的强烈反响。

动画片于 1941 年底在上海正式上映,盛况空前,随后又在我国香港以及新加坡等东南亚地区上映,甚至还曾到日本放映,反映也非常热烈。日本"漫画之神"手冢治虫,就是在看到这部动画片后弃医从画的,可见这部动画片的影响之大。

在世界电影史上,《铁扇公主》是继美国的《白雪公主》《小人国》和《木偶奇遇记》之后的第四部动画长片。这部影片获得成功后,万氏兄弟萌生出将《西游记》中的精彩段落大闹天宫搬上银幕的想法。但受太平洋战争爆发的影响,直至 1961 年,《大闹天宫》才在万籁鸣的带领下由上海美术电影制片厂完成。影片上映后风靡全国,并在世界引起轰动,成为中国动画史上的巅峰之作。

为何我国第一套邮票诞生在上海

1878 年,上海海关总税务司署造册处印制发行了我国第一套邮票——大龙邮票,标志着我国近代邮政的开始。

这套邮票共 3 枚,分别为壹分银(绿色,寄印刷品邮资)、叁分银(红色,寄普通信函邮资)和伍分银(橘黄色,寄挂号邮资)。邮票主图是清皇室的象征——蟠龙,上面还印有英文"CHINA"字样,票幅高 27.5 毫米,宽 24.5 毫米。据说,当时寄一封信所需银两 3 至 6 分。因为那时的邮局由海关管辖,所以人们又称它为"海关大龙"邮票。

鸦片战争前,清政府对中外通信实行严格的限制,规定"天朝大臣均不得与外夷私通信函",继续以传统而古老的邮驿传递官方文书,百姓商民仍以民信局传递信息。鸦片战争后,帝国主义用炮舰打开了中国闭关自守的大门,并与清政府签订了一系列不平等条约。他们利用这些条约,攫取特权,并

老上海邮箱

借口中国没有邮政,通信不便,于 1861 年由英国带头,随后法、德、美、日、俄等国纷纷仿效,在我国领土上先后设置邮局,清政府还美其名曰"客邮"。1863 年上海英租界工部局自行成立"书信馆",接着十几个城市搞起了商埠邮局,发行商埠邮票。外国侵略者还利用外国邮票加盖中国国名或地区在中国使用,使我国的通信局面十分混乱。

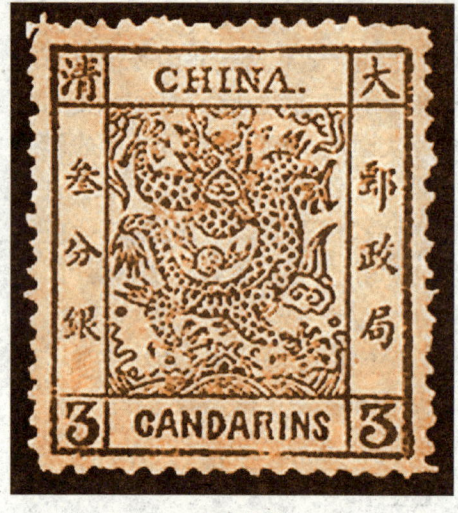

大龙邮票

1865 年,上海公共租界工部书信馆发行了一套以"蟠龙"为图案的邮票,通常被称为"工部大龙"。全套共 5 枚,分别为壹分银、贰分银、肆分银、捌分银以及壹钱陆分银。这是我国最早出现的邮票,但它又不是我国邮政机构所发行的,因此不能算作我国的正式邮票。

清光绪四年(1878 年),清政府准许海关试办邮政。当年,天津、北京、烟台、牛庄、上海 5 处海关邮政开始收寄公众信件,为简化收费结算手续,决定效仿英国印制邮票,并已委托英国公司试印,但最后还是交中国自己的上海海关总税务司署造册处负责印制。

这样,我国第一套邮票便在上海诞生了。

老上海的交通

 "马路"一名有何由来

"马路"这一概念,最早来源于工业革命中的英国。工业的发展对交通运输的要求愈来愈高,昔日那种"人走出来的路",再也不能适应社会发展的需要了。于是英格兰人约翰·马卡丹设计了新的筑路方法,用碎石铺路,路中偏高,便于排水,路面平坦宽阔。后来,这种路便取其设计人的姓,取名为"马卡丹路",简称"马路"。再后来,人们用沥青铺涂在路面上,称为"柏油路",但大多数人还是习惯称其为"马路"。

不过在上海,"马路"这一名词的由来还有不同的解释。上海开埠后,一些外国人来到上海,在工作之余,他们常常进行赛马来娱乐消遣。1850年,英国商人霍格、吉勃、兰雷等5人发起组织了上海跑马总会,并在现南京东路、河南中路的交界处,辟地81亩,

旧上海跑马总会爱字大香槟票

修建了上海第一个跑马场。跑道直径800码(731.52米)。由于场地太小,骑手经常把马骑到外边的泥石路上,人们便称这些道路为"马路"。这就是上海版"马路"的由来。

旧上海的路名是怎样定的

旧上海的路名,都有一定的政治色彩,要么具有赤裸裸的侵略行径,要么就是赞美侵略者的劳苦功高。自从英国在上海建立第一个租界起,上海逐渐成为外国列强侵略中国的桥头。在上海马路的命名上,侵略者可谓是煞费苦心,也表现出了他们的狼子野心。

南北向道路以省份命名,东西向道路以城市命名。从外滩起,向西的南北向马路都是用中国的省份命名,如河南、山东……直至西藏。东西向马路以城市命名,如九江、汉口等。以省份或城市命名的道路还有一个规矩就是按字母顺序排列。如东西向马路,由广东路至苏州路,从南至北的马路名称开头字母依次是:C(Canlon 广东)、F(Foochow 福州)、H(Hankow 汉口)、K(Kiukiang 九江)、N(Nanking 南京)、P(Peking 北京)、S(Soochow 苏州)。据说这么做是为了让洋人容易记忆。后来再建的马路就没有按英文字母顺序排列了。另外,也有以县命名的路,如茂名路即以广东省茂名县命名。

以上是通用的马路命名方式。还有一些特殊的。

一是来自租界。1862年,公共租界发布了《上海马路命名备忘录》,制定了凡南北走向的街道以各省的名称命名,东西走向的街道以城市名称命名的原则,南京路、北京路就是那时候命名的。法租界则略有不同,常常以法国名人来命名道路,如贝当路(衡山路)、霞飞路(今淮海中路)等,新中国成立后,政府对这些具有殖民色彩的道路进行了更改。

二是辛亥革命的产物。辛亥革命后,增加了共和路、光复路、中华路、民国路、大统路等名称,示意中华民国的开国新气象。

三是寄托民族资本家的美好愿望。如永兴路、鸿兴路、华盛路、华昌路等。

四是民国时期"大上海计划"的产物。当时计划修筑干道20条,形成全市干支相连的道路系统。按照计划,当时总共将构筑11条"中"字

老上海茂名路

打头的马路,10 条"华"字马路,5 条"民"字马路,10 条"国"字马路,9 条"上"字马路,13 条"海"字马路,15 条"市"字马路,12 条"政"字马路和 8 条"府"字马路,组合起来正是"中华民国上海市政府"9 个字;同时,按孙中山先生思想中的"三民五权"、"世界大同"进行分区。现在杨浦区五角场一带的道路名称,就是这一计划的产物。

五是以国王、总统、英国王族命名。法租界有两条马路是以国王名字命名的,即亚尔培路和爱麦虞限路。亚尔培是比利时国王,爱麦虞限三世是意大利国王。以总统名字命名的有林肯路、杜美路。林肯是美国总统。杜美是法国总统。以英国王族名字命名的有亿定盘路和康脑脱路。亿定盘和康脑脱都是英国王族的名字。

林肯

六是以天主教红衣主教、主教、神父命名。迈尔西爱路就是以比利时的红衣主教迈尔西爱命名的。这条马路从今长乐路到今淮海中路的一段,林立着兰心大戏院、国泰大戏院、法国总会等。赵主教路和姚主教路都是以主教的名字命名的。以神父名字命名的马路有很多,如金神父路、古神父路、劳神父路、杜神父路等。

七是以基督教教士命名。以基督教教士命名的道路也有很多,如茂海路、同孚路、福开森路等。

八是以文化名人命名。莫里哀路、高乃依路、马斯内路等都是以文化名人命名的。

旧上海的路名都是那段屈辱历史的见证。新中国成立后,那些老路名几乎都被废除,重新命名了上海市的马路名字。废除不是忘记,是要侵略者知道中国人民已经站起来了,同时也是要国人在心中勿忘国耻。

"荡马路"是什么意思

荡马路是上海人的一种习惯,就像现在的人们逛街一样。然而上海人却用一个"荡"字,不禁使人想起了荡秋千。荡秋千是一种写意的活动,轻松自在、舒适惬意。上海人荡马路也有一种特别写意的感觉。

荡马路在上海人眼中就如去看电影、唱卡拉 OK 一样,是一种个人喜好,也是一种谈恋爱的方法。上海媒人介绍的约会地点,要么是公园、电影院,要么就

老上海的趣闻传说

老上海的马路

是马路边。男女约会对象初次见面,基本上就是去荡马路。荡马路时,不仅可以看到街上林立的商店,还可以一路上慢慢交谈,增加彼此的了解。其实不仅是恋人喜欢荡马路,平常人也喜欢荡马路。荡马路是当时的一种时尚,这与上海人骨子里那种奢华气分不开的。

恋人荡马路,适合在人少,环境优美,而又不通交通或者公交车很少的地方。灰暗的灯光下,两人相依相偎,一路慢慢行走,窃窃私语,是多么浪漫。即使遇见了熟人,在黑暗中也不一定一下子就认出自己来。以后如是分手,在熟人面前也不会觉得尴尬,因为他们都不知道自己谈过恋爱。荡马路不是只"荡"不买,看见喜欢的东西,只要经济不太拮据,他们也会乐意地掏出腰包。

上海人却不会只为买一件东西而去荡马路。他们喜欢热闹,喜欢奢华,但他们也会考虑自己的经济情况。一般来说,上海人荡马路都喜欢去淮海路。淮海路上霓虹灯光闪烁,商铺林立,处处散发着时尚的气息,美丽却不张扬,风情却还保有矜持。你若是想谈恋爱而去荡马路,那么我推荐你去南京西路,那里更显清静。明月幽幽的光辉,铺盖在身上、路上,阵阵清风送来惬意的舒爽,牵着她(或他)的手,诉说着海誓山盟、天长地久。

现在的新新人类还是比较喜欢在徐家汇荡马路。那里新崛起的大厦密密地织在一起,霓虹灯光闪烁着耀眼的光芒。极具冲击力的视觉效果,很符合新一代年轻人的胃口,也满足了他们的欲望。在这个时候,也许买已经不重要了。

上海为何没有"胡同"名称

胡同,是指城镇乡村之间一条比较狭窄的通道,主要通向民居。大多数城镇乡村都是有胡同的,尤以北京胡同出名。汪曾祺先生写的《胡同文化》主要讲的就是北京胡同。江南也是有"胡同",他们的"胡同"叫"巷"。在上海,"胡同"叫"弄堂"。所以,上海没有"胡同"名称,却有很多弄堂名称。

弄堂是由连排的石库门建筑构成,是上海特有的民居形式。它产生了一种上海特有的文化——弄堂文化。弄堂文化是近代上海历史的最直接产物。上海人生活离不开弄堂。在弄堂里,人们可以做各种事情。可以夏日在弄堂里乘凉,可以在弄堂里谈天说地,可以在弄堂里玩耍,还可以在弄堂里买卖东西。

除了以上作用外,弄堂还有其他的妙处。站在高处看上海,你能看到的弄堂就像这座城市的背景一样。房屋和街道在它上面突出,就像点和线,而弄堂就是中国画中皴法的笔触。夜晚的时候,点和线都是有亮光的,那些没有亮光的地方就是弄堂。此时,点和线把弄堂切割成一个个美妙的世界。

在弄堂里,不仅可以感受到它纯真的外表,还能感受到它内心的性感。太阳到下午的时候,才能照进弄堂的内部。不久,就会夕阳西下。此时,弄堂里蒙上了一层神秘性感的面纱。揭开这层面纱,我们看到了平时看不到的一种

石库门弄堂

景象。优美、性感的弄堂,就像刚出嫁的媳妇,有着娇羞,还有着初为人妻的贤惠。有时鸽子起飞,那扬起的尘土,朦朦胧胧地缥缈在空中,有一种梦幻的色彩。

弄堂文化是一种地方文化,它有一定的局限性,也有一定的独特性。随着社会的发展,弄堂越来越少了。若是有一天弄堂消失了,弄堂文化也会随之消失么?

为何上海的"弄堂"有那么多名称

近代上海的弄堂名称数以千计,令人眼花缭乱。比较常见的名称有:"里"、"坊"、"村"、"花园"等。那么上海为什么会有这么多的弄堂名称呢?这与弄堂主人的文化修养是分不开的,也与取名者的身份地位有关。在旧上海,弄堂的命名没有什么规则,政府没有明文的限制和规定。上海很大,弄堂很多,这样就造成了五花八门的弄堂名称,也导致了很多重名现象的发生。

命名弄堂的方式有很多种,最常见的就是以自己的姓、名、字、号命名的,或者在自己的姓、名、字、号后面加一个字命名。如"王家弄"、"钱家花园"、"银村"等。还有的是拆开自己的姓来命名的。如"四维新村",就是繁体字"罗"拆开来命名的。以产权者的机构命名也是很常见的一种方式。如"长盛一里"、"长盛二里"、"长盛三里"等。为了表示自己美好的祝福,还有把后代人的名字引入自己所建造的弄堂里的。比如,"安宜坊","安宜"就是建造者儿子的名字。再如,"鑫森里",鑫有三个"金"组成,代表三个千金小姐;森,有茂盛之意。

老上海弄堂忙碌的居民

这个名字表达了弄堂主人对三个女儿出嫁之后儿孙满堂的美好祝福。有些弄堂是由多人合资修建的。于是就有了这样的一种命名方式。以意代名，作为弄堂之名。如"三义新村"，是1932年由潘某等三人合伙建造的，为示三人合建之意。"四友新村"也是同理命名的。有些弄堂命名还以居住者的籍贯为名的，如"西安坊"等。

以上弄堂的命名方式都是和人有关。接着讲的弄堂命名方式都是以弄堂本身或其周围的特征、特色命名的。"五柳别墅"是因为其原基址有五棵柳树。还有以附近事物命名的，如"兆丰花园"等。有些弄堂为了取名方便，就以所在的位置命名。如，在中山路上，就有好多"中山里"、"中山村"等。还有一些弄堂是以其内设有的机构命名的，如"爱育里"，因其为"育婴堂"的办事处。

还有一些弄堂名字具有上海半殖民地半封建社会时代的烙印。在老上海的弄堂里，可以看到好多带有富贵荣华、仁义道德、安吉顺平等字样的弄堂名称，如"长德里"、"富盛里"等。

值得一提的是以封建思想为基础，还派生出一种消极的或者自娱自乐的观念，反映在弄堂命名上，如"隐庐"、"渔村"、"耕读村"等。

通过了解弄堂命名的方式，我们不难理解为什么上海有那么多的弄堂名称了。

上海的弄堂和北京的胡同有何不同

北京有四合院，上海有石库门；北京有胡同，上海有里弄。里弄就是弄堂，是一种上海特色的住宅区，它既不同于传统的江南民居，也不同于任何一种西方的建筑形式。它是近代上海历史的最直接产物，是最能代表近代上海城市文化特征的事物。

"弄堂"古时写作"弄唐"，本意是朝堂或宗庙门内的大路。后来"弄唐"逐渐演变为与建筑联系更紧密的"弄堂"。而弄堂能与北京的胡同一样著称于世，主要是因为近代上海大批里弄住宅的兴起。

里弄和胡同一样，也是由许多幢建筑组成的建筑群，它们也建在被城市道

老上海的弄堂

路划分出的小区内，每个小区内有一个或者若干个里弄，每个里弄中单体建筑的造型和结构都基本相同，而且在总体上采取了英国的多幢联排式，一排通常为 10 幢左右。排与排的组合一般都采用行列式，只有少数因地制宜，依地形布置。在这种新式里弄内，各排建筑之间的空间就叫弄堂。北京的胡同两侧主要是一些单层的四合院，而弄堂两侧楼房较多，往往更加狭窄，甚至影响采光。

多少年来，大多数上海人就是在这些狭窄的弄堂里度过了日久天长的生活，并且创造了形形色色独具风情的弄堂文化。

为何说上海是轮子转出来的

要想富，先修路。修路是为了什么？就是为了行车。而上海就是轮子转出来的。从 20 世纪初至今，上海交通蓬勃发展，已经有 100 多年的历史了。可以从上海交通的发展史看出整个上海的发展史。

1908 年 3 月 5 日，上海第一条有轨电车线路开通，从静安寺到今广东路外滩，线长 6.04 公里。这条线路的开通，标志着上海市近代公共交通的诞生。直到 1963 年，最后一辆有轨电车完成任务后，永远地休息了。这条有 55 年历史的有轨电车线路被拆除，换上了 20 路无轨电车。

上海公交车先后经历了有轨电车、单机车、铰接式无轨电车、大篷车、空调电车等近 10 种车型。可以用八个字概括上海交通的变化，"今非昔比，鸟枪换炮"。

衡量公交车辆的好坏，可以从三个方面出发，稳定性、密封性和舒适性。坐车要稳这是最基本的要求。如果车开不稳，乘客就有可能出意外受伤。为什么讲求密封性呢？密封性好的公交车，冬天时不会太冷。如果装有空调，那么就会冬暖夏凉。舒适性，是讲乘车是否舒服。有时乘车高峰期，乘客众多，就会很拥挤，那么就谈不上舒适可言。

旧上海老爷车

现在，在乘坐上海公交车时，基本上能达到乘车高峰期有座位可坐，而且公交车上的移动电视有节目可看。两站地之间的行车时间一般在3分钟。在车站两三分钟就能等到要坐的公交车，十分方便快捷。

在过去，上海公交车曾经采用的是铰链式"大篷车"。这种"大篷车"车身长达14.5米，不容易开，而且密封性差。冬天会很冷，夏天会很热。乘车高峰时期，还特别拥挤。据说，交接班时，售票员要踩着梯子从窗口出入。1995年后，上海开始使用单机车，稳定性和密封性都比之从前要好得多。到了1999年，上海就出现了空调车，乘客们终于享受到了冬暖夏凉的乘车出行。

现在上海市的公交车已经覆盖了上海绝大部分地区，在行政村公交线的通线率达到很高的水准，已经实现社区公交"村村通"的目标。

旧上海著名的五条马路知多少

旧上海最繁华的地段就是公共租界内的苏州河南部地区。最初，英国人在这里规划了5条大致平行的道路，后来，这5条马路逐渐发展成了上海最重要，也是最具特色的5条马路，以致上海人干脆直接称其为大马路、二马路、三马路、四马路和五马路。

大马路：原名花园弄，1865年定名为南京路，是上海开埠后最早建立的一条商业街。1905—1911年，犹太富商哈同耗资60万两白银在南京路上铺设了铁黎木路面，使之成为远东最漂亮的道路，南京路两侧的房产迅速增值。后来"永安"、"先施"、"新新"、"大新"和"中国国货"五大著名环球公司进驻于此，南京路便成了上海最热闹、最繁华的商业大街。

二马路：位于南京路南侧，现名九江路。九江路是银行的集中区域，最早是阿加剌银行和有利银行开设在此，后来美国的花旗、大通、日本的三井、三菱、住友、荷兰的安达、德国的德华、中国的华侨、聚兴诚等银行也进驻于此，形成了"中国的华尔街"。新中国成立前，上海证券交易大楼也设在这条路上。

三马路：位于二马路南侧，现名汉口路，这里是上海新闻业的核心区域。旧上海影响最大的两家报纸——《新闻报》和《申报》，其馆址都位于这条街上，一些著名的报刊编辑、主笔也都居住在这里，

老上海九江路上的老介福绸缎局

这里是名副其实的"上海新闻中心"。

四马路：位于三马路以南，现名福州路，又因原圣三一教堂建在该路上（后迁至汉口路与江西路之间），被叫做"布道街"。1843年冬，英国伦敦会传教士麦都思在与该路相近的麦家圈（今山东中路）创办中国第一家机器印刷厂墨海书馆，以后上海近百家出版机构，以及文化用品商店均集中在这条路的南路（今河南中路）到福建路（今福建中路）的约200米的路段上。中华书局、商务印书馆、黎明书局、大众书局、世界书局、儿童书局、博文书店、独立出版社、作者书社等都在这里扎堆。因此，福州路有"文化街"的雅称。但是这条路的西段，则又是另一番境况，是茶楼、书场、戏院最集中的区域，也是旧上海有名的红灯区。为把四马路两种截然不同的文化现象相区分，上海人把其东段的文化街称作为"福州路文化街"，而把其西段的妓院娱乐场称作为"四马路妓女窟"。可见，四马路和福州路的名称是不能混用的。

五马路：在四马路以南，又叫宝善街，也就是今天的广东路。这条路有一段名为正丰街，因为那里正好有一家正丰酱园。上海初设电话之时，分南北两局，南局在十六铺，北局就设在正丰街。

旧上海的黄包车有何由来

黄包车，是旧上海乃至旧中国城市中最流行的交通工具了，它实际上是一种用人力拖拉的双轮客运工具，又称人力车。因为其车身、车篷大多为黄褐色、灰黄色，故名黄包车。

大概在19世纪70年代初，黄包车自日本传入中国，当时法国人米拉看到黄包车便利，拟从日本购进，并向法租界公董局呈报一份计划，要求"在两租界设立手拉小车客运服务机构"，并申请10年专利经营。后经法租界公董局与公共租界工部局协商，同意由两局发放人力车执照，并批准路程价格。米拉获得牌照12张，每张可经营人力车25辆。随后他从日本购置人力车300辆，成为上海最早的人力车公司老板，这是人力车进入中国之开始。由于人力车非常方便，很受市民欢迎，很快其他公司也加入竞争，一年内上海租界先后成立的人力车车行多达10家，人力车达到2000辆。因为人力车自日本传入，因

老上海黄包车

此早期又称为"东洋车"。

一开始人力车为双座,1879年改为单座。到"八·一三"事变前夕,上海租界及华界的人力车达到2万多辆,以此为生者7万余人。有些人力车还属于车主自用或被富商包用,车容整洁,车篷漆上黑漆,以区别于一般的黄包车。

抗战胜利后,三轮车逐渐兴起,黄包车逐渐退出竞争。新中国成立前,上海黄包车数量下降为3659辆。20世纪50年代初,人力车行业消亡。1956年,最后两辆黄包车被送入博物馆。

上海古桥知多少

上海地处江南水乡,水网交叉,桥梁随处可见。上海地区的古桥,数量远多于古塔。不过,上海古桥有名且有价值的不多,因为河滨较窄,无须修建技术含量很高的大型桥梁,五孔石桥仅两座,绝大多数是单孔小石桥。目前,被定为"市级文物保护单位"的,仅有两座。但在青浦区金泽镇,桥梁密集度堪称上海之首,在穿镇而过的小小一条塘河,竟然汇集了宋、元、明、清历代古桥七座,颇为难得。

放生桥:上海最大的一座石桥,位于青浦区朱家角镇的漕港河上,名放生桥,为一座五孔大石板桥,长70.8米,宽5.8米,最高7.4米,始建于明隆庆五年(1571年)。原桥旁有一慈门寺,此桥即为寺中僧人募化建成,万历年间,乡里组织放生社,划出桥下里许立桩为界,禁止渔船停泊及撒网捕捉鱼鳖等水族,另外入社者每月初一须购水族来此放生,故称此桥为"放生桥"。乾隆末年桥倾圮,嘉庆十六年(1811年)重建。桥上有龙门石,镌有盘龙8条,环绕明珠,形象逼真。桥顶4角有迎客石狮4只,仰头张嘴,憨态可掬。桥东建有碑亭,内置清嘉庆年间潘奕隽《重建放生桥记》等碑三方。整座石桥造型精巧,气势宏伟,坚固省料,易于泄洪,桥拱造型优美,有"井带长虹"之称。现此桥已被列入市级文物保护单位。

普济桥:上海地区最古老的石桥位于青浦区金泽镇南首,名为普济桥,因桥东原有圣堂庙,故又称圣堂桥。为一单孔石桥,始建于南宋咸淳三年(1267年),雍正元年(1723年)重修。桥长27米,宽2.75米,桥拱直径10.5米,坡度平缓,拱跨大,整座桥由紫石砌成,故又称"紫石桥"。此桥现已被列入市级文物保护单位。

朱家角放生桥

万安桥：位于金泽镇北首，又名万安亭桥，南宋时建造，明嘉靖、万历及清乾隆年间曾3次重修。桥长29米，宽2.6米，跨径9.8米，为弧形单孔石桥。桥梁造型优美，当地有谚语云："金泽四十二虹桥，万安为首。"现已被列为区级文物保护单位。

其他较为有名的古桥还有，青浦金泽镇南首的迎祥桥（建于元代），金泽镇北首的天皇阁桥（建于清代），松江老街上的大仓桥（五孔石桥，建于明代），松江老街上的云间第一桥（建于明代），青浦练塘镇的朝真桥（建于明代），宝山罗店镇的丰德桥（建于清末），南汇新场老街的千秋桥（建于清代）等。

"泥城桥"有何由来

西藏路桥，也称"泥城桥"。经过80年的岁月，它正面临着拆除重建的命运。那么西藏路桥为什么又被称为"泥城桥"呢？它有什么来历呢？

据资料记载，清咸丰三年，今西藏路处建了一座木桥，因其靠近泥城浜，故称"泥城桥"。还有另一种说法：在1854年美英联军和清军的一次作战中，一名外国士兵在泥泞中滑了一脚，自语道"这真是一场泥脚之战"。在新闻报道时，foot（脚）被排成city（城市）。于是，史学家称这一场战斗为"泥城之战"。

其实上海有三座"泥城桥"。今北京路口的星火日夜商店附近的是北泥城桥，即是我们习惯上称的"泥城桥"；今南京路市百一店附近的是中泥城桥；今广东路口的是南泥城桥。

1899年，工部局拆除旧桥，建了一座新桥，并把泥城浜填平修筑成西藏中路。后来，新桥被拆除，又在原桥东侧修建了一座混凝土桥，并于1942年命名为西藏路桥，即"泥城桥"。

在这座西藏路桥上有一段抗日史。"八·一三"时，八十八师五二四团团副谢晋元率官兵约800名在此桥畔与日军进行殊死搏斗。抗战胜利后，为纪念这位抗日将领，上海设置了"晋元路"、"晋元中学"以示纪念。提起西藏路桥，人们就会想起这名抗日英雄和其领导的八百壮士的伟大功绩。

历经风云变幻，如今的西藏路桥已经跟不上时代的步伐。新中国成立后，虽然曾三次大修西藏路桥，然而其宽度不足18米，已经不堪重用了。不久，老桥就会退休，一座新桥就会立起。这座新桥将会继续为人们作贡献。

上海苏州河上的西藏路桥

"来鹤桥"有何传说

在浦东新区有一座桥,叫做"来鹤桥"。这座桥建于清朝乾隆年间,距今有200多年的历史了。关于"来鹤桥"得名的由来有一个美丽的民间传说。

乾隆

相传,原浜南有一座"南岳庙",是附近村民烧香拜神的好去处。庙虽小,但是香火却很旺盛。附近十里八乡的村民都来朝拜。然而有一条水洞港河阻隔了去路,每次都要绕行。若是每逢刮风下大雨,朝拜的村民还有可能受伤,极为不便。于是这些善男信女们就商量一下,决定修一座桥来。说干就干。联系好石匠,并运来石材,而且还想好了名字叫"南岳桥"。

不久,就建好了桥墩。善男信女们择一黄道吉日准备安放桥面。不知是什么原因,本来丈量好的桥面就是放不正。急得石匠们团团转,束手无策。恰在此时,有一白鹤从天而降。只见它停在桥墩上,扇动翅膀,用力拍打桥面。然后,它才步履维艰地走到旁边观看桥面。说来真是奇怪。石匠们再次安放桥面时,丝毫不差,整整齐齐。人们分外惊奇。

桥修好后,善男信女们敲锣打鼓以示庆祝。同时,他们发现白鹤翅膀受伤了,就帮忙处理白鹤受伤的翅膀。当时有一个名医叫沈鲁珍,擅长针灸。据说曾给乾隆皇帝看过病。"针到病除",乾隆皇帝赐他一方金匾。沈鲁珍见到白鹤后,用金针在白鹤翅膀上扎了几下,白鹤就能跃起而飞。善男信女们为感谢白鹤相助,就把原本定为"南岳桥"的名字改为"来鹤桥"。

到了1972年,旧的"来鹤桥"被拆除,新建了一座水泥桥,仍沿用"来鹤桥"这个名字。

上海第一号汽车有何传说

上海滩一号汽车的故事,是老上海们酒后茶余最有兴味的话题之一。1901年,汽车就传入了上海。到1912年,上海已经拥有汽车1400辆,当时租界的管理机构工部局便按照欧美的管理模式为汽车发牌照。这第一号牌照自然意义非凡,这里还有一段传说。据说,工部局派发车牌时,宁波富商周湘云捷足先登,花大价钱获得了第一号牌照。然而,当时觊觎第一号牌照的大有人在,特别是犹太富商哈同。据说,当时他已经为自己的司机取得了第一号驾驶执照,也希望能得到第一号汽车牌照。为此,哈同曾与周湘云协商,请他相让,但周坚决不答应。于是,哈同便雇用了大批流氓,准备等第一号汽车开出来后,一拥而上抢夺牌照。反正仗着英国人的势力,大不了罚款了事。周湘云获悉后,迫于无奈,只好把上有第一号牌照的汽车终年锁在车库内,不再驶出。所以,第一号汽车牌照始终没有在马路上出现过。

实际上,这个故事不过是当时上海流传的花边新闻而已,历史上上海的第一号牌照确实属于周湘云家族,但不属于周湘云,而是属于他的弟弟周纯卿。至于哈同与周湘云争夺第一号车牌之事,更是子虚乌有。哈同与周家交情不浅,怎会做出巧取豪夺之事?

周湘云家族是上海滩有名的富商,有房地产大王之誉。在公共

中国的第一号汽车牌照

租界工部局的纳税人名册上,周氏家族排名第五。第一号车牌的真正主人是周湘云的弟弟周纯卿。周纯卿是上海滩有名的花花公子,喜欢玩洋玩意儿,诸如汽车、游艇、跑马,样样都会,而且样样都精。20世纪初,一个丹麦籍的医生告老还乡了,临行时要将他的一辆旧汽车连同牌照一起出让,周纯卿捷足先登,买下了汽车和牌照,这就是传说中的第一号汽车了。

这是一辆黑色的、长方形的轿车,司机的座位在右边,全车可乘坐12个人,前排4人,后排4人,前排的座位下面有小凳子,拉出来又可坐4人。车内前座和中座之间有一排玻璃窗隔着,有小窗可与司机通话。周纯卿还将车灯换掉,又在开门的把手处,用铜镶嵌了一个篆文"周"字。车牌挂在车前,为铜质椭圆形,漆成黑色,非常醒目,其号码是古罗马的"I"字,其下刻有上海工部局的缩写S.M.C.。这个椭圆形的牌照和后加的车饰,都出自周纯卿自己的设计,而工部局颁发的正式牌照,平时则放在周纯卿家里。

1945年,周纯卿去世,第一号汽车在其葬礼上完成了它的最后一次使命,随后即告报废,没能保存下来。

出租汽车大王周祥生有何传奇

时势造就英雄,英雄书写传奇。出租汽车大王周祥生有何传奇故事呢?

老上海的趣闻传说

白手起家：1901年汽车落户于上海,之后迅速发展。至1912年,上海的汽车已经达到了1400辆。各种各样的汽车,如福特、雪弗莱等奔驰在马路上,让上海人看花了眼。黄包车已经落后了。上海人喜欢讲究派头,为汽车的迅速发展创造了商机。20世纪20~30年代是上海出租汽车发展的黄金时代。此时,在上海中上层市民生活中,坐出租车已经是一种时尚。

周祥生,小名阿祥,定海人。13岁时到上海一个饭店做侍应生。在工作期间,学会了一口流利的英语。客人经常在吃完饭后,让他去喊车,因而他和出租车司机很熟悉,并发现了商机。几年之后,周祥生积攒了一定的资金,向英商中央汽车公司购买了一辆旧汽车,做抛岗生意。所谓抛岗生意,就是把汽车随便停在马路边上揽客。他的堂弟周锡庆看到有利可图,就和周祥生商量,合作开设了一家出租车行。至1923年,车行搬到武昌路百老汇路（今东大名路）口,正式挂名为"祥生汽车行"。

蓬勃发展：祥生汽车行声名鹊起,周祥生成为华商出租汽车行业中的领头羊。周祥生的个人信誉很高。他利用分期付款的方式,购买汽车。到了1929年,周祥生独资经营的车行已经有了20辆汽车,两处分行。同年成立的"华洋出租汽车联合会"选举周祥生为董事长。次年,周祥生又当上了上海市出租汽车业同行会会长。1931年,是祥生汽车行最为重要的一年。周祥生的朋友、新顺记五金号副经理李宾臣看准美元汇率将要上涨的局势,劝说周祥生扩大业务,并表示自己愿意在资金上给予帮助。于是,周祥生借朋友的一部分资金,加上银行的贷款,向美国通用汽车公司订购了400辆雪弗莱。果然如李宾臣所料,当汽车运抵上海的时候,车价大幅上涨。因此,周祥生获利甚丰。

1932年元旦,祥生出租汽车有限公司正式成立。自从外国商人到上海试办出租车业务以来,外商车行一直处于这个行业的领导地位。当时最大的外商车行是云飞和泰来。为了民族自尊心,周祥生坚持不懈地与这些车行作斗争。当时,全国人民爱国主义热情空前高涨。周祥生就发出广告："中国人坐中国车。"一时间,上海市民坐出租车就选祥生出租车。不光在民族大义上做宣传,周祥生还做好祥生出租汽车有限公司的硬件工作。比如,出租汽车采用墨绿色的雪弗莱新车,在全市各地开设分行。在服务上,祥生车行也有很人性化的服务。不管顾客是上车还是下车,司机都要为其打开车门。

"出租汽车大王"周祥生

不管顾客何时叫车,都必须保证在数分钟内到达。对于行李比较多的乘客,司机还要帮助拿行李。祥生车行服务态度好,深得人们喜爱。

40000 电话: 当时的阔太太或者小姐,喊出租车都喜欢打电话,不仅方便,而且有面子。当时有一个广告,一个时髦的美丽女子拿起电话喊出租车,随后一辆漂亮的出租车开进了洋气的花园里。多么梦幻而又惬意的生活啊。当时云飞的电话是30189,取谐音"岁临一杯酒"之意。周祥生为了搞到一个很好的电话号码可谓是花了很多苦心。40000 这个号码为那个时代的上海人所熟知。它就是祥生车行的电话号码。40000 这个号码有着特殊的含义。当时中国有四亿人口,号称四万万同胞。周祥生就打出这样的一则广告:"四万万同胞,拨四万号电话,坐四万号车子。"为了扩大这个电话号码的影响,周祥生在细节上还下足了功夫。当时的电话一般是装在墙上。如是有电话打来,却不是找接听电话的人,话筒就无处安放。周祥生就请人设计了一种小巧的金属框架,框架上标有红色 J 标记和 40000 电话号码,并安置这些金属框架到饭店、电影院、舞厅等人比较多的场所的电话旁。另外还设置了天气和火车、轮船启动时刻的问询服务。这个问询服务不仅方便了顾客,还能使顾客在问询时趁便喊一辆祥生出租汽车,因而增加了生意。

兴衰往事: 九·一八事变后,周祥生躲避战乱返乡,将公司业务交给弟弟周三元负责。1946年,周祥生创办了祥生交通公司。1949年,因经营困难停业拍卖。1951年,全上海出租车实行公私合营。1954年,统一改组为上海市出租汽车公司。1974年2月,周祥生病逝。

随着周祥生的死亡,一代出租汽车大王走完了他传奇的一生。

上海最早的电车和公共汽车知多少

上海市早在20世纪初期就有了有轨电车。据史书记载,清朝光绪三十年(1904年)正月,为开办有轨电车事业,上海市公共租界工商局招标,英商布鲁斯·庇波尔公司中标,工商局与该公司签订了合同。1908年,有轨电车开始营运。1914年,英国的一家公司开办第一条无轨电车线路。

以上经营者都是外国公司,上海第一家创办公共汽车事业的

老上海的公交车

中国公司是华商公利汽车公司,于1922年8月开通线路。1924年,华商沪太长途汽车股份有限公司首先开辟上海至太仓长途汽车路线。到1938年,上海市成为全国拥有公交车辆、公交线路、公交职工最多的城市。

"八·一三"之后,上海市交通被日本侵略者破坏。随之,日军建立起华中都市公共汽车股份有限公司,开始垄断除法租界以外的上海公共交通。

抗战胜利后,上海市公用局设置上海市公共汽车公司筹备处,之后改组为上海市公共汽车公司筹备委员会,还设置了上海市电车公司筹备处。1946年,将两处合并改组为上海市公共交通公司筹备委员会。之后,开辟了10条新线路。

上海解放后,中国人民政府接管了上海的交通。1950年,上海市公共交通公司成立。其后,军管会征用英电,成立上海市电车公司。1953年,上海市人民政府代管法电,成立上海市沪南水电交通公司。1954年9月,公私合营上海市浦东公共交通公司成立,标志着民营公共交通公司开始登上历史舞台。1958年7月,上海市公共交通公司成立。至此,上海市内电车和公共汽车以及附属工业单位统一管理。到了1995年末,上海公交总公司成为了全国最大的公共交通企业。

上海市公交事业的蓬勃发展,使上海被人们称为"是轮子转出来的"。现如今上海公交总公司已经树立了公交人员的良好形象,起到了企业先锋军带头作用,做到了每位乘客"信任而来,满意而归"。

旧上海的沙船是沙子专用运输船吗

老上海的沙船

在旧上海,航行在长江口、黄浦江上的,除了轮船之外,大多是一种方头方尾的平地海船,这就是所谓的沙船。不过,千万别望文生义就认为这种船是装运沙子的,它其实是中国古代的一种优秀近海运输船,也叫做"防沙平底船",是中国"四大古船"之一。早在唐宋时期,沙船就已经问世,成为我国北方海区近海航行的主要海船,因其适合在水浅多沙滩的航道上行驶,故被称为沙船。

沙船结构独特,平底、方头、

方尾,俗称"方艄"。船上甲板宽敞,而且采用大梁拱,使甲板能迅速排浪。船上设有"出艄",便于安装升降舵;又有"虚艄",便于操纵艄篷。船上装有多桅多帆,航速比较快,舵面积大又能升降,出海时部分舵叶降到船底以下,能增加舵的效应,减少横漂,遇浅水可以把舵提升。

沙船具有三大优点,一是船形特殊,不惧沙滩,受潮水影响较小;二是近海航行性能优越,可逆风行驶,耐风浪;三是载重量大,可达到1200吨以上。沙船最大的缺点就是速度太慢,而且破浪能力较差,不适宜远洋航行。当时,上海是中国最重要的贸易港口,开埠之前,主要的运输工具就是沙船。轮船出现后,沙船才逐渐被淘汰。

第一条铁路淞沪铁路为何拆了又建

淞沪铁路,是中国最早建成的第一条铁路,原为吴淞铁路,建成于1876年,由英资怡和洋行投资兴建,但不久即被拆毁,后来又重建。在此后的100多年间,这条铁路见证了上海开埠之后的荣辱兴衰,也经受了淞沪会战炮火的洗礼。

1876年,英国公使威妥玛向清政府提出了修筑吴淞铁路的要求,理由是黄浦江河道淤塞,大吨位轮船无法停靠,修筑铁路后可将大船停泊在吴淞而将货物通过铁路运至上海。此时清政府对铁路尚存疑虑,没有答应英国人的要求。但怡和洋行却阳奉阴违,表面上声称修筑吴淞至上海间的马路,却暗地铺轨。1876年,铁路全线贯通,从上海租界经江湾,一直延伸到吴淞口,全长4.5公里。7月1日,吴淞铁路正式通车营业。

火车运行一个月后,就轧死了一名过路的清军士兵,当地民众被压制的不满迅速爆发,集体阻止火车运行。英国人不甘"损失",与清政府签订协议,由清政府出资28.5万两白银将铁路买下。钱款付清后,铁路运营停止,清政府决定拆除铁路,将其移筑台湾。后因种种原因,台湾铁路未能及时开工,结果吴淞铁路的设备锈蚀成了一堆废铁。中国的第一条铁路就此夭折。

当时沪上有竹枝词《咏火轮车》云:"轮随铁路与周旋,飞往吴淞客亦仙。他省不知机器巧,艳传陆地可行船。"由此可见当时上海人对拥有这样一条铁路是

中国第一条铁路淞沪铁路

何等自豪。在吴淞铁路收回前后,《申报》发表了不少文章,力论铁路之利,并力陈火车停驶后给市民造成的不便,希图通过舆论来影响当局,使其回心转意,恢复铁路的运行。不久,《申报》的提议得到了绅商阶层的支持。1896年,时任铁路大臣的盛宣怀奏请清廷,力陈火车之利,终于得到了批准。1898年9月1日,新筑的淞沪铁路建成通车,铁路全长16公里,设有宝山路、天通庵路、江湾、三民路、高境庙、何家湾、蕰藻浜、吴淞、炮台湾9个车站。铁路的修筑迅速为途经地区带来了繁荣。到淞沪会战前夕,淞沪铁路南段已经穿越大片闹市区,诸多道路与之相交。

　　1932年的"一·二八"事变和1937年的淞沪会战期间,淞沪铁路两侧是中日军队对峙的前沿阵地,发生过多次激烈争夺,铁路受到严重破坏,战后也只有部分得到恢复。1997年,淞沪铁路被拆除,沿原有线路架设高架铁路(今轨道交通三号线),2000年底投入运营。拆除之时,原吴淞火车站得以保留并修复,成为中国第一条铁路的纪念地。

你知道万航渡路曾经和一个爱情故事有关吗

　　万航渡路,南起愚园路,衔接华山路,北至曹家渡折向西,最终至长宁路,衔接娄山关路。全长4830米。在租界时代,这条路名为极司菲尔路(Jessfield Road),是1864年上海工部局在公共租界以西越界修筑、管理的一条道路。1943年,租界交还中国后,该路改名为梵皇渡路。1964年,以谐音改今名万航渡路。

　　关于万航渡路的原名"极司非尔"(Jess－field),还流传着一段趣闻。据说,在上海开埠之初,有一位葡萄牙商人路过虹口一马戏场,听到帐内有一少女哭声甚哀,于是付赎金为之赎身,并将她托付给了一位美国传教士。后来,这位少女随传教士赴美,后返回上海,并嫁给了传教士。传教士即为她在沪西购地建屋,因为这位女子英文名叫极司(Jess),所以这里的地名便叫"Jessfield",意即"极司之地"。其门前的道路也被命名为极司非尔路(Jessfield Road)。

　　1914年,公共租界工部局在路旁辟建极司菲尔公园,俗称"兆丰公园"或"梵皇渡公园"。抗战胜利后,租界收回,公园更名为中山公园。

静安区万航渡路欧式老房

为何"广东路"的命名是一个"例外"

一般来说,老上海市南北向道路都是以省份命名,东西向道路都是以城市命名。而东西向的"广东路"却是以省份命名,为什么会有这个"例外"呢?

列强在命名上海道路的时候,都是使用英文。比如Peking Road(北京路),而广东则是"Canlon Road"。问题就出现了。Canlon在早期中外交往中,可以翻译成广东,也可以翻译成广州。初命名时,本意是广州路,国人却翻译成了广东路。于是便有了这样一个"例外"。

上海广东路

愚园路名称有何来历

愚园路是上海西区的一条著名的马路,然而这条马路并不宽阔。它之所以很著名的原因是因为在这条马路上居住过很多名人。

这条马路原本不是一条很普通的马路。等到作为他前身的私家花园消失的时候,这条马路就开始被遗忘在人们的记忆中。原本的它叫做"小河边",在今静安寺附近,其规模包括现在的小河边、常德路、南京西路。在历史档案中记载,小河边是作为一个高档住宅区建设的,就相当于现在的别墅。在档案中记载,小河边的房子被划分好地皮之后,由个人建设。除了公共设施和建筑高度的一致要求外,政府并没有过多地干涉。所以,小河边也成了中国私宅建筑在民间的最后一次辉煌。

建筑是文化的积淀,也是历史的见证。在这条马路上,有很多高雅的居所,也有很多阔气的洋房。然而现在已经见不到它们的样子,见到的都是一些痕迹。经历过战争和劫难,在动荡不安的时代里,那些房屋的主人左右不了自己的命运,只好在房梁上自缢。时间能证明一

愚园路夕阳下的老洋房

切,真相会大白于天下。那么小河边隐藏的历史如何去挖掘呢?

时光流转,到了现代。小河边的房屋大多已经毁坏。现在的愚园路充满了上海元素。在这条马路的兴衰史中,我们看到了上海不停的变化,就如同黄历,一页页地向前更新。听说要拆迁,这愚园路上的保存比较好的洋房是万万不能拆掉的。它们不仅保存着历史的记忆,而其背后还有更多的商业利益。拆掉的都是些平民居住的房屋,如一些低矮的平房和石库门。留下的那些洋房会使人记忆起他们曾经的主人。

汪公馆:著名的"金屋藏娇"的典故就是发生在这里。时任国民党要员的王伯群喜欢上了交大的校花,不惜接受这座来历不明的房子,以之藏娇。东窗事发,这个要员因此被贬。后来这座房子就成为了汪精卫的居所。因此,称为"汪公馆"。新中国成立后,这座房子成了青少年教育活动的基地。

涌泉坊:位于愚园路395弄。它之所以被人们记住,是因为它开创了上海新式里弄的居住方式。涌泉坊内的房子外观都是红色的,但是样式并不完全一样。

愚园路749弄:这个里弄有着特别之处,不仅是因为房屋的豪华,还因为63号、65号、67号这三号分别居住着的李世群、周佛海、吴士宝。

其81号居住的竟然是中共上海地下组织领导人、中共上海局副书记刘长胜。

另外在愚园路上还有"市西中学"、"路易·艾黎故居"、"刘晓故居"、"苏维埃第一次代表大会会址"等。

现在的愚园路,已经活在我们的记忆深处了。

旧上海的西洋马车知多少

旧上海的马车,系由西洋传入。开埠后,随着外侨的增多,样式洋派的西式马车应运而生,有双轮的,也有四轮的,有一马拉的,也有双马拉的。车上的装饰极为考究,有绿呢窗帘,白铜痰盂,有的还放有锃亮的镜子,插绢花的花瓶。座位上铺着狐皮褥垫,冬天有白铜手炉脚炉,一应俱全。主人威风,车夫也不简单,一身行头俱全。夏天葛纱凉帽,冬日皮衣披肩。清末《点石斋画报》就画有许多马车夫的形象。当时南京路成为大

老上海的西洋马车

马路,自然也是马车奔驰的主干道了。从南京路直到静安寺一带,是马车车主最喜欢兜风的地方。四马路福州路上,茶馆青楼众多,也是马车喜欢扎堆的地方。当时,就有人专门在茶楼上观看路上马车里的公子俊男怀拥佳丽,飞驰而过的情景,几成上海一景。见外国人如此风光,中国的有钱人也不甘寂寞,他们也置备马车,装饰之豪华比之外国马车有过之而无不及。据说,当时租界工部局有一条规定:如果西方人的马车在前,那么后面华人的马车就不准超越;而如果华人的马车在前,后面的西方人马车就不受此规定限制。小小一辆马车,也见证了中国人的屈辱史。置办一架马车所费不菲,于是提供租用马车服务的马车行,应运而生。当时跑马厅旁有一家飞马车行,拥有马车 100 多辆,可见当时马车的风头之劲。上海人之所以称道路为马路,除了跑马厅赛马的原因之外,也有当时马车兴盛的原因。1874 年,法国人米拉从日本引进了人力车,这就是著名的黄包车。不久,黄包车就以其便利、廉价受到了上海人的欢迎,马车反倒成了落后的象征。到 20 世纪初,黄包车已经非常兴盛,成为上海的主要客运工具,而马车,则彻底退出了历史舞台。

上海的老火车站知多少

上海火车站,是上海铁路最大的特等客运站,始建于 1908 年,1909 年落成,但如果从最早的吴淞铁路算起,则可追溯至 1876 年。

1876 年,英商怡和洋行修建了中国第一条铁路——吴淞铁路,并在今河南北路修建了火车站,不久清政府赎回,车站也一并收回并拆除。1898 年,清政府修筑淞沪铁路,1908 年,又修筑沪宁铁路,次年 7 月在两条铁路的交会处建立了上海站(今闸北区天目东路上的北站),当时主站为英式 4 层建筑,内部装饰豪华,集办公、候车、售票于一身。当时,其规模为全国之最,远胜于北京的前门车站(京奉铁路正阳门车站)。1913 年,民国三元首之一的宋教仁即在此遇刺身亡。1916 年 12 月,沪宁、沪杭铁路接轨,沪

老上海北火车站

宁铁路上海世纪大道南端的世纪之光雕塑站成为两路总站,并更名为上海北站。"一·二八"事变和"八·一三"事变中,北站均受到损毁,抗战胜利后修复。1949年5月28日20点50分,上海北站于沪宁线上驶出上海新中国成立后的第一列客车。1960年,上海北站成为专办客运的特等站。1979年,日发送客车已达到29对,旅客6万多人,但仍不能满足需求。于是,1984年在秣陵路建新客站,1987年年底竣工。

老上海的乡俗俚语

旧时上海人是如何过新年的

上海地处江南,当地的节日民俗与江南其他地方基本差不多,但自开埠以后,上海吸收了大量外来文化,其与本土文化几经融合,也逐渐形成了颇具上海特色的节日民俗。

春节过新年是中国人最重要的传统节日,也是当地传统民俗最集中的展现。上海人过春节最重视的是除夕夜,也就是"大年夜"。但实际上,春节的节庆活动,从农历腊月二十三的祭灶日就开始了,这天上海人要祭祀灶君。上海人以腊月二十四为小年,这一天,上海家家户户都要大扫除,购置年货。城郊农民往往会杀猪宰羊,磨糯米粉制成各种点心,还要腌制各种腊味,贴年画;城里人则往往买些水仙花,或几枝蜡梅插在瓶中以增添节日气

上海人过年景象

老上海的趣闻传说

上海人元宵节吃汤圆

氛,并购置瓜子、糖果、点心等年货。

除夕夜降临时,家家户户欢聚一堂,吃年夜饭,席上菜肴照例会十分丰盛。除夕夜上海人一般通宵不眠,市民一般也不会出门,都和家人一起在家里观看电视节目、聊天,这就叫"守岁"。当新年钟声响起时,鞭炮齐鸣,礼花绽放,共同庆贺辞旧迎新。

大年初一,上海人都穿新衣,戴新帽,以示新年新气象。家人之间相互拜年,长辈当然还得给孩子们压岁钱。从初一下午开始,直到初三,上海人一般都会外出向亲友拜年,以增进情谊,现在通信发达了,电话拜年、网络拜年成了新的拜年方式。大年初五是财神日,上海人要买活鲜鲤鱼"接财神",因"鲤鱼"和"利余"谐音,而且人们给活鲤鱼穿上丝绳,头尾翘起,就如同一个大元宝。初五这一天,城内必定是鞭炮之声不绝于耳,家家户户都希望尽快将财神接进自家门庭,新年大发。

春节的热闹,要一直延续到正月十五元宵节。在元宵节当天,上海人白天吃馄饨,晚上吃汤圆。在近代,元宵节期间,上海老城厢内外有好几处闹市都会搭起高大的灯棚,展示各种花灯。城区各处挂起花灯,城郊田野田里也是到处挂灯,寓意五谷丰登。上海郊县最有名的元宵节表演就是"耍龙灯",尤其在西郊和嘉定、南翔等地盛行,表演时伴以十番锣鼓,数十条龙灯相会,非常热闹。过了元宵节,春节就算过完了,人们相继回到自己的岗位,开始新一年的奋斗努力。

旧时上海人如何"送人情"

中国是礼仪之邦,到别人家里致贺、致哀,礼物礼金都是必不可少的,这就是所谓的"送人情"。上海人也将送人情视为表达情意、联络感情的纽带。但现在送人情活动似乎有些变味,攀比之风盛行,送人情之后又有还人情,因此又有"人情就是债"的说法。

上海人送人情名目繁多,婚丧嫁娶、生辰寿诞、乔迁升学等,都要送礼,到了春节期间还有"压岁钱",初次见面还有"见面礼"等。

礼品的内容也五花八门，但要根据事情而定。如乔迁造屋，一般送些馒头、糕点之类，寓意蒸蒸日上、步步高。生孩子则送老母鸡、鸡蛋、营养滋补品，或者小孩子的衣服玩具等。遇到丧事，则亲戚邻里会送绸缎被面，高龄老死者送红色或颜色更深的，是为喜丧，年轻死者则送颜色淡雅一些的。但现在的年轻人，已经不再讲究这些，一般都是送点钱了事。

老上海"送人情"的特产

旧时上海人如何过生日

上海人对生日也非常重视，对一些特殊的生日还会好好庆祝一番。其中，最有特色的就是小孩的周岁和长辈的寿诞。

小孩子刚满周岁时，年轻的父母照例会设宴庆贺，亲朋好友都会过来。父母将孩子打扮一番，有的给孩子穿一身黄色的衣服，象征日后飞黄腾达。有的还给孩子穿上绣有葱、菱、蒜等图案的鞋子，寓意孩子将来能聪明、伶俐、会算计。宴会的场面一般不大，但分发寿面的数量却很大，邻里乡亲每家一碗，这也有托大家之福，护佑孩子共同长大的意思。

老人的寿宴一般规模较大。上海地区的老人做寿，一般是从60岁开始，逢十进行。而70岁则因7与丧事中做七祭祀同义，故一般选在69岁过寿。做寿一般选在老人生日当天，也有因某种原因放在过年节庆时庆贺的。做寿当天，祝寿者会从四面八方赶来，送上寿面、寿桃、寿糕作为贺礼，这些贺礼的数量也有讲究，必须是双数，不能为单。拜寿时，小辈们向寿星鞠躬致礼，寿星则给孩子们包红包，

上海人过生日

称为"喜钱"。

以前也有在开宴时向邻里乡亲分发寿面的风俗,寿面一般以大排、熏鱼、黑木耳作为盖浇。而寿宴的最后一道菜必定是长寿面。宴席结束,客人告辞时,寿星们会将晚辈送来的寿桃、寿糕之类的礼物回赠客人,称为"回礼"。整个场面热闹喜庆。不过,现在上海人做寿的场面一般不大,祝寿者主要是亲戚子女。

旧时上海人走亲戚有哪些习俗

走亲戚是中国人的一个常见风俗,上海人对走亲戚尤为讲究。逢年过节,街上到处都可以看到穿着整洁大方,手中提着礼品的走亲戚的人。在以前,走亲戚所送的礼品大多是一至两只"黄篮头",每只里面装着两三斤水果;或者是"黄纸包",里面装着核桃、桂圆、蜜枣等零食。不过当时人们也不是很计较所收礼物的价值。改革开放后,随着人们生活水平的提高,走亲戚所送礼品也日趋高档,奶油蛋糕、水果花篮、高级滋补品等成为礼品的主流。

老上海走亲戚

当有客人来到时,主人会礼貌地接过客人手中的礼品,是为"接篮头"。进门后,主客之间会寒暄一番后才落座。如主人家正好在准备饭菜,那肯定会留客人吃饭作陪。上海人参加宴请,一定得等主人入席后才能动筷子。客人如果没有喝完酒,主人即使不会喝酒也会陪着,等客人喝好后主人才会吃饭。宴请结束后,主人不会让客人收拾碗筷,而是端上茶、烟、糖果、瓜子等点心与客人聊天。如果客人还在,主人就不会打扫卫生,也不会当着客人的面教育孩子。客人告辞后,上海人一定会相送,一般会送出弄堂口,甚至会送到车站或送上车。

旧时上海人的婚嫁习俗如何

早年上海的婚礼和江浙一带的风俗差不多,大致都沿袭打铺盖、提箱、哭出嫁、拿嫁妆、入洞房、闹洞房、回门、满月等习俗。

结婚前一天,新娘要用一匹土布把被子、褥子、绣花枕头等扎成铺盖,少则几条,多则十几条,当地人称为"被山",是为打铺盖。在准备好箱橱以后,父母会把给女儿的被子、土布、衣服等递给新娘的哥嫂,由哥嫂一件件放入箱橱里,是为提箱。在新娘子提箱出嫁时,新娘与母亲会泪流满面、相拥哭泣,母亲哭的是女儿要离开这个家了,而新娘哭的则是不舍父母养育之恩,早先还有越哭越发之说。

老上海花轿

拿嫁妆则颇有趣味,在出嫁的前一天,也有的是在出嫁当天,男方要派人到女方家来拿嫁妆,男方家拿嫁妆的人必须等到女方家请他后才能进门,然后燃放鞭炮,女方家发送嫁妆。拿嫁妆的人拿到嫁妆后,必须朝东或朝南走,半路上不能停下来,也不能走回头路,而且还要故意兜远路给路人看。

入洞房和闹洞房的习俗则和其他地方差不多。回门一般在结婚后第三天,新娘回娘家探望父母,新郎照例要准备礼物,并陪同一起前往,但天黑前,新娘必须赶回婆家。小满月是在结婚后第四天,新娘还要回娘家,也必须在当天赶回婆家。

大满月是在结婚过了数天以后,娘家的兄弟到男方家邀请新婚夫妻回娘家。新郎必须接受邀请,并在当天回家,而新娘则可以在娘家住上几天,然后再由新郎接回家,从娘家回来要一路撑着红伞。

旧时上海滩的第一个集体婚礼是怎样举行的

当下青年男女的集体婚礼时有所闻,时常见诸报端,亮相荧屏,为人们所津津乐道。实际上,集体婚礼早已不是什么新鲜事物,早在 70 多年前就已经出现了。

最早举办集体婚礼的地方,依然是上海。1934 年,蒋介石在南昌发起"新生活运动"。当时的上海市政府为了配合这个运动,就由社会局出面组织集体结婚,以示出新。上海举办集体婚礼活动的消息,由社会局登报广做宣传,参加者须到远离租界的新上海市中心社会局登记,并交纳法币 20 元,领取结婚证。同时还规定,参加集体婚礼必须统一着装,新郎穿着蓝色长袍、黑褂、蓝裤、白袜、黑缎鞋、白手套;新娘则穿着短袖淡红色的长旗袍、同色长裤、同色缎鞋、肉色丝袜、头罩白纱、戴白手套执鲜花。为表示国粹,彰显民族特色,还特别强调新娘不得烫发,不得穿皮鞋。

举办集体婚礼在当时可谓是亘古未有的新鲜事物,上海市民都十分好奇,一时间预约登记的未婚青年络绎不绝,当时还是郊区的社会局竟然门庭若市。为保证婚礼有序、顺利地举行,在婚礼前一周,新郎新娘都要到市府大厦(今上海体育学院内)排练一次。到了正式举办婚礼的那天,新郎、新娘、家长、来宾等都提前集中到市府礼堂,大礼堂临时用屏风分隔成若干小间,里面每张桌子均事先按照结婚证号码编好号,来宾只需对号入座即可。大礼堂还设有一些小房间供更衣化妆之用。这时的市府大礼堂装扮一新,礼台正中挂着孙中山先生像。礼台两侧有彩带、鲜花装点,喜气洋洋。下午3时

老上海婚礼

整,集体婚礼正式开始。总指挥一声令下,在警察局乐队的伴奏下,新郎新娘双双携手,踩着红地毯步入礼堂。婚礼是一对一对同时进行,由司仪宣读名单,点到的新人即走上礼台。首先双双向孙中山先生像三鞠躬,再夫妻相对二鞠躬,然后向证婚人一鞠躬。证婚人由市长、社会局长担任,受礼完毕后,他们还要分别致词祝贺,并向新郎新娘颁发结婚证书、纪念证章、纪念品。然后,证婚人与集体结婚的新人一起在大礼堂前面合拍团体大照片。当主持人宣布婚礼仪式结束后,在乐曲声中,数百辆汽车在刚修筑完成的翔殷路上浩荡而去,颇为壮观。

集体婚礼始自1934年10月,1937年淞沪会战爆发后停止,前后共举办了10多届,参加集体婚礼的青年共有1000多对,每次举行,都轰动一时。同时,其他城市也纷纷效仿上海的做法,集体婚礼顿时风靡全国。

旧时上海人搬家为何要准备"馒头糕"

中国人对乔迁新居都非常重视,将其视为新生活的开始,因此有许多讲究,而且各地的风俗还不尽相同。上海人乔迁非常注重讨个好口彩,最好是节节高、蒸蒸日上之类。因此也就出现了许多特殊的习俗。

以前上海人在搬入新家时,一定要让晾衣服的竹竿先进屋,象征生活如竹

节，节节高。不过现在都不用竹竿晾衣服了，所以就买几根甘蔗扎上红绳代替，象征日子越来越红火、越来越甜蜜。

另外，搬家最重要的一个风俗就是要制作馒头糕，而且得在早上4点或日出之时开始搬家。馒头糕和日出搬家，正象征"蒸蒸日上"。不过馒头糕一般不自己蒸，而是直接购买，除了自己食用，还要赠送给邻居和帮忙搬家的人。

老上海厨房

旧时上海的城隍三巡知多少

上海自元代建县即设城隍庙，历史已有700多年。城隍庙规模宏大，位于老城厢的东北部，面积达一万多平方米，是上海最有名的道教宫观，在上海人心目中影响很大。

自上海建县直到抗战爆发，城隍庙一年四季香火不断，大年初一、正月十五是传统的敬香之日，正月初四、初五接财神，二月二十九是观音生日，四月初八是浴佛节，五月初五端阳节，六月二十四螺祖生日等，城隍庙都有大型的上香祭祀活动。最热闹的是农历二月二十一日的城隍爷诞辰和三月二十八日的城隍奶奶生日。每到这两天，城隍庙一带必定是人声鼎沸、水泄不通。城隍庙诸多活动中规模最大、最吸引人的还是"城隍三巡"。

城隍三巡在每年的清明节、七月十五中元节和十月初一送寒衣节，这三个节日也是中国著名的三大"鬼节"，而城隍出巡，就是为了祭祀鬼神。古人非常迷信，害怕厉鬼。不管什么地方，总有一些蒙冤屈死的冤死鬼，还有一些无人定期祭祀超度的孤魂野鬼，还有非正常死亡的夭折鬼、客死异乡的残鬼等，他们入地无门，又享受不到祭祀香火。为了防止他们变为厉鬼害人，人们便请城隍出面来进行超度祭祀，进行安抚。而城隍进行这一活动的时间，就是三巡日（清明、中元、送寒衣）。

民国时期，每逢三巡日，上海

上海城隍庙老街

县的官员会在县郊设立厉坛,然后由县内文官行文给城隍神,请城隍神在出巡日出巡,到邑厉坛赈济各义冢幽魂,到晚上采用彩灯迎回城隍庙。城隍出巡时,仪仗整肃,城隍神坐着16人抬的大轿,前呼后拥,沿途的上海人都执香花簇拥在道路两旁,或列队随行。仪仗中还抬着楼阁、鼓船,出巡的队伍有高跷、乐队、群舞等。到了晚上,有彩灯队从城外引入城隍庙,队伍长达2公里,热闹非常。

日军占领上海后,城隍出巡活动停止;新中国成立后,也不再提倡。改革开放后,商贸与庙会形式脱钩,城隍庙的庙会活动增加,但佛事祭祀活动减少,商市鼎盛,但原来出巡时轰动全城的热闹景象却再难见到了。

旧时上海人为何重视吃食

在丰富的节令生活中,上海人最看重的就是吃食,譬如元宵节的汤圆、三月三的青团、端午节的粽子、中秋节的月饼、除夕的年夜饭、新年的春酒等;而对一些节日活动却不是很热心。上海人之所以如此重视节令的吃食,主要与其生活习惯、工作方式和文化心理有关。

豫园小吃广场小吃

上海原来是一个以农业经济为基础的城市,直到开埠之前,上海的城市经济水平都不是很发达。以前的上海人都非常注重节俭,形成了普遍的粗茶淡饭习惯。只有到了特殊的节令时,他们才会打破节俭的惯例,开怀地吃上一顿大餐。开埠之后,上海人的物质生活条件有了很大改善,粗茶淡饭、节衣缩食的生活方式逐渐被人们所遗弃。但作为一种具有传统意义的节令食俗,则被人们继承下来,甚至在一定程度上还有所发展。

上海开埠后,上海人的日常工作由农业转向工商业。由于紧张的工作节奏,上海人在平时都没有什么空闲时间顾及吃喝问题,只有到了节日,才会有较多地时间来做一些可口饭菜,或者购买一些自己喜欢的食品。另外,上海人也希望通过吃食来增加过节的愉悦感,借此调节精神、增添乐趣,或者达到交友谈心、增加社交机会的目的。

旧时上海人有哪些做客习俗和禁忌

上门做客是上海人交际的重要形式之一。其中到亲戚家去做客,在上海叫

"望(音忙)亲眷"或"跑(走)亲眷"。

清末民初,上海的道路及交通工具尚不十分发达,上海人出门去"望亲眷"是桩大事情,一般都是全家出动。大人、小孩都要换上新衣裤、鞋袜,雇了车辆(先时郊县用独轮车,城厢用轿子,后来用马车)前往。去"望亲眷",在上海忌空手上门,一般习俗是去至亲家、较熟捻的,则送些时令食品和鲜果,如夏初的莲藕、深秋的螃蟹、端午的糕饼,甚至新鲜菜蔬等。从外地来的,则送些当地的土特产,礼不在价高,代表一片情意即可。如去望长辈亲戚,则要较"正规"地送四色礼物,亦即烟、酒、糖果、糕点。民国后,上海一时风行送洋商出产的烟、酒、糖果,故那时"沙利文"糖果公司出品的铁听装饼干、糖果,一时成为沪上"跑亲眷"的送礼佳品。

被望的亲眷对上门来的亲眷,都要"留便饭",即以家筵招待,切忌不留饭便送客。对随主人而来的娘姨、大姐、轿夫等还需给少许钱物以作犒赏。客人走时,还要代为叫车,代付车资等。

随着上海逐渐的都市化,小型核心家庭逐渐取代几世同堂的大家庭,以及众多女同志参加社会工作,家庭生活和工作节奏越来越紧凑,上海人"跑亲眷"的活动遂稀疏起来,只保留着节假日亲眷们碰碰面、聚一聚的习俗。

近年来,上"准亲戚"家去"望亲眷",在上海渐成新俗。所谓"准亲戚"是指即将结成亲眷的人家,如未婚媳妇与未来的婆家,或未婚女婿与未来的岳家等。上海人将未结婚的"准女婿"、"准媳妇"叫做"毛脚女婿"、"毛脚媳妇",简称为"毛脚"。

在20世纪60~70年代,毛脚女婿去未来岳丈家望亲眷,也时行送四色礼物,通常是2条好烟、4瓶好酒、1盒蛋糕,甚至外加拎1只火腿。故当时有"毛脚女婿带200发子弹(指香烟)、4只手榴弹(指瓶酒)、1挺机关枪(指火腿),'武装'上门"的俗说。80年代后,毛脚女婿上门望亲眷,讲究送参茸、银耳等高级补品。当然在上海一般知识分子、干部家庭中,则只要求毛脚女婿人品端庄、谈吐高雅、有事业心、求上进,并不注重他送什么礼品。若拎了只火腿上门,反倒显得俗气,犯了大忌,不讨未来丈人、丈母的好感。

旧时上海习俗,未过门的媳妇是不可上未来婆家门的,只有在上海的浦东地区,有未婚媳妇在定亲之后,可上未来婆家走动、帮活的习俗,当地称之为"通脚"。毛脚媳妇上未来公婆家跑亲眷,习俗上不送礼,倒是未来的公婆如若看得中这位媳妇,便

老上海生活场景

要送些礼品给她,以示对这桩婚姻的赞许和认可。这礼品在 60～70 年代,往往是一块衣料,甚或是一块上海牌手表。当然,如果未来公婆对毛脚媳妇看着不满意,甚至觉得惹气(上海方言,即"讨人厌"),那么就既没有什么招待,更谈不上首饰礼品了。

龙华庙会有何特色,为何时间选在农历三月初三

龙华庙会是上海的传统集市,在每年农历三月初三举办。它早在明代就已经形成,随着上海经济的发展,龙华庙会日益兴旺,逐渐成为华东地区历史最悠久、规模最宏大的民间盛会。

龙华庙会

相传,农历的三月初三是弥勒佛的化身——"布袋和尚"的涅槃日,而龙华寺正是弥勒佛的道场,因此人们就在这一天在龙华寺举行法会,纪念弥勒佛。根据佛教典籍记载,弥勒佛是未来佛,先于佛陀圆寂,后出生于兜率天内院,当其四千岁(人间五十六亿七千万年)时,他将转生人世,在华林园龙华树下成正觉,传道弘法,普度众生。庙会期间,除了寺庙会举行盛大的法会之外,由于香客众多,小商小贩也云集至此,于寺前设摊,久而久之就形成了集市。明代就已经颇具规模,清代更盛。清朝末年,龙华庙会的会期要一直后延到桃花盛开的三月十五,热闹非常。

抗战期间,龙华庙会被日军取缔。抗战胜利后,庙会也不是很景气。1953 年,庙会首次由政府主办,改称龙华物资交流会。20 世纪六七十年代,因政治原因,交流会停办。1980 年又再次恢复,1985 年恢复龙华庙会名称,但规模较小,其后规模不断扩大。1987 年会期 9 天,销售总额达 1203 万元。到 1991 年,会期延长至 16 天,销售额达到了 3167.9 万元,还开设了"跳蚤"、美食等专门市场。由于庙会规模的扩大,导致人流过度集中,对交通也造成了较大影响,因此后来对庙会规模又有所限制。

旧上海有哪些陋鄙习俗

《中华全国风俗总志》谓:"一到上海,不能不习三种习气,一曰趋时,二曰务

奢,三曰尚圆滑。"

市民中存在着浓厚的趋炎附势、恃强凌弱的习气。崇拜洋人和"高等华人",力图巴结。巡捕、西崽、门丁等,往往瞧不起中国人,动不动加之以棍棒和拳头;以"高等华人"自居者,走路横冲直撞,如入无人之境,行人避之不及,就被推倒。自诩为"老上海"的市民,欺侮、辱骂乡愚,讥之为"阿乡"、"阿木林"、"猪头三"、"筹头码子";穿长衫的,看不起穿短褂的;从事服务行业的人,低人一等,如此等等。

注重外表,讲究排场的奢华风气。"人是衣服马是鞍"、"佛要金装,人要衣装",社会上以服饰排场为划分地位的标准。鲁迅曾一针见血地指出过这种现象:"在上海生活,穿时髦衣服的比土气的便宜。如果一身旧衣服,公共电车的车掌会不照你的话停车,公园看守会格外认真地检查入门券,大宅子或大客寓的门丁会不许你走正门。所以,有些人宁可居斗室,喂臭虫,一条洋服裤子却每晚必须压在枕头下,使两面裤腿上的折痕天天有棱角。"沪谚:"不怕天火烧,只怕阴沟里跌一跤。"沪谚又曰:"身上着得绸披披,家中没得夜饭米"、"身上全绸,家中全臭",类似皆给此辈之写照。

社会上欺骗和投机取巧的心理极为严重,滑头很多,各业皆有。此辈大都衣履翩翩,周旋圆滑,语言便捷,交往阔绰,大致可分为三等。第一等,乃为大滑头骗子,多仆从跟班,以赌博为业,囊空如洗,却装若富绅,住大饭店;第二等,说东话西,善于拉拢、合股份、创公司,铁路矿山算计满盘,刊印章程,狡猾伎俩甚于"空心老官";第三等为小骗子,专骗烟饭吃,讨小便宜。上海还有许多滑头广告,有招收函授生、职员的广告,借以骗取报名费;有出售新奇物品的广告,借此赚取运费。有出售华洋百货的,装成一盒一箱的仅是不值钱的玩具。马路上、弄堂里有不少兜售假首饰、假鱼翅、假西洋参的商贩,专以骗取爱贪便宜者的钱财,妇女、老人是其主要目标。社会上投机取巧心理也极严重,希望借赌博获得意外之财,也不乏政治投机分子。一·二八战争期间,出现一批义勇军到处招摇撞骗。救亡运动时,出现各种离奇的救国之道。鲁迅曾针砭时弊:"银行家说储蓄救国,卖稿子的说文学救国,画画的说艺术救国,爱跳舞的说寓救国于娱乐之中。还有据烟草公司说,吸吸马占山牌香烟,也未始非救国之道。"

在新的时代里,相信上海人可以摒弃那些不好的习俗,做个与时俱进的文明上海人。

老上海的斗蟋蟀赌博场景

旧上海的瘪三和乞丐知多少

旧上海曾经是名副其实的国际大都会，然而在繁荣的背后，也掩藏着当时上海的黑暗与混乱。如果你看过以旧上海为背景的影视作品，就一定能发现旧上海著名的瘪三和乞丐。旧上海是冒险家的天堂，也是长三角地区无业游民的聚集地。一些人为生活所迫，吸毒成瘾，荡尽家业，最后加入乞丐队伍。一些被遗弃的孤儿流浪街头，小小年纪得不到教育，却学会了偷抢扒拿，成了社会上的小混混，被上海人称为"瘪三"。瘪三和乞丐位居社会最底层，是社会畸形发展的产物。

关于瘪三一词的来历，有许多种说法。一说是饿得肚子瘪塌塌的，身上也只有一件单布衫，故名"瘪三（衫）"。另一种说法认为是从英文"Empty cents"（空无一文之意）的发音转化而来，是典型的洋泾浜英语。还有一种观点认为是从英文"beside"转化而来，当时殖民者出门威风八面，往往有许多中国人围观，于是他们就把人群拨开，嘴里念叨："beside！beside！"其实就是靠边的意思，但中国听来以为是骂人的，所以就以其音译"瘪三"来指称那些令人讨厌的小混混了。上海小瘪三起源于洋泾浜上的郑家木桥一带（现在延安东路、浙江路附近），所以上海人常用"郑家木桥的小瘪三"一词来骂人。

瘪三主要靠偷抢扒拿生活，逐渐形成地痞流氓式的团伙。有些人则以推桥头、拾荒度日，推桥头就是在苏州河桥的上下坡，等候各种人力车辆经过时，奔跑着上前帮忙，然后向乘客或车主索要小费。

瘪三里面还有一种没有什么生存能力的儿童乞丐，被人称为"小瘪三"。他们流落街头，主要靠"抢包饭"生存。当时上海有不少"包饭作"，也就是给一些商行做包月饭菜的盒饭店，每天有早中晚三顿。送包饭的伙计有一条不成文的规定，就是每当伙计从商行收拾剩饭返店时，会在中途允许小瘪三们上前抢取冷饭剩菜，不得稍加阻拦，等剩饭一抢而光方可顺利回店。如果你看过《三毛流浪记》，对这一幕应该不会陌生。

还有一类特别令人生厌的瘪三流氓，主要靠收取各种名目的保护费为生，某家有红白喜事，他们都会插上一脚。他们还会在节庆时以各种名目乞讨，如正月初五财神日，他们要么身着财神装束，挨家挨户送财神，要么给商户送鲤

上海南京路上的乞丐

鱼,如果索钱不成,立刻破口大骂。这类人在瘪三乞丐里面地位算比较高的,往往是一些破落子弟、瘾君子。

上海的乞丐队伍也相当庞大,上海人称乞丐为叫花。每逢过年过节,庙宇门前就是乞丐们的好去处,因为烧香者慈悲为怀,乐善好施,乞丐的乞求绝对不会落空。于是一些人临时客串乞丐,吵吵嚷嚷乞求施舍,据说一个晚上下来就可收入数百铜板。

还有一些乞丐以惊险的花招、残酷的装扮行为来索取钱财,当时人们称为"硬讨饭"。譬如在额头砍入菜刀,鲜血淋淋地当街要钱,还有的玩蛇,小蛇从鼻孔进嘴里出,也甚是吓人,人们明知其假,但怕惹是生非,还是早打发为妙。

更有一些乞丐以无赖之法来索钱,譬如"钉耙",他们紧盯人后,一条马路、两条马路地紧跟,嘴里"老爷太太,修福修寿"念念不休。你如果不理睬,就是唾沫加恶骂,然后转而跟住下一个目标,这种方法对轧马路的青年男女百发百中。

当然,乞丐中大多数是那些逃难来到上海,衣食无着的穷苦百姓,他们衣衫褴褛,一根竹棍,一只破碗,就是他们的生存工具。他们没有花哨的表演,也不愿成为人人厌恶的无赖,只是挨家挨户地敲门乞讨,不给即自行而去。这些人被称为"真乞丐",也是社会最底层的乞丐。

旧时上海人说的"白蚂蚁"是真蚂蚁吗

白蚂蚁就是白蚁,往往寄居在木结构房屋的梁柱之间,蛀蚀木头,危及房屋安全。上海的白蚁的确很多,2009年,上海蚁患爆发,连宋庆龄故居都受到严重威胁。上海人对蛀蚀房屋的白蚁可谓切齿痛恨,也将其用来形容一类人。

在明代,江南一带就将房产中介看成为"白蚂蚁",李渔《十二楼》之《归正楼》第三回说道:"到了次日,央些房产中人,俗名叫做'白蚂蚁',惯替人卖房买屋,趁些居间钱过活的……"到了近代上海,白蚂蚁又被赋予了新的含义。

白蚁有拆人家的本领,上海人便将其作为拐卖人的人贩子的代名词,俗称"蚁媒"。做蚁媒的一般是妇女,男人大多不会出面,只是暗中钻营活动。蚁媒主要从乡间拐诱贫苦妇女,当时上海工业发达,乡间贫苦妇女向往城市,都希望到上海来谋生。也有的是夫妇发生口角,妻子负气外出,中途被蚁

蚁媒

党骗走。另外，16岁以下的未成年小孩也是他们的重要目标。蚁媒们先将这些诱骗而来的人留养三五日，然后转卖出去，这用他们的行话叫做"开条子"，那些妇女、孩子被卖了还莫名其妙。

蚁媒们瞄准的买者对象，大多是一些有一定积蓄的中年男子，他们辛勤半辈子，急于成家、传宗接代。或者是因为中年丧妻，想找一续弦料理家务。只要他吐出一点口风，立时就会有蚁媒上门，或托邻居介绍，或走二房东门路。男方要何等人物，他那边应有尽有，任凭挑选。没进门的时候，对男方事事应允，件件迁就，一旦事情敲定，女方即将进门，那就是白蚂蚁钻进了正梁，非用各种名目将男方的积蓄掏空不可。

有的蚁媒生意做得大，不但在上海贩卖，还将生意做到了大连、福建，更远也更安全。每年报纸所载破案寻获的，不过千分之一而已，更多的妇女被卖到千里之外，骨肉分离，再也杳无音讯。人间白蚂蚁的罪恶，更甚真白蚁。

旧时四马路与"拆白党"的故事知多少

四马路就是著名的福州路，是公共租界最重要的几条大马路之一。在旧上海的福州路上，存在着三种截然不同的文化现象。以河南路和福建路口进行划分，福建路以东的福州路东段是靠近外滩的金融商务区；河南路到福建路的中段则聚集了大量出版社和书店，至今仍是上海有名的文化街区；而福建路以西的西段则是娱乐区，有许多大剧院、茶楼。1925年，租界对妓院开禁后，这里一度妓院云集，成了上海有名的藏污纳垢之地。

四马路西段鱼龙混杂，是拆白党的主要聚集地。所谓"拆白党"，就是旧上海一些纠党并以色相行骗，白饮白食骗财骗色的青少年，大多是男性，后来拆白党的声名大盛，凡属骗人财物的案件，国内皆称为"拆白"行为。至于为什么叫"拆白"，历来有很多种解释。一种认为"拆白"是"拆梢"与"白食"的简称。"拆"即朋友之间瓜分，"梢"即梢板，即当时上海流氓对钱财称呼，"拆梢"即瓜分钱财之意。此外，流氓在酒席上白吃白喝也相当盛行，二者合一，人们便称这伙流氓为拆白党。后来拆白党的营生发生改变，开始有组织地进行行骗，多择富家女眷为行骗目标。第二种说法认为，拆白党大多是俊俏少年，当时舶来的雪花粉还不是很流行，但

清末上海妓女

拆白党员人人乐用,将自己的皮肤擦得雪白,因此所谓"拆白",就是"擦白"的谐音,拆白党也成了"雪花粉党"。还有的说法认为,"拆白"等同于俚语"拆烂污",下三烂的意思。也有的认为,拆白即"拆败",指害人家庭,令其破落之意。

拆白党的主要手法以色相行骗,目标非常明确:财、色。他们大多打扮成小白脸,也有的伪装成文人学究、海归学生。他们的行骗行为具有相当的组织性。有专人搜集情报,刺探富家女眷姓名、性情、出入作息、家庭背景等。情报落实后,组织会针对该女眷的情况遴选一位年龄相当的人前去引诱,在目标的必经之地恭候其出行,然后相机行事。尾随期间务必出手阔绰,费用由团体统一报销,时间一长,目标见一如此富贵标致,而又年龄相当之人追随左右,不免产生好感,一旦眉来眼去,难免堕入情网圈套。其后,党徒即通过各种手段骗色骗钱。而女拆白党徒的手段与男的相似,但没有太多组织结构,一般不过少数几个人结合在一起的小团体,而且成功的更少。

拆白党奉行"三白主义",即吃白食、看白戏、(与异性)睡白觉。他们的组织相当严密,内有八将,各司其职:

正将　主角,出面利用技术、智慧或感情行骗。

提将　布置及提议骗局的军师。

反将(正写玩,粤音反)　陪伴玩乐的傍友,利用对手的爱好引其上当。提供女伴或赌伴(你喜欢什么他给你什么),亦做反间谍、专门留意正将周围人物。

脱将　安排相关人等逃跑、脱身。

风将　派专人望风,即俗称"睇水",又或俗称"天文台长"。

火将　在棍骗(指诈骗)失败,而又不能谈判解决,则以武力手段平息事件。

除将　在棍骗失败后,以谈判手法解决事件。

谣将　谣言或虚假宣传。

旧上海的花会赌博是怎么回事

"打花会"又叫花会、家常赌等,是旧上海一种非常流行的博彩游戏,以古人像配以牌九的挖花图案而得名。一般认为是于清道光年间起源于浙江黄岩,后流传至广东、福建,经过改良后又流回浙江、上海、江苏,还一度流传到了东北。

各地打花会的规则基本相同。共公布36个古人名,有代表皇帝、宰相、将军、状元、公主、乞丐、和尚、道士、尼姑、童子、樵夫、儒生等人的名字,如有

老上海赌场

利、井利、志高、三槐等,这些名字与马、蝶、龙、鱼等动物一一对应,一共36签,总名花会。参赌者任选其中一人名投买,如果押中,即可获赌注30倍彩金;如果未押中,则赌注为庄家通吃。也可投买二人、三人,若投买二人中一人,则可获15倍彩金,其余依此类推。

开奖的地方成为花厂。花厂内设"号筒"一个,号筒为真人,背向人群,充当上次开筒的古人,没有什么实际意义。又设有彩筒一个,彩筒内的人物由花会的头子(老师傅)决定,从36个签中任选一个。他独居小楼,一般不与人接触,每天早晚各一次,他会从楼板的小洞中挂下一只箱子(彩筒),箱子中就有藏有所开的"花",也就是所绘的古人画像,但没有展开,外表也没有任何记号,有的还用铜锁锁住,以示不曾泄密。每天开筒两次,分日筒、夜筒,彩筒是当着赌客的面密封的,理论上庄家也不知。赌客当场投买,并附注金,投买须写两纸,写明古人名,一纸连同注金密封后交花厂放入密封柜,一纸自存。开筒时燃放爆竹,花厂之人当众打开密封的彩筒,现出古人名,中彩者即兑彩领彩。

上海人一度对打花会非常着迷,在上海沦陷时期,日寇还曾竭力扶持花会。直到1949年上海解放,花会组织才宣告解散。

旧时上海的"老虎灶"为何物

宾馆酒店分高低档,茶馆也不例外,高档的就是前面提到的那些茶楼,而低档的茶馆,在当时曾经遍布上海的街市里弄,其中数量最多的就是著名的"老虎灶"。

老虎灶又称熟水店,实际上是一种卖开水的小店铺,早先这种烧开水的大炉,炉面平整,下面埋口大铁锅,靠里面又砌两口小锅,人们从远处望去,两口小锅像双眼,大锅像老虎的血盆大口,那通向屋顶的高高烟囱,极像一条竖起的老虎尾巴,故而上海人皆称这种店为"老虎灶"。有些上海人自家不生炉子,就提着水壶到老虎灶装开水。早期还没有热水瓶,开水无法保温,一壶茶喝完,还得继续去添。20世纪20年代,热水瓶出现。一些商店和单身男女为了减少麻烦,都不再自己生炉子,而是提着热水瓶到老虎灶去装,老虎灶的生意迅速兴盛起来。在电影《花样年华》中,我们就经常能看见张曼玉提着从老虎灶装满开水的热水瓶回到住处的场景。

老虎灶大多还兼营茶馆,在

旧上海"老虎灶"

门外摆几张桌子,收费低廉。一般用廉价的紫砂壶,茶叶也是便宜的粗茶,叶片大,茶色深。一般清晨5点即开始营业,直到晚上10点以后。其顾客大多是社会的下层人物,也有不少流氓无赖。老虎灶也有一定的社会活动,称为"吃讲茶",但馆小事也小,这里不像大茶馆,谈的是商行生意、帮派纠纷,而这里大多是一些鸡毛蒜皮的小事,如借钱不还、家庭纠纷等。

有的老虎灶还兼营澡堂业务,在屋内一角摆放10来个木盆,门前挂一幅"清水盆汤"的标志,浴资与一壶茶资相当。黄浦区山西南路一段旧称盆汤弄,即来源于此。

改革开放后,随着上海市民居住条件的改善,老虎灶已基本消失。

旧时上海最早的证券交易市场——茶会知多少

中国人爱喝茶,茶馆遍及各大小城镇。不过在近代,上海的茶馆除了喝茶聊天的功能之外,还有一个"交易市场"的功能。清末,高档的广东茶馆在上海兴起,里面装修考究,点心精致,很快受到上海商人的喜爱。商人们在这里会面应酬、洽谈生意、打听信息、联络感情。而茶楼为了招徕生意,也特意做出布置,为他们到这里商谈会晤、交易应酬提供方便。时间一长,各行各业的商人约定俗成,自然形成各自每天到茶楼活动的固定时间,而且彼此还按行业不同而错开,互不干扰。这就是人们所说的"茶会"。不同行业的商人还会选择不同的茶馆,譬如城隍庙有的茶楼是做鸽子生意的商人的汇集点,而光启南路的鑫福茶馆,是做红木生意人的集合处。

清末,民族工业和铁路逐渐兴起,资本家和政府大规模公开募股,于是人们又开始踊跃购买股票,一些专门办理股票交易的掮客应运而生。当时那些经营股票交易的掮客大多为兼职,他们往往每天下午在四马路与大新街(今湖北路)转角处的惠芳茶楼聚会,这也是一种茶会。他们一面互通消息,一面在品茗之际口头拍板成交,掮客们则收取一定费用。交易结束,掮客们即各回本业。后来,随着股票交易数量的增多,茶会这种形式的交易多有不便,于是一些掮客干脆在旅馆租上一间房屋,挂上"代客买卖各种股票"的招牌。随着股票营业的日渐发达,一些兼

老上海股市

营股票的捐客便完全脱离本业,转而集中在福建中路一带,专营股票买卖。

茶会时代的股票买卖,尚处于原始状态,一些交易都是现货买卖,没有期货一说。一些零星交易,往往是先由捐客收买,等到集成一笔整数,再转售给他人,如碰到数额较大的股票出售,捐客财力不足,便由出售人委托捐客,代觅买主,待买主找到,捐客再卖出并从中收取一定的佣金。股票买卖的价格,大多由捐客来定,而且成交佣金的收取也没有什么限制,因此股票捐客往往获利颇丰。

辛亥革命后,市场上股票买卖越来越多,从事股票交易的捐客也越来越多。1914年,这些捐客上书农商部,仿照外商在上海的众业公所形式,成立了上海股票商业公会,同时附设了一个股票买卖市场。此后,股票买卖即移至市场举行,"茶会"作为股票买卖市场的历史正式结束。

为何民国时期的上海有很多"社"和"会"

民国时期的上海滩上,出现了许多"社"和"会",有杜月笙的恒社,黄金荣的容社,由黄金荣、杜月笙、张啸林等人发起成立的中华共进会,还有侠谊社、仁社、中华国民共进会、兴中学会等。

中华共进会会员证

20世纪20~30年代是上海经济与社会发展的黄金时代,同时也是上海"社""会"走向飞黄腾达的黄金时代。那么,这一时期上海的"社"和"会"为什么会得到如此之大的发展呢?

最主要的原因当属这一时期的上海帮会性质有异于传统的秘密结社。首先,这些"社""会"的成员构成发生了变化。民国时期的青红帮已由原先失业农民和手工业者的构成主体,发展到了军政警界人物、工商业家、银行家、服务性的老板经理、出卖体力的工人以及演艺人等社会各个阶层人物。其次,谋生手段发生了变化。他们中有一部分正逐步放弃或减少传统的黑道经营,开始从事资本主义的正道经营,出现了所谓的"生意白相人",由此促成了帮会性质的若干变化。其三,当局的支持。帮会处于上海这个资本主义最发展的大城市中,自身"适时而变",并依赖当局的支持,转变为统治阶级当局的走狗和代理人。

为何说"阿拉"方言源于松江

电视剧里,街头上,"阿拉"、"阿拉"的声音总是那么温和美好,让人在说话时不由自主地夹几句"阿拉"上海话,过一把瘾。

"阿拉"方言源自哪里,一直是一个众说纷纭的话题。

不少人认定"阿拉"方言与苏州话和宁波话有关,还列出证据:苏州人和宁波人在数量上占据上海之首,"阿拉"即宁波话,"阿是……"则是苏州方言。而上海市民中间有许多人认为,上海方言来自于今日的浦东,其理由是:上海的地方剧种——沪剧,在很大程度上便是使用浦东话的。

老上海民俗风情

其实,"阿拉"方言源于松江。2007年12月6日的《深圳特区报》第A15版中《上海话来自150年前松江方言》一文介绍,上海大学语言研究中心钱乃荣教授在比对英国传教士1853年的沪语著作和2003年的沪语调研时发现,虽然已经过了150年,但当年沪语中的10个元音音位、22个辅音音位没有一个改变,"上海话并没变味"。而且上海话不是如很多人所想象的,是近代移民过程中由苏州话、宁波话等苏浙方言拼合而成的,而是一支"土生土长"的松江方言发展的结果。

为何"阿拉"方言中掺有许多"外来语"

上海方言源于苏沪两地的俗语,在我国区域方言中属吴语范围。它既受到全国各地方言及外来语的影响,形成了许多独特的词汇,丰富和发展了自身。

开埠以来的100多年间,上海方言在与外界的交往中不断发展、变化。其中,以受苏州方言与宁波方言的影响为最大,其次还有广东、福建方言的影响。如"阿拉"、"小鬼(音jū)头"、"邪气"等来自宁波方言;"阿是"、"阿曾"、"勿来训"等来自于苏州方言;"木佬佬"、"下作"等,则是来自于杭州方言,等等。这些词汇的出现,一方面使上海方言不断丰富,另一方面,也使上海方言显得相当"混杂"。往往同一种东西有许多种不同的叫法,同一个意思,也有不同的表达。如北方话中的"饼子",在上海方言中便有"大饼"、"面饼"、"晶饼"、"羌饼"之称;又如,同样说"死",有的称"弹老三",有的为"翘辫子",有的说"一脚去",亦有称"上西天"、"上西宝兴路"的;再如,同样说"很",上海方言中就有"交关"、

老上海海货店

"邪气"、"穷"、"老"、"赫"等几种表达方式。

受西方文化影响较深。上海方言中有不少词汇为舶来品,如"水门汀"、"派司"、"克罗米"等。其中有许多词汇由外来语演变为沪语又流向全国,像形容钞票多的"麦克麦克"等词。至今,这些直接引进的词汇仍是沪城富有生命力的语言之一。

上海方言的变迁和发展速度是比较快的。这反映了语言对城市的社会化进程的依附关系。有不少词汇往往只在某一年龄层的人中使用;老年人中流行的方言,不为壮年人所关注;壮年人中流行的方言,又不屑为具有新派色彩的青年人所一顾。方言的演变几乎代代人都有更新。如"很"字,上海的老年人往往多用"邪气"、"交关"等,而青年人则较多使用"老"、"赫"等词语。至于"大兴"、"憨脱"、"一张分"、"毛毛雨"、"持勿清"、"博一记"、"从山上下来的"、"扎台型"等词汇,都是青年人创造出来的。

为何过去"浦东人"不称自己是浦东人

上海有一条母亲河,叫做黄浦江。黄浦江有两个"孩子",一个叫浦东,一个叫浦西。浦东位于上海市东部,长江三角洲东缘,在黄浦江之东,因为得名"浦东"。从地理位置上讲,浦东只是一个方位上的概念,换句话说,浦东是一个区域地名。居住北京的本地人,称自己是北京人。那么过去的居住在浦东的本地人为何不称自己是浦东人呢?

从历史记载上看,浦东有一段很长的历史。追溯到南北朝时期,浦东隶属于信义郡。在唐天宝十年(751年),它属华亭县。元朝时,它属于上海县。在清朝时,它属川沙抚民厅。辛亥革命时,改厅为县,它直隶江苏省。1958年,它改属上海市管辖。到1985年,浦东新区的面积已经是新中国成立之前的2倍。1993年浦东新区管委会成立,撤销川沙县的建制,形成了现在的浦东新区。

在浦东土生土长的人,一般不称自己是"浦东人",只以所在的乡、村,或者以"本地人"自居。比如属于浦东区域的南汇的人,称自己是"南汇人";川沙的人称自己是"川沙人"等。在浦西也一样,他们不称自己是浦西人。我想,这与历史上浦东或浦西区域一直在变动有关吧。

现在的浦东区已经今非昔比,其经济日益发达,旅游、文化

上海浦东钢架桥

日益昌盛,而且生态环境也得到了极大的改善。现在的浦东新区日益成为一个中外文化交流的舞台。时至今日,尤其是在上海世博会的举办之后,居住在浦东的人也会自豪地称自己是"浦东人",或者"上海人"了。

为何说"下海"一词源于旧时社会帮会的行话和切口

在早些时候,"下海"非常流行,它多指放弃原来的工作,到一个新的行业去经商、创业。其实,在旧时的上海可不是这样的意思。若是了解了它原来的意思,估计用这个词形容去经商、创业的人就会无地自容。

有这样的一个故事:清朝一名状元遵从母亲的遗嘱为家乡修建一座桥。当桥修到一半时,桥墩打不下去了,百姓相传"海龙王不同意"。状元就和县令商量贴一则告示,寻找能下海同龙王谈判的人。告示贴了数月,可是迟迟无人揭榜。机缘巧合下,衙役们在一家酒馆里找到一个叫"夏德海"的酒鬼,谎称找到了"下的海"的人。当然这只是传说,这个传说来自于戏曲《洛阳桥》。

据有关资料记载,"下海"这个词源于旧时社会帮会的行话和切口。俗语说,"胜是王侯败是寇"。古时,人们称被打败之后逃离家园落草的为寇,称躲藏在江河中的岛屿或海外的为江洋大盗。民间称"明为正道业,实为黑道者"的为"海"。在清道光年间,一些运送皇粮的"青帮成员"失业后走上黑道,人们称这些人为"下海"。此时,"下海"就成为黑道组织的行话和切口。而且,"下海"还有另外一层含义,指一些良家女子为生活所迫而沦为妓女,妓院里的人就称她们是"下海"。

随着新中国的建立,黑道行当遭到了毁灭性的打击,一蹶不振,渐渐地淡出了人们的视野。"下海"这个词语原本的意思也渐渐地被人们所遗忘。

改革开放后,很多敢于拼搏、勇于创新的人,离开了原来的工作岗位,到一个拥有巨大的风险和可观的回报的新行业去从事商业活动。人们称这些人为"下海"。这时的"下海"已经和原来的意思风马牛不相及了。

在现在,"下海"是一种精神的象征,它代表着拼搏、勇敢、坚强和创新。这种精神一直鼓励着人们,去发现,去创造,去实现自己人生的梦想。

旧上海"四大名妓"

老上海的趣闻传说

上海话里面的"白相"、"捣糨糊"、"敲竹竿"是什么意思

上海话属于吴语,和多数其他吴方言一样,上海话拥有一整套的浊塞音、不送气清塞音和送气清塞音的对立。此外,还有一套对立的清擦音和浊擦音。另外,上海话还有一些自身特有的词汇,其他方言区的人是根本无法听懂其意思的。不过也有一些上海话中的特殊词汇被广泛使用,成为现代汉语中的固定词语。现举数例。

白相:其实就是玩、耍的意思。这个词来自苏州话,原来叫"薄相",是苏州人指小孩玩耍、游戏等,儿童的玩具就统称为"白倌"。不过现在的"白相"已经被赋予了更多的意义,不仅只是小孩子的事,被人愚弄或愚弄他人都可以称为"白相"。而把某人说成是"白相人",就是说这个人没有什么正当职业和专长,却精通吃喝嫖赌,以玩为业的人。

捣糨糊:这个词的意思实际上就是和稀泥、糊弄、装傻、瞎混的意思,但具体含义要根据前后语境进行理解。例如,生意场上谈价钱说对方"捣糨糊",就是指对方胡乱开价或砍价;聊天时说某朋友"捣糨糊",就是指他很会吹牛,或口才很好,有风趣;评价某篇文章"捣糨糊",就是指作者意图蒙混过关、乱来;但如果说某人很会"捣糨糊",那有可能是说这个人很会做事、有办法。

敲竹杠:这个词已经是全国通用了,不过其来源也是上海话。据说在清末时期,上海市场上的小额交易大多使用铜钱,店家收钱后,便顺手丢在用竹杠做成的钱筒内,到晚上结账时倒出,是为"盘钱"。当地的地痞流氓到店铺勒索钱财时,一般也不直接开口,而是狠狠地敲打竹钱筒,店家马上明白来意,慌忙掏钱"孝敬"。另外,一些黑心店见陌生顾客上门,往往随意提价,每当伙计在接待顾客时,就会去敲一下竹杠,示意提价一成。

还有一些词语,也非常有趣,现列举如下:触祭,吃饭;瘪塘,小凹坑;闷脱,吃瘪、没话说;架梁,眼镜;洋盘,外行;老派,警察(派出所的派);黑猫,保安;派派,堂堂、怎么说也算是……热昏,头脑发热或发晕、一时冲动;屈死,傻瓜;腻腥,恶心;寿头,吃了亏的傻瓜;铳头,容易被骗的傻瓜,俗作"冲头";缳边,托儿,俗作"撬边";大兴,假货;扒分,赚外快;差头,计程车;推

老上海的留声机

扳，蹩脚；刮三，尴尬、不识时务；殟塞，胸闷、郁闷；厌气，寂寞无聊；阿诈里，骗子；小赤佬，市井对小孩子的俗称；小棺材，骂（年轻）人的话；夜壶蛋，胡混、搅局、浑水摸鱼；敲煤饼，嫖娼；轧姘头，婚外恋、出轨。

上海方言有哪些民俗禁忌

中国地大物博，方言也是千奇百怪。上海方言，也称上海话、沪语，只是后者的称法比较少见。地域的不同，导致了方言也有所禁忌。那么上海方言有什么民俗禁忌呢？

上海方言，源于松江话，有700多年的历史。1291年，在今上海形成了一个规模较大的聚居地，随之产生了一种有别于松江方言的上海方言。随着1843年上海开埠，大量移民涌向上海。这些来自不同地区的移民的语言给上海方言带来了一定的影响，尤其是苏州话和宁波话对上海方言产生了不可估量的影响。如今上海方言以松江话为主，苏州话和宁波话等多种方言为辅。

在上海方言里，忌讳同音的禁忌语，最突出的是"死"字。因为上海方言里没有"死"字的同音字。有类似读音的字都会避免使用。比如"洗"在上海方言中和"死"读音相同，上海人就不说"洗澡"而说"汰浴"。但是也有例外，比如"喜"在上海方言里和"死"读音一样，而上海人却不会忌讳。在上海方言中，"鹅"和"我"读音一样，"杀鹅"如同"杀我"，而且"鹅"在上海人看来，有"呆"和"傻"的意思，故上海人称"鹅"叫做"白乌龟"。送礼忌讳送"钟"，因为"送钟"和"送终"音同，不吉利。但是在一些场合，比如结婚和搬家，送钟有特别的纪念意义。上海方言中，"书"和"始"是同音的。于是人们要送钟的时候，都会再随同送一本书，这样"有始有终"就是吉利话了。在探望病人的时候，上海人忌讳送苹果，因为"苹果"和"病故"在上海方言里读音一样。

除此之外，其实还有很多的民俗禁忌，比如生吃梨时，不能把梨分给两个人吃，因为"分梨"音同于"分离"；古时上海的交通工具主要是船，因而他们忌讳"翻"、"沉"等字，而且叫"失火"为"走水"。

随着社会的进步，很多年轻人对禁忌语都不以为然。然而，出现了一种委婉语，它是为了不触及对方的痛楚或者表示文雅抑或带有强烈感情色彩的含蓄用语。比如"生病"称为"勿适意"，"看病"称为"看医生"，"月经"称为"大姨妈"，"怀孕"称

老上海的民居

为"有喜"等，不一而足。

每个地方的方言都有自己的特色，也有它禁忌的地方。知道一个方言的禁忌，会让我们少闹一些笑话，也会使我们少一些难堪，与当地人更好地交流。

上海人说的"上只角"和"下只角"是什么意思

上海人说的"上只角"和"下只角"其实是指两个不同的区域，"上只角"的人多是富人，"下只角"的人多是穷人。"上只角"和"下只角"的形成是源于中国人强烈的地域观念。那么他们究竟是怎么形成的呢？为什么上海人要拿"上只角"和"下只角"区分这两个不同区域的人呢？

黄浦江从西南流向东北。在下游有个"下海庙"。为什么叫"下海庙"呢？是因为，当上海还是个小渔村的时候，人们在此出海打鱼。上海人把"出海"叫做"下海"。因此，下游被称为"下海"，上游被称为"上海"。

中国人讲究身份，地域观念很强，物以类聚，人以群分。在当时租界多在西南，有钱人也多住在西南，而大型工厂多在东北，穷苦工人也多住在东北。于是，在20世纪，人们把洋人、买办、社会名流等居住的地方叫"上只角"，区域是以淮海路为中心朝西南面发展的豪华地区，把穷苦人住的地方叫"下只角"，区域是以闸北、南市区为中心朝东北面发展的贫民居住区。

实际上，两个"只角"之间也许只有一街或者一河之隔，并没有明显的区分，以至于两个"只角"的区域也一直在变化。

其实两个"只角"的区别主要在于社会生活和文化生活上的差别。"上只角"并不只是指一幢幢漂亮的房屋，最关键的要有优雅的生活习惯。在"上只角"，人们不会热闹地聚集在一起，人们说话声音也很低，来了客人也不会去围观。而在"下只角"，"倘若走进住家的弄堂里去，就看见便溺器、吃食担，苍蝇成群地在飞，孩子成队地在闹，有剧烈的捣乱，有发达的骂詈，真是一个乱哄哄的小世界"。（鲁迅语）这就是人们讨厌"下只角"，向往"上只角"的原因。

时至今日，"上只角"和"下只角"依然存在着。上海某知名教授说：从平民的角度看，上海市有这样的一个现象。工厂多集中在位于上海市东北的杨浦、闸北等区；大部分的高等院校集中在

闸北公园

东北区域。而新时期东北区域的市政建设投资远远不及西南区域的徐家汇一带。他称之为"地倾西南"。

事实上,至今都没有一本书能够严格地区分出"上只角"和"下只角"所包括的具体区域。随着社会的发展,人们的生活越来越好,文化修养也越来越好。我们相信有一天"上只角"和"下只角"会永远地成为历史,留在记忆中。

旧上海的棚户区在哪里

棚户区,是指在城市中以非常规方法占有一片区域的空地建造密度大、基础设施不齐全、治安和消防隐患大的房屋。说白了,就是指"城中村"。在旧上海,这样的棚户区有很多,几乎遍布市中心区周边的所有地段。

随着外国资本的输入和工业的发展,许多人来到上海谋生。由于房租太贵,他们只好在荒郊、河畔或者工厂周围的空地上建立起一座座简易的房屋。这种房屋下雨天会积水,冬天严寒,夏日酷热。其密度很高,导致房屋采光和通风不足,从而"暗无天日"。这些房屋最初出现在苏州河沿岸。随着来上海谋生的人越来越多,他们所建的房屋也逐渐增加,最后几乎遍布整个上海。

清末战乱不断,大量民房被毁,随着日本鬼子的入侵,大批的难民开始涌向苏州河北岸一带,于是就出现了更多的棚户。

棚户区存在安全隐患等诸多问题。如何拆除或者取缔他们成为了政府最头疼的事情。1925年和1937年,政府曾几度下令将这些棚户区纵火焚烧。即使如此,"春风吹又生",及至解放初期,上海市拥有200户以上的棚户区超过300处。

到了新中国的成立,上海市政府开始大力解决棚户区的问题。1950年10月开建的平望新村,标志着拆除危房工程的开始。新村建好后,改善了2万人的居住环境。

由上海电影集团、北京星美影视文化传播有限公司义廷制片工作室联合摄制的《最后的棚户人家》,讲述的就是所谓的最后一个棚户人家的故事。然而,那真的是最后一个棚户人家么?如果不是,那么上海市还有多少棚户区,还有多少人居住在棚户区呢?这个问题恐怕很难回答了。

旧上海棚户区

上海市人大常委会在 1992 年 3 月举行的会议中,提出了解决棚户区问题的方法和意见。并指出,到 1995 年底要对上海市所有的棚户区进行改造。

然而事实上,有些棚户区所处的地区没有商业价值,既没有被开发商看中,又未能成为市政建设动迁的对象,于是就留存了下来。这些留存下来的棚户区具体在哪里,笔者就不得而知了。

洋泾浜、洋泾浜英语与假洋鬼子分别指什么

"洋泾浜"其实是一条小河浜,有两条,分别位于黄浦江的东西两处。浦东的洋泾在 20 世纪 20 年代就被填平了,现在所说的洋泾浜是指浦西的。后来,列强在上海建立租界。洋泾浜就成了英法租界的分界河。因上海道和租界的签订的条约多以《洋泾浜××章程》命名,洋泾浜也泛指洋场和租界。后来一些外地人也来到租界和洋人做生意。他们所说的英语语法不准,带有中国口音,因而称之为"洋泾浜英语"。

老上海人把懂英语的叫做"通事"。而一般在洋行做过工的人多少都会一点英语,但是他们的发音不准、语法不通,其所讲的英语就是"洋泾浜英语",因而他们被称为"露天通事"。这些"露天通事"讲的英语虽然不是很通顺,但是洋人勉强能听懂,渐渐地就成为了"规范"的"洋泾浜英语"。后来有人就出了一本书,叫做《英语注解》,讲的就是洋泾浜英语。上海的洋泾浜英语,主要是上海话和英语的结合。

在洋泾浜英语中,有些单词会以错误方式被频繁地使用。由于洋泾浜英语只有大约 700 个单词,所以一个词会兼有一个或多个英语单词的意思。比如"belong"这个单词就很频繁地被使用。这一个词可以代替很多个汉字。

洋泾浜英语没有语法就是它的语法特点。意思是说,洋泾浜英语没有独立的语法体系,也没有统一的规则、句型。虽然洋泾浜英语被冠以"英语"的名字,但是它受汉语的影响比受英语的影响要深。换句话说,它可以符合汉语的表达习惯,而不必遵守英语语法,可以不考虑英语时态等结构的影响。

1862 年,美国人华尔组成了一支"常胜军",除了军官是真洋人,所有兵勇都是中国人。这些兵勇穿着洋人的军服,说着中国话,因而被称为"假洋鬼子"。后来,"假洋鬼子"是指沾染"洋味"的中国人,如《阿Q正传》里的"假洋鬼子",是被国人熟知的。

《上海洋泾浜北首租界章程》

老上海的名媛

红颜薄命的"金嗓子"周璇

在旧上海最红的歌星影星当属"金嗓子"周璇,她的歌曲和影片影响了一个时代。"夜上海,夜上海,你是个不夜城。华声起,车声响,歌舞升平……"这首作为旧上海名片的《夜上海》就是"金嗓子"周璇的歌。可想她在当时的知名度。

周璇原名苏璞,1920年8月1日出生于江苏常州一个知识分子家庭,年幼时被抽鸦片的舅舅卖到上海,从此与亲生父母失散,在上海为周家所养,改名周小红。1931年周小红在演唱《民族之光》时,因其中"与敌人周旋于沙场之上"这句歌词受到听众热烈赞赏,黎锦晖替她起艺名为"周璇"。1934年,周璇参加了上海各家电台联合举办的歌星比赛并获得亚军。电台称誉她的嗓子"如金笛沁入人心",从此"金嗓

天涯歌女周璇

子"便成了她的雅号,她的演艺事业也由此拉开帷幕。周璇的电影和歌曲描绘了老上海的音容笑貌,记录了一个时代的年轮轨迹。周璇从红极一时到香消玉殒,才短短20多年的光阴,但她却参演了43部电影,首唱了200多首原创歌曲,成为歌坛影坛巨星,其知名度和影响力在当时无人能及。

周璇在事业上很成功,但她的感情生活一路坎坷,不折不扣地验证着"红颜薄命"的古话。1938年周璇同曾经细心照顾过她的严华结婚,但这段感情只维持了短短3年。周璇之后与演员石挥订立了婚约,但最终仍分手。对感情失望的周璇在获得年轻商人朱怀德殷勤的照顾后,两人于香港同居,当周璇带着朱怀德的孩子回到上海,朱怀德却不肯要,这使周璇受到极大打击。周璇和朱怀德脱离关系后,在上海拍摄《和平鸽》一片时结识了唐棣。1952年5月,在他们准备举行婚礼时,唐棣却被指控犯有"诈骗罪和强奸罪",被判刑三年。周璇终于无法承受命运的再次捉弄,患上了抑郁症。1957年7月,周璇逐渐康复并准备出院重新开始演艺事业,但是她又突然患上急性脑膜炎。两个月后,一代红颜、一代歌后,被世界公认的金嗓子周璇与世长辞,年仅37岁。

一代才女、旷世美人陆小曼

一代才女陆小曼出身名门,清秀伶俐,懂得多门外语,在上流社交场合惊艳四座。她的旧诗清新俏丽,文章蕴藉婉约,绘画颇见宋人院本的常规。胡适曾称赞陆小曼是一道不可不看的风景。

陆小曼1903年出生在上海南市孔家弄,父亲陆定曾在国民党南京政府财政部任职,母亲吴曼华亦是名门之后。15岁那年,陆定曾将陆小曼送到北京圣心学堂学习。陆小曼生性聪慧,又肯勤奋学习,十六七岁已通英、法两国语言,还能弹钢琴,长于绘油画。又因她眉清目秀,机灵聪明,善于表达,在学校非常受欢迎,是男孩子眼中的"皇后"。1922年,陆小曼19岁,奉父母之命与王赓在北京结婚。当蜜月的激情渐趋平静后,陆小曼渐渐发觉自己并不快乐,感觉自己和王赓之间在性情和爱好方面有很大差异。徐志摩与王赓同是梁启超的学生,于是徐志摩成了王赓家的常客。由于王赓专注于工作和前途,他常要徐志摩陪伴陆小曼。陆小曼与徐志摩一起游长城,

陆小曼

逛天桥,到来今雨轩喝茶,去西山上看红叶……两人意趣相投,渐渐产生情愫。

结婚第三年,王赓被任命哈尔滨警察局局长,由于与王赓两地分居,两人在感情上更加淡漠。与此同时,徐志摩与陆小曼接触机会更多了,他们的感情越陷越深。1925年底,陆小曼与王赓解除婚姻,并于第二年与徐志摩结婚。由于陆小曼的无度挥霍,徐志摩父亲徐申如的拒绝接纳,鸦片的侵蚀等诸多原因,陆小曼与徐志摩之间渐生分歧。徐志摩为满足陆小曼巨大的消费开支,辗转于北京和上海执教。1931年11月19日,徐志摩乘坐的"济南"号邮政飞机因受大雾影响,于中午12时半在济南党家庄附近触山爆炸,徐志摩遇难。陆小曼因此受到外界的强烈指责。此后,陆小曼一身素服,不再出去交际,潜心深造自己的绘画才能。陆小曼整理了徐志摩的《眉轩琐语》并在《时代画报》发表。她的绘画技巧也更加精湛,在上海大新公司开了个人画展,成为上海中国画院专业画师,并参加上海美术家协会。

当时翁瑞午对陆小曼一往情深,惜她的凋零,甘愿倾尽所有照顾她。1938年两人同居。1965年的4月陆小曼默默地带着幽怨长眠了。她没有留下什么遗嘱。她最后一个心愿就是希望与徐志摩合葬,而这一心愿最终也未能实现。

"梨园冬皇"、传奇女子孟小冬

孟小冬是20世纪二三十年代被誉为"梨园冬皇"的京剧女老生演员,梅兰芳的前妻。孟小冬是一个既有女子的妩媚和柔韧,又有男子的霸气和决断的女子。她像谜一般的生活和爱情,至今令人神往。

孟小冬本名令晖,乳名若兰,艺名小冬,1907年出生于上海。她出身梨园世家,祖父孟七出身徽班,擅演文武老生兼武净,她的父亲、伯、叔都是京剧演员。在这样的家庭氛围下,孟小冬很自然地走上了从艺之路。她五岁开始学艺,九岁向姑父仇月祥学唱老生,十二岁在无锡首次登台,十四岁就在上海乾坤大剧场演出并先后与张少泉、粉菊花、露兰春、姚玉兰等京剧大师同台演出。

为了求得艺术上的进一步发展,1925年孟小冬毅然离开上海北上深造。初到北国,孟小冬频繁演出于京、津两地,并先后向多位造诣深厚的戏曲艺术家学习。孟小冬明慧照人,台风演技能与当时的著名男角老生相颉颃,很快就成为风靡京

梅兰芳和孟小冬

城的红角。成名后的孟小冬和梅兰芳几次同台演出,配合默契。经人介绍,孟小冬与梅兰芳成为一对佳偶,传为轰动剧坛的佳话。然而,孟小冬的一位疯狂戏迷因她要结婚企图枪杀梅兰芳,致使梅兰芳的友人张汉举成为冤死鬼,这件事一时传得沸沸扬扬,给二人造成很大困扰。历经曲折之后,孟小冬与梅兰芳终于于1927年结婚。婚后不久,又因梅兰芳二夫人福芝芳对孟小冬的竭力排挤,以及实为名分之争的"戴孝风波"令孟小冬心灰意冷。最终,他们于1933年离婚。

感情的失败使孟小冬受到沉重打击,孟小冬决定暂别戏坛。经过5年时间的调养和静心思考之后,她重新走上舞台,于1938年正式拜余叔岩为师,成为余叔岩的关门弟子,也是唯一的女弟子。孟小冬的技艺在拜余叔岩为师之后有了质的飞跃,能与当时京剧老生翘楚马连良、谭富英、杨宝森相颉颃,誉满全国,被尊称为"冬皇"。1949年,孟小冬离开上海赴香港定居,与杜月笙结识,次年结为夫妻。1951年,杜月笙病逝,孟小冬留在香港课徒传艺。1967年孟小冬移居台北,于1977年逝世。

孟小冬扮相英俊,嗓音苍劲醇厚,高低宽窄咸宜,中气充沛,满宫满调,且无雌音,为人们表演了无数场精彩绝伦的京剧演出,被公认为"余派"主要传人。

一片芳心一世情的赵四小姐

赵四小姐才貌双全,名倾四方,17岁时与少帅张学良一见钟情。自跟随张学良后,无论是在他声威显赫时,还是在他身遭不测的岁月里,赵四小姐都无怨无悔地陪伴左右,细心照顾。

1928年的赵四小姐

赵四小姐学名赵绮,又名一荻和绮霞,祖籍浙江兰溪,1912年出生在香港。她的父亲赵庆华是津浦铁路局局长,娶有三房妻妾,生下七男四女。在四女中赵绮最小,因此家人都称她"赵四"。她曾在贵族学校天津中西女子中学就读。在校期间她成绩优秀,为人温和,兴趣广泛,颇受同学、老师欢迎。因她面容姣好,气质脱俗,曾为天津《北洋画报》的"封面女郎"。

1927年,赵四小姐在天津著名的交际场所蔡公馆舞厅偶然遇到当时已是将军团长的张学良。17岁的她与张学良一见钟情,但是遭到父亲反对。1928年她为了爱情不辞而别,到沈阳与张学良秘密结合,轰动一时。她的父亲自觉颜面尽失,怒不可遏,于是登报与她脱离了父女关系。

赵四小姐到达沈阳后,与张学良居住在北陵别墅。1930 年她到天津,在德国医院生下一个男孩,张学良给他取名"闾琳"。这年年底,张学良和赵四小姐的关系已是公开了。张学良原配于凤至同意她们母子住进张家顺承王府,但是她对外称为张学良的侍从秘书。于是赵四小姐与于凤至分居两个小院,共同侍奉张学良。1936 年张学良因"西安事变"被囚禁起来。因闾琳幼小需要母亲照顾,这一时期,张学良先由于凤至陪伴。后来于凤至患上乳腺癌,去美国疗养。赵四小姐将孩子托付给一位可信赖的朋友,便不顾一切来到张学良身边,以秘书的身份尽妻子的责任,陪着张学良一起度过漫长的幽居岁月。直到 1964 年,这对白头老人才在台湾补办了婚礼,成为名正言顺的正式夫妻。

赵四小姐 88 岁时于夏威夷去世,此生陪伴张学良走过了 72 年春秋。

 军统特务戴笠与中国第一位电影皇后胡蝶有着怎样的恩怨情仇

1936 年 3 月 17 日,一架飞机轰然坠落在南京的戴山。这架飞机正是军统特务头子戴笠所乘的专机。军统是国民党的情报机关之一。戴笠是臭名昭著的军统特务头子。这场空难结束了戴笠罪恶的一生。当戴笠死亡的消息传到上海滩,一个深闺中的女人泪如雨下。这个女人就是中国第一位电影皇后——胡蝶。为什么胡蝶会为戴笠的死泪如雨下?是伤心?是难过?抑或是解脱?胡蝶与戴笠之间到底有着怎样的恩怨情仇?

胡蝶,原名胡瑞华,因拍摄《火烧红莲寺》《歌女红牡丹》等影片而成为上海滩家喻户晓的明星。1933 年,胡蝶击败阮玲玉和陈玉梅当选为中国第一位"电影皇后",被誉为"民国第一美女"。1937 年,上海沦陷后,胡蝶跟随丈夫潘有声隐居香港。1941 年,香港沦陷后,为躲避日本人争取中国名人宣传"日中友善"的纠缠,她不得不重返内地。

就在胡蝶重返内地的途中,横生枝节,其 30 多箱财产在托运途中意外丢失。要知道,这些财产包括了胡蝶所得的大大小小的奖杯、衣物、珠宝饰物以及国际人士赠送的珍贵礼品,是她前半生人生辉煌的见证与象征。

胡蝶

为了找回这些财产,胡蝶不惜动用了所有的社会关系。最终经过层层关系的介绍,胡蝶寻宝的最后希望落到了国民党军统首脑、特务头子戴笠的身上。

戴笠虽然其貌不扬,但却是一个花心好色之徒。当胡蝶为了寻宝第一次见到戴笠时,戴笠就被她深深地吸引了。此后,戴笠不惜动用军队为胡蝶寻宝,当确定宝物无法寻得时,又派人从各地采办,凑齐了胡蝶丢失的宝物,送给了她。

为了能够彻底地霸占胡蝶,戴笠给了一心想做生意的潘有声一张滇缅公路通行证,将他发配到云南。之后,他就厚颜无耻地霸占了美人,并将其幽禁,使外界一度失去了胡蝶的消息。

不得不说,戴笠是深爱着胡蝶的。为了博佳人一笑,戴笠不惜花重金派人从印度运来热带水果,更不惜将攀山的公路一直修建到胡蝶豪宅的门前。对于戴笠强加的爱,为了保住丈夫性命,胡蝶只能默默接受。

1946 年,为了能够彻底得到胡蝶,戴笠把胡蝶带到上海,逼迫潘有声与胡蝶签署离婚协议,并提出了与胡蝶结婚的要求。

南京戴山上坠落的飞机终结了戴笠的美梦,却给了被幽禁长达两年之久的胡蝶一个自由之身,让胡蝶与潘有声重新团圆,开始了新的幸福生活。

从歌伎到小妾到画家的传奇女子——潘玉良

从歌伎到小妾到画家,潘玉良扑朔迷离的身世以及非同寻常的际遇,就像一幅充满了谜语的油画,令人浮想联翩。这无疑让潘玉良成为旧上海最为传奇的红颜女子。

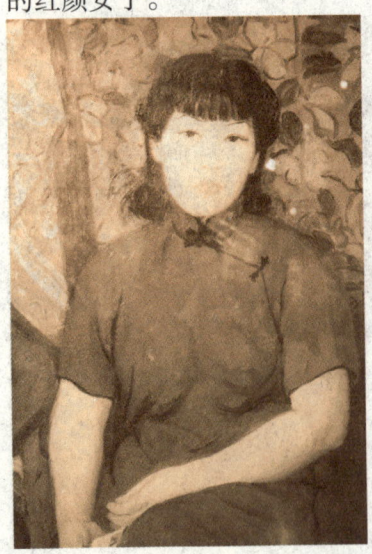

一代画魂潘玉良

潘玉良,1895 年出生于江苏扬州,原名陈秀清,又名张玉良,后随夫姓,改名潘玉良。潘玉良一岁丧父,八岁丧母,14 岁时被好赌的舅父卖给了妓院作歌妓。17 岁时由芜湖海关监督潘赞化赎出,纳为小妾,改名潘玉良,居住在上海乍浦路。

认识潘赞化,是潘玉良绘画才能得以施展的起点,更是她人生道路得以改变的转折点。在潘赞化的支持下,潘玉良凭借精湛的绘画技巧于 1918 年考进上海美术专科学校,师从朱屺瞻、王济远学画。1921 年潘玉良考上官费赴法留学,先后进了里昂中法大学和国立美专,与徐悲鸿同学,两年后年又进入巴黎国立美术学院。

1925年她以毕业第一名的成绩获取罗马奖学金,得以到意大利继续深造,并进入罗马国立美术专门学校学习油画和雕塑。1926年她的作品在罗马国际艺术展览会上荣获金质奖,打破了该院历史上没有中国人获奖的记录。

1929年潘玉良学成归国后,曾任上海美术专门学校西画系主任和中央大学艺术系教授,并先后举办了五次个人画展,在国内绘画界引起了很大反响,被誉为"中国西洋画家中第一流人物"。1937年,由于无法忍受潘赞化正妻的羞辱,潘玉良再次旅居法国巴黎。在法国潘玉良以卖画为生,并与在巴黎开餐馆的河北籍华侨王守义同居,直至1977年逝世。

潘玉良留下的作品现大部分收藏在台北"国立"历史博物馆与安徽省博物馆。她的油画含有中国水墨画技法,用清雅的色调点染画面,色彩的深浅疏密与线条相互依存,很自然地显露出远近、明暗、虚实,既融中西画之长,又赋予自己的个性色彩。她用中国的书法和笔法来描绘万物,对现代艺术作出了巨大的贡献。

凄美昙花、香消玉殒的阮玲玉

阮玲玉,一个为无声电影而生的旧上海悲剧女王,被誉为中国的"葛丽泰·嘉宝"。她没有在银幕上说过一句话,只用肢体和眼神就为我们传递了窒息的风情。

阮玲玉,原名阮凤根,学名阮玉英,1910年出生于上海。幼年因父亲早逝,便随母亲在一个张姓的大户人家帮佣。母亲节衣缩食,供她上学读书。但在她16岁那年,母亲遭人诬陷偷钱,被主人赶出家门流落街头。这时张家少爷张达民帮助了她们,并趁机对她表达了倾慕之情。怀着对幸福生活的憧憬,阮玲玉同张达民恋爱并同居。但同居之后的张达民,少爷习气表露无遗,再也没有拿出一分钱供养她们。迫于生计,阮玲玉于1926年考入明星影片公司,主演《挂名夫妻》,开始了自己的电影艺术生涯。第二年,阮玲玉转入了联华影业公司,主演《故都春梦》和《野草闲花》,一举成名。然而在生活中,张达民嗜赌成瘾,不务正业,将家产败光后,把阮玲玉当成摇钱树。阮玲玉忍无可忍,最终向张达民提出分手。

1932年,阮玲玉遇到了茶商唐季珊。阮玲玉又轻信了浪荡浮夸的唐季珊的甜言蜜语,与他同居。可这时张达民出现了,用无赖的方式来纠缠、

银幕中的阮玲玉

敲诈阮玲玉。当受到拒绝后,他竟然诬告阮玲玉与唐季珊伤风败俗,通奸卷逃。两个男人为了各自的利益和荣誉,都把阮玲玉出卖了。阮玲玉陷入一场婚姻官司,大街小巷的流言蜚语直冲她而来,使她渐渐难以支撑。

这时候一部叫作《新女性》的电影找到了她,导演为蔡楚生。拍戏过程中,阮玲玉和蔡楚生越走越近,萌发了没有言传的暗暗情愫。《新女性》一片使阮玲玉的演艺事业到达顶峰。但当地小报记者利用有关她的婚姻讼案大做文章,造谣中伤。而此时,阮玲玉也收到了来自法庭的传票。她跑去找蔡楚生,提出一起逃离上海,"结了婚再回来"。但是,阮玲玉在蔡楚生惨白的脸上看到了他的逃避,也看到了自己的厄运。

1935年3月8号,阮玲玉不堪被辱,在家中留下了"人言可畏"的感慨后,结束了自己精彩而又无奈的一生。一代红颜香消玉殒,年仅25岁。

人艳如花,集才气、美质、傲岸于一身的林徽因

林徽因被称为民国第一美女。她美丽的容颜,清艳的气质,超群的才艺,都是如此让人着迷。伫立于那个除旧革新、瞬息万变的大时代,她真的是太优秀了,所以又被胡适誉为中国一代才女。

林徽因,原名林徽音,1904年生于被誉为"人间天堂"的杭州,祖父林孝恂为前清进士,父亲林长民曾任北洋政府的司法总长。林徽因生活于"谈笑皆鸿儒"的家庭中,自幼即对家庭间常有的社交活动应对自如,出落得一种与众不同的冷傲气质。

林徽因

1920年,林徽因随父亲游历欧洲,在伦敦受到房东女建筑师影响,立下了攻读建筑学的志向。在此期间,16岁的林徽因同满腹才情、罗曼蒂克的徐志摩相恋了。但徐志摩妻子的影子在她心中总是无法拂去,最终决定不辞而别。这段恋情也随之破灭。

离开徐志摩之后,林徽因经过一番理性的考虑,同意嫁给著名学者梁启超的儿子梁思成,并于1924年同梁思成一同游学欧美,主攻建筑设计。1928年春,林徽因同梁思成于加拿大温哥华结婚。同年,夫妻学成归国。她曾受聘于多所高校,与丈夫共同完成了多部影响深远的建筑学论著,成为我国现代建筑学术领域的开拓者。因为林徽

因和梁思成的人格魅力和渊博学识,在他们周围很快聚集了一批当时中国知识界的文化精英。金岳霖是梁家沙龙座上的常客,对林徽因的人品才华赞羡至极,十分呵护。林徽因对他亦十分钦佩敬爱,他们之间的心灵沟通可谓非同一般。金岳霖终生未娶,一直恋着林徽因。

林徽因是中华人民共和国国徽和人民英雄纪念碑的设计者之一,也是传统景泰蓝工艺的拯救者,为民族及国家作出莫大的贡献。林徽因在从事建筑科学研究之余,也开始从事文学创作,其代表为新诗《你是人间四月天》和小说《九十九度中》等。

20世纪50年代,北京市拆毁城墙和门楼,林徽因强烈反对,病情急遽恶化,最后拒绝吃药救治,1955年于北京离世,安葬在八宝山革命烈士公墓。林徽因是一个聪慧的女子,她让徐志摩怀想了一生,让梁思成宠爱了一生,让金岳霖默默地记挂了一生,更让世间形色男子仰慕了一生。

系出名门的著名作家——张爱玲

张爱玲是民国时期首屈一指的女作家。她一生作品颇丰,小说、散文、评论,乃至文学研究,不同体裁,多有涉猎。在中国现代文学史上,张爱玲占有一席重要的位置。

张爱玲,原名张煐,笔名梁京,出生于上海,家世显赫。祖父张佩纶是清末名臣,祖母李菊耦是朝廷重臣李鸿章的长女。3岁时张爱玲曾有一个短暂的幸福童年,但是父亲娶姨太太后,母亲便冲出了家庭的牢笼出洋留学。显赫但又日显颓势的家境,让失去母爱的张爱玲自幼就饱尝人间冷暖。

张爱玲是一个天才儿童,自小就表现出编故事的才能。她6岁入私塾,7岁的时候已经开始尝试写历史小说,充分显示了她的文学创造力。中学毕业后,张爱玲到香港读大学,1941年太平洋战争爆发,随之开始了文学创作。两年后,张爱玲发表了小说《沉香屑:第一炉香》,一举成名。继之而来的《红玫瑰与白玫瑰》《倾城之恋》《金锁记》等更奠下她在中国现代文学的重要地位。当胡兰成读了她的小说《封锁》,即倾慕她的才华,经多次见面交谈后,他们便恋爱了。张爱玲为这段恋情拼命地付出,不介意胡兰成已婚,不管他汉奸的身份。

张爱玲

在胡兰成逃亡期间,当张爱玲千里迢迢觅到他的时候,他对张爱玲的爱早已燃烧完了。这段感情随之结束。1956年张爱玲在美国与左派作家赖雅结婚,直到1967年赖雅逝世。1995年9月8日,张爱玲于加州韦斯特逝世,终年75岁,死因为动脉硬化心血管病。

张爱玲的作品,主要以上海、南京和香港为故事场景,在荒凉和颓废的大城市中通过细腻的心理描写表现痴男怨女,演义堕落及繁华。她的几部成名小说尤其呈现出其所特有的优雅、矜持、执著与敏感。在旧上海的斑驳沉香中,张爱玲永远是那第一炉香,处处彰显着自己的与众不同。她曾经写下"生命是一袭华丽的长袍,爬满了虱子"的句子,尘世这么繁华热闹,张爱玲随手轻轻一揭,却让我们看见繁花似锦的幕布后哀凉的人生荒漠。一般感觉苍凉就应该是灰蒙蒙的,有些恍惚,有些迷离,而她的苍凉偏不如此,五光十色的,温暖的,舒适的背后,才是那苍凉。这便是世界上唯一的张爱玲,无人能及。

四大名旦之"第一悲后"——陈燕燕

她,长相甜美,演技精湛,曾是赫赫有名的孤岛(抗战时期的上海租界)影坛四大名旦之一,是张爱玲最喜欢的女演员之一,同时,她又是四大名旦之"第一悲后"。她就是陈燕燕。

陈燕燕,1916年出身于满族正黄旗的一个贵族家庭,从小接受着传统的严厉的家规。当14岁的陈燕燕提出要去上海当演员时,不可避免地遭到父亲的强烈反对。父亲的反对也是不无道理的,在二三十年代的上海,在这个旧式的贵族家庭里,女子去做"戏子",被认为是一件大逆不道的事。但陈燕燕坚持己见,最终在母亲的支持及上海联华公司的一再上门劝说下,父亲总算点头同意。

陈燕燕

但同时给她定下了一个"四不准"的条件:一不准用家里的姓;二不准说家里的事;三不准继承财产;四不准败坏门风。陈燕燕全部接受,在母亲的陪伴下来到上海,与联华公司签了一个五年的合约。由于有和父亲的"四不准"约定,联华公司经理黎民伟便给她起了一个"陈燕燕"的艺名,一来她原姓谐音为陈,二来她是北平人,北平古称燕京;三来黎氏家族成员的艺名都用叠字,如林楚楚、严珊珊、黎灼灼等。几年后,当陈燕燕已扬名影坛衣锦还乡之时,家里人还是希望她退出影坛定居北京,陈燕燕说什么也不肯。于是,家里人说:"那么你只好仍用假名!"这样,直至辞世,陈燕燕也没用回自己的本名。

事业中,陈燕燕扮演的多为悲剧角色:《雷雨》(1938)里的四凤,《琵琶记》(1939)里的赵五娘,《白蛇传》(1939)里的白娘娘,《杜十娘》(1940)里的杜十娘,《家》(1941)里的鸣凤……充满哀怨的感情,惹人怜爱的形象,配合悲情的表演,她成功饰演了一个个悲剧女性,无数观众为她洒尽了同情的泪水。据说当时的观众都是带了几块手帕到电影院去观看她的影片的。

陈燕燕的感情生活也是一波三折。她退了父母之命、媒妁之言的京剧演员刘之毅的婚,投入到联华公司摄影师黄绍芬的怀抱中。然而,世间的幸福总是短暂的。就在陈燕燕和黄绍芬的爱情结晶降生不久,不速之客"张善琨"插入到他们的生活中,原本幸福的生活破坏了。经过一段时间的分居,两人协议离婚。和黄绍芬离婚后,无奈的陈燕燕便和张善琨同居。而张并非善类,贪色好赌,在陈燕燕为他生下一个私生子后便弃她于不顾。1949 年,陈燕燕在拍摄电影《神出鬼没》过程中,和该片男主角王豪相恋同居,同年在香港结婚。并与 1952 年和丈夫王豪在香港创办"海燕影片公司"。只可惜,好景不长,由于王豪的不忠,这段姻缘在 20 世纪 60 年代末再次以分手告终。此后,陈燕燕一直独身。

1999 年 5 月 7 日,陈燕燕在香港的公寓里安详病逝,享年 83 岁,陪伴在她身边的是她的女儿。

传奇红颜、"小野猫"——王人美

王人美在旧上海以"野猫"之名而享誉影坛。她主演的电影《渔光曲》堪称百年中国电影的经典;她演唱的歌曲《铁蹄下的歌女》70 多年传唱不息;她和旧上海红极一时的影帝金焰的婚恋至今扑朔迷离。而她在晚年总结自己一生的时候,却把成名看成是一生的不幸。

王人美原名王庶熙,1914 年 12 月出生于湖南长沙市一个教师家庭,自幼受到良好的家庭教育。王人美 7 岁时母亲因脑出血突然逝世,此时她已经进入小学学习。1926 年,王人美考入省立第一女子师范学校,对数学特别感兴趣,以为将来会像父亲那样当个数学教师。没想到就在这年夏天,父亲也因病去世,王人美不得已退学回家。1927 年,二哥王人路带着王人美和

王人美

她的一个姐姐来到上海,投奔同事黎锦晖。随后王人美进入黎锦晖创办的上海美美女校学习歌舞。她学得快,嗓子亮,又能识谱,黎锦晖总是让她先试唱,然后再教其他人。

1929年美美女校改为中华歌舞团,王人美从此开始歌舞演出。很快,她就凭借自己的实力成为明月歌舞团"四大天王"之首,其余三位是黎莉莉、薛玲仙、胡笳。1932年王人美饰演电影《野玫瑰》中的女主角野玫瑰,一举成名。1934年王人美主演的电影《渔光曲》获苏联莫斯科国际电影展览荣誉奖,成为我国第一部在国际上获奖的影片。在《渔光曲》中,"小猫"王人美在波光万顷的海面上撒网捕鱼的情景已成为百年中国电影的经典镜头,"野猫"之名也由此而来。同时她在影片中演唱的主题歌《铁蹄下的歌女》持续传唱了70余年而不衰。

同年,处于事业黄金期的王人美嫁给了红极一时的影帝金焰,他们在影史上各自画下浓重的一笔,并且合作演出宣传建立抗日民族统一战线的影片《壮志凌云》。因日本人企图胁迫金焰拍摄电影,夫妻俩在危急形势下逃离上海,之后辗转后方各地。1945年他们终于盼来抗战的胜利,但是爱情却无可挽回地冷却,最终离婚。

金焰后来和比他小12岁的秦怡走到一起,而王人美仍在上海拍片,孤单一人过了10年。1955年王人美和画家叶浅予在朋友们的鼓励和祝福中再组家庭。1986年王人美不小心摔倒,因脑出血成为植物人,于1987年4月12日去世。

集美貌、才华、财富于一身的"第一夫人"——宋美龄

百岁老人,集美貌、才华、财富于一身的"第一夫人"——宋美龄,于2003年10月24日在美国逝世。同属于宋氏三姐妹之一的宋美龄,对中国近代史和中美关系产生了深远的影响。国外有人这么说宋氏三姐妹:宋霭龄爱财,宋庆龄爱国,宋美龄爱权。这个说法只能大致概括一些东西。对于宋美龄来说,她不仅拥有很大的权力,而且还有漂亮的容貌、横溢的才华。作为民国四大家的宋氏子弟,财富也不是问题。

宋美龄出生于上海,是宋氏三姐妹中的三妹。她小时候就很聪慧,及至初长成时,不仅聪明伶俐,而且还貌美如花。1927年,蒋介石率领北伐军进入上海。之后,一

宋美龄

段浪漫爱情在"爱庐"上演。蒋介石对宋美龄用现在的话说,是"死皮赖脸",穷追不舍。最终抱得美人归。同年12月,蒋宋两人举行了盛大的婚礼,蔡元培做了证婚人。至此,宋美龄成为了名副其实的"第一夫人"。蒋介石和宋美龄住入"爱庐"之后,两人感情很融洽。蒋介石对待宋美龄很好。这恐怕不仅仅是因为政治原因,还因为宋美龄的美貌和聪慧吧。在此后,宋美龄利用自己的美貌和才华,为蒋氏天下贡献了半生的生命。

1936年,宋美龄组建空军,充分利用自己的外交才能,把事情处理得有条不紊。翌年,"飞虎队"成立。宋美龄成为了名义上中国空军的总司令,也被称为"中国空军之母"。1942年,以治病为掩饰,飞往纽约,暗中谋求美国帮助。内战爆发后,她和陈纳德组建民用运输航空公司。9月份的时候,卷入了黄金投机的生意。

1949年,蒋介石眼看自己就要失败,便和宋美龄商量,利用青帮暗中把黄金、白银和贵重文物运往台湾。之后,宋美龄在美国定居。此时,她依然保持着在上海养成的夜生活习惯,依然保持着与年龄不相符的美貌,依然穿着摇曳多姿的旗袍。

美貌、才华、财富,大多数人得一而足。而宋美龄三者兼具,不愧有"第一夫人"之称号。

1996年,宋美龄99岁寿诞的时候说:"上帝让我活着,我不敢轻易死去;上帝让我死去,我也不敢苟且偷生。"她经历过清末、民国、军阀混战、抗日战争,目睹了两次世界大战,见证了冷战的全过程,飞越沧桑,将一切尘世看透。2003年,跨越三个世纪的神奇老人在美国纽约的一所老房子里永远地闭上了双眼,享年106岁。与此同时,一幅瑰丽的传奇画卷也合上了卷轴。曲终人散,不禁使人扼腕长叹。

与张爱玲齐名的海派女作家
——苏青

心高气傲的张爱玲曾说:"把我同冰心、白薇她们来比较,我实在不能引以为荣,只有和苏青相提并论是我心甘情愿的。"

苏青,何许人也?为何能得到一向心高气傲、孤芳自赏的张爱玲如此高的评价?

苏青,中国作家,小说家、散文家、剧作家,海派女作家代表人物,其代表作品是长篇自传体小说《结婚十年》。

1914年,苏青出生在浙江宁波一个富有的家庭

海派女作家苏青

中,本名冯允庄。1933年,19岁的苏青考入国立中央大学(1949年更名为南京大学)外文系,后因结婚肄业随丈夫移居上海。1935年,为抒发产女的苦闷,她以冯和仪为笔名写作散文《产女》投稿给《论语》杂志,这是她创作的开始,后用苏青作为笔名。

20世纪40年代初,她与结婚10年的丈夫离婚,从而成为以文为生的职业作家,作品主要发表在《宇宙风》《逸经》《古今》《风雨谈》《天地》等杂志上。1943年,她的长篇自传体小说《结婚十年》开始在《风雨谈》上连载。由于书中有许多关于婚姻生活中女性性心理的真实描写,她一时被社会称为"大胆的女作家",因而毁誉参半。其实,标题和内容乍一看都十分大胆,但真正读下去,却是写得很"干净"的。她描述了初婚的感受,写了生育的痛苦和欢乐,写了婚外恋,写了与各种男人打交道,最后写到一个千辛万苦的社会妇女的憧憬的破灭,独立入世之不易,以及在社会上始终寄人(男人)篱下的全部感受。这本书次年出版单行本,半年内再版9次,到1948年底,竟已有18版之多。1947年,《续结婚十年》出版,一年多的时间里也印了4版,毫不逊色于张爱玲的《传奇》。她同时还写作了大量散文小品,结集为《浣锦集》《涛》《饮食男女》《逝水集》,此外还著有长篇小说《歧途佳人》等。同时她还活跃在出版界,主办《天地》杂志,创办《小天地》杂志及四海出版社。正是这些成就,使她在20世纪40年代的上海,一度被人们将她与张爱玲放在一起,合称她们为"上海文坛最负盛誉的女作家"、"文坛双璧"。

1955年,她因涉嫌"胡风案"被关进了监狱,一年半后出狱,之后的日子也是几经波折,生活得很艰辛,却再也没能发挥她的文学创作才能。

1982年12月7日,身患糖尿病、肺结核等多种病症的苏青,于贫困交加中在曾让她一度走红的上海寂寞离世,带着曾经的繁华与落寞走完了自己的68个春秋。

百乐门最红的舞女陈曼丽因何被杀

百乐门最负盛名的舞女非陈曼丽莫属。她天生丽质,又懂得待人接物,还会唱京剧,为当时的社会名流所追捧,红极一时。然而,就在其青春的鲜花怒放之时,却被人枪杀在百乐门舞厅之中,就此香消玉殒。

陈曼丽出生于寒门之家,从小就过着颠沛流离的生活。她的父母曾带她东渡日本谋生。1937年,抗日战争爆发。日本国内反

百乐门舞厅夜景

华声音高涨。陈曼丽一家返回上海。此时的陈曼丽已经长成亭亭玉立、楚楚动人的美人了。高挑的身段,优美的舞姿,使她一跃成为舞台上的天之骄子,大众的宠儿。

百乐门是当时上海著名的娱乐场所。社会名流经常在此流连忘返。年仅20岁的陈曼丽却有着丰富的人生经历,在待人接物方面很有经验,加上其优美的舞姿,青春的活力,颇得社会名流的欣赏。好多社会名流慕名到百乐门,不是要她陪同跳舞,就是一起喝酒聊天,一起吃晚饭。据说,请她跳舞、聊天、吃晚饭的人很多,必须要提前预订。

当时任中国实业银行总经理的刘晦之也喜欢跳舞。在一次偶然的机会下,结识了陈曼丽。从此两人陷入了爱河,一发不可收。不久,刘晦之在愚园路579弄的中实新村租了一套房子,两人开始同居。刘晦之劝说陈曼丽,反正你有钱、有吃、有穿、有住,就不要去百乐门当舞女了,乖乖地待在家里,做一个阔太太吧。用古人的话说,就是要陈曼丽被"金屋藏娇"。用现代人的话说,就是陈曼丽被刘晦之包了"二奶",成为了一只"金丝鸟"。

开始的时候,陈曼丽安心地待在家里,过着舒坦的日子。时间长了,她开始感觉无聊和烦闷。再加上刘晦之依然出入舞厅,刺激着她的神经。陈曼丽终于从"金屋"飞出来,重操旧业,又在百乐门当起了舞女。重返舞厅之后的陈曼丽,依然得到人们的追捧。而百乐门又成为她展示才华、挥霍青春的舞台。

谁能想到的是百乐门会成为她人生的终结点。1940年2月的某一天,陈曼丽被刘、彭两人买钟坐台,突然遭到枪击。据当时在场的孙耀东回忆,"那日,有一个姓刘,一个姓彭的两个舞客,要求陈曼丽坐台。凌晨的时候,忽然有一个衣着西装的青年从音乐台左侧跳起,持手枪向陈曼丽射击。开了三枪,一中头部,一中手臂,另一弹射中了旁边的彭某。陈曼丽当即倒地不起。舞厅大乱。第二天报纸上就登出了陈曼丽被杀的新闻"。百乐门是陈曼丽舞女生涯的开端,也是其舞女生涯的终点。真可谓"成也萧何败也萧何"。

后来人们调查了陈曼丽被杀的原因。一是情杀;二是被日方杀害;三是被误解为重庆方面派来的而遭汪伪特工总部的报复。

所谓情杀,是指陈曼丽先前喜欢上一个军政要员,他离开上海后,陈曼丽"移情别恋",而遭到其报复。所谓被日方杀害,是因为当时有日本军官要求陈曼丽伴舞,遭到她的坚决拒绝,被报复杀害。所谓遭汪伪特工总部的报

汪精卫

复,是指在陈曼丽被枪杀的两个小时之前,仙乐斯舞厅里发生了枪杀事件。据说是重庆方面的人枪杀了汪伪"76号"的机要室主任钱人龙。汪伪政府认为陈曼丽是重庆派来的,从而将其杀害来报复重庆方面。

此案到目前为止,究其原因仍是扑朔迷离,成为上海历史上的又一宗"迷案"。当时处于抗战时期,上海人更多地认为陈曼丽是被日方杀害。陈曼丽强烈的爱国主义和刚贞不屈的精神,大大鼓舞了抗日士气。上海人为她举行了隆重的葬礼,以示对她的赞扬和支持。

柔弱单薄,却自有风骨的张幼仪

张幼仪是徐志摩的原配夫人,出身显赫富贵却不娇纵,个性沉默坚毅,举止端庄,恪守妇道。受西方教育和现代思潮影响的徐志摩对于张幼仪这样的传统女性很难认同,自她嫁入徐家,徐志摩就从没有正眼看过她。

张幼仪1900年出生于江苏宝山,世居上海乡镇真如,后移居嘉定。祖父为清朝知县,父亲张润之是当时上海宝山县巨富。她的二哥张君劢,是中国现代史上颇有影响的政治家和哲学家,民社党创立者。1912年7月,12岁的张幼仪到江苏省立第二女子师范学校读书,接受先进教育。但三年后,尚未结业的张幼仪因婚姻大事被接回家。

初次见到张幼仪的照片时,徐志摩就说了一声"乡下土包子"。结婚后,他跟张幼仪整天不说话,偶尔有点夫妻之事,不过是为了满足父母抱孙子的要求。1918年张幼仪生长子徐积锴(阿欢)。不久徐志摩赴剑桥大学留学。1920年张幼仪奉公婆之命来到徐志摩身边。此时的徐志摩正在追求林徽因,坚决要求与张幼仪离婚。当张幼仪告诉徐志摩自己已怀孕时,徐志摩一听便说:"把孩子打掉。"那年月打胎很危险,张幼仪说:"我听说有人因为打胎死掉的。"徐志摩便冷冰冰地说:"还有人因为坐火车死掉的呢,难道你看到人家不坐火车了吗?"张幼仪没有答应马上离婚,徐志摩便一走了之,将张幼仪一人撇在沙士顿。张幼仪只好求助于身在德国的哥哥。1922年,张幼仪于柏林生下次子彼得后与徐志摩签字离婚。

离婚后,张幼仪很快从悲痛中振作起

张幼仪

来，进入裴斯塔洛齐学院学习，专攻幼儿教育。1926 年张幼仪学成回国，于次年在东吴大学教授德文，并且依然服侍徐志摩的双亲。1928 年她任云裳公司总经理，主政上海女子储蓄银行，均大获成功。张幼仪终于从小脚的阴影里走出来，成为一个"穿西服"的令人瞩目的新女性。

1931 年徐志摩因空难身亡，陆小曼不知所措，张幼仪毅然派 13 岁的儿子去山东收尸，自己主持丧葬，几次在徐志摩灵前痛哭失声。1954 年张幼仪在香港与邻居中医苏纪之结婚。1969 年台湾版的《徐志摩全集》也是在她的策划下编起的，为的是让后人知道徐志摩的著作。1974 年苏医生过世后，张幼仪到纽约居住。

当问及晚年的张幼仪是否爱徐志摩时，她说"如果照顾徐志摩和他家人叫作爱的话，那我大概爱他吧。在他一生当中遇到的几人女人里面，说不定我最爱他"。张幼仪不似林徽因高雅不俗，灵气逼人，也不像陆小曼璀璨艳丽，令人无法自拔，但她坚毅而又极有风度和管理才能，用自己不凡的人格魅力赢得了所有人的敬重。

风尘侠女——小凤仙

"自古佳人多颖悟，从来侠女出风尘。"蔡锷送给小凤仙的对联有很多，这一副是两人初次见面时，蔡锷亲笔写下的。从此两人结下了不解之缘，演绎了一段缠绵悱恻的动人爱情故事，也使小凤仙成为十大名妓之一。

小凤仙是旗人，出生在杭州，父亲是清末的满族八旗武官。在风雨飘摇的时代，父亲又被解职。从此，她的生活更加穷困。1911 年 10 月 10 日，武昌起义爆发。接着革命党人在杭州起事。当时在杭州的小凤仙被其奶妈带着逃往上海，以避战乱。在上海，小凤仙衣食无着，被迫在一名艺人手下学艺，卖唱为生，取艺名为"小凤仙"，最后流落到青楼。

蔡锷，字松坡，在当时被袁世凯封为"昭威将军"，有名无权。蔡松坡终日无所事事，便经常出门到处走走。一日，蔡松坡无意间走到了云吉班，便进去看看。云吉班是一家青楼。蔡松坡当时是寻常商人的模样，不像特别有钱人的样子，就被鸨母带到当时还不入流

小凤仙

的小凤仙那里。小凤仙有一颗玲珑心,能透过外表看到人的本质。她第一眼看到蔡松坡就知道他不是一般的狎客。略作寒暄之后,小凤仙问蔡松坡作何营生。蔡松坡回答经商。小凤仙嫣然一笑,"我自坠风尘,阅人无数,从未见过你这般风采的人,休得相欺。"蔡松坡讶然,说自己贵、美、才都不及别人,"你怎么就认为我与众不同呢?"小凤仙不以为然:"我之所以看重你,是因为你拥有一种英雄气概,非常人而比。"蔡松坡故意装作不知,问她:"何以见得?"小凤仙长叹一声:"我观你,外似娱乐,内藏郁结。承蒙不弃,愿闻其详。若把我看成青楼贱物,还请速回。"蔡松坡对小凤仙的言谈举止倍感新奇,也十分欣赏。然而初次见面,不敢交浅言深,于是只好默默品茗。蔡松坡起身在房间走动,观赏其房内装饰,感到小凤仙也不是一般的青楼女子,她不仅有越女的婉约,还有湘女的热情,其房内设施更处处透露出一股高雅的气息,不自主地微微一笑。小凤仙问他为何暗暗高兴。蔡松坡回答不出来,就翻看条屏上的对联,问她喜欢哪一副。小凤仙趁机说:"这些都是泛泛之词,甚不切合屋中情态,都不是什么称心如意的。你是非常之人,不知肯否赏我一联?"不及蔡松坡表态,小凤仙就把毛笔递到他的手上。蔡松坡难以推辞,便一挥而就,写成一联:自古佳人多颖悟,从来侠女出风尘。

从此之后,蔡松坡若去青楼,必到小凤仙处。一方面,蔡松坡以自己流连青楼来迷惑袁世凯,使其对自己放下戒心;另一方面,蔡松坡对小凤仙也产生了情义。红烛高烧,罗帐低垂,两人相视而坐。至贺喜之人离去,便相拥而眠。负责监视蔡松坡的杨度看着这位曾经叱咤风云的人物沉迷于酒色之中,壮志消失殆尽,立即告诉袁世凯。袁世凯怕蔡松坡是以此为掩饰来迷惑自己,仍旧派杨度监视他。

蔡松坡原配夫人刘侠贞指责他不思建功立业,留名于世,只是沉迷酒色,不理政务,坐消壮志豪情。蔡松坡恼羞成怒,不仅当场砸坏了屋内家具,而且还对刘侠贞拳脚相加。从此,蔡宅鸡飞狗跳,一发不可收拾。袁世凯得知后,大大减少了对蔡松坡的戒心,并派人到蔡家调解纠纷。蔡松坡扬言要把小凤仙接回家中,刘侠贞就大吵大闹:"你要是把她接回家,我就赶回湖南,一拍两散,让你们得偿所愿。"蔡老太太站在媳妇这边,数落蔡松坡的不是,若是媳妇回家,她也不愿意待在寒冷的北方,也要一起南归。就这样,蔡松坡的家眷都返回了湖南。不久,蔡松坡使用巧

蔡锷

计离开了袁世凯,到达云南组织起"护国军",讨伐袁世凯。至此,人们才恍然大悟,蔡松坡、小凤仙、刘侠贞三人合演了一出苦肉计。

从此,两人天各一方。蔡松坡写信告诉小凤仙:自己不久前患上喉痛及失眠之症,而且军务繁忙,等大小事情告一段落,就以出洋就医为理由偕同她一起同行。请她暂时忍耐。小凤仙因受蔡松坡的垂青而艳名大噪,很多狎客都希望与她一夜缱绻,赢得与蔡松坡"同靴兄弟"的美名。然而小凤仙决定对蔡松坡从一而终,对其他狎客全部拒绝,苦苦忍着一份相思。

小凤仙望穿秋水,等来的却是蔡松坡的死讯,悲层恸欲绝。蔡松坡的灵柩运回上海,小凤仙托人寄来了两副对联。这段风花雪月的浪漫爱情,也随着蔡松坡的死去而告终。

以欲望与革命为主题的"红姑娘"——胡萍

胡萍是中国早期影星。她多才多艺,能编善演,被誉为"作家明星"。不仅如此,她还有"红姑娘"之称,红极一时。"口唇红,衣服红,腮帮子也透着点红。"她全身上下都是红的,甚至她的思想都是"红"的。

胡萍是湖南人,而且在长沙做过咖啡店的女招待,这两点对她到上海成为电影明星很重要。田汉是湖南人,话剧作家,电影剧本作家。胡萍跑到上海,向田汉毛遂自荐。同是湖南人,而且胡萍就像是从《咖啡店之一夜》中跑出来的一样,深得田汉的喜欢。于是在田汉的帮助下,胡萍先后出演了很多部舞台剧或电影。其表演天赋之高,深得导演的喜欢,从而出演了好多部电影的女主角。在1937年的《夜半歌声》(1937)中,她的表演深得人们的喜爱,得到了大家一致好评。

"红姑娘"不仅是指胡萍喜欢一身红装,而且还指她以欲望和革命为主题谱写的一生。在那个时候的上海,"摩登"成为了一种文化,也是一种时尚。红极一时的"红姑娘"也喜欢摩登,也追求时尚。而在当时,革命就是一种时尚。胡萍不仅喜欢身着红衣,而且还积极参加革命活动。

1937年,抗日战争全面爆发。"红姑娘"胡萍也积极地参与了抗

1934年的黎明晖与胡萍

日。"八·一三"事变后,郭沫若组建了国民政府军事委员会政治部第三厅,胡萍就在此第三厅中担任职务,"背起武装带,着了军服,出现于各处公共场所,并且口上声声谓将从事救亡工作到底"。之后,胡萍竟神秘地失踪了。

有人说,她做了间谍,打入日军内部,可能牺牲了;有人说,抗战胜利后,她才去世;有人说,"文革"之后她仍在长沙。众说纷纭,却都毫无确凿证据证明自己的说法。据潘子农说,他曾亲眼看见这样一幕:从一辆崭新的雪弗莱轿车中,走出一名衣饰华丽、浓妆艳抹的少妇,紧跟其后的是一位白白胖胖的中年绅士。而这名少妇就是胡萍。此中年绅士就是当时的国民政府粮食部部长。

胡萍曾有一名男友,叫阿唐。据说,太平洋战争爆发后,胡萍和阿唐依然在上海生活。阿唐因病双目失明。胡萍找一个机会离开了阿唐,离开了上海。这个发生在上海的凄惨爱情故事被人们口口相传。也许,在这之后,胡萍就默默地生存在世界的某个地方,不为外界所知。当然,这只是猜测,没有丝毫的证据能够证明。

人们都说戏如人生,其实,人生何尝不是如戏。胡萍一生,曲曲折折,令人扼腕长叹。她一生演绎的电影,最为动人的不是《夜半歌声》(1937),而是她以欲望与革命为主题的一生。

沪上第一"交际名媛"——唐瑛

唐瑛长相漂亮,谈吐高雅,精通英语,是沪上第一"交际名媛",与陆小曼并称为"南唐北陆"。

唐瑛出生于1910年,其父唐乃安曾留学德国,是沪上名医。其兄唐腴庐是宋子文最亲信的秘书。唐瑛毕业于旧上海的中西女塾,精通英文,善唱昆曲,还主演过《少奶奶的扇子》这部戏。1927年,在中央大戏院举行的上海妇女界慰劳剧艺大会上,唐瑛与陆小曼联袂登台演出昆剧《拾画》《叫画》。年仅17岁的唐瑛丝毫不怯场,显示出惊人的表演才能。有一次英国王室到上海访问时,唐瑛应邀表演钢琴和昆曲,所有报纸上都登出她的照片,光彩完全盖过王室。

唐瑛不仅年轻漂亮,而且多才多艺,自然吸引了众多身份显赫的男子。孙中山的

唐瑛

秘书杨杏佛便曾经对唐瑛一见倾心,但是被唐瑛拒绝了。因为唐瑛的哥哥唐腴庐与宋子文交好,聪慧过人、活泼烂漫的唐瑛认识了风度翩翩又集学识、权力、金钱于一身的宋子文。不久两人恋爱了,但是遭到了唐瑛父亲的强烈反对。1931年唐腴庐因为穿戴与宋子文极为相似,在烟雾中被当做宋子文误杀。这件意外使得唐家悲痛万分,更不愿意和宋子文再有来往。宋子文对唐家也内疚万分,无奈地割舍了与唐瑛的恋情。与宋子文分手后不久,唐瑛嫁给了沪上豪商李云书的儿子李祖法。婚后,唐瑛依然爱热闹,喜欢交际,并在1935年与沪江大学校长凌宪扬在卡尔登戏院首次用英语演京剧《王宝钏》。而丈夫李祖法则喜欢安静,不喜欢唐瑛外出交际。1937年两人终因性格不合离异。

离异后的唐瑛,并没有因此黯然,反而在社交场上更加如鱼得水。唐瑛在衣着上具有很高的品位,无论婚前还是婚后,她的穿着一直是老上海时尚潮流的风向标。当时的女性杂志《玲珑》就鼓励新女性们向唐瑛看齐,把她作为榜样。

后来唐瑛嫁给北洋政府国务总理熊希龄侄子熊七。1948年唐瑛随夫去了香港,晚年移民美国。

"一代坤旦"、梅兰芳的夫人——福芝芳

梅兰芳一生中有两个至关重要的女人,第一个是王明华。王明华为梅兰芳生下一男一女后,为常伴其左右,做了绝育手术。后来因为生下的两个孩子不幸夭折,梅家无后,她默许梅兰芳再娶一房夫人为梅家传宗接代。梅兰芳娶的这位新夫人便是福芝芳。

1905年,福芝芳出生在北京宣武门一户满族旗人家庭。她的外祖父是以吃皇俸为生的满旗军官。母亲是独生女,年轻时嫁给一个小生意人,因两人性情不合,怀孕后回娘家,不愿再回去。民国时,家里收入中断,靠母亲手工削牙签将其养大。福芝芳十四五岁时跟着邻居吴菱仙(梅兰芳的老师)学唱京剧。母亲为保障她的安全,常女扮男装陪女儿演出。

福芝芳出道后,与后来旅居美国的李桂芬合作,演出过《桑园会》《武家坡》《三娘教子》等,颇获好评。

1921年,年仅16岁的福芝芳经老师吴菱仙和都门名士罗瘿公先生的说合,与27岁的

福芝芳

梅兰芳结婚。婚后两人十分恩爱。福芝芳终止了自己的演艺生涯,专心在家相夫教子。婚后14年的时间里,福芝芳先后为梅兰芳生下9个儿女。但因当时的医疗条件有限,最后长大成人的只有葆琛、葆珍(绍武)、葆玥、葆玖四个。

福芝芳性情文静,婚后尽心相夫教子,深得梅兰芳的喜爱。她年幼时家庭贫困,没读过什么书。婚后,梅兰芳特地为她请了中学老师,教她读书识字。经过四年的学习,她不仅学会读书信,还能读懂古文和白话文小说。就这样,看小说成了她一生的爱好和消遣。

福芝芳与梅兰芳共同生活了近40年,在这40年里,她专心照顾梅兰芳。从演出到日常生活,事无巨细。在抗日战争时期,梅兰芳蓄须明志,不肯为日本人演出。在这段时期,家里没有收入,生活困顿,福芝芳常将自己的首饰拿去典当以补贴家用。梅兰芳一向慷慨,对待朋友总是有求必应,即使在这样没有收入的情况下也是如此。对于这个,福芝芳毫无怨言,总是尽力支持。

1961年8月8日,梅兰芳在北京病逝。福芝芳将他与葬在香山万花坡的王明华合葬。

1980年1月29日,福芝芳病逝,由其子女将其葬于香山万华坡,长伴梅兰芳左右。

孽海浮沉、状元夫人——赛金花

中国历史上存在过无数的青楼奇女子,她们或追求坚贞的爱情,或不畏权势所迫,或才华横溢,琴棋书画样样皆通。可这些在赛金花面前都不值一提。清末"四大谴责小说"《孽海花》中的名妓傅彩云就是以她为原型创作的。

赛金花,闺名赵灵飞,乳名赵彩云(一说姓郑),又名傅彩云。傅彩云出生在安徽黟县,但出生日期众说纷纭,大致在同治年间(1862—1875年)。她幼年随父亲移居苏州,后因家境败落被卖到苏州的"花船"上为妓。她在光绪十三年(1887年)遇到了回乡守孝的前科状元洪钧,从此开始了她传奇的一生。洪钧初见她时,一见倾心,于是纳她为妾。不久之后,洪钧被任命为驻俄罗斯帝国、德意志帝国、奥匈帝国、荷兰四国公使。在他奉命出使欧洲时,因其原配夫人不喜西方习俗,傅彩云便作为夫人

赛金花

代其陪同洪钧出使欧洲。在欧洲,傅彩云凭借其聪明美貌,擅长辞令,很快便闻名于欧洲上流社会,成为中国当时唯一的"女外交官"。三年间她还学会了德语,这为她后来的传奇经历奠定了基础。

回国后不久,洪钧病死。1894年,傅彩云在送洪钧棺柩返回苏州时,逃跑到上海重操旧业,并改名为曹梦兰。后来又到天津,最终改名为赛金花。1900年八国联军侵华,北京沦陷。此时的赛金花居住在北京石头胡同为妓,在北京被攻陷后,她成功劝说联军统帅,使得北京市民的生命安全得到保障。民间流传有"议和人臣赛二爷"、"护国娘娘"这样的美誉。传说她在清政府同八国联军的议和中,运用外交手段,使八国联军同意议和,这才促成了"辛丑条约"的签订,使八国联军归还北京城,保得住了大清朝的一时安宁。可见,赛金花在人们心中是一个爱国保国的英雄形象。议和成功,真正有功于国家的人却被淹没在人群当中。

赛金花在1903年因虐待幼妓致死而入狱。出狱后,去往上海。晚年生活潦倒不堪,于1936年病死于北京。葬于陶然亭公园,由著名画家张大千为她画肖像画,齐白石题写墓碑。赛金花虽一生沦落风尘,却拥有一颗爱国之心。她亲笔题写的"国家是人人的国家,救国是人人的本分",一个风尘女子尚能爱国如此,不知折煞了多少人?

由青楼女子蝶变成实业家的董竹君

董竹君可谓是中国女权运动的第一人。她出身贫寒,沦落风尘,婚姻不幸。然而她却凭借自己坚定的意念,跳出封建樊笼,通过自身的不断努力,最终成为上海锦江饭店的女老板,并连任七届全国政协委员,堪称中国女权运动的先驱。

董竹君(1900—1997),是江苏省海门市人,出生于上海。自小家境贫寒,父亲是一个黄包车车夫。小时候读过私塾,但因父亲患病,无奈辍学,后迫于生计,被父母送往青楼做"清倌人"。虽然作为"清倌人",卖艺不卖身,但也得一样的倚门卖笑。两年后,董竹君逃出青楼,与常在青楼活动的革命党人夏之时结婚,这年是1914年。婚后两人到日本留学,董竹君进入东京女子高等师范学校读书。1915年夏之时奉命回四川,1917年,董竹君在丈夫的要求下,放弃前往法国留学的理想,回到四川合江。

董竹君

回国后的董竹君生活并不美满。夏之时虽是革命党人,但却保留有大量的封建家庭思想,夏之时后来吸食鸦片,导致性情大变。董竹君的生活变得更加苦不堪言。但坚强的董竹君仍开办了"祥女子织袜厂"和出租黄包车的"飞鹰公司",但不久便因经营不善而惨淡关门。1929年,分居五年的董竹君和丈夫在上海协议离婚,跳出了束缚自己多年的牢笼。

上海锦江饭店大堂

1930年,董竹君建起了一个小规模的群益纱管厂。经人指点,她远渡重洋,从国外拉回一万元的投资。但好景不长,1932年,群益纱管厂遭到日军的炮击,被迫停工。

1935年3月15日,董竹君创建的锦江川菜馆开始营业。这次创业,得到了很大的成功,菜馆生意很是兴旺。当时上海滩有头有脸的大人物,如杜月笙、张啸林等都是这里的常客。1936年初,董竹君开办锦江茶室。

1940年,前往菲律宾。1945年回国。回国的董竹君成功地使面目全非的锦江川菜馆挽救。上海解放后,董竹君创立了锦江饭店。另外她还将自己16年赚取的15万美元和花园住宅全部奉献给了国家。

1997年,年近百岁的董竹君接受记者采访,在被问到自己余生的愿望时,她说她还想再办个幼儿园。然而遗憾的是节目播出56分钟后,这个有着传奇一生的女实业家因病离开了人世。

老上海的名人故居

华亭陆氏家族显赫知多少

华亭陆氏,是上海的著名家族,读过《三国演义》的人一定知道陆逊,陆逊是吴国名将,本名议,字伯言,华亭(上海松江)人。陆逊极受孙权器重,孙权以兄孙策之女配逊,并用为帐下右都督。建安二十四年(219年),陆逊与吕蒙袭取荆州,擒杀关羽,因功封华亭侯。到黄武元年(222年),面对刘备的倾国之兵,陆逊沉着应对,坚守半年,待蜀军疲敝,利用顺风火攻,火烧连营,大破刘备,取得了夷陵之战大捷,这是中国历史上以少胜多的经典战役之一。后来,陆逊加封振国将军、领荆州牧,在顾雍之后又拜为丞相。他镇守荆州数十年,成为吴国的中流砥柱。后因在废立太子之事上与孙权不和,最后忧愤而死。

陆逊

陆逊是历史上上海第一位著名人物,其家族在吴国地位显赫,其子陆抗继承父业,成为吴国后期的国防中坚。陆抗在孙皓继位后封镇军大将军,领益州牧,后又击败了西陵督步阐的叛变。后升任大司马、荆州牧,镇守吴国西部边界,他与晋国大将羊祜的交往,被后人传为美谈。临死前抱病上疏,力陈西部边防要害,须防晋军进袭,可惜不被采纳。

陆抗之子陆机、陆云也是人中才俊。吴国灭亡后,兄弟二人回到华亭,闭门读书十载。西晋太康十年(289年)兄弟二人同至洛阳,以文才倾动一时,人称"二陆"。此后入朝为官。"八王之乱"时期,陆机、陆云兄弟投靠成都王司马颖,结果在太安二年(303年)兵败遭谗,双双被司马颖所杀。陆机有《辨亡论》《吊魏武帝文》《文赋》传世,他的草书《平复帖》是现存最早的名人真迹,书法造诣非常高。相传,兄弟二人在临刑之前,曾叹曰:"欲闻华亭鹤唳,可复得乎?"表达了二人对故乡生活的怀念。后人在华亭建有"陆宝院"进行祭祀,闵行区的七宝古镇即因"陆宝"加一宝而得名。

黄道婆为中国棉纺织业作出了怎样的巨大贡献

黄道婆(1245—1330),是古代上海女性的杰出代表,是宋末元初的著名纺织家,为中国棉纺织业的发展作出了巨大贡献。黄道婆又名黄婆、黄母,是松江府乌泥泾镇(今上海市徐汇区华泾镇)人。她出身于贫苦的农民家庭,十二三岁就被卖为童养媳,因不堪忍受婆家的虐待,于是出逃,随海船流落到了崖州(今海南岛)。在那里,她以道观为家,与当地黎族姐妹一起劳动、生活,从她们那里学到了运用制棉工具和织崖州被的方法。30年后,元代元贞年间(1295—1297年),黄道婆重返故乡。她在乌泥泾镇推广在崖州学到的先进棉纺织技术,并进行革新。在机具方面,用踏车去籽,改变了原来手剥去籽的方法;用长弦绳大弓弹棉,并制作出木椎敲击弦绳,以增强弹力;用双锭脚踏纺车纺纱,可同时纺三根纱,大大提高了棉花加工效率。在技艺上采用新的方法错纱、配色、综线、挈花,从而织造初折枝、团凤、棋局、字样等精美花纹的棉被,这就是后来誉满天下的乌泥泾被。黄道婆的革新推动了松江地区棉纺织业的发展,使松江成为全国的棉纺织业中心,一度有"松郡棉布,衣被天下"之称。

黄道婆墓

黄道婆于1330年去世,松江百姓为感念其恩德,于元至元二年(1336年)共同出资为她立祠,岁时享祀,俗称黄婆庙,后因战乱屡毁屡建,并数度易址。清雍正八年(1730年),复建于今徐汇区龙华镇南郊村,光绪年间和新中国成立后都曾进行修缮。祠堂三间两进,中塑有黄道婆像。"文革"期间,祠堂、塑像被毁。1993年重建,改称黄道婆纪念堂(今上海植物园内)。黄道婆墓地,在华泾镇北面的东湾村高地,经数百年几成荒冢,1956年重修并立碑,"文革"中被毁,1985年重建。在上海豫院内,有清咸丰时作为布业公所的跋织亭,亭内供奉着黄道婆,她也成为布业的行业神。在黄道婆的故乡乌泥泾(今华泾镇),至今还传颂着"黄婆婆,黄婆婆,教我纱,教我布,两只筒子两匹布"的歌谣。

行遍天下的徐霞客造访过"佘山"吗

徐霞客是中国伟大的地理学家、旅行家。从22岁开始游历,直到去世,足迹踏遍中国大半个河山。其所写的游记被后人整理成《徐霞客游记》。徐霞客一生外出游历35年,那么他有没有到过佘山呢?

"佘坞松风,时时引人入胜也。"这是徐霞客对佘山的赞美。由此可知徐霞客曾游历过佘山。不仅如此,徐霞客和佘山还有不浅的缘分。从1624年徐霞客初识陈继儒至1641年陈继儒去世,徐霞客曾多次达到过佘山。

天启四年(1624年),徐霞客第一次到达佘山,在朋友王畸海引荐下拜访了当时隐居在松江佘山的陈继儒,请求他给母亲的八十大寿写寿文。陈继儒当即答应,寿文一气呵成。

徐霞客第二次到达佘山是在崇祯九年(1636年)。这是第二次来到佘山拜访陈继儒。在拜访之前,两人一直有书信通往。徐霞客说江阴"暑旱为厉,自三时至三伏,无浥尘之滴",将再次往游西南丽江等地。九月二十四日,徐霞客乘船到达佘山,陈继儒出门相迎,二人把酒畅叙衷情。至二十五日中午,徐霞客才离开佘山,开始再一次的游历。

在徐霞客的二十四日日记中有这样的记述。他回忆了之前到达佘山的事情。一次是"八年前",应当是崇祯二年;一次是"又三年后",应当是崇祯五年。"八年前"

徐霞客

位于佘山之巅的上海天文博物馆

徐霞客在陈继儒的引荐下拜访了施绍莘。"又三年后"再次拜访施绍莘，却得知施绍莘已经远去。

徐霞客和佘山的渊源从徐霞客的日记中可以看出来。他拜访佘山，有明确时间记载的三次，有记录的四次。还有一些从两人来往书信中的推断其到过佘山可能有八次之多。

佘山在徐霞客游记中的描绘并不多，然而佘山在徐霞客游历中却是不可或缺的一个地方。居住在佘山上的陈继儒曾多次帮助徐霞客游历，大多是写书信给徐霞客要游历地方的官员，托他们照顾徐霞客。

崇祯十三年（1640年），徐霞客因"病足不良于行"回到家乡，于次年去世。

现在上海设有佘山国家森林公园，"驴友"可以去游览佘山以缅怀这位伟大的旅行家。

斗倒奸臣严嵩的徐阶知多少

徐阶（1503—1583），字子升，号少湖，松江府华亭县（今松江区）人，明代著名政治家。嘉靖二年（1523年）探花，授翰林院编修，后官至礼部尚书、文渊阁大学士、内阁首辅，是明代中期著名的政治家，也是明代权势最重的上海人。

早年徐阶因触怒张孚敬，被斥为延平府推官。受此挫折后，他为官更加谨慎，在延平政绩显著，赢得声誉，是以多次升迁。后又密疏揭发咸宁侯仇鸾的罪行，为嘉靖帝所信任。倭寇蹂躏东南地区时，徐阶力主发兵平乱，并积极筹措粮草。同时，他还主持抄录了《永乐大典》。

在徐阶的整个政治生涯中，最大的亮点就是斗倒了权势熏天的严嵩。徐阶与首辅严嵩同朝10多年，久安于位，对于严嵩的倒行逆施一直隐忍不发，谨慎

徐阶

以待。嘉靖四十一年(1562年),徐阶抓住严嵩失宠于嘉靖的机会,命御史邹应龙参劾严嵩,终于使严嵩罢官,其子严世蕃谪戍。徐阶的忍辱负重是其政治权谋斗争中的撒手锏,而"徐阶曲意事严嵩"也成了权谋术中的经典案例。

严嵩倒台后,徐阶升任内阁首辅,此后励精图治,提拔贤能,曾力救著名清官海瑞,并慧眼识才,提拔张居正,让他得以施展抱负,终成一代名臣。嘉靖死后,徐阶草拟遗诏,立穆宗朱载垕为帝,停止一切斋醮、土木、珠宝、织作,凡因言事而得罪的官员一律赦宥,以收拾人心。因事先未和同列阁臣的高拱、郭朴一起商量,二人怀恨于心,唆使御史参劾,迫使徐阶于隆庆二年(1568年)致仕,回到华亭。

徐阶任宰相多年,为两朝元老,人称"徐阁老"。曾借"投献"为名,大量兼并土地。隆庆三年(1569年),海瑞任应天巡抚,勒令地方豪强退出多占土地,不得已退出部分土地。万历二年(1574年)卒,赠太师,谥"文贞"。万历十二年(1584年)赐葬于长兴县东山嘉会区之原。

 董其昌是如何走上书法艺术道路的

董其昌走上书法艺术道路可以说是因为一个偶然的原因。在《画禅室随笔》中他这样叙述自己学习书法的原因:在董其昌17岁时参加的一场会考中,主考官在批阅考卷时,很欣赏其文采,然而董其昌的字写得不好,就将其本来第一的名次换成了第二。这件事大大刺激了董其昌。他回忆说:"郡守江西袁洪溪以余书拙置第二,自是始发愤临池矣。"

董其昌练习书法是从临摹颜真卿的《多宝塔》开始的。之后改学虞世南,认为唐代书法没有魏晋时期的书法好,就开始学习王羲之的《黄庭经》,还练习了钟繇的《宣示表》等。可以说,董其昌研究学习了前代的绝大部分书法名家。

通过努力研究学习,再到目睹项子京家藏真迹,以及在金陵见到王羲之的《官奴帖》,董其昌"方悟从前妄自标评"。至此,他书法已"集古法之大成"。以古为师,以古为法,却不泥古不化,而是有选择的取舍,再融合自己的创意,董其昌达到了自成一家的化境。

董其昌综合晋、唐、宋、元各家的书风,创造出自己独具风格的作品。其书法对后世产生了很大的影

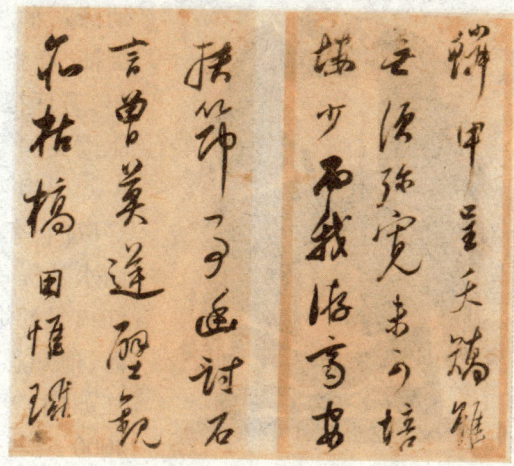

董其昌书法

响。《明史·文苑传》中评论董其昌的书法"名闻外国,尺素短札,流布人间,争购宝之"。到了清代,康熙、乾隆甚至还亲手临摹他的书法。康熙赞美他的书法"天姿迥异","如清风飘拂,微云卷舒,颇得天然之趣"。以至于满朝盛行临摹董其昌书法之风。一些想考取功名的士子也临摹董其昌的书法,以期有捷径可走。

然而历史上对董其昌书法褒贬不一。清代著名书法家王文治称其书法为"书家神品"。而革命党康有为却说他"虽负盛名,然如休粮道士,神气寒俭。若遇大将整军厉武,壁垒摩天,旌旗变色者,必裹足不敢下山矣"。

董其昌没有写下一本专门评论书法的著作,其心得和主张散见于大量的题跋中。董其昌曾评论:"晋人书取韵,唐人书取法,宋人书取意。"这是书法历史上第一次从韵、法、意三个方面划分晋、唐、宋三代书法审美取向的不同。这个看法为后世之人研究和学习古代书法作了很好的阐释和引导。

董其昌一生致力于书画艺术的研究,而且又是个长寿之人,所以有很多作品传世。这些传世真迹收藏在上海博物馆等处。纵观董其昌书法的艺术成就,不仅仅是因为一个偶然的原因走上书法艺术的道路,而其后天的努力和坚持不懈的精神,为他走进书法艺术的殿堂,并留下姓名,起到了不可忽视的作用。

碧血洒吴淞的陈化成知多少

在上海的城隍庙内,供奉着三座城隍像,最早是汉代的霍光,其后是明代的秦裕伯,最后一个入祀的就是清代鸦片战争中主持抗英的民族英雄陈化成。

陈化成

陈化成(1776—1842),字业章,号莲峰,福建同安县(今属厦门市)人。他出生于金门,自幼谙熟水性,精武艺,尚气节,智勇过人。早年因捕"洋盗"出力,而屡获提拔,道光十年(1830年)升任福建水师提督,多次率水师战船缉拿、驱逐英国等国鸦片武装走私船。

1840年,英国人挑起鸦片战争,陈化成严守厦门,率水师击退英舰。同年,陈化成调任江南水陆提督,到任后,他迅速加强了长江和黄浦江口吴淞炮台的防御措施。英国侵略军进犯定海,他知悉裕谦、葛云飞等人牺牲后,立即赶赴江苏门户吴淞口,积极备战,先后调集清军4000余名,调配各型火炮250余门,并沿黄浦江口西岸修筑防御阵地"土城"达5公里,上筑火炮掩体"土牛",并加固东西炮台。当时,两江总督牛鉴见英军势大,便主张议和,遭陈化成拒绝。

道光二十二年(1842年)6月,英军全力攻打吴淞要塞。陈化成率官兵5000余人把守吴淞炮台,激战数小时,击伤英舰4艘。战斗打响后,两江总督牛鉴打着仪仗前来督战,目标太明显,结果被敌舰瞭见,险些击中。牛鉴顿时吓得魂不附体,慌忙脱掉纱帽朝靴,仓皇逃走。牛鉴一走,军心大散,把守吴淞东炮台和防守宝山城西北的总兵游击也跟着溃散,清军大乱,陈化成镇守的西炮台顿时成了孤军,腹背受敌。陈化成又指挥清军与敌人展开肉搏,他本人受伤7处,最后中弹,壮烈牺牲。上海、宝山随之失陷。

陈化成牺牲后,部将将其遗体藏匿于芦苇丛中,收敛于嘉定县城,后送回原籍安葬。清廷追授其为"振威将军",赐谥"忠愍"。送陈化成灵柩回籍的那天,宝山人民焚香道旁,无比痛悼。后来,上海民众将其塑像供奉于上海城隍庙,陈化成也与霍光、秦裕伯合称"上海三大城隍"。1992年,陈化成殉国150周年之际,上海宝山区建设的陈化成纪念馆落成。纪念馆坐落在宝山临江公园内,系由原宝山孔庙大成殿改建而成。内部设有陈化成生平事迹展,以翔实的史料和文物,生动地介绍了陈化成由行伍出身到官至提督,始终待百姓亲如家人,与将士同甘共苦,治军严密,英勇善战,直至壮烈牺牲的光辉一生。

明末"圣教三柱石"之首的徐光启知多少

徐光启(1562—1633),字子先,号玄扈,天主教教名保禄,汉族,明嘉靖四十一年(1562年)生于南直隶松江府上海县法华汇,万历三十二年(1604年)进士,后官至礼部尚书、文渊阁大学士,是中国明末著名的数学家、天文学家、农学家、政治家。

大约在万历二十一年(1593年),徐光启受聘到韶州任教。在韶州他见到了传教士郭居静(L. Cattaneo),第一次接触到西洋科技知识,并且听说有一位叫利玛窦的传教士在西洋科技方面很有名。1600年,他听说利玛窦正在南京传教,便从上海专程前往南京拜访他,想向他学习西洋科学知识。但利玛窦更热衷于发展徐光启为天主教徒,送给他两本宣传天主教的小册子。经过三年的考虑,徐光启于万历三十一年(1603年)

徐光启

在南京接受洗礼，加入了天主教。后来徐光启一直是当时中国天主教会中最为得力的干将。

万历三十二年（1604年）徐光启中进士，初任翰林院庶吉士一职。当时利玛窦也在北京，徐光启在常常去拜访他。1606年，徐光启再次请求利玛窦传授西洋科学知识。这次利玛窦答应了他，开始向他传授西方的数学理论。1607年他们共同翻译的《几何原本》前六卷正式出版，引起巨大的反响。

万历三十五年（1607年）徐光启任翰林院检讨。不久丧父，返乡守制。同年，徐光启邀请传教士郭居静到上海传教。万历三十八年（1610年）徐光启守制期满，回京复职。由于热衷科学技术，他于万历四十一年至四十六年（1613—1618年）在天津购田从事农业试验。1624年徐光启被阉党弹劾，回到上海待命。此间他主要撰写《农政全书》。崇祯元年（1628年）召还，三年（1630年）擢礼部尚书，又奉旨与传教士龙华民、邓玉函、罗雅各等修正历法。崇祯五年（1632年）六月，徐光启以礼部尚书兼东阁大学士入阁，参与机要，十一月，加太子少保，十一月七日病逝，终年72岁，谥文定，归葬上海县，先是暂厝于县城南门外双园别墅，1641年葬法华汇肇家浜北原，今徐家汇光启公园。

徐光启是上海地区最早的天主教教徒，也是明末促进天主教传播的天主教徒之一，被中国天主教尊为"明末中国天主教三柱石"之首。

供李鸿章藏娇的丁香花园知多少

丁香花园，坐落于徐汇区华山路849号，是上海滩最负盛名、保存最完好的老洋房之一。丁香花园之所以如此有名，不仅在于建筑优美，更在于这幢洋房的主人竟是鼎鼎大名的李鸿章，而且这里竟是他的藏娇之所。

在19世纪60年代后，洋务运动兴起，上海成为洋务运动的重镇。作为洋务派首领的李鸿章，就在上海开办了多处实业，因此他经常住在上海。传说，李鸿章在上海公干时，经常带上宠妾丁香，但丁香与李家正室不和，于是李鸿章暗示盛宣怀在上海为她置办一笔产业，于是盛宣怀便在海格路（今华山路）购地2.67公顷，建造了花园洋房，让丁香入住，这就是著名的丁香花园。实际上，丁香是个子虚乌有的人物，这里的真正

李鸿章

主人是李鸿章的幼子李经迈。李鸿章见李经迈幼弱,因此将这处房产转赠于他。

当时的丁香花园只有两栋楼,即今1号楼和3号楼(2号楼为20世纪50年代添建)。由美国著名建筑设计师、现代化建筑的开创者之一的赛亚·罗杰斯设计,具有19世纪后期美国式别墅的风格,各种卫生、消防、暖气设施完备。1号楼呈凹字形,楼内布局合理,设有卧室、阳台、小书房等,是生活起居之所。3号楼为半圆形,是李鸿章的藏书楼,藏书颇丰。抗战爆发后,其藏书多有散落,后其孙李国超将余下藏书捐赠给震旦大学图书馆,震旦大学特辟"合肥李氏望云草堂藏书"专室。新中国成立后,这部分藏书归入复旦大学。1号楼前种植丁香,3号楼前则种植香樟。

丁香花园南侧是花园,有一条长百余米的蜿蜒起伏的龙墙,由瓦片砌筑成鳞片状,共有18个起伏,被誉为"一条蛟龙卧半园"。墙上设有门洞,称为"龙门"。花园内有人工湖,湖上有曲桥,连接湖中的湖心亭。亭子顶部为素色琉璃瓦,八角攒尖,上立一凤凰,故名"凤亭"。湖畔还建有船舫。园中绿树掩映,假山堆叠,是早期的中西合璧式园林。

马相伯是如何创立复旦大学的

马相伯(1840—1939),原名建常,又名良,江苏丹阳人,教名若瑟,晚年号华封老人。他是近代中国著名教育家、政治活动家,近代史上三所著名大学——震旦学院、复旦公学和辅仁大学的创始人。

马相伯出身于天主教世家,幼读儒家经书,信奉天主教,后入徐家汇天主教小修院、大修院,成为神学博士,被罗马教廷授予司铎职,并担任徐汇公学校长。1876年,因自筹白银2000两救济灾民,反遭教会幽禁"省过",愤而脱离耶稣会还俗。此后,从事外交和洋务活动,到过许多欧美国家,深感"自强之道,以作育人才为本;救才之道,尤宜以设立学堂为先"。他上书清廷,但皆似泥牛入海,于是毅然决定毁家兴学。1900年,马相伯将全部家产捐献给天主教江南司教收管,作为创办"中西大学堂"的基金,并立下"捐献家产兴学字据"。规定,该产业供作中西大学建成后的学生助学金。

1902年,南洋公学(今交通大学前身)发生

复旦首任校长马相伯

复旦大学

著名的"墨水瓶"事件,大批学生集体退学。经蔡元培介绍,部分学生转向马相伯求学。于是,马相伯在次年租用徐家汇天文台老屋,以"中西大学堂"的理念,创办了震旦学院,并自任院长。这是中国近代史上第一所私立大学。

1905年,耶稣会准备将震旦学院改为教会学校,让马相伯隐退,委任法国神甫担任学校总教习,并改变办学方针,另立规章,引起学生强烈不满。学生们摘下校牌,集体退学。马相伯同情学生,并得到张謇、严复等社会名流支持,在江湾另建复旦公学,马相伯任校长,聘李登辉任教务长,这就是复旦大学的前身。1908年,耶稣会接办的震旦大学拟迁址卢家湾,马相伯仍以办学为重,不计前嫌,捐现银4万元。

1913年,马相伯抵达北京,并代理北京大学校长,因抵制袁世凯称帝,遂于1917年南归,隐居于徐家汇土山湾。1925年,罗马教廷在中国创办北京公教大学,次年改称辅仁大学。马相伯参与其事,贡献良多。

"九·一八"事变后,马相伯不顾年事已高,仍积极投身抗日救亡运动,竭力营救民主人士,并参加宋庆龄、鲁迅等组织的"中国民权保障同盟",被各界尊称为"爱国老人"。抗战爆发后,避居桂林。1938年,准备取道越南移居昆明,行至谅山时病逝,享年100岁。马老去世后,举国哀悼。1952年,马相伯灵柩归葬上海;1984年,迁葬于上海万国公墓。如今,复旦大学内还建有马相伯先生的塑像,以纪念他的办学之功。

创立格致书院的徐寿知多少

徐寿(1818—1884),字雪村,江苏无锡人,是中国近代杰出的科学家。他早年放弃科举考试,潜心研究西方自然科学与工程技术。他与同乡华蘅芳共同研究,并于1853年前往上海,求学于当时著名的数学家李善兰。洋务运动期间,徐寿参与曾国藩在安庆、江宁创设的机器局内的技术工作,并与华蘅芳合作,试造了中国第一台蒸汽机和第一艘木质轮船"黄鹄"号。后复归上海,在江南制造局任职,并在此翻译了西方科学书籍数百种。著有《化学鉴原》《化学考质》《西艺知新》《化学求数》《法律医学》等,第一次系统地向中国人介绍了西方近代化学,并创造汉字命名化学元素,如今中国化学中的许多术语,很多都是徐寿创设的,他是中国近代化学的开创者。

除了潜心科学研究外,徐寿还热衷于科学教育,以便更好地传播科学知识。1875年,徐寿与英国传教士博兰雅等在上海福州路创办了格致书院,这是中国第一所教授科学技术知识的场所。格致书院开设矿物、电务、测绘、工程、汽机、制造等课目,同时定期举办科学讲座,讲课时配有实验表演,收到较好的教学效果。

1900年,格致书院陷入停顿。1913年,英租界将其改为华童公学。1916年,改称格致公学,新中国成立后,改称格致中学。学校弘扬"格物致知,求实求是"的校训,素以教学严谨,注重质量著称,是上海市科技特色学校和首批市中学生日常行为规范示范学校之一。1998年,更被确定为全国现代教育技术实验学校,是沪上著名中学。

徐寿

黄楚九是如何打造其商业王国的

黄楚九(1872—1931),名承乾,号磋玖,晚年自署知足庐主人,浙江余姚人,是明末清初著名思想家黄宗羲的后代。黄楚九幼年随母亲学习家传的中医眼科术,在上海旧城内与母亲开办颐寿堂诊所。后改学西医,于1890年在法租界开办中法药房,经营西药。1907年与夏粹芳合办五洲大药房。1915年,开办大昌烟草公司。1916年将中法药房改组为股份有限公司。在投资医药的同时,他还投资娱乐业,1912年,在上海开设新舞台,1917年建成大世界游乐场,次年兴办中华电影公司,后又开设日夜银行,成为中国第一家全天营业的银行。1920年,又与人合伙开办"上海日夜物券交易所"。黄楚九的经营涉及药业、电影业、娱乐业、烟草业、银行业、金融业,被誉为"商界奇才"和"百家经理",尤以药业和娱乐业的经营最为成功,因此有上海"新药业大王"和"娱乐业大王"的称号。

黄楚九头脑灵活,善于营销,尤其善于做广告,使得他的产品风靡上海滩,自己也赚得盆满钵满。

黄楚九

老上海的趣闻传说

他在创设中法药房时,推出了"艾罗补脑汁"。他摸透了患者的心理,强调艾罗补脑汁可以长智慧、祛百病,这让很多人怦然心动。又迎合国人的崇洋心理,以一张犹太人的照片起名为艾罗,将其放在商标上,作为发明人。实际上"艾罗"就是英文 Yellow,说白了就是他的姓氏"黄"。黄楚九还在《申报》《新闻报》上大做广告,一时间"艾罗"风靡上海,黄楚九也日进斗金。

龙虎人丹的营销也堪称经典。当时日本生产的仁丹在中国大行其道,趁国内抵制日货的反日爱国运动的兴起,黄楚九抓住时机,研制出了功效相仿的"龙虎人丹"。日货仁丹的销量迅速下滑,便提起诉讼,官司打到最高法院,最终判定黄楚九胜诉。这场官司虽然花掉了黄楚九十万余元,但是对人丹来说却是一个绝好的广告,当时中国人都认为黄的胜诉"给中国人出了一口气"。胜诉之后,龙虎人丹的销量迅速增长,很快便将仁丹挤垮。

1923 年,黄楚九又推出了一款新药——百龄机,他没有遵循薄利多销的原则,而是抓住了顾客"便宜无好货"的心理,故意将价格定得很高,同时投入巨资做广告,很快使百龄机在上海无人不知,无人不晓,而黄楚九也由此获得暴利。

1927 年,上海新药业工会成立,黄楚九当选首任主席。但随即他就遭到了黄金荣、杜月笙等人的联手打击,资金链断裂。黄楚九急恨交加,从此重病加身,于 1931 年去世。

夏瑞芳是如何创办商务印书馆的

夏瑞芳(1871—1914),字粹芳,上海青浦区人,毕业于上海清心书院,曾在英商《文汇报》《字林西报》当排字工。1897 年 2 月 11 日,在美籍牧师费启鸿的支持下,夏瑞芳联合鲍咸恩、鲍咸昌和高翰卿,创立了商务印书馆。其秉持"倡明教育,开启民智"之宗旨,迅速成长为中国现代出版业之巨擘。

创始之初,商务印书馆仅有两部手摇小印机、三台脚踏圆盘机和三部手扳压印机,承印商业表册、账本和教会图书等。不久,夏瑞芳赴日本考察,订购了一批印刷设备和器材。后又收购日资修文印刷局,此后率先在国内用纸型印书。1901 年,夏瑞芳引印锡璋、张元济入股,聘请蔡元培任编译所所长(当时蔡因苏报案避居青岛,遂由张元济担任)。在张元济的推荐下,

老商务印书馆

一批具有真才实学的知识分子进入了商务印书馆,翻译家严复、林纾、伍光建和蔡元培的译著先后在该馆出版,初步奠定了商务印书馆在中国出版界的地位。

夏瑞芳认识到商务印书馆要发展,技术力量至关重要,于是1903年,他大胆与日本金港堂合资经营,积极从日本引进网点照相、彩色石印、凹版印刷、马口铁印刷等先进技术,并派员工赴日本学习。短时间内,商务印书馆的印刷质量有了很大进步。同时,夏瑞芳还特别关注公益事业,设立了涵芬楼、商业补习学校、尚公小学、养真幼稚园、孤儿院等。10年内,商务印书馆已经发展为国内首屈一指的大型文化出版单位。在商务印书馆成长起来之后,夏瑞芳又提出收回日股。他数次亲赴日本,与金港堂洽谈,终于在1914年1月6日达成协议,从此商务印书馆成为一家纯粹的中国民族资本企业。但就在与日商达成协议后4天,夏瑞芳被刺杀于商务印书馆发行所。据传,系当时的沪军都督,同盟会员陈其美所为。现青浦区朱家角镇还保存有夏瑞芳故居。

买办资本家虞洽卿是如何发迹的

虞洽卿(1867—1945),名和德,浙江镇海(今属慈溪)人,是上海滩最著名的买办资本家之一。西藏路的前身就是著名的虞洽卿路,这是公共租界中唯一一处以华人姓名命名的道路,可见当时虞洽卿的声望之盛。

虞洽卿早年在上海瑞康颜料行当了12年学徒,多次为老板出谋划策,使小小的瑞康颜料行在上海滩剧烈的竞争中站稳了脚跟。1894年后,虞洽卿开始充当德商鲁麟洋行、华俄道胜银行的买办。在积累了巨额资本后,虞洽卿开始投资实业。1903年,他独资开设了通惠银号。

1905年,有一广东妇女黎黄氏携带婢女10余名途经上海,被英国巡捕诬为人口贩子而被逮捕。在会审公廨审理时,英国副领事颠倒黑白,胡判乱断。这时虞洽卿挺身而出,在公堂上据理力争,为维护中国人的尊严仗义执言,受到各界赞誉,从此闻名沪上。次年,虞洽卿随同五大臣赴日本考察,归国后上疏慈禧太后,提出创办中国自己银行的主张,受到采纳。1908年,我国第一家私营银行——四明银行在上海宣布成立,虞洽卿被推为理事。不久他又创办了宁绍商轮公司、三北轮船公司等。辛亥革命前夕,虞洽卿还在南京组织了"南洋劝业会",吸引了20多万人观摩交流,这是中国历史上

虞洽卿

第一次以官方名义主办的国际性博览会。

辛亥革命时期,虞洽卿全力支持同盟会的陈其美,助其在上海起义,后担任护军都督顾问官、外交次长。1920年,他发起创办了上海证券物品交易所,并担任理事长。后应段祺瑞之邀,出任全国工商协会会长、上海总商会会长等职。1927年,虞洽卿支持蒋介石发动"四·一二"政变。1929年,鉴于其对上海租界的贡献,被任命为公共租界工部局华董。抗战初期,虞洽卿痛斥日本帝国主义暴行,并担任上海难民救济会会长。上海陷落后,汪精卫请他出任上海伪政府市长,遭到拒绝。不久他来到香港,购买汽车、五金配件,经营滇缅公路运输。1945年4月,虞洽卿没来得及看到抗日胜利,在重庆逝世。

 杨俊生是如何创建中华造船厂的

在杨浦区的黄浦江段上,有一座弓状的小岛,这就是著名的复兴岛。1926年,爱国实业家杨俊生在此创办了大中华造船厂,这是上海最早的造船厂之一。

杨俊生(1890—1982),江苏淮安人,1906年进入日本留学,并加入了中国同盟会。后受孙中山鼓励,在日本东京帝国大学船舶工学科学习,毕业后到当时日本最大的造船厂——长崎三菱造船厂担任工程师,并兼任三菱造船所工业学校教师。1924年,满怀赤子之心的杨俊生放弃了优厚待遇,偕妻子女儿回到百废待兴的中国,随即在当时荒无人烟的复兴岛上筹办造船厂。1926年10月,杨俊生创办的大中华造船机器厂正式开业。

建厂初期,由于资金有限,技术人员也不足。杨俊生既从事管理,又设计开发,在艰苦的条件下依然取得了令人瞩目的成就。从建厂到淞沪会战爆发的10多年间,大中华造船机器厂先后建造了"长风"、"正大"、"天赐"、"大达"(当时国产吨位最大、设备最完善)等客、货轮和"天行"号破冰船。当时上海的民族造船企业除了江南造船厂外,大中华是唯一一家能与外商抗衡的中资造船企业。

1935年,大中华造船机器厂改组为股份有限公司,杨俊生继续担任厂长。次年抗日战争爆发,大中华造船机器厂和江南造船厂沦陷,日本人邀请他出任江南造船厂厂长,但被他严词拒绝。他毅然在静安寺出家,参禅读经。抗战胜利后,满怀希望的杨俊生向国民政府提出发展民族造船业的计划,但均被束

大中华造船厂

之高阁。新中国成立前夕,杨俊生选择了留在上海,他团结全厂职工多方筹措,维持工厂生产。

新中国成立后,杨俊生找到市军事管制委员会重工业处,表示愿将工厂交给政府管理。不久又主动申请公私合营并获得批准,他继续担任厂长。经过20多年的发展,大中华造船厂从一家小造船厂逐渐成长为全国九大造船厂之一,也是造船系统内由民族工业发展起来的最大的船厂,能制造世界一流水平的船舶。

1953年和1954年,杨俊生先后参加中国民主同盟、中国民主建国会,被选为第一至三届全国人大代表。此外,杨俊生曾在交通大学、同济大学担任造船系教授,并自编教材,培养了大批造船人才。其著作有《船舶力学计算》《破冰船》《中国钢船规范》等。

远东首富哈同是如何发家的

哈同(Silas Aaron Hardoon,1849—1931),英籍犹太人,是20世纪初闻名上海滩的地产大亨,号称"远东首富"。如今南京路的繁华,就和哈同的开发密不可分。

哈同的发家经历颇具传奇色彩。他生于巴格达,幼年生活艰苦,后来随父母经印度辗转来到上海。据说,他最穷的时候身边只剩下一条短裤和一把雨伞。后来经朋友介绍,他在老乡开办的沙逊洋行中谋得一个职位。由于为人勤快、机灵,很快便升为管事助手,负责看守沙逊的鸦片仓库。不久,他积攒了自己的第一笔原始资本,并在这里结识了中法混血的罗迦陵(罗俪蕤),与她结为伉俪。

中法战争期间,法国战败,租界内的洋人纷纷逃离上海,上海地价暴跌。罗迦陵也劝他迁往香港躲避,但哈同却认为这是千载难逢的好机会。他倾其所有,联络了一些犹太人低价购房买地。哈同的判断没有错,清政府很快与法国签订《中法合约》,洋人又纷纷回到上海,哈同购买的花园弄(今南京东路一带)房产迅速升值。为表彰哈同在关键时刻不退缩,维护租界秩序有功,租界工部局更将其聘为董事。

此后,哈同在开发经营南京东路时获得巨大成功,当时他拥有南京东路的近半房产。他看准了这里的发展潜力,出资60万两白银,用进口的铁黎木铺设了部分南京路,使之成为远

哈同

东最漂亮的街道。此举不但提高了他在上海的知名度,更使其在南京东路上的房地产迅速升值,他本人也成为上海滩最有名的大富豪之一。

哈同也特别注意搞好与各派政治力量的关系。1909年,罗迦陵前往天津,拜见隆裕太后的母亲,被她收为干女儿。辛亥革命后,他又和革命党人建立了联系,孙中山、蔡元培、蔡锷、章太炎等人都是哈同府上的常客。

20世纪初,哈同投资河南路口、静安寺等地块都获得了巨大的成功,到20世纪30年代,哈同在上海的房产价值,已经超过了他的老东家沙逊集团,成为上海房地产的龙头老大。

1931年,哈同去世,数年后,罗迦陵也去世。二人留下了巨额遗产,据英国领事署估计超过7000万元。但哈同和罗迦陵没有子女,二人领养了不少义子义女,罗迦陵去世后,其巨额财产引起了旷日持久的"哈同遗产案",连哈同在伊拉克的远亲都加入了遗产争夺。

如今在上海城区内,随处可见哈同的遗迹。南京路上有一半的产业,曾署名于哈同名下,今市区西部的铜仁路,之前的名字就是哈同路。而南京西路上巨大的上海展览馆的前身,就是哈同的私家花园爱俪园。

犹太富商沙逊在上海有何传奇故事

如果你去过外滩,一定对那座戴着墨绿色金字塔顶的和平饭店印象深刻,和平饭店的前身,就是著名的沙逊大厦。沙逊家族是近代史上国际知名的犹太人家族。其家族,于15世纪从西班牙逃难到中东。沙逊·本·塞利(1750—1830),曾担任巴格达的首席财政官。1828年,其子大卫·沙逊(1792—1864)不堪忍受反犹的新任行政长官的迫害,携带家眷逃至印度孟买,并在孟买成立了沙逊洋行,其业务主要是将英国的棉纺织品和印度的鸦片运往中国。1845年,在上海设立沙逊洋行分行,业务不断扩大。1864年,汇丰银行成立,而沙逊家族成为首届董事会的8名成员之一。

1872年,大卫·沙逊之次子伊利亚斯·大卫·沙逊(1820—1880)开设新沙逊洋行,主营中国业务。清末,随着中国禁烟运动的高涨,老沙逊洋行的在华业务日渐萎缩,逐渐由新沙逊洋行所

沙逊别墅

取代。新沙逊洋行最初以经营鸦片、棉布起家，1880年后，主要在上海购置大量房产和经营抵押放款。1918年，伊利亚斯·大卫·沙逊的孙子维克多·沙逊（1881—1961）继承新沙逊洋行，他在"一战"期间曾经在英国陆军航空队服役，作战中左脚负伤致残，人称"跷脚沙逊"。

1920年，因印度民族运动高涨，维克多·沙逊将经营重点从孟买转移到了上海。此后直到日军进入租界之前，沙逊一直在上海大规模经营房地产业。外滩上的著名大楼沙逊大厦，就是他的总部所在，而河滨大楼、华懋公寓、峻岭寄庐、都城饭店、汉弥尔登大楼等一批高层建筑，以及伊扶司乡村别墅、仙乐斯舞厅等都曾经是沙逊的产业。最盛时期，他在上海拥有大小房屋1900余幢，成为上海的"房地产大王"。沙逊还兼并安利洋行，大量收购企业股票，直接或间接地控制着四五十家上海企业。

抗日战争前后，维克多·沙逊两次大规模抛售在上海的产业。太平洋战争爆发后，沙逊在日本人的逼迫下离开上海。新中国成立后，沙逊的众多产业因拖欠税款而被政府没收。20世纪50年代，沙逊迁往巴拿马的拿骚，并定居在那里直到去世。

沙逊家族在当时的西方世界享有很高的声望，自伊利亚斯的哥哥起就拥有英国女王授予的从男爵爵位。沙逊家族还曾与当时著名的罗斯柴尔德家族联姻，家族成员菲利普·沙逊更曾担任英国空军部副部长，并拥有英国最合格单身汉和最伟大主人的名声。香港的沙宣道、孟买的沙逊码头，都是以沙逊家族的名字命名的。

民国元老于右任有何报业传奇

于右任（1879—1964），是国民党元老，著名的爱国人士，他的《国殇》一诗，感人肺腑。于右任早年参加中国同盟会，追随孙中山，历任国民党要职。自1931年起担任检察院院长，1949年前往台湾。于右任的草书在民国首屈一指，被誉为"当代草圣"。

于右任不但是政治家、书法家，还积极从事报业活动，他的报刊活动主要在1907年到1912年民国成立前5年当中。其中，于1909年开始连续创办三份报纸：《民呼日报》《民吁日报》《民立报》，被人戏称为"竖三民"。

于右任是陕西三原人，25岁时因刊印自编《半

于右任

哭半笑楼诗草》讥讽时政，结果被官府举发，遭清廷通缉，亡命上海。后进入震旦公学学习，又协助马相伯创办复旦公学。1906年，于右任赴日本，并经林觉民介绍结识孙中山，加入同盟会。次年返回上海，创办《神州日报》，此报一出，世人即称之为"炸弹"。

次年，于右任退出该报，另筹《民呼日报》，并担任社长。在创刊《启事》中，他声明了报名之由来："以'为民请命'为宗旨，大声疾呼，故曰'民呼'。"该报问世以后，发表了许多揭露和抨击清王朝黑暗统治的文章，并配以发人深省的漫画，增强了宣传效果。清廷对此恨之入骨，声称要挖去于右任的眼睛。当年8月，于右任被捕，《民呼日报》执照被吊销，于右任被判令"逐出租界"。然而仅两个月后，于右任又创办《民吁日报》。改"呼"为"吁"，少了两点，象征已去双眼，但即使双眼被挖，仍要为民吁天。该报以范光启为社长，但于右任仍是该报的实际主持人。不久，租界又以该报报道安重根刺杀伊藤博文的文章"有损中日邦交"，再次将于右任拘捕，并将《民吁日报》查封。

于右任出狱后，不但没有退缩，反而计划办一个规模更大的报纸。1910年，以于右任为社长的《民立报》创刊。在宋教仁、王无生、景耀月、刘觉民、张季鸾、范光启、谈善吾等一批骨干的帮助、支持下，《民立报》迅速成为当时国内发行数量最大的报纸。于右任还以"骚心"为笔名，在《民立报》先后发表300多篇文章，对清王朝的统治进行了猛烈的抨击，激励了大批进步学生。毛泽东曾说："我在长沙第一次看到的报纸《民立报》，是一份民族革命的日报，这报是于右任先生主编的。"1913年二次革命失败后，于右任逃亡日本，《民立报》停刊。

梅兰芳为何在上海一举成名

早在1867年，上海就有了京剧演出。至上海成为远东大都市后，京剧演员频繁南下。这样上海就成为事实上的南方京剧艺术中心。京城的很多京剧演员都认为在京城走红不叫红，在上海才叫真正的走红。还有一个原因就是到上海演出，报酬比较高。因此，很多京剧演员都想到上海演出，哪怕不出名，也要先拿到比京城更多的报酬。

1913年接许少卿邀请，梅兰芳陪同王凤卿到上海演出。在去上海演出之前，梅兰芳在京城已经小有名气。然而，在上海是否能够得到观众们的喜爱，梅兰芳也没有很大的把握。王凤卿是作为头牌被邀请的，而梅兰芳是作为二牌。这样也没什么，

梅兰芳

毕竟王凤卿是王瑶卿的弟弟,而且成名已久。有点伤自尊的是王凤卿的报酬是3200,而梅兰芳却只有1800,其中的400还是王凤卿竭力为他争取过来的。在北京,梅兰芳知道观众们的口味,喜欢听什么。在上海,他却对观众的兴趣一无所知。如果贸然去演出,万一观众不买账,那该如何是好。如果失败,再想挽回就很难了。因此,梅兰芳暗暗下决心只许成功不许失败。种种原因导致梅兰芳压力很大。

在演出开始前的几天,梅兰芳屏气凝神,温习基本功。演出开始后,观众反响很大,一下子就迷上了梅兰芳的扮相和唱功。因此在演出时,梅兰芳得到了好多掌声,压力渐渐地变小了。演出期限已满,观众们却还意犹未尽。许少卿见此,就要求续约。至此,梅兰芳已经跨出了成功的一步,大大松了一口气。

梅兰芳在上海的成功,不仅是因为个人的扮相好,唱功扎实,还有一部分运气,也与老前辈的提携有关。

据说,为庆祝卖座奇佳,许少卿专门设宴给王凤卿和梅兰芳庆功。在庆功宴上,许少卿夸梅兰芳"能唱能做,有扮相,有嗓子"。王凤卿趁机要求许少卿给梅兰芳一个"压台"的机会。所

梅兰芳剧照

谓上海的"压台戏"就相当于京城的"大轴戏"。按规矩,压台戏应当由头牌出演。梅兰芳作为二牌,是没有机会的。许少卿思索了一会,最终点了点头。这样,王凤卿就给梅兰芳争取了一个出人头地的机会。

梅兰芳深知"压台戏"的重要性。他总结了前几天在上海演出成功的经验,上演了刀马旦系的代表作《穆柯寨》。演出一开始,就得到了观众的热烈掌声。这次"压台戏"的成功演出,使梅兰芳在上海一举成名。

著名戏曲评论家孙玉声总结梅兰芳在上海成功的原因:"梅先生的扮相、嗓子和出台的那一种气度,过去我们是没有见到过的。"

海派书画的代表人物有哪些

近代以来,书画名家云集上海,诞生了诸多很有影响力的大师。

赵之谦(1829—1884),浙江绍兴人,是"前海派"的代表人物,书法、绘画、篆刻兼有巨大成就。其书法真行篆隶,无所不精,尤其是魏碑,在晚清享有盛誉。

赵之谦的绘画也非常出色,并开拓了大量的绘画题材,其《异鱼图》《瓯中物产卷》《瓯中草木图四屏》等,成为中国绘画史上不朽的杰作。赵之谦的艺术成就,直接影响了吴昌硕等海派艺术家。潘天寿在《中国绘画史》中说道:"会稽贾叔赵之谦,以金石书画之趣作花卉,宏肆古丽,开前海派之先河。"

任颐(1840—1896),字伯年,浙江萧山人。近代海派有"四任"之称,另三任是任颐的大伯任熊、二伯任薰和大伯之子任预。任颐无疑是其中的佼佼者。任颐的成就主要在于人物画和肖像画,他善于学习民间绘画和西洋水彩、素描的技法,加强中国画写实成分,把工笔与写意、中国传统画法与西洋画法、文人画与民间绘画结合起来。人物画简逸灵活,花鸟画简逸放纵,设色明净淡雅,兼工带写,开创了中国绘画的新技法,对近现代产生了巨大影响。徐悲鸿说他是仇英之后,中国画家第一人。英国《画家》杂志认为:任伯年的艺术造诣与西方凡·高相若,在19世纪中为最具有创造性的宗师。

赵之谦书法

吴昌硕(1844—1927),浙江湖州人,晚清著名画家,书法家、篆刻家,为"后海派"中的代表,与虚谷、蒲华、任伯年并称为"清末海派四杰"。吴昌硕最初以治印闻名,1913年西泠印社成立,他出任首任社长。吴昌硕的印章,能在秀丽处显苍劲,流畅处见厚朴,很受时人追捧。吴昌硕学画较晚,40岁之后才将画作示人,他擅长写意花卉,画作也富有金石味。吴昌硕于1890年定居上海,晚年时期,他已是当时公认的上海画坛、印坛领袖,名满天下。

吴湖帆(1894—1968),是第三代海派画家的领军人物,他是清代著名书画家吴大澂之孙,自幼受家庭熏陶,拜陆廉夫学画。赴上海后办书画事务所、正社书画会。他在画坛与吴子深、吴待秋、冯超然并称为"三吴一冯"。其画风秀丽丰腴,清隽雅逸,设色深具烟云缥渺、泉石洗荡之致。善于画没骨荷花,婀娜绰约,创有新格。在20世纪30年代,中国画坛有"南吴北张(大千)"之誉。张大千平生佩服的"两个半画家"中,第一个就是吴湖帆。海派大师还有许多,都是中国近代绘画史上如雷贯耳的人物,诸如冯超然、刘海粟、黄宾虹、

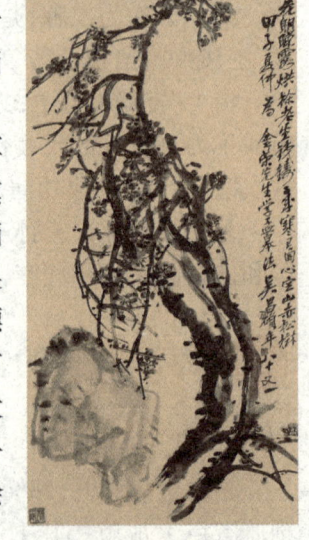

吴昌硕绘画

潘天寿、陆俨少、谢稚柳等。海派艺术家几乎占据了中国近代艺术界的半壁江山。

首开裸体模特写生课的刘海粟知多少

刘海粟（1896—1994），是中国近代美术史上的奇才，中国近代美术教育的先行者。原名盘，字季芳，江苏武进人，14岁开始到上海学习西洋绘画，16岁就和乌始光、张聿光在上海创办了中国第一所美术学校——"上海国画美术院"（今上海美术专科学校前身），并担任校长。1918年，到北京大学讲学，并举办了第一个个人画展。次年，与汪亚尘等人创办了新美术团体"天马会"，提倡现代美术。1920年，代表中国新艺术节赴日本参加帝国美术学院开幕大典，被日本画坛誉为"东方艺坛之师"，当时他才24岁。刘海粟曾到过许多西方国家，获得过无数荣誉。刘海粟不但技艺精湛，作品出众，他对中国美术教育的开创之功也备受后人称道。

1912年，年仅16岁的刘海粟就创办了中国近代第一所正规的美术学校，培养了一批美术人才。1914年，刘海粟在上海美专破天荒地开设了人体写真课，一开始只聘到男模。第一批裸体写生展出后，立刻引起了社会的强烈反响，舆论界纷纷扬扬，群起而攻之。某女校校长更是骂他"艺术叛徒"。对这个称号，刘海粟欣然接受，并以此自励。1920年7月，刘海粟聘到女模陈晓君，裸体少女第一次出现在中国的画室中。消息传出，舆论大哗。有人说："上海出了三大文妖，一是提倡性知识的张竞生，二是唱毛毛雨的黎锦晖，第三个就是提倡一丝不挂的刘海粟。"军阀孙传芳也发出通缉令，要求封闭上海国画美术院，缉拿刘海粟。急得刘海粟之师康有为一天三次去找他，劝他离开上海，但他坚守美专，不离寸步。好在法国总领事并不认为刘海粟有什么罪，尽管中方一再交涉，也未能将其逮捕。经此一事，刘海粟名扬天下。

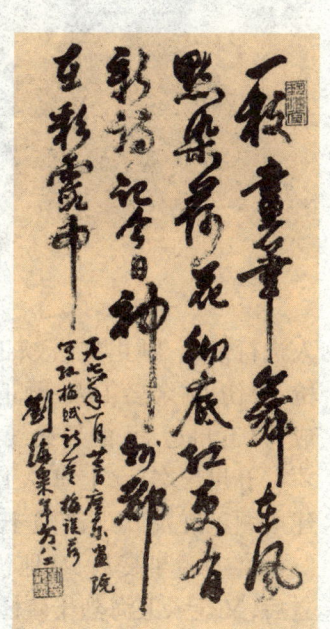

刘海粟书法

除了这些创举之外，刘海粟还起草《野外写生团规则》，亲自带领学生到杭州西湖写生，打破了关门画画的传统教学规范。1919年，他响应蔡元培之号召，招收女生，首开中国男女同校之先河。刘海粟的这些"第一"，其意义已经远远超出了美术教育本身,更体现出了中国社会告别传统、走向现代的艰难历程。

"五卅运动"中顾正红烈士的纪念地在哪里

"五卅运动"是近代史上一次轰轰烈烈的反帝爱国运动,而"五卅运动"的导火索,就是顾正红被杀。顾正红是江苏阜宁人,少年时逃荒到上海。17岁进上海日商内外棉九厂,因反抗日方资本家和工头的虐待、剥削,被开除出厂。后在内外棉七厂做工,参加工人的自发斗争。

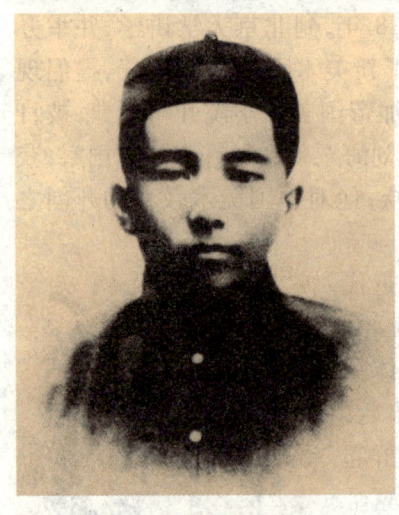

顾正红

1924年,中国共产党为加强对沪西地区工人运动的领导,组织了"沪西工友俱乐部"。顾正红在俱乐部和夜校的教育下,成为工人运动的积极分子。1925年,中共领导上海沪西22个日商纱厂工人举行二月罢工,顾正红参加工人纠察队、罢工鼓动队,参与组织和扩大罢工队伍,并在罢工中积极发展工会会员。这次罢工取得了初步胜利,但罢工后日商资本家撕毁协议。顾正红及时把厂内情况向工会汇报,并把工会继续坚持斗争的决定向工人传达。5月15日,日商资本家借口无纱,关闭内外棉七厂,工人冲进厂内要求复工并照发工资,结果日方勾结租界巡捕房对广大工人进行镇压,顾正红带领工人自卫。七厂大班日本人川村率领打手向工人开枪,打伤10余名工人,顾正红身中4枪,重伤身亡。此事激起全国人民的愤怒,成为"五卅运动"的导火线。

五卅惨案后,上海总工会和全市各界代表组成五卅丧葬筹备处,于1927年建成顾正红及五卅诸烈士公墓。墓地择定于闸北方家木桥北块,占地11亩。"一·二八"事变后,墓地被日军炮火炸毁,后移葬于宝山大场公墓。新中国成立后,又迁入上海烈士陵园。

陈独秀的"刑事记录卡"知多少

陈独秀是中国共产党的创始人之一,一生中曾四次被捕。第一次是在北京,其余三次都是在上海。现在上海市档案局保留着陈独秀的"刑事记录卡"这样的一份档案。这份档案记录了陈独秀在上海三次被捕的经历。

陈独秀

第一次被捕：据记录卡记载，1921年10月4日，陈独秀第一次在上海被法租界公董局逮捕。罪名是违反了1919年6月20日颁布的领事署令第五号，处罚结果是罚款100元大洋。其时陈独秀任党中央书记，主持工作。上海环龙路渔阳里2号是《新青年》的编辑部，也是陈独秀的秘密居处。那日，陈独秀与三个朋友在家中以打麻将为掩饰，商量工作。当时，陈独秀的妻子也在场。法租界的密探发现他们后，立即实行了逮捕。进入巡捕房，陈独秀用了一个假名，但仍然被拍照、登记和按指纹印，在法租界记录在案。当时法国巡捕还不认识陈独秀。不久去找陈独秀的褚辅成、邵力子也被抓捕。褚辅成为人粗心马虎，到巡捕房一见到陈独秀就拉着他的手，喊出了陈独秀的真名。于是，巡捕立即在陈独秀假名后面注上"即陈独秀"的字样。后来经多方打点，花了不少钱。甚至孙中山给法国驻上海总领事打了电话，才使陈独秀被从轻发落，罚了100元大洋了事。

第二次被捕：1922年8月9日，陈独秀因"宣传布尔什维克，违反中华民国刑法第221条，以及领事署令第五号"再次被上海法租界公董局逮捕。但陈独秀辩白说自己是敌人造谣中伤，"说我们得了俄罗斯的巨款"，被人敲竹杠——人穷没钱，只好被捕。最后法租界会审官判决罚款400元大洋，交钱释放。最终还是被人敲了竹杠。

第三次被捕：1932年10月15日，陈独秀在上海第三次被捕。其时，陈独秀已经被中共中央开除出党。他自己另行组织了一个叫"中国共产党左派反对派"的托派组织，大声疾呼反对国民党的政策。国民党中统特务终于在上海虹口破获了该托派组织，逮捕了秘书谢少珊等，逼问出陈独秀的住处，进而逮捕了陈独秀。当时的罪名是"危害民国"，判处有期徒刑八年。

上海陈独秀住所

以上陈独秀三次在上海被捕的大致经过，在这张"刑事记录卡"中都有记载。通过这张记录卡，我们还知道了陈独秀的确切身高——163厘米，为我们揭

开了其身高之谜。

孙中山故居和宋庆龄故居在一处吗

孙中山,是中国近代民主革命的先行者,其夫人宋庆龄是著名的爱国人士,中华人民共和国的荣誉主席,他们都是中国近代史上的伟人,也曾经在上海工作和生活过。孙中山故居,位于莫利爱路(后译莫利哀路)29 号(今香山路 7 号);宋庆龄故居,位于淮海中路 1843 号。二者并不在一起,这是怎么回事呢?

先说说孙中山故居,孙中山故居是一幢 20 世纪初建造的欧式建筑,两层,坐北朝南,占地 1031 平方米。外墙饰以灰色卵石,屋顶铺盖洋红色鸡心瓦。楼前为正方形草坪,三面绕以冬青、香樟、玉兰等常青树木。

上海孙中山故居

1918 年,加拿大华侨出资将此处房产购赠孙中山,孙中山在此一直居住至 1924 年。在这里,他完成了重要著作《孙文学说》和《实业计划》,并在这里会见了李大钊、马林,确定国共合作事宜。1924 年,冯玉祥在北京发动政变,孙中山应邀北上,途经上海时,即在其寓所接见新闻界记者,发表演说。随即离沪北上,不幸于次年病逝北平。孙中山逝世后,夫人宋庆龄继续居住于此,直到 1932 年"八·一三"事变,宋庆龄撤离上海。抗战胜利后,1945 年年底,宋庆龄将其寓所移赠国民政府,作为孙中山先生的永久性纪念地。新中国成立后,屡次对故居进行全面维修,并公布为第一批全国重点文物保护单位。

再来说说宋庆龄故居淮海中路 1843 号。这处寓所占地 4330 平方米,屋前有草坪,屋后是花园,四周香樟围绕,环境优美。主建筑是一幢白色 3 层楼,建于 20 年代中期,原为希腊船商的产业,后几经易手,抗战后被国民党作为逆产没收。蒋纬国等曾在此居住。1945 年,宋庆龄将莫利爱路寓所移赠政府,作为"国父故居",她自己则于 1948 年春迁入淮海中路新寓所。此后,一直将这里作为长期居住和从事国务活动的重要场所。新中国成立后,她曾在这里会见过毛泽东、刘少奇、周恩来、朱德、董必武、陈毅等人,还接见过许多国际贵宾。1963 年,宋庆龄迁居北京后海北沿 46 号,但她只要回到上海,仍然是居住在这里。现在,故居内都按原状陈列,故居也被列为上海市文物保护单位。

宋教仁先生究竟安息于何处

闸北公园西临共和新路，南沿洛川东路，东至平型关路，北近延长路，占地面积15.3万平方米，是闸北区第二大公园。闸北公园的前身，是著名的教仁公园，这里长眠着中国民主革命的先锋——宋教仁先生。

宋教仁（1882—1913），字遯初，号渔父，湖南桃源人，华兴会、同盟会的创始人之一，与孙中山、黄兴并列为民国"三元首"。他早年留学日本，同盟会成立时，宋教仁担任司法部检事长，后代理同盟会庶务，主持同盟会本部工作，是孙中山先生的得力助手。1911年，宋教仁回到上海，在于右任创办的《民立报》担任主笔，猛烈抨击清政府，宣传民主革命思想。辛亥革命后，在上海与孙中山筹组中央临时政府。后任临时政府法制局长，起草中华民国《临时约法》。临时政府迁北京后，任农林总长。后辞职，在孙中山的支持下，改组同盟会为国民党，并代理理事长。他在返沪途中，到

宋教仁

处发表演说，主张制定宪法，实行政党内阁制，反对袁世凯专制。在他的宣传下，国民党取得议会多数，由他组阁几成定局。然而，就在3月20日乘车赴北京时，在上海站被袁世凯派人刺杀，22日不治身亡。

宋教仁遇刺后，举国震动，并成为二次革命的导火索。6月26日，宋教仁下葬于闸北仪巷。1924年，国民党在此拓地作为宋教仁墓园，人称宋公园。墓前石座上耸立宋教仁坐像，基座前有章太炎书"渔父"二字，背面刻有于右任所撰铭词。坐像后有六级台阶，上面为一石栏围绕的石平台，平台中央为墓茔，呈半球状，顶上饰一鹰，以利爪攫一蛇，寓意颇深。

1936年，国民政府将墓园拓至7.2万平方米，建立教仁公园。1956年，扩至15.3万平方米，改称闸北公园。宋教仁墓就位于公园最西侧。"文革"期间，墓地遭到破坏。1981年纪念辛亥革命70周年时修复，并列为上海市文物保护单位。

上海的毛泽东故居在哪里

一代伟人毛泽东一生曾 50 多次来上海,其中 1927 年更是达到了 10 余次,因此上海的许多地方都留下了他的足迹。其中最重要的有两处,一是安义路 63 号,另一个就是威海路 583 弄。

上海毛泽东故居

1920 年,沪南各界不满军阀张敬尧的统治,组织请愿团分赴北京和上海。毛泽东作为请愿团代表,先至北京,后来上海,居住在哈同路民厚里 29 号(今安义路 63 号),时间长达两个月。他在这里为驱张运动刊物《天问》周刊撰写了《湖南人民的自决》等文章,并发起组织湖南改造促进会,还访问陈独秀,商讨筹建中国共产党的事宜。现在,这里已被作为毛泽东在沪寓所保存。

不过,要说毛泽东在上海住得最长的地方,还是他第九次来上海居住的公共租界威海路云兰坊 7 号,也就是现在威海路 583 弄中的一间两层瓦房。1924 年 2 月中旬,毛泽东再次回到上海,继续担任中共中央局秘书,同时担任国民党上海执行部执行委员、组织部秘书、文书科主任等职。期间,他就居住在云兰坊 7 号。端午节前后,杨开慧和母亲带着 2 岁的岸英和刚出生不久的岸青两个孩子,也来到了上海。旧居是一幢老式的两层楼砖木结构的石库门房屋,当时蔡和森、向警予一家住在楼上厢房,而毛泽东一家就住在楼下。1999 年,这里被辟为毛泽东旧居陈列馆,并向社会开放。

"周公馆"究竟是做什么用的

在反映新中国成立前革命斗争历史的电影中,您一定经常听见"曾家岩 50 号"、"周公馆"等名词,这些到底是什么地方呢?实际上,曾家岩 50 号是抗战时期周恩来在重庆的寓所,也是中共中央南方局所在地。而周公馆则是解放战争前夕周恩来在上海的寓所,也是中共代表团驻沪办事处。

抗战胜利后,国共谈判随即展开。1946 年,周恩来受中共中央委托,率领代表团由重庆至南京与国民党进行了针锋相对的谈判斗争。为方便工作,便在马思南路 107 号（今思南路 73 号）租了一幢房屋作为中共代表驻沪办事处。但国民党限制并阻挠代表团活动，借口除重庆、南京外都不是谈判地点，因此不同意代表团驻地有公开的名义。当时，董必武果断地说："不让设办事处，就称'周公馆'。"这幢小洋房原为法国商人所有，是一幢三楼一底的楼房，进门就能看见藤萝花架，看上去幽静宜人。在绿茵茵的草坪中央，栽有一棵枝叶茂盛的大雪松，前院与后庭之间有座别致的小花园。

谈判期间，周恩来曾 4 次来到上海，均住在此处。他在这里接待过美国总统特使马歇尔将军，与国民党政府代表邵力子、吴铁城及第三方面代表沈钧儒、黄炎培等交换

上海"周公馆"周恩来塑像

意见，还举行过中外记者招待会，阐述中共的立场和政策，揭露国民党破坏停战协定的真相。

国共和谈破裂后，代表团撤回延安，并将周公馆移交"民盟"代为保管，后来被国民党上海市政府非法接管，家具陈设流失。新中国成立后，在原址建立纪念馆，恢复了周恩来、董必武的卧室陈列，又另辟陈列室介绍当年和谈的历史。1959 年，这里被列为市级文物保护单位。

蒋介石和宋美龄是在哪里举行婚礼的

蒋介石和宋美龄夫妇都是中国近代史上的风云人物，二人的婚姻对中国近代历史影响深远。1920 年，蒋介石在上海与宋美龄初次见面，并立刻对她展开了热烈追求。但当时蒋介石已经结婚，并且信仰佛教，因此宋美龄的母亲极力反对他们二人交往，要求蒋介石先行与所有妻子、侍妾解除婚约。蒋介石照做，于是二人于 1927 年 12 月 1 日举行婚礼，此一结合曾被一语双关地称为"（蒋）中（正）（宋）美（龄）合作"。此后二人风雨同舟，左右中国政局数十年。

蒋介石和宋美龄结婚的地点，在上海西摩路（今陕西北路）369 号的宋家和静安寺路（今南京西路）的大华饭店。西摩路 369 号就是著名的宋家花园，主建筑是一幢建于 1908 年，二层半高、四面临空的英国式花园别墅住宅。住宅宽敞明亮，楼前绿树成荫，景致宜人。1918 年 5 月，宋耀如去世后，其夫人倪桂珍偕子女迁居住于此。1927 年 12 月 1 日，蒋介石与宋美龄举行盛大的结婚典礼。

蒋介石和宋美龄的婚礼留影

婚礼非常盛大,分两步进行。首先,于西摩路宋家花园底楼客厅内先举行基督教的西式婚礼;然后,在静安寺路(今南京西路)的大华饭店(现海龙镇广场原址)再举行一次世俗婚礼,由邵力子担任司仪,蔡元培为证婚人之首,宣读了他们的证婚书。1300多位亲朋好友热闹至子夜时分方才散场。

宋家花园目前仍保存完好。新中国成立后,宋庆龄在这里创办了第一个新型的中国福利会托儿所。后来,又成为中国福利基金会的临时办公地。宋庆龄去世后,这所房子由宋庆龄基金会使用,现在是福利会老干部活动室。

世俗婚礼会场大华饭店,是当时上海最豪华的饭店之一,原是法租界公董局董事长麦边的私人花园,后改建为饭店。主建筑是一幢法国巴洛克式的洋房,房屋周围有大片花园草坪,环境极为优雅。饭店内部有一个大型舞厅,可容纳近千人同时起舞。新中国成立后,这座饭店被拆除,现在已在原址建立著名的梅龙镇广场。

张闻天故居知多少

张闻天故居是一座具有江南农村特色的民宅,始建于1892年,位于现在的上海市浦东新区机场镇闻居路50号,至今有着百余年的历史了。1985年9月19日经上海市人民政府批准列张闻天故居为市级文物保护单位。1989年初,上海市文管会开始拨款对张闻天故居进行全面修缮工作,以期恢复张闻天故居的原貌,并添加了篱笆围墙,修筑了必要的通道。现在张闻天故居已经成为了上海市浦东难得一见的人文景观,并成为了青少年教育基地。2003年被上海市政府命名为"上海市爱国主义教育基地"。

杰出的无产阶级革命家张闻天出生在上海,是一位不长于具体事务,而有着丰富理论经验被称为"红色教授"的学者型人物。他曾参加过五

张闻天

四运动,并在 1925 年加入中国共产党,曾成为党中央的重要领导人之一。由于其不擅长具体事务,曾三次主动"让贤",被传为一段佳话。

在西安事变中,张闻天起到了极其重要的作用。在西安事变发生后,他立即提出了"尽量争取南京政府正统"的意见,同时指出"把局部的抗日统一战线,转到全国性的抗日统一战线"的根本方针上。之后,他起草了《关于西安事变及我们任务的指示》,表示要"尽量争取时间,进行和平调解(西安事变)"。张学良被扣押,张闻天揭露蒋介石玩的阴谋,并亲赴西安与周恩来一起商讨大计。在正确对待与和平解决西安事变的问题上,张闻天起到了至关重要的作用。

1959 年,在庐山会议议上,因为支持彭德怀的正确意见,受到错误的批判。之后,他离开外交部门,从事社会主义经济建设的理论研究工作。在"文化大革命"的浪潮中,张闻天无力挣扎,最后于 1976 年 7 月 1 日因心脏病猝发在无锡逝世。他的朋友评价张闻天说:"海人不倦深得益,甘为孺牛照千秋。"他深厚的马克思主义理论修养、孜孜不倦的学习精神、坚持实事求是的作风值得我们学习。

鲁迅故居、鲁迅墓、鲁迅公园、鲁迅纪念馆有何渊源

鲁迅是中国近代文坛领袖,他早年求学日本,后弃医从文,新文化运动中,他第一次以鲁迅为笔名发表了中国现代文学史上第一篇白话小说《狂人日记》,此后从事文学创作,发表了许多杂文和论文,猛烈抨击国民政府,后来加入左翼作家联盟,担任"左联"的领导工作,同国民党和帝国主义进行斗争。

1927 年 10 月,鲁迅辞去中山大学职务到达上海,并在上海居住达 10 年之久。1930 年,他在上海先后加入中国自由运动大同盟、左翼作家联盟和中国民权保障同盟,积极促成文学界和文化界抗日统一战线的建立。此后,他又创作了很多回忆性的散文与大量思想性的杂文,翻译、介绍外国的进步文学作品。

鲁迅在上海期间,先后居住在横浜路景云里 23 号和四川北路 194 号原拉摩斯公寓(今北川公寓)3 楼 4 室。1933 年 4 月,移居施高塔路(今山阴路)132 弄大陆新村 9 号,现在这里已被改建为鲁迅故居。故居为新式里弄 3 层楼房,建筑面积 222 平方米,进门有小院,种植石榴、紫荆,底层前间为会客室,后间为餐室。2 楼是卧室和工作室,鲁迅在这里写了大量杂文,并翻

上海鲁迅故居

上海鲁迅公园

译《死魂灵》等作品。3楼是其子周海婴的卧室，后面的客房曾经居住过冯雪峰、瞿秋白等人。鲁迅先生于1936年10月19日5时25分因肺结核病在上海去世，现在卧室里的日历和钟表都定格在这一时间。上海一万多人为他送葬，民众代表在其灵柩上覆盖写有"民族魂"的白旗。

鲁迅去世后，先葬于万国公墓。1956年鲁迅逝世20周年之际，墓地被迁往鲁迅故居附近的虹口公园。虹口公园原是工部局圈地建立的万国商团打靶场，后来增建高尔夫球场、网球场、足球场、草地棍球场、篮球场等，是上海有名的公共运动场地。1942年，公园被日军占领作为军用场地。抗战胜利后改名为中正公园，新中国成立后改回虹口公园。1956年鲁迅墓迁入后，改称鲁迅公园。

现鲁迅墓就位于公园中部，占地1600平方米，周围环绕松柏、香樟、广玉兰等常青树。花岗石墓台上矗立着壁式墓碑，镌刻着毛泽东题写的"鲁迅先生之墓"。墓前绿地中央竖立有鲁迅的铜制坐像。

新中国成立后，即着手建立鲁迅纪念馆，1951年，纪念馆落成，这是新中国第一个人物纪念馆。原位于鲁迅故居旁边，1956年迁入虹口公园。1998年，进行改扩建。新馆展厅面积广阔，一层建有文化名人专库"朝华文库"，学术报告厅"树人堂"，专题展厅"奔流艺苑"等。二层为鲁迅生平陈列厅，采用编年和专题相结合的方式，分16个部分陈列鲁迅手稿、遗物、文献、照片及艺术品等1400多件展品，系统而概括地介绍了鲁迅的思想发展和战斗历程。

蔡元培在上海住在哪里

蔡元培（1868—1940），是中国近代著名的民主革命家、教育家。他是清末进士，点翰林，授编修，后弃官从教，到上海南洋公学任教习。1904年，在上海组织光复会，并担任会长。次年参加同盟会，任上海部分负责人。辛亥革命后，任南京临时政府教育总长。1916年，任北大校长，提倡科学民主，主张思想自由，学术兼容并蓄，支持学生的爱国运动。1929年起，蔡元培定居上海，担任高校校长。九·一八事变后，与宋庆龄、鲁迅等发起组织中国民权保障同盟，营救进步人士。1939年，被推选为国际反侵略大会中国分会会长，次年在香港病逝。

蔡元培自 1898 年弃官从教来到上海之后，上海就一直是他工作和生活的主要城市，除了出国和在北京任职外，其余大部分时间都住在上海。他在上海的寓所至少有 6 处。其中华山路 303 弄 16 号是其在上海的最后一处居所。这是一幢三层住宅，建筑面积 526 平方米，花园面积 671 平方米，蔡元培 1937 年起租住于此。现一楼辟为故居陈列馆，展览面积 210 平方米，分为三大部分：①"从刻苦攻读到教育救国"；②"中国近代教育和科学事业的奠基人"；③"志在民族革命，醒在民主自由"。同时，还展示了他生前使用过的打字机、行李箱等文物。二楼是会客室、卧室，大部分仍照原样陈列。另有一件藏书室，保存着他的书籍、信件、文件等，三楼由他的子女居住。现在，这里已被列为上海市文物保护单位。

蔡元培

宋庆龄陵园在哪里，有何特色

宋庆龄陵园，位于宋园路 21 号。1981 年 5 月 29 日，宋庆龄去世，根据其生前遗嘱，骨灰安葬在上海万国公墓其父母合葬墓的东侧。同年 6 月 4 日，这里举行了隆重的安葬典礼。不久，宋氏墓地扩建为宋庆龄陵园，并列入全国重点文物保护单位。

宋庆龄陵园所在地原为万国公墓，早年其父亲在此买下墓地并安葬于此。宋氏墓地原面积 145 平方米，扩建后为 263 平方米。宋庆龄父母宋耀如和倪桂珍的合葬墓居中，宋庆龄墓位于东侧，与其平行的西侧是与宋庆龄患难与共 50 余年的保姆李燕娥的墓。宋庆龄墓碑采用卧式，正中镌刻着"一八九三——一九八一中华人民共和国名誉主席宋庆龄同志之墓一九八一年六月四日立"字样。墓后为小山坡，遍植中山柏、龙柏、雪松等常青树，墓地四周环植宋庆龄生前喜爱的丁香、玉兰、紫薇、杜鹃等树木花卉，万木青翠。

上海宋庆龄陵园

墓南为宽阔的瞻仰广场,广场北部中央坐落着宋庆龄的汉白玉雕像。雕像高2.52米,为宋庆龄最具风采的50岁左右的形象,身穿旗袍及圆翻领上衣,头梳发髻,双手交叉叠放在膝上,面含微笑,显示出她高风亮节的气质和慈祥的风度。

陵园大道中部有宋庆龄纪念碑。碑身、碑座分别用青、红色花岗石制成,高3.3米,宽5米。碑的正面刻着邓小平书写的"爱国主义民主主义国际主义共产主义的伟大战士宋庆龄同志永垂不朽"30个烫金大字,背面为碑文,3300余字,记载了宋庆龄光辉的一生。陵园大道西端是宋庆龄生平事迹陈列室,辟有6个展览厅和1个录像室,以录像、图片和实物介绍了宋庆龄的革命事迹和生活情况。在万国公墓时期,这里就安葬了许多著名人士,现在,这里辟建为名人墓园,立面安卧着爱国老人马相伯、抗日英雄谢晋元、"三毛之父"张乐平等知名人士,墓前还建有纪念性雕塑。此外,陵园内还有外籍人墓园,葬有来自世界25个国家的600多名外籍人士,其中有鲁迅的日本朋友内山完造夫妇、宋庆龄的美籍女友耿丽淑等人。

邹韬奋纪念馆知多少

邹韬奋(1895—1944),是中国近代卓越的新闻记者、政论家、出版家,原名恩润,笔名韬奋。毕业于上海圣约翰大学。他爱好文学,立志做一名新闻记者。1926年,邹韬奋开始担任《生活》周刊主编。九·一八事变后,投身于抗日救国运动。1932年,与胡愈之等创办生活书店,出版了《文学》《译文》《太白》《世界知识》四大期刊和许多进步书籍,积极宣传抗日救国,抨击国民政府的退让政策,遭蒋介石嫉恨。1936年,邹韬奋当选上海各界救国联合会和全国各界救国联合会执委,同年与沈钧儒等因参加和组织抗日活动救国活动而遭国民政府逮捕,这就是著名的"七君子事件"。邹韬奋出狱后辗转重庆、汉口、香港继续开展爱国救亡工作。1943年,因患脑癌秘密返沪就医,次年逝世于上海医院(今上海市第二人民医院),终年49岁。

邹韬奋故居,位于法租界吕班路万宜坊54号(今重庆南路205弄54号),1930年,他和夫人沈粹缜租下这幢房屋,并一直居住到1936年。这是一幢联排式、富有现代气息的两层楼住宅,砖混结构,外墙用混凝土拉毛,屋前有两米高的

邹韬奋

围墙围护。进入围墙是一个小天井,然后是会客厅兼餐厅。二楼是邹韬奋夫妇的卧室,后面亭子间是邹韬奋的工作室,在这里,他写下了大量抨击国民党黑暗统治的战斗檄文。

1956 年,上海市政府出资修复了邹韬奋故居,并按 20 世纪 30 年代的原状进行陈列。同时还在在隔壁 53 号建立了韬奋纪念馆,分 8 个部分介绍了邹韬奋同志革命的一生。现在,邹韬奋故居已被列为上海市文物保护单位,韬奋纪念馆也被列为上海市"青少年教育基地"。

黄炎培故居位于何处

黄炎培(1879—1965),是近代著名教育家、社会活动家,他是上海人,故乡在上海浦东新区(旧称沙川县)。他早年就读于南阳公学,1905 年在日本加入同盟会,曾参加辛亥革命和反袁斗争。后担任江苏省教育司司长,提倡职业教育,并发起成立全国教育会联合会,创立中华职业教育社。先后创办中华职业学校、中华工商专科学校、比乐中学等,参与筹建暨南学校、上海商科大学、东南大学等。1925 年,创办《生活》周刊。淞沪会战期间,他担任上海市抗敌后援会主席团主席,参与组织难民救济、救护、慰劳和募捐工作。1940 年,黄炎培参与筹建中国民主同盟,并担任常务理事。积极参加反对内战,争取和平的民主斗争。1945 年 7 月,为促进国共合作,黄炎培曾以国民参政会参政员身份和章伯钧等人访问延安,与毛泽东会见,在延安窑洞中讨论了著名的"周期律"问题。1949 年,黄炎培出席政协第一次全体会议,参与了新中国的创建。

黄炎培的故居在上海浦东新区川沙镇兰芬堂 74 弄 1 号,这里原是江苏省川沙厅城王前街"内史第",清咸丰九年(1859 年)举人、内阁中书沈树镛的住宅。黄炎培故居在第三进内宅楼。1991 年,沙川县曾拨款对故居进行大修。故居占地面积 306 平方米,建筑面积 480 平方米,坐北朝南,两层砖木结构院落。正楼前设有一座黄炎培半身铜像,上悬陈云同志手书"黄炎培故居"匾额。居住部分则按原状修复,并复原卧室、书房及楼下客堂等,其中部分家具还是当年原物。黄炎培在 22 岁就得府考第一名秀才,同年与王纠思女士在"内史第"二楼东首的一间房内结婚。现在这间房内按原样陈列着旧木

黄炎培

床、粗布蓝花被、梳妆台、木椅等物件。故居内还设有"黄炎培生平事迹陈列室",陈列有《黄炎培家谱》《黄炎培日记》《延安归来》等书籍,以及与毛泽东、刘少奇、周恩来、朱德等人来往信件等共270余件。

1992年6月,黄炎培故居被批准为上海市文物保护单位。2003年1月,被上海市列为"爱国主义教育基地"。

陈云纪念馆位于何处

陈云(1905—1995),是新中国第二代领导集体的核心人物之一,他与邓小平共同主持了伟大的改革开放,使中国面貌发生了巨大改变。天安门广场上的毛主席纪念堂有六大展厅,其中有一间就是介绍陈云的。而这位为中华民族作出巨大贡献的伟人,就是上海人。

上海陈云纪念馆

陈云的家乡在上海青浦区练塘镇,他在这里度过了童年时光。1919年,陈云离开青浦,来到商务印书馆当学徒,1925年参加"五卅运动",参与领导罢工,并在同年加入中国共产党,就此走上革命道路。

陈云在青浦的故居一直保存完好,是一座砖木结构的老式江南民居,总建筑面积95.88平方米,现今故居里的陈设基本保持了当年的原貌。陈云逝世后,在其故居南侧又增建了纪念馆,合称陈云故居暨青浦革命历史纪念馆,由江泽民题写馆名,于2000年6月6日建成开放。纪念馆北依市河,南临西塘港,占地面积52亩,建筑面积5500平方米,陈展面积4500平方米。主馆高14米,共三层,其中地上两层,地下一层。建筑设计既体现江南特色,又与陈云故居及周边民间建筑尽量保持风格一致与和谐,同时兼顾现代化纪念馆的大体量特点,朴素而庄重。一楼、二楼的四个展厅基本上是按时间顺序来展示陈云光辉一生的图片、文献、实物等史料。地下一层为青浦革命历史陈列厅,亦以时间顺序展示了青浦人民在中国共产党的领导下,进行社会主义革命和建设的光辉历程。目前,这里已被列为全国爱国主义教育示范基地和上海市爱国主义教育基地。

张伯驹绑架案的幕后真相究竟如何

张伯驹

抗战中期,上海滩流行绑架、暗杀之风。民国四大公子之一的张伯驹就是在上海滩被绑架的。那么张伯驹绑架案背后的真相是什么呢?

1937年,日本发动"九·一八"事变,占领上海。但是租界内还是歌舞升平,一片祥和的景象。这天,银行界巨头、盐业银行总经理吴鼎昌在国际饭店招待了从天津赶来的张伯驹。张伯驹是民国四大公子之一,爱好下围棋、赏古玩、听京戏。张伯驹生性淡薄,然而凭着其家世,他收藏的陆机《平复帖》、展子虔《游春图》、李白《上阳台帖》等无一不是国宝,价值连城。1935年,盐业银行的总管理处搬迁到上海。日军占领上海后,盐业银行的总经理和上海分行的经理都远离上海避难,业务是一落千丈。于是总经理吴鼎昌就希望张伯驹来上海分行担任经理。在吴鼎昌的盛情邀请下,张伯驹只好同意担任盐业银行上海分行经理。

张伯驹虽然是经理,但是他的兴趣全不在工作上。帮他处理业务的是会计科长和文牍科长。当时形势紧张,需要张伯驹住在银行里。但是他怕不方便,就住到了陕西北路培福里16号的一所洋房里。房子是一个朋友借给他的。房子颇有"结庐在人境,而无车马喧"的意境,深得张伯驹喜爱。

1941年6月的一天,张伯驹被通知有朋友从北京来上海看望他,要他到码头去迎接。张伯驹坐上自己的私家车,一大早就出发了。车子刚到培福里弄口,就被人劫持了。其时,日军还没有占领租界,绑架、暗杀之风还没有盛行。毫无准备下,张伯驹就被歹人劫走了。

第二天,张伯驹的妻子潘素就接到绑匪的电话,勒索200万赎金。并且一分都不能少,否则撕票。潘素当时也筹不到那么多钱,就拜托孙耀东帮忙。孙家和张家是世交。孙耀东的祖上曾做到清朝的尚书。张伯驹的父亲张镇芳是孙耀东曾祖父孙家鼐的学生。此时孙耀东已经失去权势。但还是答应帮忙。

经过调查,孙耀东发现绑架案是李祖莱主使,汪伪76号

张伯驹绘画作品

特务所为。孙耀东就向他的靠山周佛海一五一十地告诉了张伯驹绑架案的真相。周佛海出面要汪伪76号特务所的头子李士群放人。孙耀东向李士群打电话,表示自己不会要兄弟们吃亏,愿意支付20根金条了结此事。正在此时,传来,张伯驹被转移到驻浦东的伪军林之江部的消息。原来李祖莱得知孙耀东插手,周佛海就会出面处理此事,怕拿不到任何好处,就做个顺水人情把张伯驹交给了林之江。飞来横财,林之江也乐得接受。于是,孙耀东与林之江谈好条件,仍以20跟金条赎人。经过一番波折,张伯驹由于受惊过度,住进了医院。出院后,张伯驹就回到了天津,发誓再也不来上海。1982年,直到张伯驹逝世,他果真没有再来上海。新中国成立后,他收藏的国宝都无偿捐献给了国家。

画家黄永玉赞美张伯驹:"张先生一生喜爱人间美好事物,尝尽世上酸甜苦辣,富不骄,贫能安,临危不惧,见辱不惊。"

黄金荣的私家花园知多少

黄金荣是旧上海有名的流氓大亨,青帮头目之一。他于1880年迁居上海,后入法租界巡捕房当包探,又升任督察长。此后,他依仗租界当局,勾结军阀势力,广收门徒,与杜月笙、张啸林结拜兄弟,并称为"上海三大亨"。他曾组织三鑫公司,专门贩卖鸦片。又开设大观园浴室、黄金大戏院、共舞台、大世界等娱乐设施,聚敛了大量财富。1927年,他与杜月笙、张啸林重组中华共进会,在四·一二政变中充当蒋介石的打手。抗战期间,他隐居沪上。抗战胜利后,他组织荣社,企图重振势力。上海解放时,他仍然留在上海,为上海解放做了不少有益的事情。解放初,他发表《黄金荣自白书》,检讨自己罪行,获宽大处理。

黄金荣是上海帮会首领,其住宅自然也不含糊。现在徐汇区的桂林公园,原来就是黄金荣的郊区别墅,称黄家花园。花园建于1929年,3年后竣工,占地3.55公顷,耗资高达350万银元。花园为江南古典园林风格,建筑简洁明快,布局协调。假山楼阁,瀑布流水,动静相宜。1937年上海沦陷后,院内关帝庙、内宅、静观庐等建筑被日军破坏,大批树木受损。抗战胜利后,黄金荣曾出资进行修葺。新中国成立前夕,又曾遭国民党军队破坏。1957年,花园

上海桂林公园

归上海园林处管理,并进行全面修复,在院内遍植桂花树。1958 年,更名为桂林公园并对外开放。其后又曾进行拓地扩建。

现在的桂林公园相当精致,亭台错落,布局精巧。院内有小桥流水,也有假山堆叠,楼台掩映,亭榭参差,在园中"四教厅"右边的六角亭上,还刻有蒋介石特意为黄手书的"文行忠信"四个大字。园内种植有金桂、银桂、丹桂、四季桂等 23 个品种、1000 余株桂花。每逢中秋佳节,桂花盛开,满园飘香,沁人肺腑,是闻名东南的赏桂之地。

 ## 黄金荣写"悔过书"的前因后果知多少

黄金荣是上海滩赫赫有名的青帮头领,位于三大流氓之首。1949 年上海解放之时,黄金荣却没有逃走,而是选择留在上海,过着深居简出的生活。上海解放之初,政府对帮会人物实行的政策是,只要他们不出来捣乱,不干扰上海的社会治安,认真接受改造,就不会动他们。对于黄金荣这样的帮会首领,先观察一个时期,努力使上海不乱,这样对于恢复上海经济发展有利。

1950 年肃反运动开始,人民群众杀黄金荣的声音四起。不久,政府责令黄金荣写"悔过书"。

1951 年 5 月的某一天,黄金荣在其门徒和孙子的陪同下,应召来到市政协的一间会议室,接受政府的训话。训话要求黄金荣写一份"悔过书"向人民群众承认错误,悔过自新。5 月 20 日,黄金荣的"悔过书"在《文汇报》等报发表,名字为"黄金荣自白书"。

那么,黄金荣写"悔过书"的前后经过是什么呢?

上海解放初期,百废待兴,人们政府要处理的事情很多。此时的黄金荣依然逍遥法外,过着安逸的日子。黄金荣有三大喜好,一是抽大烟,二是打麻将,三是泡澡堂。政府明令规定不准抽大烟,而黄金荣却佯作不知,照抽不误。黄家人口众多,黄金荣的门徒多达上万,对只需要四个人的麻将来说人手是绰绰有余。上海人喜欢泡澡堂,这是老上海的一个传统。当初,杜月笙要黄金荣和他一起逃往香港,黄金荣就以香港没有澡堂可泡为由拒绝了。

维持这样的生活需要大量的资金。那么

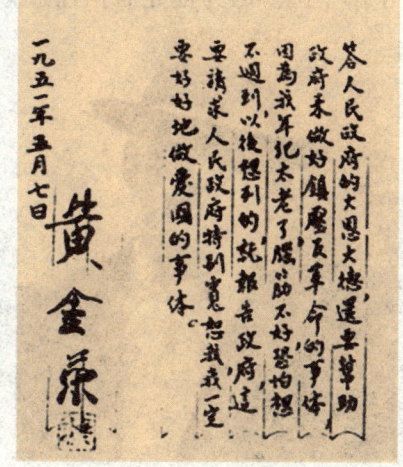

黄金荣的"悔过书"

黄金荣有什么收入呢？解放之前，黄金荣经营着很多产业，像大世界、黄金大剧院等。解放后，政府没有没收其产业，依然让黄金荣继续经营。这是最主要的收入来源之一。另一个主要收入来源就是房租。黄金荣有很多房屋出租。这些出租房屋的房租也是一笔不菲的收入。

肃反运动开始后，人民群众纷纷要求惩治黄金荣。有人向公安局举报黄金荣家里藏有枪支弹药。接到举报后，公安局就责问黄金荣。黄金荣矢口否认，表示毫不知情。之后，公安局在黄家查抄出长短枪十支，子弹数百发，日本军刀数把。此时正值肃反运动的高潮，人民群众已经对政府对黄金荣的宽大处理感到无比愤怒。

针对黄金荣的个人情况，上海有关部门作了三点指示：第一，大量的人民群众举报黄金荣的罪行，说明政府得到人民的信任。第二，根据一贯的政策应当先削弱黄金荣的实力，分化瓦解其组织。第三，责令黄金荣本人写"悔过书"，向人民谢罪，由人民"判决"。

1951年5月20日，黄金荣的"悔过书"在报纸上发表。"悔过书"虽然没有平息群众的怒火，反而使群众更加愤怒，但是黄金荣的"悔过"，对维持社会稳定、震慑帮会残余势力起到了不可忽视的作用。

据档案材料记载，黄金荣的悔过书有两个版本，都存于上海市的档案馆中。1953年6月20日，黄金荣结束了其一生，享年86岁。

蒋介石私人顾问端纳在上海的最后日子知多少

端纳是一个富有传奇色彩的人物，他比任何一个在中国居住的外国人更为了解中国。因为他先后担任过张人俊、孙中山、张作霖、张学良、蒋介石等人的顾问，并且几乎参与了中国近代史上的所有重大事件，比如辛亥革命、西安事变、抗日战争等。1946年，端纳在上海度过了他的余生。

1946年3月18日，上海江湾机场迎来了身患重病的端纳。宋美龄亲自迎接了这个传奇人物，看着这个即将升入天国的老人，激动地说："端，欢迎你重返中国。我代蒋主席向你致意。"第二日，上海报纸上就刊登了"蒋主席顾问端纳抵达上海，已送宏恩医院做最后治疗"的报道。端纳曾说过"生为中国之友，死愿永息此乡"，正是这个信念支撑着这位病

端纳

入膏肓的老人回到了上海。

宏恩医院(今华东医院)是当时治疗条件最好的一家医院。"南楼"内有一座花园,环境幽静,专为达官贵人的就诊之所。经过专家会诊,端纳患了肺癌,只剩下两个月的生命。

现实是残酷的,端纳平静地过着所剩无几的日子。他在医护人员的陪同下,有时去散步,有时坐在花园的长椅上,沐浴阳光。在这样的环境里,端纳保持着良好的心态,甚至有时还和医生护士开玩笑。

在端纳住院期间,宋美龄曾多次探望。她和端纳有着不同寻常的关系。早在端纳做孙中山顾问的时候,他就结识了宋家三姐妹。幼小的宋美龄总是喊端纳叔叔。然而宋美龄多次探望端纳不仅仅是代表个人对端纳的感情,恐怕还有蒋介石的授意。那就是堵住端纳的嘴巴,不让他乱说。其时,端纳已经开始口述他的回

端纳与宋美龄

忆录,由美国记者泽勒整理成《中国的端纳》。在去上海之前,端纳曾答应会继续给泽勒寄送文字材料。然而,泽勒没有等到有用的材料,却收到了端纳取消前约的信件。个中缘由,恐怕就是宋美龄施压的结果。换句话说他们之间达成了某种默契,端纳不披露内幕,既不会使蒋介石难堪,也不会使当时仍被关押的张学良陷入更加不利的地步。

11月初,端纳病情恶化,生命悬于一线。在端纳弥留之际,宋美龄半夜赶往医院,为其诵读《圣经》,向上帝祈祷。端纳去世后,留有遗嘱上说:第一,销毁有关自己的全部私人档案;第二,葬礼一切从简,所有遗产由宋美龄处理。

宋美龄遵从遗嘱,销毁了有关端纳的所有私人档案,把遗产转交给端纳的女儿。端纳与妻子婚后不合,长期分居。他们生有一个女儿,跟随其母生活。11月10日下午三时,端纳的葬礼在位于胶州路的上海万国殡仪馆举行。虽然端纳遗嘱中说葬礼力求从简,但是他的葬礼依然十分隆重。陈纳德将军、美国记者田伯烈、励志社总干事黄仁霖等人亲自将灵柩抬上汽车,送往上海西郊万国公墓(今宋庆龄陵园)下葬。宋美龄、孔祥熙等亲临墓地,直至仪式结束才离去。现在却找不到端纳的墓地痕迹了,据说是在"文革"时期被毁去了。

端纳在上海走完了自己的传奇人生,永远地安息在上海的土地里。

杜月笙暮年客死香港有何秘闻

在上海解放前夕,杜月笙携带妻子儿女远离上海,乘船到达香港躲避风头。至 1951 年 8 月,杜月笙在香港逝世。那么杜月笙暮年在香港有什么秘闻呢?

杜月笙乘船到达香港后,租了一套三室一厅的房子。这所房子相对于他在上海的居所来说简直就是蜗居。在这所蜗居里,杜月笙深居简出,度过了他的晚年。

在香港,杜月笙与国共两党的关系仅仅是藕断丝连,政治上无所依靠;也没有人如同在上海那样去孝敬他,经济十分拮据。他所居住的房子还是他的一个门生帮他租的。在香港生活十分窘迫的杜月笙听说孔祥熙夫妇在美国养鸡,一度也想到美国定居。他拜托了好几个朋友去帮忙打听,要么是不愿意去,要么就是没有下文。此事不了了之。

杜月笙

来港途中,一路颠簸,杜月笙受了风寒,到港不久就生病不起。在生病期间,他的四太太姚玉兰和没有名分却与他同居有年的孟小冬不辞辛苦,精心照顾他。孟小冬还经常教杜月笙唱戏,以此作为消遣。杜月笙暮年之时还喜欢求神问卜,经常请香港当时有名的相士到家中做客。相士告诉杜月笙,身虽有病,命不当绝,至少还有十年好运可交。杜月笙听了这样的话很高兴,命管家打理赏钱。有人告诉他,相士如果不说好听的就不会得到赏钱,他们靠别人施舍为生。杜月笙听了,感觉很有道理,就化名写了一封信,附上自己的生辰八字,命人给台湾一个叫"六月息馆主"的相士送去。后来得到回信,信中说杜月笙岁在辛卯,绝难度过。时值岁首,年末就是自己的大限了。看着这段批文,杜月笙久久说不出话来。

1950 年清明过后,北京中国银行邀请杜月笙、张公权等在香港的金融界巨子到北京召开董监事会议。杜月笙告诉众人不必都去,可以派一个代表携带委托书到京参加会议。这一消息传出后,蒋介石十分生气,授意俞鸿钧和洪兰友两人到香港找杜月笙问话,要求杜月笙发表声明说给北京中行的委托书是被胁迫的,并要求杜月笙参加台湾中行在 4 月 20 日将要召开的会议。杜月笙坚持立场,并告诉他的朋友也要坚持立场。两人当面向杜月笙问询,被他斩钉截铁地拒绝了。两人怏怏而回。之后,美联社驻台北记者报道,说杜月笙已于4月23日抵达台北,国民党军政要员前往机场迎接。之后,香港报纸也转载了此条消息。杜月笙出面一一解释清楚,并说自己决不离港。

几次三番的折腾,杜月笙身体越来越糟,及至七月,竟下肢偏瘫、卧床不起。八月,杜月笙感觉自己行将就木,叫来秘书立下遗嘱,并嘱托在场的五位朋友监督执行。遗嘱中说杜月笙死后,他的所有财产按具体分配方案分给其妻子儿女。遗嘱中没有涉及任何政治问题。

上海杜月笙公馆

1951年8月16日下午,杜月笙永远闭上了眼睛。在杜月笙奄奄一息之时,蒋介石曾派人将从台湾带来的"遗嘱"交给杜月笙的秘书,要他在杜月笙死后,即交给各大报社发表。这份遗嘱充满了政治色彩。其秘书为人忠厚,就与杜月笙的好友商量凡是有关政治的文字都去除,然后再润色使文中句子通顺。这份面目全非的"遗嘱"就在大小报刊上被发表了。

杜月笙死后,蒋介石一直没有表态。到了18日深夜,蒋介石才表态说杜月笙"义节聿昭"。19日,杜月笙的棺椁被送至香港东华医院义庄安放。

杜月笙病逝的消息传到上海,上海报纸上发讣告,"杜月笙先生于1951年8月16日下午5时在香港坚尼地台18号寓所寿终,谨报此闻"。这则消息在那个时代的上海有着不同寻常的意义。

策　　划：丁海秀　李荣强

责任编辑：李荣强

部分图片提供：微图网　壹图网　全景图片

图书在版编目(CIP)数据

老上海的趣闻传说/《趣闻圣经》编辑部主编．－北京：旅游教育出版社，2013.1

ISBN 978-7-5637-2505-2

Ⅰ.①老… Ⅱ.①趣… Ⅲ.①文化史—上海市—通俗读物 Ⅳ.①K295.1-49

中国版本图书馆 CIP 数据核字（2012）第 246547 号

老上海的趣闻传说

《趣闻圣经》编辑部　主编

出版单位	旅游教育出版社
地　　址	北京市朝阳区定福庄南里1号
邮　　编	100024
发行电话	(010)65778403 65728372 65767462(传真)
本社网址	www.tepcb.com
E-mail	tepfx@163.com
印刷单位	北京世艺印刷有限公司
经销单位	新华书店
开　　本	787×1092　1/16
印　　张	22.5
字　　数	331千字
版　　次	2013年1月第1版
印　　次	2013年1月第1次印刷
印　　数	1—8000册
定　　价	39.80元

(图书如有装订差错请与发行部联系)